EL ARTE DE ESCRIBIR

EMILIA BORSI
City University of New York

FAY R. ROGG
City University of New York

McGraw-Hill, Inc.

New York   St. Louis   San Francisco   Auckland   Bogotá   Caracas
Lisbon   London   Madrid   Mexico City   Milan   Montreal   New Delhi
San Juan   Singapore   Sydney   Tokyo   Toronto

El arte de escribir

1 2 3 4 5 6 7 8 9 0 MAL MAL 9 0 9 8 7 6 5 4

ISBN 0-07-053543-4

This book was set in Times by Maryland Composition Co., Inc.
The editors were Thalia Dorwick, Kathy Melee, and Danielle Havens.
The production supervisor was Tanya Nigh.
Production and editorial assistance was provided by Caroline Jumper, Pam Webster, Scott Tinetti, Terri Wicks, Laura Chastain, and Ralph Kite.
Illustrations were by Lucy Masterman (pages 1, 16) and Pam Webster (pages 149, 179, 195); maps were drawn by Lori Heckleman; production art was typeset by Barbara Pelosi.
The text and cover designer was Deborah Chusid.
The cover art, *La Colombe du Festival de la Jeunesse Edition Combat por la Paix,* was by Pablo Picasso (1881–1973), private collection, Paris. (Photo: EDIMEDIA, Paris).
The photo researcher was Stephen Forsling; the permissions editor was David Sweet.
Malloy Lithographing, Inc. was printer and binder.

Library of Congress Cataloging-in-Publication Data

Rogg, Fay.
   El arte de escribir / by Fay Rogg & Emilia Borsi.
      p.   cm.
   Spanish and English.
   ISBN 0-07-053543-4
   1. Spanish language—Composition and exercises. I. Borsi,
Emilia. II. Title.
PC4420.R58   1994
808 '. 0461—dc20   93-44481
                                      CIP

Grateful acknowledgment is made for use of the following:

Photographs *Page 5* © Sarah Stone/Tony Stone Images; *7* © Philippe Caron/Sygma; *10* © S. Bassouls/Sygma; *15* © Douglas Faulkner/Photo Researchers; *18* © UPI/Bettman Newsphotos; *26* © Andrew Popper/Picture Group; *35* © Cole/Impact/Picture Group; *38* © Nickolas Muray. Courtesy, International Museum of Photography, George Eastman House; *39* Peter A. Juley & Son Collection, National Museum of American Art, Smithsonian Institution; *40* *El sueño* (1940) by Frida Kahlo. Private Collection; *54* © Bill Swersey/Gamma-Liaison; *61* © Thomas Braise/Tony Stone Images; *67* © John Lamb/Tony Stone Images; *75* © Wendy Stone/Gamma-Liaison; *91* © Noel Quidu/Gamma Liaison; *94* © Bourseiller/Sygma; *96, 97 (top)* © V. Sumovsky/SYGMA; *97 (bottom)* Courtesy Lyndon B. Johnson Space Center, NASA; *101* © Jon Riley/Tony Stone Images; *140* Courtesy Farrar, Straus & Giroux. Photo © Jerry Bauer.

Realia *Page 4 El País*; *5 (top) Semana*; *5 (bottom), 8 (left, right) El País*; *11, 12 (left) Hombre de Mundo*, Editorial América, S.A.; *12 (right)* clip art from Corel Draw 3.0; *13, 14 (top, bottom), 16, 18–19, 26–27, 31, 35–36 Hombre de Mundo*, Editorial América, S.A.; *38–40, 42, 43 Cambio 16*; *44, 45 Hombre de Mundo*, Editorial América, S.A.; *46 (top, bottom) Vanidades*, Editorial América, S.A.; *47 El Especial*; *50 Semana*; *53–54, 58–59, 61, 63–64, 66–71, 74–79 Hombre de Mundo*, Editorial América, S.A.; *84–88* Reprinted with permission of the *Wall Street Journal*; *90–92 Cambio 16*; *93–95 Hombre de Mundo*, Editorial América, S.A.; *96–97 (top), 97 (bottom)–99 Hombre de Mundo*, Editorial América, S.A.; *100 Cambio 16*; *125* From *Cathédrales et Monastères d'Espagne*

(Continued on last page of book . . .)

CONTENIDO

PREFACE TO INSTRUCTORS

El arte de escribir is the product of eleven years of research into the needs of intermediate and advanced level students who want to become better writers in Spanish. Materials in the text have been field-tested with thousands of students, and the results have been very gratifying. After completing the course, students have come back to tell us that what they have learned has helped their writing and reading comprehension not only in advanced literature classes in Spanish but in other disciplines as well. Students have also told us that the skills they learned helped them find employment and carry out on-the-job writing assignments. The materials have also benefited from the comments of colleagues across the country who have attended our workshops and shared with us their perspectives about the needs of students in intermediate and advanced writing courses.

THE ORGANIZATION OF THE TEXT

El arte de escribir is divided into four units.

- **Unidad 1,** *Cómo escribir un resumen: Teoría y práctica de la presentación de datos,* helps students improve their comprehension of factual writing. In this unit, students learn to identify facts in reading materials and summarize them concisely. The unit includes six chapters that take students step by step from doing simple exercises that focus on the basic journalistic questions (who?, what?, where?, when?, why?) in short readings to summarizing the facts and ideas of longer, more challenging texts.

- **Unidad 2,** *Escritura práctica: El currículum vitae y la carta,* is a brief and practical unit that students enjoy since in it they have the chance to write about themselves. They experience a sense of accomplishment when, by the end of the unit, they have a well-written curriculum vitae and a cover letter for use at any stage of job hunting or later in their careers.

- **Unidad 3,** *Introducción a los estilos literarios: Definiciones, características y ejemplos,* parallels **Unidad 1** in tone and scope of materials. Here students have access to examples of writing by Spanish and Latin American authors spanning many centuries and learn to recognize the stylistic features of description, narration, dialogue, and essays. A few facts about each author and work help establish a context for the examples. Literary segments were chosen with the goal of inspiring students to read more literature and to write creatively.

- **Unidad 4,** *Guía para la escritura correcta: Las reglas ortográficas,* covers the mechanics of writing and complements previous units by providing students with rules, examples, and exercises that help them work through typical pitfalls, including errors with accents, spelling, and syntax.

THE READINGS

Readings are a central feature of this text about writing. First, the readings serve as models of good writing. In addition, we also believe that students who read more will write better.

The readings in **Unidad 1** focus on a variety of topics, not all of them exclusively Hispanic (although all readings are written in Spanish): social and economic world changes, education, the environment, technology, culture. We intentionally include a wide range of topics, hoping that students will enjoy the readings for their content and especially for their profiles of outstanding individuals who have accomplished much, think positively, and embody universally held values. Finally, all of the readings are about issues that affect our daily lives, and we believe that students feel an affinity for these issues and welcome learning about them.

The readings in **Unidad 3** were selected to exemplify the literary style or characteristic being presented. We also wanted to acquaint students with the authors and titles of literary works—classical as well as modern—that they may encounter in future literature courses on Peninsular or Latin American writers.

Of course, not all readings need be covered in class. Instructors should feel free to pick and choose, to bring in additional readings to balance existing topics or expand others. Above all instructors should try to open a dialogue with students on the many topics found in the readings while helping them to become better writers.

HOW TO USE EL ARTE DE ESCRIBIR

The goal of this text is to help intermediate and advanced students, native speakers and non-native speakers of Spanish, become better writers. How you use the text will depend on a number of factors: whether your course meets for one term or two, whether you feel that your students have a firm grasp of grammar or not, and the writing objectives you wish to emphasize. Here are some general suggestions for using the four units.

- Teach all units of the text sequentially.
- During the first three or four weeks of the term, work through the materials in **Unidad 1** (factual writing) sequentially. After that, you may wish to vary assignments, alternating between **Unidad 1** and **Unidad 3** (literary styles). In this way, students will begin working on factual writing and continue to do so while learning how to approach a literary text and understand literary styles.
- If you are using this text at the intermediate level, begin with **Unidad 1** (factual writing), then introduce **Unidad 4** (mechanics) and use the two units concurrently. Finish the term with **Unidades 2** (resumé) and **3** (literary styles).
- If you have many native speakers of Spanish in your class, you may wish to follow one of two approaches: 1. Start the course with **Unidad 2** (resumé), since students will find the practical focus of this unit to be particularly helpful and appealing; 2. Refer students immediately to **Unidad 4** (mechanics of Spanish).
- Use *El arte de escribir* with a review grammar that can serve as a reference text particularly if you offer a two-term course.
- For a one-term course, you may wish to have students complete only the shorter reading and writing assignments.

ACKNOWLEDGEMENTS

We are grateful to Rosemary Zelaya, who typed the manuscript and who worked for 11 years on the project "Practical Writing Skills" and, consequently, on the development of this book.

Special thanks go to the following readers, reviewers, and colleagues at The City University of New York whose helpful comments and contributions are appreciated: Alfredo Cartagena, Michael Nimetz, Catherine Rovira, Erick Santamaría, Ilan Stavans, Carmen Valle, Alejandro Varderi, and Carol Wasserman. Many of our colleagues in the Modern Languages Departments from our twenty campuses of The City University of New York attended workshops on the methodology presented in this text, and we heartily thank them for their participation and comments.

Other people to whom we are indebted are Lucy Masterman, who drew the wonderful piece of art that opens the first unit; Dr. César Chelala for his moving, in-depth interview with Rigoberta Menchú; and José Pérez Saavedra, who spoke to our classes over the years about his career trajectory and personal achievements.

We extend sincere thanks to the New York State Department of Higher Education, especially to Mike Van Ryn and Larry Gray, who were instrumental in funding us in the early stages of our research; to the private sources at The Equitable Life Assurance Society of the U.S. (Darwin Davis), to the Aaron Diamond Foundation (Vincent McGee), and to The Hearst Foundation, Inc. and The Adolph Coors Foundation.

We wish to acknowledge in particular the cooperation of the Florida-based magazine *Hombre de mundo*. We are grateful to have received permission from this magazine to reproduce many fine articles that so aptly meet the objectives of this text. We appreciate the clear and timely nature of the articles, which were written for readers in both this country and abroad. Special thanks are extended to Dr. Alberto Muller (Editorial América, S.A.) for his help and understanding.

We gratefully acknowledge the assistance of Laura Chastain, our native-speaking editor, in the preparation of the manuscript. And Kathy Melee, our editing supervisor, deserves special thanks for her expertise in carrying this text through all stages of production.

Most important, a final warm note of gratitude goes to Dr. Thalia Dorwick, our editor and publisher, who maintained the fine balance of understanding and humor so important to the development and completion of this text.

INTRODUCTION TO STUDENTS

El arte de escribir assumes that you already have a good sense for Spanish grammar and you want to learn to write better in Spanish. This text will help you accomplish that goal.

A quick glance at the text as a whole will reveal that it contains many readings. It should not surprise you that readings are a central feature in a text about writing. First, the readings serve as models of good writing. Second, the more you read, the better you will write, in Spanish or in any other language.

Regardless of your major, writing is your main activity in college, whether it be written exams, short book reports, or longer term papers. To complete those assignments, you need to be able to think through issues, select the most important facts or arguments, then present your thoughts on paper in a logical and readable form. Your research consists of reading and analyzing texts of many kinds. You need to use skills such as summarizing, comparing and contrasting, criticizing, and expressing opinions. This text begins with a unit that will help you acquire or improve those skills.

- **Unidad 1,** *Cómo escribir un resumen: Teoría y práctica de la presentación de datos.* This unit deals with factual writing. The readings in the unit will be the basis of your writing assignments. They cover a wide range of topics from Hispanic culture (the art of Frida Kahlo, the philosophy of Octavio Paz, the social activism of Rigoberta Menchú . . .) as well as global issues (concern about robots in industry, environmental pollution, wildlife conservation, overpopulation, social and economic changes in Russia and China due to glasnost . . .). Also included are profiles of people from different cultures whose lives exemplify universal values, who share their insights, and who have achieved a level of excellence personally and professionally (the Dalai Lama of Tibet, Akio Morita of Japan, Jacques Cousteau of France).

  After completing **Unidad 1,** you will handle factual writing with relative ease. You will be able to identify and cull facts from difficult texts and summarize them quickly. Even though you are practicing these skills in a Spanish class, you will find them to be useful and applicable to other college courses as well, and also handy for completing writing tasks at work.

- **Unidad 2,** *Escritura práctica: El currículum vitae y la carta.* In this unit, the emphasis is still on factual writing but with a practical purpose. You will learn to put together a curriculum vitae in Spanish as well as write letters related to employment and job hunting.

- **Unidad 3,** *Introducción a los estilos literarios: Definiciones, características y ejemplos.* This unit tackles a different topic: the style and content of literary writing. The unit will prepare you for future literature courses in Spanish (or other languages), and it will also acquaint you with some of the most famous and enduring writers from the Spanish and Latin American literary traditions.

- **Unidad 4,** *Guía para la escritura correcta: Las reglas ortográficas.* This unit reviews the mechanics of the Spanish language. Accents, spelling, and syntax are a challenge for most students. If you are unsure about mechanical rules such as where accents go and what constitutes correct punctuation in Spanish, you will want to complete all of the exercises in the text. If, on the other hand, you feel that you are in control of those topics, you may want to give this unit only a cursory look.

In short, each unit in *El arte de escribir* has a specific purpose. If you work through the materials carefully, you will be well on your way to being able to write effectively in Spanish, and with ease and confidence. Good luck!

☀ CÓMO ESCRIBIR UN RESUMEN: TEORÍA Y PRÁCTICA DE LA PRESENTACIÓN DE DATOS

ESTA UNIDAD TIENE UN PROPÓSITO: enseñar una técnica de la escritura concisa de datos concretos. ¿Cuántas veces ha presentado Ud. un examen o un trabajo escrito y no ha recibido una nota satisfactoria? ¿El comentario del profesor? «Información incompleta». «Falta de claridad y organización; deficiente conclusión lógica». ¿Qué hacer? ¡Socorro! Pues, no se desespere.

Al completar los seis capítulos de esta unidad más las seis lecturas que los acompañan, Ud. dominará una técnica de la escritura de datos concretos que le servirá para obtener buenas notas en sus cursos universitarios. Sabrá escribir con claridad, precisión y concisión y, a través de las lecturas, ampliará su conocimiento del idioma español y del mundo.

En esta unidad, la escritura consiste en hacer resúmenes de artículos sobre temas variados. El resumen es un ejercicio útil porque sirve de base para preparar las tareas en las diferentes asignaturas. Aprenderá a destacar los datos sobresalientes de un texto y así empezar el proceso crítico que le permitirá sacar una conclusión lógica y sólida de lo que lee.

Las lecturas que se presentan le ayudarán en la tarea de escribir. Al contestar las preguntas sobre las lecturas aprenderá a enfocar en los datos esenciales del texto, o sea, en el núcleo de la información que eventualmente resumirá por escrito. Las primeras lecturas son artículos sobre individuos que han logrado fama internacional por su contribución profesional. Las lecturas presentadas al final de la Unidad 1 se caracterizan por la variedad y riqueza de sus temas, lo cual las hace muy interesantes y amenas. Al principio, se le pedirá que comente y haga un resumen oral del contenido de cada lectura. Luego hará el resumen por escrito, siguiendo punto por punto las instrucciones que para ello se le darán.

Le aseguramos que, al terminar esta unidad, dominará una técnica para escribir con facilidad. Esto le será valioso no sólo en sus estudios sino también más tarde en el mundo del trabajo, donde los datos forman parte de la comunicación diaria. Y ahora, ¡a escribir!

CAPÍTULO 1

ETAPAS PARA LA PREPARACIÓN DE UN RESUMEN

M E T A S : LOS CURSOS UNIVERSITARIOS le exigen que identifique, ordene y resuma los datos esenciales de los temas tratados en ellos. Estos temas provienen de una variedad de artículos periodísticos, informes y libros de texto. Por lo tanto, es indispensable que sepa separar la información importante de la que es puramente interesante y resumir lo esencial cuando escribe las respuestas en los exámenes, presenta informes orales o por escrito o hace trabajos de investigación. En este capítulo se le explica punto por punto con varios ejemplos y ejercicios cómo se hace el resumen de un escrito.

El resumen tiene como propósito la exposición de los datos sobresalientes de un asunto y es caracterizado por la expresión concisa, clara y completa de los mismos. El estilo es objetivo, sencillo, sin adorno. Con una base concreta se puede llegar a una conclusión sobre lo esencial de un asunto y formar un juicio serio acerca de él.

PARA COMENZAR

Al empezar a leer el artículo que se va a resumir, debe fijarse en el título, el nombre del autor y el nombre y la fecha de publicación de la revista en la cual aparece. Observe además la extensión del artículo—si es largo o breve—y la organización—la introducción, el desarrollo (el cuerpo) y la conclusión. Una vez que tenga una idea del tema del artículo, debe pasar a la identificación de los datos contenidos en el texto.

Tanto el resumen que Ud. va a hacer como el artículo que Ud. va a leer tiene la misma organización: la introducción, el cuerpo y la conclusión.

Al comenzar un resumen, es necesario mencionar en el primer párrafo los datos de publicación y decir de qué trata el artículo. A esta introducción le siguen unos párrafos de resumen de la información esencial destacada en el cuerpo del artículo. Y finalmente, en la conclusión del resumen, se repite el tema principal y se mencionan unos datos complementarios, se hace un comentario o se da la opinión del autor acerca del asunto.

LAS PREGUNTAS ¿QUÉ?, ¿QUIÉN?, ¿CUÁNDO?, ¿DÓNDE? Y ¿POR QUÉ?

Para identificar los datos sobresalientes relativos a cierto hecho, personaje, problema o descubrimiento, es útil hacerse las siguientes preguntas: *¿qué?, ¿quién?, ¿cuándo?, ¿dónde?* y *¿por qué?*. Estas preguntas son características del estilo periodístico; sin embargo, se pueden aplicar a cualquier texto para la búsqueda de datos esenciales. También son útiles para aprender a redactar con precisión y brevedad. En el ejemplo que sigue se destacan claramente estos cinco elementos.

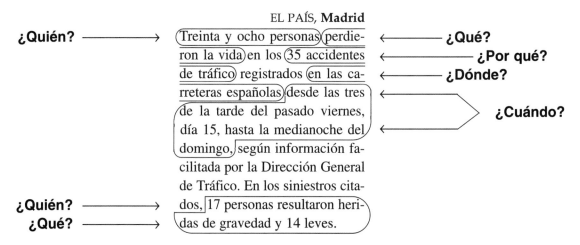

38 personas perdieron la vida en accidente el fin de semana

EL PAÍS, **Madrid**

¿Quién? → Treinta y ocho personas perdieron la vida en los 35 accidentes de tráfico registrados en las carreteras españolas desde las tres de la tarde del pasado viernes, día 15, hasta la medianoche del domingo, según información facilitada por la Dirección General de Tráfico. En los siniestros citados, 17 personas resultaron heridas de gravedad y 14 leves.

¿Qué? ← ¿Por qué? ← ¿Dónde? ← ¿Cuándo? →

¿Quién? → ¿Qué? →

En un párrafo de aproximadamente cincuenta palabras, el reportero cuenta *qué* pasó (perdieron la vida), *quién* perdió la vida (treinta y ocho personas), *por qué* (treinta y cinco accidentes de tráfico), *dónde* (en las carreteras españolas) y *cuándo* (desde las tres de la tarde del viernes hasta la medianoche del domingo). En la última oración se dan algunos detalles adicionales para completar el relato (diez y siete personas resultaron heridas).

A. Use el artículo anterior como modelo para analizar el siguiente artículo, «En Torre derecha». Fíjese en los elementos que corresponden a las preguntas *qué, quién, cuándo, dónde* y *por qué*, palabras interrogativas que aparecen al margen. Note que el sujeto (*¿quién?*) es una *cosa* y no una persona.

En Torre derecha

LA INCLINACIÓN DE la Torre de Pisa[a] ha fascinado desde que fue construida en Italia entre 1174 y 1350. Pero desde hace algún tiempo también produce angustia, pues los científicos han determinado que de no tomarse medidas, el famoso edificio podría venirse abajo.

¿Quién? ⟶

¿Dónde? ⟶
¿Cuándo? ⟶

¿Qué? ⟶

¿Por qué? ⟶

B. Busque y subraye en el texto los datos que corresponden a las preguntas.

- *¿Quién* denunció la exportación de residuos de mercurio a España?
- *¿Qué* denunció Greenpeace?
- *¿Cuándo* denunció la exportación de residuos de mercurio a España?
- *¿Dónde* denunció Greenpeace este hecho?
- *¿Por qué* denunció la exportación de residuos de mercurio a España?

> ### *Residuos tóxicos*[1]
>
> Greenpeace[b] denunció el 27 de marzo la exportación a España de residuos de mercurio altamente contaminantes desde EE UU.[2] El grupo ecologista señaló[3] que dos compañías de Nueva Jersey exportaron restos orgánicos y de mercurio,[4] que fueron enterrados en terrenos[5] de la compañía pública Minas[6] de Almadén y Arrayanes. En Madrid, miembros de Greenpeace colgaron 10 bidones[7] con una pequeña cantidad de mercurio en el Ministerio de Economía en contra del almacenamiento[8] de residuos en Almadén.[c]

[1] Residuos... *Toxic waste* [2] Estados Unidos [3] *pointed out* [4] restos... *organic waste and mercury* [5] enterrados... *buried on land* [6] *Mines* [7] *containers, cans, tins* [8] en... *to protest the storage*

[a] Torre... Es la torre de la catedral, (o «duomo» en italiano). Pisa es una ciudad en la región de Toscana donde se encuentran otras ciudades famosas como Florencia y Siena.
[b] una organización internacional que defiende el ambiente
[c] ciudad de España donde se encuentran las minas de mercurio más importantes del mundo

EL PÁRRAFO DE INTRODUCCIÓN DEL RESUMEN

La técnica periodística se puede aplicar a la escritura del párrafo de introducción de un resumen.

Al resumir el contenido de un artículo u otro escrito, en el primer párrafo se debe decir *quién* es el autor del artículo, *qué* escribió (el título), *dónde* se publicó (en qué revista, diario, etcétera), *cuándo* (la fecha o el número de la publicación) y *por qué* (el significado o importancia del artículo). En otras palabras, *¿por qué* se escribió? ¿Qué es lo que se comenta o anuncia: un descubrimiento, una revolución, una crisis económica o algo así de interesante?

Considere el siguiente ejemplo de un párrafo de introducción.

> En la revista *Cambio 16* del 15 de junio de 1992 Daniel Samper Pizarro escribió un artículo sobre Gabriel García Márquez,[a] escritor colombiano, para celebrar los veinticinco años de la publicación del libro de éste, *Cien años de soledad,*[b] ocurrida en 1967. Con esta obra empezó el «boom» de la literatura iberoamericana y por consecuencia el punto de vista de los escritores como guías intelectuales políticos.

Observe cómo, de una manera breve, el párrafo resume las siguientes preguntas: ¿quién? (Daniel Samper Pizarro), ¿qué? (publicó un artículo), ¿dónde? (en *Cambio 16*), ¿cuándo? (el 15 de junio de 1992) y ¿por qué? (Gabriel García Márquez, escritor colombiano, celebraba el veinticinco aniversario de la publicación de su novela *Cien años de soledad*). La segunda oración completa el relato con otros datos.

Puede variar el orden en que se introducen las cinco preguntas según lo que quiera enfatizar. Por ejemplo, si la fecha de un suceso histórico es de gran importancia (1492, 1789, 1898)[c] entonces con este dato se inicia el párrafo. Si se cita el nombre de un personaje famoso (Jacques Cousteau,[d] Carlos Fuentes,[e] Gloria Estefan[f]) entonces comience la introducción con este dato. Compare el enfoque en cada uno de los siguientes ejemplos sobre el mismo tema.

¿QUIÉN?   *Mónica Seles* venció a Arantxa Sánchez Vicario en Flushing, Nueva York durante el U.S. Open Tennis Championship[g] en septiembre de 1992.

---

[a] Gabriel... nació en Aracataca, Colombia en 1928

[b] Cien... La historia de la familia Buendía en el pueblo imaginario de Macondo, basada en los cuentos que le contó su abuelo. García Márquez entreteje detalles sobrenaturales creando una novela que puede ser interpretada como alegórica o como real. Ganó el Premio Nóbel de Literatura en 1982.

[c] 1492, primer viaje de Cristóbal Colón a América; 1789, Revolución francesa; 1898, independencia de Cuba y Puerto Rico.

[d] explorador marino, escritor y cinematógrafo francés.

[e] escritor mexicano contemporáneo (1928–   ).

[f] artista y cantante contemporánea de origen cubano, quien actualmente reside en Miami.

[g] encuentro anual de tenistas en Flushing Meadows, Queens, Nueva York

¿QUIÉN?   *Arantxa Sánchez Vicario* fue vencida por Mónica Seles durante el U.S. Open Tennis Championship en Flushing, Nueva York, en septiembre de 1992.

¿QUÉ?   *El U.S. Open Tennis Championship* fue ganado por Mónica Seles en Flushing, Nueva York, en septiembre de 1992 aunque Arantxa Sánchez Vicario fue una formidable rival.

¿DÓNDE?   *En Flushing, Nueva York,* Mónica Seles resultó victoriosa al vencer a Arantxa Sánchez Vicario en septiembre de 1992 en el U.S. Open Tennis Championship, un título que deseaba ganar otra vez.

¿CUÁNDO?   *En septiembre de 1992* Mónica Seles ganó el U.S. Open Tennis Championship al vencer a Arantxa Sánchez Vicario en un encuentro en Flushing, Nueva York. La victoria no fue una sorpresa debido a la gran habilidad de Seles.

¿POR QUÉ?   *Su habilidad y excelente entrenamiento* le dieron la victoria a Mónica Seles en el U.S. Open Tennis Championship en Flushing, Nueva York, en septiembre de 1992. Al vencer a Arantxa Sánchez Vicario, Seles defendió su título y el puesto de la tenista número uno por dos años consecutivos.

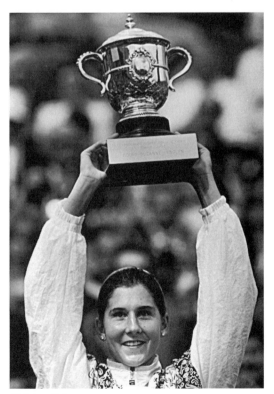

Mónica Seles

EJERCICIOS

A. Lea los siguientes ejemplos de noticias breves y destaque las cinco preguntas básicas (¿qué?, ¿quién?, ¿dónde?, ¿cuándo? y ¿por qué?), subrayando los elementos que corresponden a las preguntas.

Hopkins, nuevo sir

El actor británico Anthony Hopkins recibió el jueves 31 el título de sir, al ser incluido en la lista de honores de Año Nuevo de la reina Isabel II. Hopkins, de 55 años, que ganó el Oscar al mejor actor el pasado año por su papel en la película *El silencio de los corderos,* fue propuesto[1] por el primer ministro británico, John Major.

[1] *nominated*

Moscas en el espacio

El martes 29 fue lanzado[1] al espacio desde el cosmódromo de Plesetsk, al norte de Rusia, un satélite experimental con 700 moscas y dos monos como pasajeros. Las estrellas de la última aventura espacial surcarán[2] durante dos semanas la órbita terrestre[3] en el primer experimento biológico conjunto[4] realizado[5] entre la Agencia Espacial de la Federación Rusa y la Agencia Europea del Espacio.

[1] *launched*   [2] *streak through*   [3] *la... earth orbit*   [4] *joint, as a partnership*   [5] *accomplished*

B. Identifique las cinco preguntas básicas que corresponden a los datos en los siguientes párrafos de introducción.

1. Una conferencia sobre la familia hispana tendrá lugar[1] entre el 12 y el 15 de julio en el Hotel Marriott de Miami, Florida.
2. En el mes de enero de 1993, la revista *Hombre de mundo* publicó un artículo escrito por Vivian Gude sobre la escritora sueca[2] Astrid Lindgren. Esta cuentista de 84 años es famosa por sus cuentos para los niños como *Las rosas de Salikón* y *Los hermanos Corazón de León.*
3. El astronauta Neil Armstrong, a bordo del módulo lunar Eagle, con la ayuda de sus compañeros Michael Collins y Edwin Aldrin, Jr., cumplió el 20 de julio de 1969 el objetivo de la serie Apolo al descender y caminar por primera vez sobre la superficie de la luna.
4. *Ernie* es el título de un libro de fotografías de Tony Mendoza, un emigrado cubano, graduado en la Universidad de Harvard, cuyas fotografías han sido expuestas[3] en Norteamérica y Europa durante las dos últimas décadas.

[1] tendrá... *will take place*   [2] *Swedish*   [3] *shown, exhibited*

5. Una técnica para retratar[4] el pensamiento de pacientes mentales fue desarrollada[5] por el doctor ruso Gennady Krokhalev en la ciudad de Perm.[6] Empezó su experimentación en 1972.
6. El tenor Plácido Domingo inauguró la Antología de la Zarzuela[7] 92 en la Expo de Sevilla[a] porque cree que la zarzuela es «la opereta[b] española» y merece ser recuperada[8] y apoyada.
7. Carlos Salinas de Gortari, actual presidente de México, firmó el Tratado de Libre comercio con los Estados Unidos y el Canadá, en la Ciudad de México el 17 de diciembre de 1992 porque está convencido de que los tres países se beneficiarán en el futuro.

[4] *photograph*   [5] *developed*   [6] ciudad en Rusia   [7] *Spanish musical comedy (light music, dance, and spoken word)*   [8] *restored*

C. Escriba un párrafo de introducción reuniendo los siguientes elementos en el orden que desee.

¿QUÉ?	un partido de baloncesto; ganaron los Nets 113 contra 103
¿QUIÉN?	los equipos de baloncesto Nets y Super Sonics
¿CUÁNDO?	el 4 de febrero de 1993
¿DÓNDE?	en Seattle, Washington
¿POR QUÉ?	el equipo de los Nets jugó muy bien

EL CUERPO DEL RESUMEN

Después del párrafo de introducción viene el cuerpo del resumen. Aquí se debe ampliar con más detalles la información presentada en el primer párrafo. Los textos que siguen reúnen datos interesantes y esenciales. El objetivo es destacar los datos esenciales y organizarlos en un breve resumen, usando el método que se le explicará.

A

El asunto del primer artículo se refiere a un personaje, al estadounidense Arthur Miller, autor de varias obras de teatro como *The Crucible* (1953) y *Death of a Salesman* (1949). En el párrafo de introducción ya se ha explicado quién es; ahora en el cuerpo del artículo se dan más detalles sobre su personalidad y su vida. El fragmento citado lleva un subtítulo. En este caso el subtítulo es una cita de las palabras de Arthur Miller.

Al leer el texto, preste atención a los datos subrayados y a las preguntas que aparecen en el margen. Éstos representan los datos importantes que necesitará luego en el segundo punto del método.

---

[a] Expo... exposición internacional preparada para coincidir con las Olimpíadas en Barcelona en 1992.

[b] obra teatral cantada como la ópera, pero de asunto y música menos serios que las de la ópera

«**Desde luego, reconozco la validez[1] de mi obra**» ← **Subtítulo: Cita de Arthur Miller**

Su estilo de vida → Arthur Miller vive cómodamente,[2] sin abordar[3] lujos[4] excesivos desde hace más de veinte años,[5] con su mujer, la famosa fotógrafa[6] Inge Morath. Sus ←**Su esposa** años de pasión radical han quedado atrás. Ahora, su manera de enfrentar la vida[7] es más suave. Se siente más

¿¡Cómo es!? → relajado[8] y no le importa si escribe una obra cada año.

Cuando cumplió sus 73 años Arthur ←**Su edad** Miller declaró: «Sería ridículo negar que mi obra ha influido en el teatro moderno.» Miller se refiere a sus obras cumbres[9] entre las cuales se destacan[10] «La muerte de un viajante» (1949), que es una reflexión profunda sobre la existencia de un viajante a lo largo de toda su vida, y «Las brujas[11] de Salem» (1953), que dramatiza un proceso de brujería[12] en el siglo XVII en Salem, Massachusetts. En ellas el realismo social es meticuloso.[13] No ignora los detalles. El enfoque es el individuo enfrente a las luchas diarias[14] para lograr[15] dignidad y respeto.

¿Por qué está satisfecho?

[1] *value* [2] *comfortably* [3] sin... *without benefit of* [4] *luxuries* [5] desde... *for more than twenty years* [6] *photographer* [7] enfrentar... *confronting life* [8] *relaxed* [9] *major* [10] *stand out* [11] *witches* [12] proceso... *witchcraft trial* [13] *meticulous* [14] luchas... *daily struggles* [15] *gain*

MÉTODO

1. Lea el texto.
2. Use las siguientes preguntas para identificar los datos esenciales.

   a. ¿Cómo es Arthur Miller?
   b. ¿Cuántos años tiene?
   c. ¿Por qué está satisfecho?
   d. ¿Con quién está casado?
   e. ¿Qué estilo de vida prefiere?

3. Lea el siguiente resumen y verifique que contenga las respuestas del ejercicio 2.

RESUMEN

Arthur Miller, 73 años, felizmente casado con Inge Morath por veinte años, lleva una vida normal, tranquila y cómoda. Está satisfecho de su vida profesional porque sus obras han influido en el teatro moderno.

B

En este ejemplo tomado de un artículo sobre el teatro de la ópera de Manaus, el asunto es un lugar: Manaus. La capital del Estado de Amazonas en Brasil, Manaus fue fundada en 1660 por los portugueses. El autor relata en el cuerpo del artículo los altibajos históricos de Manaus desde 1890 hasta hoy.

Al leer el texto, verá que algunos detalles están subrayados. Éstos representan los datos importantes que aparecen luego en el resumen.

MÉTODO

1. Lea el texto.
2. Preste atención a los datos subrayados y escriba las preguntas que corresponden.
3. Lea el siguiente resumen de los datos.

l primer contacto que tuvieron los habitantes de la región amazónica del Río Negro con los europeos ocurrió en 1660, cuando los portugueses establecieron un fuerte en las márgenes izquierdas[1] del importante río, muy cerca de su confluencia[2] con una de las arterias fluviales[3] más majestuosas y caudalosas[4] del mundo: el Amazonas.

Durante 1890, el caucho[5] se comercializó y Manaus se convirtió en un verdadero centro de negocios y desarrollo,[6] donde se establecieron importantes empresas[7] europeas y norteamericanas que llevaron millones de dólares a la región. Este apogeo glorioso[8] comenzó a declinar en 1920, cuando se comprobó[9] que el caucho se podía obtener mucho más económicamente en el Lejano Oriente.[10] Prácticamente de la noche a la mañana, Manaus dejó de ser lo que una vez fuera.[11]...

Hoy, la ciudad de Manaus es una maravillosa yuxtaposición de lo viejo con lo nuevo. Hace algunos años, cuando se le declaró "zona de comercio libre" en un esfuerzo[12] del gobierno brasilero[13] por recuperar su vida económica estancada,[14] comenzó a desarrollarse la parte occidental de la ciudad que de hecho[15] se ha convertido en un gran parque industrial. En la actualidad, el visitante encuentra un punto de grandes contrastes: un río casi mitológico, famoso por sus voraces *piranhas*[16] y sus anacondas;[17] y, por otra parte, un área llena de industrias que alberga[18] compañías como la *Honda, Gillette, Sharp, Philco, Mercedes Benz, Chevrolet, Hertz*...la planta embotelladora de la *Coca Cola*, un aeropuerto internacional moderno donde aterrizan[19] aviones de la *Varig*[20] y de *Air France* (estos últimos en escala[21] de su vuelo París-Lima),[22] y muchas otras industrias internacionales.

[1] márgenes... *left bank*   [2] lugar donde dos o más ríos se juntan   [3] arterias... *fluvial artery* (se refiere al río Amazonas)   [4] de mucha agua   [5] *rubber*   [6] centro... *a business and development center or hub*   [7] *businesses, firms*   [8] Este... *This glorious pinnacle*   [9] se... *it was proven*   [10] Lejano... *Far East, Orient*   [11] dejó... *ceased to be what it had once been*   [12] *effort*   [13] brasileño, de Brasil   [14] *stagnant, halted*   [15] de... *in fact*   [16] voraces... *voracious fish*   [17] enormes boas americanas   [18] *houses*   [19] *land*   [20] aerolínea brasileña   [21] *stopover*   [22] las capitales de Francia y de Perú, respectivamente

RESUMEN

Manaus prosperó en 1890 a causa del desarrollo de la industria del caucho. En 1920 la ciudad declinó en importancia cuando el caucho del Lejano Oriente invadió el mercado internacional a un precio más bajo. Hoy Manaus es una combinación de belleza natural y centro comercial e industrial de compañías extranjeras.

C

El asunto aquí es el avión B-2 Stealth Bomber, avión que ha presentado un grave problema en su manejo en el aire. El enfoque de este fragmento, como lo señala el subtítulo, es en el problema y sus consecuencias.

MÉTODO

1. Lea el texto.
2. Preste atención a los datos subrayados y escriba las preguntas que corresponden.
3. Lea el resumen.

EL PROBLEMA DE LA INESTABILIDAD DEL B-2 DURANTE EL VUELO...

Asimismo,[1] el manejo del avión[2] exige una <u>dependencia absoluta</u> de los <u>controles computarizados</u>. Aparentemente, el avión es tan <u>inestable</u> que no se puede mantener en el aire[3] sin <u>la ayuda</u> de las pequeñas *microfichas* que constantemente están rectificando la trayectoria[4] y la velocidad. <u>Varios pilotos han sufrido ya accidentes</u> y lesiones al tratar de volar[5] los primeros diseños experimentales de estos aviones en <u>la base secreta</u> del llamado *Grupo Táctico 4450* (en el desierto de Nevada). Uno de ellos -el Oficial Ross Mulhare, de 35 años de edad- <u>murió</u> en 1986 al realizar un vuelo de prueba[6] en un avión prototipo. Asimismo, el piloto Bill Park sufrió <u>heridas</u>[7] graves, y otros pilotos más han sido lesionados[8] durante el proceso de prueba y entrenamiento.[9] Desde luego, las medidas de seguridad que rodean[10] a los pilotos son tan fuertes y extremas que hasta les ha sido prohibido comentar su trabajo con los miembros de su familia.

[1] Del mismo modo (*Likewise*)   [2] manejo... *flight control, piloting a plane*   [3] no... *it cannot stay aloft*   [4] *flight path*   [5] al... *trying to fly*   [6] al... *during a test flight*   [7] *wounds*   [8] heridos (*injured*)   [9] *training*   [10] medidas... *security measures that surround*

RESUMEN

El avión B-2, un avión completamente computarizado y dependiente de las microfichas, demuestra ser inestable en el aire. Varios pilotos del *Grupo Táctico 4450* en Nevada han resultado heridos y uno ha muerto durante los vuelos de prueba.

En cada uno de los resúmenes anteriores, los datos esenciales de los diferentes tópicos han sido citados y explicados empleando pocas y sencillas palabras. Cada resumen comienza con el asunto: Arthur Miller, Manaus, el avión B-2. Los ejercicios que siguen se basan en tres textos más. Cada ejercicio ilustra una etapa del método que Ud. ha aprendido en este capítulo.

EJERCICIOS

A. Lea el texto sobre Leonor Von Engelberg, artista argentina. Luego subraye los datos esenciales acerca de esta artista y su obra.

Una vez establecida[1] su familia en Buenos Aires, Leonor empezó a tomar clases de arte en la Escuela Nacional de Bellas Artes. Tenía sólo 13 años... «y ya para entonces[2] los caballos y los jinetes[3] eran los motivos centrales de todos mis bocetos y dibujos».[4]

Y continúa diciendo con su sonrisa de siempre: «Siempre estuve segura de lo que quería hacer. Todo es cuestión de hacerlo bien... y de perfeccionar mi técnica. Es por eso[5] que estudié anatomía equina[6] en una escuela de Veterinaria, y también aprendí a reconocer la forma en que los diferentes deportes ecuestres[7] modifican la musculatura[8] de los animales... Busco la perfección; ¡detesto los errores!»

Las primeras exposiciones de sus dibujos y pinturas fueron un triunfo. Leonor y su obra fueron aclamadas.[9] Ella comenta: «Es una especialidad difícil de dominar[10] y en la que pocos triunfan.» Impulsada por el éxito obtenido, decidió exponer su obra en Europa.

Varios países—Holanda, Inglaterra y Bélgica—ofrecieron esta oportunidad a Leonor. La crítica—y un público conocedor de la materia—de inmediato reconocieron el valor artístico de su obra. Luego recibió invitaciones de París y Madrid, en donde sus dibujos y pinturas tuvieron también un éxito enorme.

[1] *residing* [2] para... *by then* [3] *horsemen, horseback riders* [4] bocetos... *sketches and drawings* [5] Es... *It is for that reason* [6] anatomía... anatomía del caballo [7] deportes... *equestrian sports, i.e., jumping, racing, polo* [8] modifican... *change the muscle tone* [9] *acclaimed* [10] *learn*

B. Lea el texto sobre los tibetanos. Luego subraye los datos esenciales. Finalmente, haga una lista de ellos.

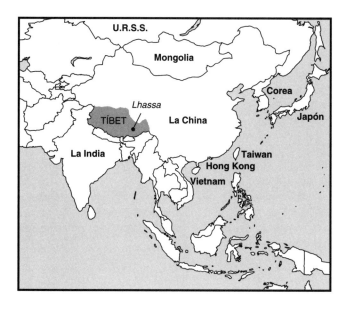

¡LOS TIBETANOS[a] EXIGEN SU INDEPENDENCIA!

Los dos millones de tibetanos que habitan en un área de 1,221,600 kilómetros cuadrados,[1] no se consideran parte de China; no sólo su idioma es diferente, sino que sus orígenes culturales son completamente distintos. Para los tibetanos, el Tíbet es un país, no una región más del coloso chino. Siempre fue así, siempre se sintieron "distintos", aún bajo la sombrilla unificante[2] de la última dinastía de los *Manchú*, que cubrió casi dos siglos, hasta 1911 cuando el gobierno de la República de China derrocó[3] a los *Manchú*. →

[1] *square* [2] sombrilla... *unifying umbrella* [3] *overthrew*

[a] habitantes del Tíbet, un país de Asia Central, anexado por la China en 1951

A partir de[4] ese momento, y durante cuarenta años, se puede decir que los tibetanos disfrutaron de[5] cierta independencia; o más bien, una política de convivencia armoniosa,[6] amparados[7] en parte por el aislamiento[8] geográfico, hasta que en 1951 los comunistas chinos tomaron el control de la región. El *Dalai Lama*, venerado a los cuatro vientos,[9] líder espiritual indiscutible de la mayoría budista, tenía entonces 16 años. No pasó mucho tiempo antes de que las inquietudes[10] y protestas por la opresión religiosa y cultural comenzaran a sentirse cada vez con mayor intensidad y frecuencia. Con la ocupación china, los tibetanos habían perdido la libertad de religión y su cultura había sido sometida[11] sistemáticamente a un proceso que sólo podría conducir[12] a la extinción de la nacionalidad tibetana.

[4] A... *From that time on*   [5] disfrutaron... *enjoyed*   [6] convivencia... *harmonious coexistence*   [7] *protected*   [8] *isolation*   [9] venerado... *worshipped worldwide*   [10] *unrest*   [11] *submitted*   [12] *lead*

Lista de los datos esenciales

_____

_____

_____

_____

_____

_____

C. Lea el texto sobre el manatí. Luego, subraye los datos importantes, ordénelos y haga un breve resumen sobre la «vaca marina».

¡ES PRECISO SALVAR AL MANATÍ...!

El manatí habita en aguas poco profundas...

El *manatí de las Antillas* o *Trichechus manatus,* llamado también "vaca marina", es un mamífero sirenio[1] de la familia *Trichechidae.* Su enorme cuerpo posee una cola propulsora[2] en forma de espátula[3] y dos aletas provistas de tres o cuatro uñas cada una.[4] Su piel[5] es gruesa, cubierta de pelos o bigotes rígidos[6] en su pronunciado labio superior.[7] Las hembras presentan dos mamas[8] al pie de las aletas. El manatí habita aguas costeras y fluviales poco profundas, y se alimenta de hierbas acuáticas. Su población se distribuye por las costas de la Florida, las Antillas, América Central, Colombia, Venezuela y el noroeste[9] de Brasil, aunque se le ha visto en latitudes tan septentrionales[10] como las costas de Virginia (Estados Unidos) y tan meridionales[11] como Recife (Brasil).

Los enemigos del manatí

El manatí no tiene enemigos naturales. Es un animal raro, tímido, solitario, y de costumbres pacíficas.[12] No se caracteriza por su belleza; ya en 1493 Cristóbal Colón se refería a la falta de hermosura del *manatí americano* y, confundiéndolo[13] con las sirenas[14] de las leyendas mitológicas, decía que "no eran tan hermosas como la gente creía". Pero el gran tamaño, su nobleza y sus movimientos gráciles[15] ayudan a borrar la mala impresión que inicialmente pueda provocar su físico.[16]

[1] mamífero... *herbivorous marine mammal*   [2] cola... *tail that propels*   [3] en... *in the shape of a spatula*   [4] aletas... *fins that have three or four nails each*   [5] *skin*   [6] cubierta... *covered with hairs or rigid whiskers*   [7] labio... *upper lip*   [8] *mammary glands*   [9] *northwest*   [10] *northern*   [11] *southern*   [12] *peaceful*   [13] *confusing it*   [14] ninfas marinas con forma de mujer y de pez (*sirens, mermaids*)   [15] *graceful*   [16] *appearance*

El manatí

1. Lista de los datos esenciales

_____

_____

_____

_____

2. Resumen

_____

_____

_____

_____

_____

_____

_____

_____

LA CONCLUSIÓN DEL RESUMEN

La última parte de un resumen es la conclusión. Generalmente la conclusión repite la información introducida al principio del resumen. A esto se le llama la recapitulación del tema. La conclusión puede incluir también la opinión del autor (de la autora) o más datos sobre la información presentada en el cuerpo del resumen. El tono varía; puede ser optimista o pesimista.

MÉTODO

1. Lea la siguiente conclusión del artículo «Los osos pandas de China: Una especie en peligro de extinción». Note que el autor repite algunos datos ya mencionados en el cuerpo del artículo y añade unos datos sobre la alimentación del panda. Por fin, termina con una media respuesta a la pregunta planteada por el autor en el subtítulo.
2. Subraye los datos importantes acerca del panda y su salvación.
3. Según el autor del artículo, ¿es optimista o pesimista la situación del panda? Indique los datos o las oraciones que presentan su punto de vista.
4. Resuma brevemente la conclusión del artículo.

_____

_____

_____

_____

_____

_____

_____

¿PUEDE SALVARSE EL PANDA...?

Afortunadamente, el *panda* puede salvarse, ya que lo único que necesita es bambú... ¡y paz! La creación de las reservas en China y las investigaciones llevadas a cabo[1] por geólogos[2] y especialistas internacionales han permitido recopilar[3] una gran cantidad de información vital, no solamente de la vida de los *pandas* sino también de la planta bambú, sin la cual el *panda* no puede sobrevivir.

Se sabe, por ejemplo, que es importante tener en cada área donde vive el *panda* por lo menos dos especies diferentes de bambú para evitar en lo posible la terrible secuela[4] de la desaparición masiva de la especie después de la floración.[5] Por ese motivo se

ha procedido a sembrar bambú en las áreas donde vive el *panda* y a dedicar cada vez mayores recursos[6] a su cuidado y protección...un esfuerzo encomiable[7] que nos ayudará a prolongar un poco más la vida del *panda* entre nosotros y a evitar que se extinga después de tres millones de años de vida en el planeta, como está ocurriendo con tantas maravillosas especies animales y vegetales en el mundo de hoy.

[1] llevadas... *carried out*   [2] *geologists*   [3] *to gather together*   [4] *result, consequence*   [5] *flowering*   [6] *resources*   [7] *praiseworthy*

LECTURA 1

«JAMES CLAVELL ¡EL PUENTE LITERARIO ENTRE DOS CULTURAS DIFERENTES!»

POR OSCAR R. ORGÁLLEZ

Hombre de mundo, Tomo 16 (1991), número 5 (mayo)

❏ Lea el perfil de James Clavell, escritor inglés que el destino llevó al Japón en circunstancias lamentables. Irónicamente, a causa de esta dura experiencia, Clavell llega a ser el portavoz de la historia y cultura japonesas al mundo occidental por medio de sus cuatro largas y fascinantes novelas *El Rey Rata (King Rat), Tai Pan, La Casa Noble* y *Shogun,* que obtuvieron un enorme éxito.

❏ Con referencia al artículo sobre James Clavell, diga Ud. brevemente

1. quién es el autor
2. cuál es el título del artículo
3. en qué revista se publicó
4. cuándo se publicó
5. de qué trata

❏ Vuelva a leer el artículo. Luego conteste las siguientes preguntas.

1. ¿Quién es James Clavell?
2. ¿Cuáles son los datos biográficos mencionados en el artículo (su nacionalidad, familia, edad, etcétera).
3. ¿De qué tratan las novelas de James Clavell?
4. ¿Cómo llegó él a escribir sobre temas orientales?
5. ¿Qué piensa de su experiencia como prisionero de los japoneses?
6. ¿Fue una experiencia negativa? ¿positiva? ¿Por qué?
7. ¿Cómo se prepara Clavell antes de escribir una novela?

❏ Haga un resumen oral en la clase de los puntos más importantes de la vida y obra de James Clavell.

PROTAGONISTAS

JAMES CLAVELL

¡El puente literario entre dos culturas diferentes!

Por OSCAR R. ORGÁLLEZ

Samurais[a] que mantienen el honor por encima de todo en la vida. Mujeres consagradas únicamente a sus esposos para mantener un juramento,[1] y que son capaces hasta de dejarse matar por obediencia... La épica de un pueblo extraordinario, cuya misma historia parece una colección de aventuras fantásticas... el mundo real que existe en el Lejano Oriente[b] y en las obras fascinantes de **James Clavell.** "Son muy pocos los libros escritos en inglés después de la guerra que sean projaponeses, pero *Shogun*[c] fue uno de ellos, afortunadamente", comenta Michael Smuin, director de la obra del mismo nombre que se representó durante un corto tiempo, y sin éxito, en Broadway.

En efecto, a James Clavell le gusta hacer sus cosas "por todo lo alto y grande", según él mismo dice. Después de cumplir 66 años[2] de edad, continúa siendo un hombre corpulento[3] que mide 180 cm[4] y pesa más de 90 kilos.[5] Sus novelas sobre el Lejano Oriente también son kilométricas;[6] cualquier lector que toma una de sus obras en sus manos sabe que tiene varias horas de lectura y, por lo menos, 500 páginas de excelente material. En 1980, cuando se pasó por la televisión una miniserie basada en su famosa novela *Shogun*, la

obra captó una teleaudiencia estimada en más de 130 millones de televidentes, un hecho sin precedentes en la historia de la TV norteamericana.

¡UNO DE LOS AUTORES MEJOR PAGADOS DEL MUNDO!

Clavell también es famoso por los anticipos[7] que suelen pagarle sus editores (por ejemplo, en 1986 recibió 5 millones por adelantado[8] de la firma William Morrow & Co. por su novela *Whirlwind (Torbellino)*... ¡una suma sin precedentes en el mundo editorial!

"Mi obra es un reflejo de mi vida", dice el autor de las también famosas novelas *Tai Pan y La Casa Noble*. "Me crié[9] dentro de una familia de militares británicos y desde pequeño aprendí el código[10] del honor militar, algo que muchas veces suele ignorarse cuando juzgamos[11] la actitud de los soldados en la guerra. Esta formación se complementó de una manera dramática durante la Segunda Guerra Mundial[d] mientras servía en el Ejército y fui capturado por los japoneses. A partir de ese instante mi vida cobró un giro totalmente distinto.[12] Mis convicciones militares y filosóficas daban al traste[13] con lo que estaba viendo. Me enviaron al campamento de Changri... un lugar más que tenebroso,[14] donde solamente 10,000 prisioneros lograron sobrevivir de una población de 150,000... enjaulados en aquel sitio siniestro.[15] Los japoneses desgarraron[16] mi corazón, pero también aprendí a conocerme interiormente, a descubrir la gran reserva que todo ser humano lleva dentro de sí mismo y que se manifiesta en las peores condiciones de la vida. Mi prisión en Changri me aportó fortaleza[17] y me dio la inspiración

---

[1] Mujeres... *Women dedicated to their husbands as a result of a promise (not by free choice).* [2] en 1991 [3] *corpulent, heavy set*
[4] 180... *6 ft.* [5] 90... *198 lbs.* [6] *very long, lengthy* [7] *advances* [8] por... *in advance* [9] me... *I was raised* [10] *code* [11] *we judge*
[12] cobró... *took on a new direction* [13] daban... *vanished, ended* [14] *dark, gloomy* [15] enjaulados... *locked up in that sinister, ill-fated place* [16] *ripped out* [17] me... *gave me strength*

PROTAGONISTAS

necesaria para escribir *El Rey Rata (King Rat*, la primera novela de Clavell)... Asimismo, me permitió adentrarme[18] en la forma de pensar de mis carceleros.[19] En medio de tanta desgracia siempre procuré entender sus motivaciones, el por qué de su crueldad, el desprecio a la vida humana... Pero también me sentía maravillado por su coraje, su disciplina interna... Hoy debo confesar que de no haber sido por[20] esa experiencia dolorosa quizás no habría escrito ninguna de mis obras".

En efecto, con sus obras posteriores—y ya desde el inicio de su carrera literaria—Clavell se reveló como un verdadero artífice[21] de la Literatura, un genio narrativo lleno de sensibilidad capaz de lanzarnos[22] dentro de la acción con la fuerza de una ametralladora[23] mientras urde tramas[24] increíblemente complejas, pero fascinantes. Clavell ha logrado lo que ambiciona la gran mayoría de escritores en su género: un público ávido de lectura que no puede despegarse[25] de la acción literaria, una técnica que mantiene el suspenso y que impide dejar el libro al lado de la cama para irse a dormir...

"Me gusta trabajar partiendo de mis propias fuentes de investigación", continúa explicando Clavell. "Tengo un verdadero archivo de recortes de periódicos recopilados[26] en mis viajes... cualquier pieza de información se convierte en un proyecto, en un nuevo *dossier*.[27] Escribir no es cuestión de sentarse y dejar que *la inspiración* fluya. Hay que ser sumamente cuidadoso si queremos ser escritores serios. Se requiere mucha vigilancia, observación, comparación de notas, investigación".

Con esa responsabilidad extraordinaria, Clavell ha logrado, a través de sus obras, un entendimiento entre culturas totalmente opuestas en muchos sentidos, pero que comparten[28] valores fundamentales idénticos y comunes. Descubrir estas relaciones es una de las grandes responsabilidades del hombre de bien. Quizás en ese descubrimiento estribe[29] en gran parte el secreto de James Clavell... sus obras son puentes entre dos mundos... una manera de unir esa gran raza de hombres y mujeres separada artificialmente por las miserias humanas. ◆

---

[18] *to gain insight, penetrate*   [19] *jailers*   [20] *if it were not for*   [21] autor, artista   [22] *plunging us, hurling us*   [23] *machine gun*   [24] urde... *he weaves plots*   [25] *tear itself away*   [26] archivo... *file of newspaper clippings collected*   [27] palabra francesa que se refiere al conjunto de todos los papeles (datos, documentos, informes) sobre un asunto   [28] *share*   [29] *lies, is found*

Notas para «James Clavell»

[a] guerrero de alto rango en el Japón feudal.
[b] Lejano... *Far East (eastern half of Asia and the islands of the Pacific)*.
[c] Poderoso señor feudal del Japón que gobernaba en representación del emperador. Su poder duró desde el año 1185 hasta 1867.
[d] Segunda... del 10 de septiembre de 1939 al 12 de agosto de 1945

CAPÍTULO 2

Lᴀ TERMINOLOGÍA

M E T A S : EN ESTE CAPÍTULO se introduce la terminología necesaria para comentar y resumir los textos de las lecturas que se presentarán en este libro.

Las ideas, conceptos, hechos, problemas y cuestiones abstractas o concretas que aparecen en un escrito se «aclaran», «comentan», «definen», «demuestran», «desarrollan», «describen», «explican» e «identifican». Es esencial saber el significado y uso de esta terminología para la expresión clara y crítica. Estos vocablos le serán indispensables al hacer el resumen del texto de cualquier escrito. También le servirán en los exámenes cuando tenga que demostrar por escrito que ha comprendido los asuntos discutidos durante el curso, haciendo uso correcto del idioma.

DEFINICIÓN Y USO DE LOS TÉRMINOS MÁS COMUNES

He aquí las definiciones de los términos más comunes acompañadas por ejemplos, y más adelante, algunos ejercicios que ofrecen unos vocablos adicionales para completar la práctica de la terminología estudiada en este capítulo.

- **aclarar** *Poner en claro.*

  EJEMPLOS: 1. El autor **aclara** la situación: no se trata de un delito sino de un accidente.
  2. La profesora **aclaró** los puntos sobre los cuales se basará la nota final en su curso.
  3. El día empezó nublado y luego se **aclaró**.

- **comentar** *Hablar* de cierta cosa expresando opiniones o impresiones personales acerca de ella.

  EJEMPLOS: 1. «El libro de Robert C. Christopher es el mejor enfoque de la cultura japonesa que tenemos hoy», **comentó** el crítico en su reseña.

2. «La moda de hoy es muy flexible. Las faldas pueden ser cortas o largas, los colores vivos o discretos; o sea, es una moda para todos los gustos», **comenta** la editora de *Vanidades.*

3. **Comente** Ud. sobre la importancia para la industria pesquera de combatir la contaminación de los océanos.

- **definir** *Explicar con precisión* el significado de una palabra o de un concepto; dar las cualidades, características o la esencia de una cosa o idea.

    EJEMPLOS:
    1. «**Defina** Ud. la palabra *librería.*» «*Librería* es una tienda donde se venden libros».

    2. «**Defina** *el estilo neoclásico*», dijo la profesora. «*El estilo neoclásico* es el estilo que obedece las tres unidades de lugar, acción y tiempo. Su expresión es clara, sencilla y sin adorno», contestó la alumna.

    3. «La *generosidad* es una virtud, el acto de dar liberalmente». Así **definió** mi padre la palabra *generosidad.*

- **demostrar (ue)** *Probar, poner de manifiesto, hacer ver la verdad* de una cosa, idea o condición.

    EJEMPLOS:
    1. El estudio **demuestra** cómo la ignorancia puede provocar la violencia.

    2. El novelista trata de **demostrar** en su obra que la verdad vence.

    3. La abuela de Pepito **demuestra** más años que los 60 que tiene.

- **desarrollar** *Ampliar; exponer con extensos detalles* una idea, un tema, un plan.

    EJEMPLOS:
    1. ¿Qué ideas **desarrolla** José Martí en su ensayo?
    2. China desea **desarrollar** aún más su industria.
    3. El tema del amor **ha sido desarrollado** por los poetas románticos del siglo XIX.

- **describir** *Delinear; decir cómo es* una persona, cosa, lugar, animal, ambiente, etcétera, por medio del lenguaje.

    EJEMPLOS:
    1. La víctima no pudo **describir** al ladrón con precisión. No sabía si era alto o bajo, gordo o flaco.

    2. El artículo **describe** la selva amazónica, en particular los árboles frondosos.

    3. Ricardo Güiraldes **describe** al gaucho pobre cuando **describe** la indumentaria de don Segundo Sombra. Dice que llevaba «un simple chanchero (sombrero)» y que sus zapatos eran tan viejos que se veía su «pie carnudo».

- **destacar** *Hacer resaltar; llamar especialmente la atención* sobre algo de lo que se dice; *recalcar* en un texto datos e ideas.

EJEMPLOS: 1. **Al destacar** las cualidades del héroe, el crítico indicó que el sentido del honor era su cualidad principal.
2. Entre los datos que se **destacan** en el artículo sobre los robots se encuentra el alto costo de su instalación.
3. **Destaqué** los temas sobresalientes del *Poema de Mío Cid* y los resumí en una página.

- **explicar**   *Hablar* sobre una cosa para hacerla llegar a comprender o conocer a otros.

   EJEMPLOS: 1. El poeta **explicó** lo que él quería decir por «poesía pura».
   2. ¿Me **explico**? ¿Me comprenden Uds.?
   3. **Explique** Ud. las razones por las cuales los océanos están contaminados.

- **exponer**   *Exhibir, mostrar, presentar, poner a la vista;* hablar de algo o decir algo para hacerlo conocer a otras personas; *manifestar.*

   EJEMPLOS: 1. El artista **expuso** su obra en el museo.
   2. El ensayo **expone** el tema de la libertad.
   3. No **expongas** la fotografía a la luz.

- **hacer hincapié**   *Dar o poner énfasis.*

   EJEMPLOS: 1. Al **hacer hincapié** en el asunto del desempleo, el autor llamó la atención del lector a su impacto en la sociedad.
   2. El economista **hizo hincapié** en los factores que produjeron la crisis.
   3. La novelista **hace hincapié** en los aspectos positivos de la situación.

- **identificar**   *Reconocer*

   EJEMPLOS: 1. En *Platero y yo* de Juan Ramón Jiménez, **identifique** las imágenes poéticas que evocan colores como, por ejemplo, «ámbar», «azabache» y «algodón».
   2. Los estudiantes tuvieron que **identificar** a los personajes principales en *Hamlet*.
   3. No es fácil **identificar** las razones del desastre.

- **narrar**   *Contar, relatar.*

   EJEMPLOS: 1. El autor **narra** la historia de su vida empezando desde su llegada a América.
   2. El niño **narra** cómo ocurrió el accidente.
   3. Al **narrar** lo que pasó, el narrador empleó muchos detalles.

- **plantear**   *Exponer un asunto* ante alguien para tratar sobre él.

   EJEMPLOS: 1. En *Doña Bárbara,* Rómulo Gallegos **plantea** el problema de la barbarie en la sociedad.
   2. ¿Cuáles son los problemas que **plantea** el autor cuando habla de los efectos de *Glasnost* en Rusia?

3. Después de **plantear** la cuestión de los derechos de la mujer, la directora resumió las propuestas más importantes.

Es importante saber el significado y uso de los verbos y frases mencionados arriba porque son indispensables para analizar el contenido de las diferentes lecturas. Los ejercicios que siguen le ayudarán en esta tarea.

EJERCICIOS

A. Vuelva a escribir cada oración empleando un verbo de la lista en lugar del verbo en letra itálica.

aclarar	explicar
definir	hacer hincapié en
desarrollar	identificar
describir	

1. *Destaqué* los datos esenciales del artículo.
2. Roberto *narró* los hechos que provocaron la crisis.
3. El vendedor *demostraba* las ventajas de sus productos.
4. El crítico *ha comentado* el texto detalladamente.
5. En su ensayo el estudiante *expone* sus sentimientos de la vida contemporánea.
6. En la conferencia el economista *plantea* el problema del hambre en el mundo.
7. Ella *comentó* el tema del heroísmo.

B. Defina los siguientes verbos con una oración, según los ejemplos que se dan arriba. Consulte el diccionario en caso de duda.

MODELO: comparar →
   Analizar dos o más ideas, cosas o asuntos para apreciar sus diferencias o semejanzas.

1. proponer	4. resumir	7. analizar
2. interpretar	5. descifrar	8. señalar
3. sugerir	6. comentar	9. reunir

C. Haga una oración empleando los siguientes verbos y sustantivos.

MODELO: sugerir / idea(s) →
   Cecilia nos sugirió algunas ideas originales para el proyecto.

1. explicar / concepto(s)	6. presentar / asunto(s)
2. enumerar / dato(s)	7. exponer / punto(s) de vista
3. interpretar / hecho(s)	8. plantear / problema(s)
4. desarrollar / tema(s)	9. destacar / criterio(s)
5. proponer / teoría(s)	10. analizar / solución (soluciones)

LECTURA 2

« AKIO MORITA »

POR LORES DE AYÚS

Hombre de mundo, Tomo 12 (1987), número 12 (diciembre)

❏ No es posible hablar de los avances tecnológicos de las últimas cuatro décadas sin mencionar el nombre de Akio Morita y el de la compañía Sony. ¿Quién no ha oído hablar de los productos Sony? ¿Y quién puede imaginar que hace algún tiempo el nombre de la Sony era desconocido? Incluimos aquí el perfil de un hombre de empresa que ha declarado que debe su triunfo a «una actitud positiva». Lea el artículo escrito por Lores de Ayús y note que el perfil de Akio Morita es en parte el perfil de la Sony.

❏ Con referencia al artículo sobre Akio Morita, diga Ud. brevemente

    1. quién es el autor   3. cuándo se publicó
    2. en qué revista se encuentra   4. de qué trata

❏ Vuelva a leer el artículo. Luego conteste las siguientes preguntas.

A. Sobre Akio Morita

    1. ¿Quién es y qué puesto ocupa en la Sony?
    2. ¿Cuántos años tiene actualmente?
    3. ¿De dónde es?
    4. ¿Cuáles fueron los intereses de su niñez que influyeron en su vida?
    5. ¿En qué se especializó en la Universidad de Osaka?
    6. ¿Cuál es su filosofía personal?
    7. Según Akio Morita, ¿qué es lo que cuenta en la vida?

B. Sobre su obra y sobre la empresa Sony

    1. ¿En qué año se fundó la Sony? ¿Quién la fundó?
    2. ¿Cuáles han sido los productos más famosos de esta firma?
    3. ¿Cómo contribuyó Akio Morita al enorme éxito de la Sony?
    4. ¿Les fue fácil vender los productos de la Sony en los primeros años?
    5. ¿Qué importancia tiene Leo Esaki para la Sony?
    6. ¿Cómo encarna Akio Morita las virtudes de un hombre de fe?

❏ Conteste con unas oraciones o con un párrafo breve.

    1. ¿Qué le *sugirió* la firma norteamericana a Akio Morita como condición para distribuir los radios a transistores producidos por la Sony?
    2. ¿Qué *propuso* hacer Akio Morita en lugar de poner el nombre de la compañía norteamericana a los productos de la Sony?

3. ¿Qué *demuestra* este episodio del carácter de Akio Morita?
4. *Narre* brevemente cómo empezó Akio Morita su carrera.
5. *Señale* los valores de su familia que le fueron útiles en su carrera.
6. *Comente* el punto de vista de Akio Morita sobre las relaciones comerciales entre el Japón y los Estados Unidos.

PROTAGONISTAS

Por Lores de Ayús

Akio Morita

"En la vida se puede lograr todo siempre y cuando la enfrentemos con optimismo y una actitud positiva, jamás derrotista"[1]

"Cuando quisimos vender por primera vez nuestros productos en Occidente se nos acercó una poderosa firma norteamericana poseedora de una gran red[2] de distribución. A nosotros nos interesaba extraordinariamente distribuir los nuevos radios a transistores creados en Japón. La compañía accedió[3] a venderlos en Norteamérica... bajo una condición: 'si está de acuerdo quitamos el nombre de Sony en los productos y ponemos el nuestro. Estamos seguros de hacer una venta multimillonaria'. Se trataba de una oferta atractiva llena de ganancias y ventajas económicas.[4] Inclusive,[5] el resto de la gente en Tokio estuvo de acuerdo en principio. Sin embargo, yo insistí en que el nombre Sony debía aparecer en los radios. 'Usted está actuando inmaduramente', fue la respuesta que me dieron. 'El nombre de Sony nadie lo conoce en este país, sin embargo, el de nuestra compañía ha estado en el mercado ¡por más de cincuenta años!'. Entonces volví a insistir y sencillamente le pregunté '¿Hace cincuenta años quién conocía el nombre de su compañía?'". Después de aquella entrevista la firma Sony irrumpió[6] en el mercado norteamericano y en el resto del continente.

Akio Morita, el actual presidente de la poderosa corporación japonesa Sony desde 1976—la firma se fundó en 1946 y en ese año Morita fue su cofundador y principal socio—es un dinámico ejecutivo de 64 años[a] que encarna los valores más positivos del pueblo japonés. "Nosotros no obligamos a nadie a que compre nuestros productos", continúa. "Si el público se ha decidido a convertirse en nuestros clientes es por la calidad y el precio que ofrecen los productos japoneses. Hace muy pocos años no se conocían los grabadores[7] y reproductores de videocassettes, los

---

[1] *defeatist* [2] *network* [3] *agreed* [4] ganancias... *earnings and economic advantages* [5] *Not only that* [6] *invadió* [7] *recorders*

discos compactos y los radios ambulantes,[8] por ejemplo. Hoy son equipos comunes en cualquier lugar y se encuentran además en pleno desarrollo porque nuestros ingenieros no quieren dormir...". Para Morita "todo se puede lograr en la vida cuando se tiene una actitud positiva y mucho optimismo y confianza en los propios recursos".[9]

"No pienso que la Betamax fue un error. Vendimos muchísimos equipos, pero han transcurrido diez años y según nuestro criterio el formato está pasado de moda y no es ya el más adecuado. Por eso estamos introduciendo la Super Beta, capaz de ofrecer un gran poder de resolución, inclusive de calidad profesional. Los fracasos[10] no existen. En el fondo, sólo cuentan las experiencias...".

Una historia de quince generaciones

La historia de Morita y la de la Sony es una historia muy vieja. La misma historia de los habitantes de un archipiélago[11] volcánico muy pobre en recursos naturales en el que se debe trabajar muy duro para poder sobrevivir. El fundador de la Sony, Masaru Ikuba, a quien Morita describe como un genio, sabía que para poder competir con las poderosas Matsushita, Hitachi y Toshiba había que lanzar al mercado nuevos productos antes que sus competidores. "Y así lo hicimos", continúa Morita. "Desde los primeros radios y televisores transistorizados de los años 50 al *Walkman*, el video doméstico, el *Trinitron* y otra infinidad de productos demuestran la posición de vanguardia[12] de nuestra firma que combina osadas inversiones[13] con los

adelantos tecnológicos más modernos. Precisamente, ese esfuerzo ha tenido muchas recompensas.[14] Una de ellas ha sido la otorgación del Premio Nobel de Física a Leo Esaki en el año 1973 por el descubrimiento del *efecto túnel* de los diodos[15] mientras trabajaba para nuestra firma en el desarrollo de los transistores".

El actual Presidente de la Sony es el primogénito[16] de una familia cuyas[17] quince generaciones anteriores se han dedicado a destilar el sake.[18] "Desde pequeño tuve dos intereses que nutrieron mi vida", nos dice, "las reuniones de la sociedad de familia y la música clásica. Desde entonces me sentí modernizado porque mi padre me obligaba a participar en esas reuniones y mi madre me fascinaba con su colección de música y sus fonógrafos. Quizás por eso estudié Física en la Universidad de Osaka".

"Mi interés siempre ha sido poder innovar y crear nuevos productos. Sin embargo, cada vez que esto ocurre, el consumidor debe saber que existe todo un trabajo de respaldo[19] técnico y científico que permite lograrlo. Siempre he tenido un gran interés en la música y la reproducción del sonido, quizás por eso me hice ingeniero electrónico, y es por eso también que siento una gran satisfacción con el disco compacto que creamos en la Sony. Entiendo que se trata de la innovación más importante y significativa que existe en este campo desde que Thomas Edison[b] inventó el fonógrafo. El sistema estereofónico actual suena bien, pero continúa basado en los mismos principios descubiertos por Edison: la aguja y la vibración mecánica. El disco

compacto es algo diferente: efectuamos la grabación de una manera digital y la reproducimos con rayos laser lo cual permite una reproducción fidelísima".

La empresa japonesa en el mercado de Estados Unidos

"Con respecto a nuestras relaciones comerciales con Estados Unidos éstas marchan bien, a pesar de algunas incomprensiones", continúa. "En algunas ocasiones se exageran los problemas y se ejerce una influencia negativa sobre personas impresionables. Por ejemplo, en Japón, las compañías norteamericanas están haciendo muy buenos negocios. La IBM y la Burroughs son muy fuertes y más de un 63 por ciento de las 300 compañías principales norteamericanas tienen operaciones conjuntas[20] y subsidiarias en Japón. La Cámara Americana de Comercio en Tokio tiene 700 miembros. Esto lo digo porque existe una falsa impresión que 'Japón está cerrado a las inversiones extranjeras', lo cual no es cierto en lo absoluto. Japón tiene mercados muy abiertos, pero como todo país, tiene sus restricciones y regulaciones. Cualquier compañía extranjera puede llegar a Japón y con la inversión y esfuerzo necesarios puede llegar a ser muy próspera. Cualquier inversión en un país extranjero siempre tiene dificultades y esto lo saben perfectamente los ejecutivos de todas las grandes empresas que realizan operaciones fuera de su país. Japón no es una excepción, pero también es un magnífico lugar para desarrollar cualquier empresa cuyas condiciones lo permitan".

---

[8] *portable*   [9] propios... *one's own means, resources*   [10] *failures*   [11] un conjunto de islas (se refiere al Japón)   [12] que va delante de los demás   [13] osadas... *bold investments*   [14] *rewards*   [15] *vacuum tubes used in electronic equipment*   [16] *firstborn*   [17] *whose*   [18] bebida alcohólica que se destila del arroz   [19] *support*   [20] *joint*

Notas para «Akio Morita»
[a] edad que tenía en 1987, cuando se publicó el artículo
[b] Inventor y físico estadounidense (1847–1931). Inventó la lámpara de incandescencia y el fonógrafo, entre muchos otros inventos.

CAPÍTULO 3

Cómo elaborar un resumen

M E T A S : **EN EL PRIMER** capítulo de esta unidad, se explicó cómo resumir la información esencial que se presenta en un artículo. Para ello se usaron diferentes textos breves con el propósito de que aprendiera a resumir diferentes tópicos. En este capítulo se aplicará la misma técnica a un artículo completo dedicado a un solo tema. Ud. podrá aprender la técnica tomando parte activa en el proceso.

MÉTODO PARA ELABORAR UN RESUMEN

El método para elaborar un resumen que se presenta en este capítulo se va a explicar punto por punto empleando el artículo «Carlos Adolfo Ott», escrito por Romeo F. Franco Caputi publicado en *Hombre de mundo*, enero 1986. También se presenta un resumen modelo, con el fin de que vea el resultado del método. Si quiere, lea ahora el resumen modelo (página 32) y los comentarios sobre él (páginas 32–33) para tener una idea general de lo que van a aprender a hacer.

Como Ud. ya sabe, el resumen de un artículo o de un texto más extenso es una sinopsis de las ideas principales. Los datos se deben exponer claramente, con oraciones breves y sencillas, sin adornos ni comentarios. El objetivo es informar y no influir en el lector. He aquí el bosquejo de un método sencillo para elaborar un resumen que le puede servir de guía.

- Lea por primera vez
- Lea por segunda vez y subraye
- Repase, observe y apunte
- Reflexione
- Seleccione y ordene
- Escriba

Al leer los siguientes comentarios sobre el método, siga los pasos recomendados, leyendo el artículo del arquitecto Ott como si fuera una tarea.

A   LEA POR PRIMERA VEZ

La primera lectura le ayudará a comprender de qué trata el artículo. Aunque no entienda todas las palabras, lo esencial es que tenga una idea general de lo que dice el autor. Lea por primera vez, fijándose en el título, el nombre del autor, la fuente de procedencia, la fecha de publicación y el contenido del artículo en líneas generales.

B   LEA POR SEGUNDA VEZ Y SUBRAYE

La segunda lectura sirve para destacar las ideas principales y para subrayar los datos importantes antes de empezar a ordenarlos y escribir el resumen. Lea por segunda vez con cuidado antes de subrayar los datos escenciales. Vea en el modelo que sólo las palabras clave están subrayadas.

C   REPASE, OBSERVE Y APUNTE

Ahora repase una vez más el artículo y observe la estructura del mismo y cómo el autor presenta los datos personales, académicos y profesionales del arquitecto. Vea en el modelo los temas apuntados para destacarlos. Los va a usar en los siguientes pasos de este método.

D   REFLEXIONE

Ahora reflexione por unos momentos. Sin leer de nuevo, trate de recordar los datos y temas expuestos en el texto. Pregúntese: ¿Qué es lo esencial de lo que dice el autor?

E   SELECCIONE Y ORDENE

Seleccione los datos que quiere incluir en el resumen y ordénelos en un orden lógico. No tiene que seguir estrictamente un orden cronológico. Los temas apuntados al margen del artículo le pueden ser útiles en este paso.

F   ESCRIBA

Es hora de escribir el resumen. Recuerde que un resumen es una síntesis de los datos y conceptos esenciales. En el primer párrafo, mencione los datos de publicación (nombre del autor, título del artículo, nombre de la revista, fecha de publicación). Luego resuma los datos principales acerca de Ott, su trabajo y su filosofía personal. Por fin, escriba la conclusión. Lea el resumen modelo y analice el contenido de cada párrafo.

Carlos Adolfo Ott

Por Romeo F. Franco Caputi

PERSONAL

*T*iene sólo 38 años,[a] pero el uruguayo *Carlos Adolfo Ott* ya está considerado como "uno de los mejores arquitectos del mundo". Un título bien merecido, ya que no son muchos los que pueden darse el lujo[1] de tener al Presidente de Francia entre sus clientes. Ott adquirió notoriedad mundial[2] cuando se conoció que uno de sus proyectos había resultado ganador[3] entre 750 presentados en el concurso[4] que el Presidente *François Mitterrand*[b] convocó para "la construcción de la primera ópera en La Bastilla", un gigantesco complejo de 100,000 metros cuadrados,[5] destinado a conmemorar, en 1989, el bicentenario de la Revolución francesa.

"El proyecto de La Bastilla[c] me llevó mucho tiempo y lo hice casi todo *en el aire*...trabajando en los vuelos entre varias ciudades del mundo", subraya[6] el joven arquitecto. "Fue un trabajo que me entusiasmó desde el principio. Pensé mucho en la forma de llevarlo a cabo,[7] hasta en sueños, consciente de que estaba trabajando para una obra arquitectónica[8] en la cual se hacía historia en Francia... ¡y, con gran satisfacción, lo conseguí!".

La ópera de La Bastilla será el centro del arte dramático de París, acondicionado para que la música que allí se ejecute tenga un excelente grado de sonoridad...[9] "el mejor y más perfecto sonido del mundo", afirma[10] Ott. También se realizarán presentaciones especiales de *ballets*, tanto franceses como de otros países.

La construcción de esta colosal obra consumirá varios años. En efecto, el proyecto debe ser inaugurado el 14 de julio de 1989, con la asistencia de presidentes, primeros ministros, príncipes, reyes y "gente elegida" de los cinco continentes.

Será el mayor acontecimiento[11] de este siglo en Francia...", señaló[12] a los periodistas, hace poco tiempo, el Presidente Mitterrand. "Profesionalmente, representa una gran responsabilidad y un colosal desafío",[13] enfatiza[14] Ott. "No es una obra común y corriente. Se trata nada menos que del proyecto más ambicioso del mundo para el arte lírico".[d]

Este profesional de la arquitectura encarna[15] el viejo dicho de "nadie es profeta en su tierra". En 1971, después de recibirse de arquitectura con las notas más brillantes, dejó su país natal y salió "a recorrer el mundo".

EDUCACIÓN

Al día siguienta de conseguir el título, recibió una beca[16] para estudiar en la Facultad de Arquitectura de Missouri (E.U.A.),[17] pasando luego a la Universidad de Washington donde, tras dos años, obtuvo una maestría[18] en Arquitectura y Diseño Urbano.

PROFESIONAL

Trabajó seguidamente en una compañía de arquitectos de Atlanta, Georgia, recorrió Estados Unidos "de punta a punta", y luego fue contratado en San José, Costa Rica. En 1974 pasó a formar parte de un prestigioso estudio de arquitectos en Toronto, Canadá (donde actualmente reside con su esposa y dos hijas) y participó directamente en la delineación[19] del Museo Real de Ontario. En 1979 se incorporó como socio a la *Cadillac Fairview*, que es la primera compañía en importancia del Canadá, con obras diseminadas[20] por todo el planeta, trabajando en el diseño del Aeropuerto de Katmandú, Nepal,[e] y en la sede de *I.B.M.* en Canadá, entre otras grandes obras.

PERSONAL

A simple vista no parece un hombre de tantos éxitos... conserva la sencillez, viste con pantalones vaqueros[21] y concede pocos reportajes:[22] "Me gusta diseñar, no hacer publicidad...", confiesa. Periódicamente viaja a su país "para descansar de tanto ajetreo,[23] reunirme con mi familia, ir a la playa y jugar al fútbol", de acuerdo a sus propias palabras.

Y cuando llega el momento de analizar su éxito, siempre confiesa lo mismo: "Todo se debe al trabajo y al esfuerzo de tantos años. La suerte nunca viene sola. Si uno se entrega con la más absoluta dedicación a los estudios y al trabajo, siempre conseguirá lo que se proponga. En mi caso, el proyecto de *La Bastilla* no es el fin de mis esfuerzos y de mi carrera... Continuaré estudiando y trabajando como el primer día que me recibí de arquitecto", termina diciendo este genial creador, al que un periodista calificó como "Napoleón[f] de la arquitectura, el conquistador del diseño urbano". ∎

---

[1] darse... *have the luxury* [2] adquirió... *became world famous* [3] *the winner* [4] *contest* [5] *square* [6] *emphasizes*
[7] llevarlo... *carrying it out* [8] *architectural* [9] grado... *sound quality* [10] *asserts, affirms* [11] *event* [12] *pointed out* [13] *challenge*
[14] *emphasizes* [15] *embodies* [16] *scholarship* [17] Estados Unidos de América [18] *Master's degree* [19] *design* [20] *located,*
disseminated [21] pantalones... *jeans* [22] concede... *he gives few interviews* [23] *bustle, agitation*

Notas para «Carlos Adolfo Ott»: página 32.

RESUMEN MODELO

Introducción

Datos biográficos

Formación
académica
y logros
profesionales

Detalles de su
vida privada y
filosofía
personales

> CARLOS ADOLFO OTT
>
> En la revista *Hombre de mundo* de enero de
> 1986, Romeo F. Franco Caputi escribe sobre
> Carlos Adolfo Ott, un arquitecto uruguayo de
> 38 años de edad. Éste ganó un concurso interna-
> cional convocado por el presidente de Francia,
> François Mitterrand, para la construcción de la
> ópera de la Bastilla para conmemorar el 14 de
> julio de 1989, el bicentenario de la Revolución
> Francesa. Será el centro artístico de París.
>
> Ott obtuvo su título en arquitectura en 1971
> en Uruguay. Luego fue al extranjero. Recibió
> una beca para continuar sus estudios en la Uni-
> versidad de Missouri. Después ingresó en la
> Universidad de Washington donde obtuvo una
> maestría en Arquitectura y Diseño Urbano.
> Trabajó en Atlanta, Georgia, en San José, Costa
> Rica, y en Toronto, Canadá, donde vive actual-
> mente. En 1979 se hizo socio de la Cadillac
> Fairview, una firma importante de Toronto
> donde desempeñó trabajos valiosos, entre ellos
> el diseño del aeropuerto de Katmandú y la
> sede de I.B.M. en Canadá.
>
> Este destacado arquitecto muy trabajador es
> muy sencillo. Vive con su esposa y dos hijas en
> Toronto.

Aproximadamente 170 palabras y 11 oraciones

COMENTARIOS SOBRE EL RESUMEN MODELO

El resumen modelo tiene las siguientes características.

- Empieza con un párrafo de tres oraciones que contiene el nombre del
  autor, el título del artículo, el nombre y la fecha de publicación de la
  revista, y explica por qué Ott es el objeto del artículo y por qué es
  importante el proyecto que realizó.

Notas para «Carlos Adolfo Ott»

[a] edad que tenía en 1986

[b] elegido presidente de Francia

[c] una prisión considerada como símbolo del poder de la monarquía francesa. Fue asaltada el 14 de julio de 1789
   durante la Revolución Francesa (1789–1799) y los presos puestos en libertad. Luego el edificio fue arrasado.

[d] arte... obras de teatro principalmente musicales, como la ópera

[e] estado de Asia Central, situado entre la India y el Tíbet

[f] alusión a Napoleón Bonaparte (1769–1821), emperador de Francia famoso por sus conquistas militares

- En el segundo párrafo se resumen en seis oraciones los datos biográficos relacionados con la formación académica de Ott y sus logros profesionales.
- En el tercero y último párrafo se resumen los detalles de su vida privada y su filosofía de la vida.
- El resumen es breve; consta de aproximadamente 170 palabras y once oraciones concisas, en las cuales los datos son presentados de una manera objetiva y clara.

PARA TERMINAR, ALGUNOS CONSEJOS

1. Antes de escribir...
   - piense en cómo va a organizar la información.
   - utilice el concepto de las cinco preguntas para hacer mentalmente una síntesis de los datos sobresalientes que piensa incluir en el resumen.
   - Fíjese en lo subrayado y los apuntes que Ud. ha hecho en el margen.
2. Al escribir el resumen, presente los datos con oraciones originales suyas. No es aceptable copiar lo escrito por el autor ni parafrasear el contenido del artículo.
3. Al terminar el resumen, lea su trabajo por lo menos una vez. Asegúrese de que está completo, que no ha olvidado ningún dato importante.

EJERCICIOS

A. Ud. va a preparar un resumen de un artículo, publicado en *Hombre de mundo* de diciembre 1985, sobre Boris Becker, el tenista alemán que, a una temprana edad, ganó el campeonato de tenis en Wimbledon. A pesar de sus muchos triunfos profesionales, Becker es un joven como los demás en cuanto a sus gustos e intereses. Y también, como muchos jóvenes, él tuvo que demostrar su habilidad cuando la Federación Alemana de Tenis no tenía fe en él.

❏ Lea el perfil de Becker. Con referencia al artículo, diga Ud. brevemente

   1. quién es el autor.
   2. cuál es el título del artículo.
   3. en qué revista se publicó.
   4. cuándo se publicó.
   5. de qué trata.

❏ Vuelva a leer el artículo. Luego resuma el contenido del artículo siguiendo la técnica explicada en este capítulo. No se olvide de incluir los siguientes detalles.

   1. ¿Quién es Boris Becker? (nacionalidad, ocupación, edad, lugar de nacimiento)

2. ¿Cuál es su formación profesional? (entrenador, primer entrenamiento, logros profesionales)
3. ¿Cuáles son algunos datos personales que se mencionan? (apodo,
   intereses, filosofía)

B. Busque en una revista o periódico un artículo sobre un(a) artista,
atleta, escritor(a), científico/a u otra persona famosa y escriba un
resumen de ese artículo.

PROTAGONISTAS

BORIS BECKER: "No juego por dinero, sino por amor al deporte"

Por Lores de Ayús

Prácticamente nadie tenía fe en sus posibilidades. Ni aún la misma Federación Alemana de Tenis, cuyos ejecutivos llegaron a declarar con la tranquilidad que les da el hecho de permanecer sentados en sus butacones de cuero[1] "Boris Becker no sirve para el tenis". Tal vez por eso, cuando este muchachón típicamente alemán consiguió el Campeonato de Wimbledon,[a] el mundo entero no terminaba de salir de su asombro[2] La admiración aumentó cuando, entre otras estadísticas[3] fabulosas, se descubrió que a sus 17 años, Becker era el tenista más joven que triunfaba en la ya centenaria historia de Wimbledon. Un record que, sin duda, tardará en ser superado.

Sus jóvenes antecesores no lograron el triunfo que Boris ha obtenido en tan breve tiempo. Bjorn Borg debutó en Wimbledon a los 17 años, pero no pudo ganar hasta que cumplió los 20; McEnroe llegó a semifinales a los 18 años, pero hasta los 22 no pudo llegar al campeonato; Connors ganó el torneo a los 21 años y Rod Laver a los 22.

Antes los alemanes tenían un tenista; hoy tienen un héroe

Aunque su manager, Jon Tiriac (el extenista rumano,[4] campeón de hockey sobre hielo y luego buscador de talentos y administrador de Ilie Nastase y Guillermo Vilas[5] entre otros) siempre tuvo fe ciega en Boris, en el torneo de Wimbledon fue el primero en asombrarse. Sobre todo cuando antes de comenzar el torneo londinense[6] ya su muchacho se encontraba en el puesto

29 dentro del *ranking* de los jugadores profesionales del mundo.

"Esto va a cambiar el tenis en Alemania", exclamó Boris al recibir su triunfo, en un gesto[7]tan espontáneo que pocos pudieron calificarlo de inmodestia. "Soy el primer ganador alemán en Wimbledon...¡ahora tienen un héroe!". En efecto, Boris Becker es el primer alemán que logra ganar en Wimbledon, cuyo torneo es ciertamente una especie de campeonato del mundo. Aquel triunfo no fue el único, ya que poco después gracias a su juego los alemanes eliminaron a los americanos de la Copa Davis. Hoy, sin duda, Boris es uno de los contrincantes[8] más peligrosos que deben enfrentar[9]sus competidores en los próximos campeonatos, ya que con esa edad, Becker tiene aún mucho que ofrecer.

Al regresar a su ciudad natal[10]de Leimen (un pequeño centro industrial del Baden-Würtenberg) el alcalde estaba esperándolo con una gran fiesta popular. "Se distribuyeron cientos de cervezas gratuitas entre todo el mundo", dice Boris. "Bueno, ¡cuando yo digo que ahora tienen un héroe!", continúa. "¡Hasta mis maestros llegaron a decir que yo soy uno de sus mejores alumnos y que, de no haber sido por[11] mi pasión al tenis, podría ser[12]hasta brillante! La verdad es que no tengo tan malas notas, aunque no me considero un alumno extraordinario... Bueno... no tengo problemas con los idiomas extranjeros, sobre todo con el inglés y el francés... Pero ahora toda mi vida gira alrededor[13]del deporte. Nunca pensé que iba a ganar tan pronto en

Wimbledon. Fue algo muy importante, sin duda. Pero sueño con aumentar mis triunfos y ganar la mayor parte de los campeonatos en el futuro".

"El dinero que ha ganado en Wimbledon, francamente no me interesa. Se lo entregué a mis padres que podrán administrarlo mucho mejor que yo... aunque me guardé unas cuantas libras esterlinas para comprarme unas buenas raquetas[14] ¿Sabe? Yo creo que ➡

---

[1] butacones... *leather chairs*   [2] *astonishment*   [3] *statistics*   [4] de **Rumanía**   [5] Ilie... tenistas de fama internacional   [6] torneo... *tournament of London* (*reference to the Wimbledon championship*)   [7] *gesture*   [8] *opponents*   [9] *confront*   [10] donde él nació   [11] de... *had it not been for*   [12] podría... *I could have been*   [13] gira... *revolves around*   [14] libras... *pound sterling* (*monetary system of England*)

muchos jóvenes se pierden porque piensan demasiado en el dinero. Eso es algo que no me preocupa. Para mí lo principal es poder realizarme como persona. Si se pone el dinero como una meta[15] en la vida se puede decir que se está muy desorientado... esa persona es capaz de todo—lo mejor y lo peor—con tal de lograr hacer plata. Y yo me pregunto... ¿serán realmente felices después de lograr tanto dinero?".

Boris tendrá una buena oportunidad para poner a prueba sus ideas ya que el torneo de Wimbledon le proporcionó nada menos que 130.000 libras esterlinas (un equivalente aproximado de US$180,000) los cuales se suman a sus ganancias anteriores de 110.000 libras (aproximadamente unos US$150,000), y que de facto le convierten en un joven cuya fortuna es superior a un cuarto de millón de dólares.

"Wimbledon tuvo un momento muy triste para mí"

"El momento más triste que tuve en Londres fue después del triunfo", continúa Boris. "Mis padres me dieron una noticia que habían mantenido en secreto para no afectar mi juego. Mi abuelo paterno Franz había muerto unos pocos días antes de iniciarse[16] el torneo, pero en mi familia hicieron una reunión y todos acordaron[17] no darme la noticia hasta que terminara el campeonato. Yo quería mucho a mi abuelo. Si hubiera sabido la noticia de su muerte estoy seguro que me hubiera afectado mucho. Sin embargo, sé que él estará orgulloso de mí dondequiera[18] que esté en estos momentos".

Cuando uno mira al joven Boris resulta incomprensible pensar que este muchachón algo desaliñado,[19] que aún conserva en su modo de andar y comportarse una adolescencia reciente, se haya convertido en el adversario más temible[20] de los veteranos tenistas de Wimbledon.

En efecto, el campeón Boris es en esencia un joven como cualquier otro muchacho de su edad. Hablar con él es casi imposible. Cuando no está jugando tenis permanece constantemente con un par de audífonos en sus oídos escuchando música pop, rock, o *new wave*. Si a este aislamiento "musical" se une la superprotección que le dispensa[21] en todo momento su manager Tiriac, se comprenderá lo arduo que resulta[22] para sus admiradoras tratar de conquistar el corazón del campeón. Algo que, por otra parte, no preocupa demasiado a Becker. Al menos por el momento. Hoy por hoy,[23] toda su ilusión está concentrada en el tenis. Vive por y para ese deporte. A pesar de que no se inició muy pronto. Sobre todo si se compara con esos miles de niños a quienes sus padres regalan una raqueta antes de que empiecen a caminar.

"Yo empecé a jugar tenis cuando tenía trece o catorce años", continúa. "Pero vi mi primer torneo cuando tenía ocho años nada más. Mi padre (Karl Heinz) me construyó una cancha de tenis[24] en la casa y me puso una raqueta en la mano".

En esa época Boris Becker no era todavía. "Boom Boom", el apodo[25] con que se le conoce desde su triunfo en Wimbledon. Su éxito ha borrado de la memoria de sus compatriotas una imagen de otros tiempos: la del Barón von Vramm, finalista tres veces en Wimbledon (en los años 1935, 36 y 37).

El Barón entraba a la cancha impecablemente vestido, hacía reverencias a los miembros de la familia real y amaba el champagne y el caviar, la distinción y el refinamiento. "Boom Boom" no es nada de eso. Es una máquina construida para dar golpes con la raqueta y que afirma no tener miedo de nada. "¿McEnroe? ¡Ese también caerá en la lista!".[26] Si las glorias del triunfo resquebrajan[27] su disciplina no habrá más "Boom Boom". Afortunadamente para los alemanes, este joven campeón-héroe de Leimen parece no tener otra cosa en qué pensar que su raqueta de tenis... y mientras siga con ese impulso, los veteranos[b] de Wimbledon no podrán estar tranquilos. ◆

---

[15] *goal*   [16] *began*   [17] *agreed*   [18] *wherever*   [19] *untidy*   [20] *feared*   [21] da   [22] lo... *how difficult it is*   [23] Hoy... *right now*   [24] cancha... *tennis court*   [25] *nickname*   [26] caerá... *will be on the list (of those I will beat)*   [27] *crack, debilitate*

Notas para «Boris Becker»
[a] distrito residencial de Londres, Inglaterra, donde tiene lugar el famoso campeonato anual de tenis
[b] alusión a los tenistas experimentados con los cuales jugará Becker en el futuro

LECTURA 3

« RETRATO QUEBRADO... »

POR RAMIRO CRISTÓBAL

Cambio 16, 29 de febrero de 1988

❏ La obra artística de la pintora mexicana Frida Kahlo expone el dolor que ésta sufrió física y emocionalmente durante su vida. Una mujer extraordinaria por su voluntad, individualismo, originalidad y valentía, Frida supo convertir su realidad en arte y belleza. En su artículo sobre Frida, Ramiro Cristóbal presenta aspectos de la vida íntima y artística de esta famosa pintora. Lea el artículo ahora.

❏ Conteste las siguientes preguntas.

1. ¿Quién fue Frida Kahlo?
2. ¿Por qué se titula el artículo sobre ella «Retrato quebrado»?
3. ¿Cómo describiría Ud. el temperamento de Frida Kahlo?
4. ¿Cuál fue la temática de su pintura y por qué?
5. Fuera de su trabajo, ¿qué otros intereses tuvo ella en la vida?

❏ Resuma el contenido del artículo.

❏ Busque algunos datos adicionales sobre cada uno de los siguientes tópicos y resúmalos.

1. André Breton
2. Diego Rivera
3. León Trotski
4. otros muralistas mexicanos (por ejemplo, Siqueiros, Orozco)
5. la Revolución mexicana

Retrato quebrado de Frida Kahlo

Frida Kahlo comienza a ser reivindicada como la mejor pintora de México

Ramiro Cristóbal

UN dia de la primavera de 1938, André Breton[a] dijo a Frida Kahlo: «Su sufrimiento se ha transformado en poesía en su pintura.»
A ella no le hizo mucha gracia ni la frase ni el personaje. No le gustaba que añadieran literatura a su forma de pintar y no le gustaba Breton, que era un hombre guapo y majestuoso, pero que le parecía frío, afectado y solemne.

Sin embargo, retóricas aparte, la frase definía, con bastante exactitud, los orígenes de una obra que muchos comienzan a considerar como la más importante de su país.

El sufrimiento de que hablaba Breton, el incesante[1] y terrible dolor físico, fue una constante en la vida de Frida Kahlo. El dolor de un cuerpo roto, quebrado desde la niñez, precedió al arte y, seguramente, estuvo en su comienzo. El dolor empujó a la niña a la soledad, y ésta se expresó a través de la pintura. El cuerpo, postrado[2] e inmóvil largos meses, dio el tiempo y la oportunidad a los pinceles.[3]

LA COLUMNA ROTA. Así mismo, *La columna rota* es el título de uno de los más famosos cuadros de Frida Kahlo. En él se ve a la propia Frida llorando y, a través del tórax abierto, aparece una columna griega rota en varios lugares; el cuerpo está lleno de clavos[4] que se introducen en la carne: son puntos dolorosos. Un corsé, a lo largo del tronco, parece que quiere impedir que esa ruina se desmorone.[5]

Frida había tenido polio de pequeña y tuvo, siempre, una pierna casi inutilizada. No obstante, la gran tragedia de su vida tuvo lugar cuando contaba menos de veinte años: un tren arrolló[6] a un autobús municipal en el que viajaba la joven.

Los resultados del accidente fueron terribles: sufrió múltiples fracturas en la columna vertebral y quizá lo más impresionante fue que un pedazo del pasamanos de hierro[7] atravesó su pelvis de parte a parte. El informe médico decía «entró por la cadera[8] y salió por el sexo». Y la propia Frida escribió: «A mí, el pasamanos me atravesó como una espada al toro.»[9]

No murió, pero estuvo más de un año inmóvil sobre una cama con un corsé de yeso que abarcaba[10] casi todo el cuerpo. No era la primera vez que padecía[11] esta triste y obligada quietud llena de dolores, pero sí la más prolongada.

Su padre, el fotógrafo alemán Wilhelm Kahlo, su madre y sus hermanas trataron de aliviar[12] en lo posible su situación. No se sabe a quién se le ocurrió una extraña idea: colocar sobre la cama un baldaquín[13] con un espejo en la parte inferior.

Frida Kahlo

---

[1] *never ending, incessant*   [2] *lying on her back*   [3] *brushes (for painting)*   [4] *nails*   [5] impedir... *keep the ruin (i.e., her spine) from crumbling*   [6] *ran into*   [7] pasamanos... *iron railing*   [8] *the hip*   [9] me... *passed through me (pierced me) like a sword through a bull*   [10] *covered*   [11] sufría   [12] *alleviate, ease*   [13] *canopy*

Frida Kahlo y Diego Rivera

Frida podía, así, verse todo el cuerpo enyesado[14] cada vez que abría los ojos. Al principio, esto fue una visión de pesadilla; luego, con el tiempo, comenzó a transformar su horror, su piedad y su esperanza en pintura. De esta forma comenzaron los autorretratos.

Frida conoció a Diego Rivera cuando aún era una niña. Por entonces, Diego, que era veintiún años mayor, ya era un pintor conocido y cotizado.[15] Su exuberante forma de ser y su agresiva actitud comunista le hacía el centro de todas las polémicas. Frida no le tuvo el menor respeto: Diego estaba haciendo uno de sus gigantescos murales y había de encaramarse[16] a una escalera. Frida untó de jabón los escalones[17] con la sana intención de abreviar sus días sobre este triste mundo.

Los biógrafos dicen que, por fortuna, Diego no subió al día siguiente. En cambio, uno de sus discípulos lo hizo y resbaló aparatosamente.[18]

Años más tarde, la incipiente[19] artista volvió a ver al maestro. Lo sedujo inmediatamente —cosa nada difícil con Diego— y consiguió que la pidiera en matrimonio. A su familia no le gustaba el pintor; decían que parecía un sapo gordo.[20] Será —decían— el matrimonio de un elefante y una paloma.

El señor Kahlo, metódico como de costumbre, paró, un día por la calle, a Rivera, y le dijo: «Veo que se interesa por mi hija. Bueno, señor, quiero avisarle. Frida es una chica inteligente, pero tiene un demonio escondido.[21] Un demonio escondido.» «Lo sé», contestó Diego. «Bueno, yo cumplí con mi deber»,[22] dijo el padre de Frida, y se alejó tranquilamente.

El matrimonio de Diego y Frida recorrió todas las estaciones del amor y del dolor. Frida, al lado de Diego, aprendió muchas cosas: el espíritu profundo del pueblo mexicano, el placer de apoyarse[23] en un hombre fuerte, los grandes secretos del trabajo incansable. En cambio, nunca aprendió a pintar con él. Ella sabía que sus dos estilos eran radicalmente distintos: Diego volcado hacia afuera,[24] ella perennemente asomada a su intimidad.[25]

En cambio, sus relaciones personales fueron duras. Diego era una fuerza de la naturaleza y la sucesión de sus amantes era interminable. Aunque generalmente de poca trascendencia, los amores de Diego Rivera abarcaron desde su primera mujer, Guadalupe Marín, hasta las actrices Paulette Goddard y María Félix.

UN DIARIO. En París vivió diez años con la pintora rusa Angelina Beloff, luego volvió a México y la siguiente vez que la vio pasó a su lado sin reconocerla. (Véase la correspondencia de Angelina en *Querido Diego, te abraza Quiela*, de Elena Poniatowska, Alianza Editorial, 1987.)

Frida, que también amó a muchos hombres fuera del matrimonio, sentía unos enormes celos[26] por la vida de Diego. Alternativamente peleaban duramente y establecían pactos de convivencia.

Ya avanzada su vida,[27] Frida escribe: «A veces me pregunto si mi

———→

CULTURA

pintura no ha sido, tal como la he realizado, más parecida a la obra de un escritor que a la de un pintor. Una especie de diario, la correspondencia de toda una vida.»

En la pintura de Frida está contada, minuciosamente, su propia existencia. Una vida al menos tan rica en manifestaciones interiores como exteriores. Por eso hay dos tipos de obras bien diferenciadas.

Está, por un lado, el relato de su vida amorosa, social, política e intelectual. Y está, por otro, el impresionante muestrario[28] de terribles depresiones macabras, su profundo sufrimiento físico y moral, sus gritos en la noche, sus pesadillas, su llanto incesante.

En el primero entran sus intensas relaciones amorosas, particularmente con Diego, con el que se casó dos veces, tras una etapa de divorcio.[29]Su idilio con León Trotski[b] (*El Viejo*, como le llamaba) y la larga lista de amantes masculinos y femeninos que hubo en su vida.

Comunista militante, contempló siempre con tristeza la pugna[30] entre estalinistas y trotskistas. Diego Rivera y Siqueiros[c] eran enemigos mortales de Trotski. Ella lloró amargamente cuando se enteró de que Ramón Mercader había matado a su antiguo amante. Unos días antes había acogido[31] en su casa al asesino.

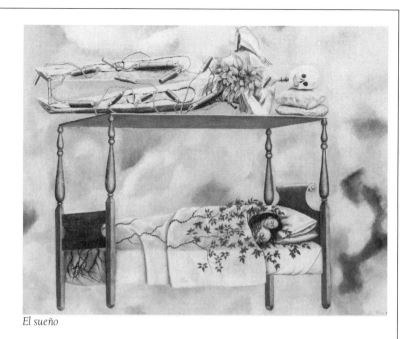
El sueño

Brillante en sociedad, abierta, sincera, alegre y generosa fue el alma de las reuniones artísticas de su México natal y de Estados Unidos. Pocas semanas antes de su muerte, acaecida en 1954, cuando apenas contaba cuarenta y siete años, aún asistió a una exposición de sus obras, a la que hubieron de llevarla en camilla.

Su otra vertiente artística está en la descripción de su cuerpo roto y sangrante, de su maternidad varias veces frustrada, de la constante presencia del dolor en sueños o en vigilia. Hubo quien creyó que los infiernos de Frida eran un juego surrealista. No era así: en su caso, el horror no era soñado o presentido,[32]no era una creación intelectual. Era real.

En una reciente obra sobre Frida Kahlo (*Rauda Jamis, Ed. Circe, 1988*), la propia Frida hace un sencillo resumen de su impotencia. «De esa agonía sin fin que ha sido mi vida, diré: "Fui como un pájaro que hubiese querido volar y no pudo".»

Pero también, en contraste, escribe: «Nací con una revolución. Que se sepa, con ese fuego nací, llevada por el ímpetu de la revuelta hasta el momento de ver el día. El día era ardiente.[33]Me inflamó[34]para el resto de mi vida. De niña, crepitaba.[35]Adulta, fui pura llama. Soy la hija de una revolución, de eso no hay duda, y de un viejo dios del fuego que adoraban mis ancestros.»

---

[28] *evidence* [29] etapa... *interlude between marriages* [30] lucha [31] había... *she had welcomed* [32] *sensed* [33] *hot* [34] Me... *It (the revolution) inflamed me* [35] *it was developing, growing (literally, crackling)*

Notas para «Retrato quebrado de Frida Kahlo»
[a] poeta y escritor surrealista francés (1896–1966)
[b] Rusia, 1879–1940. Trotski fue un líder comunista que se opuso a la política de Stalin, por lo cual fue desterrado de la Unión Soviética. En 1937 se refugió en México, donde fue asesinado en 1940.
[c] uno de los tres muralistas mexicanos de la Revolución mexicana: Orozco, Rivera y Siqueiros

CAPÍTULO 4

La reseña de libros y otros géneros artísticos

> **METAS:** **LAS RESEÑAS DE** libros, películas y obras de teatro forman parte de la información que aparece regularmente en diarios, revistas y otros medios. Sirven de guía cuando se trata de escoger un libro, una película o una obra de teatro. Este capítulo enseña cómo escribir la reseña de un libro, lo cual le será muy útil en sus cursos académicos. El criterio y la técnica para reseñar películas y obras de teatro también se presentan en este capítulo.

LA RESEÑA LITERARIA

Para elaborar la reseña de una obra, uno examina y evalúa la obra al mismo tiempo que se da noticia de ella. Por lo tanto, la reseña es el resumen de un texto con un juicio o comentario personal expresado sencilla, breve y claramente. A diferencia del resumen objetivo, como los que Ud. ha aprendido a elaborar en los capítulos anteriores, la reseña permite expresar con más libertad lo que se opina sobre una obra literaria o artística.

Las siguientes reseñas («Guía: Libros», *Cambio 16*) son breves (entre 50 y 100 palabras); sin embargo, cada una de ellas incluye la siguiente información.

- título, nombre del autor (de la autora) y editor
- resumen conciso del asunto y tema del libro reseñado
- comentario o crítica

LIBROS MANUEL LONGARES

ENSAYO

Días sin fumar, de *Vicente Verdú.* Anagrama. 178 páginas. 1.200 pesetas. Diario de un fumador durante su primer trimestre de abstinencia del tabaco. La privación del hábito se erige en obsesión predominante del discurso[1]. El protagonista, un personaje desvalido[2], nunca suficientemente compensado por los demás en retribuciones afectivas[3], posee algunos rasgos del héroe romántico y hay en su relación con la carencia un talante[4] fin de siglo que le hace contemporáneo. Libro formalmente pudoroso[5] y en apariencia frívolo, constituye sin embargo, un tratado sobre la ansiedad.

CUENTOS

Relatos inéditos, de *Ernest Hemingway.* Planeta. 171 páginas. 975 pesetas.

Siete narraciones inéditas del novelista norteamericano (1899-1961) componen este volumen. Cuatro son relatos terminados y tres, fragmentos de novela inacabada; dos tratan de la Segunda Guerra Mundial y de la Guerra Civil española y dos abordan[6] las relaciones entre padre e hijo. Aunque estos cuentos se escribieron en diversas épocas, el pulso narrativo del autor mantiene su sello inconfundible.

El novelista Carlos Pujol prologa, fecha y analiza estas entretenidas narraciones.

Los amores difíciles, de *Italo Calvino,*[a] Tusquets. 253 páginas. 1.230 pesetas.

Por primera vez aparece en castellano —en traducción de Aurora Bernárdez— esta colección de cuentos de la primera época de Italo Calvino (1923-1985). En esta recopilación, publicada en 1958, se incluyen los trece relatos agrupados en torno al título del volumen —que presentan distintas versiones de la soledad amorosa— y dos más en otro apartado.

NOTICIA DE AUTOR

Un dulce sabor a muerte, de *Ellis Peters.* Grijalbo. 280 páginas. 1.250 pesetas.

Con esta novela se inicia la serie de la que es protagonista Fray Cadfael, el benedictino[7] encargado del herbario[8] de la abadía[9] de Shrewsbury,[b] que en la Inglaterra medieval se enfrenta a crímenes atroces con la pacífica inteligencia que le caracteriza. Es un personaje a lo Padre Brown, inventado por la escritora británica Edith Pargeter que adoptó el seudónimo de Ellis Peters. Nacida en 1913, ha publicado numerosas novelas, entre las que destacan las de esta saga.

CURIOSIDAD

Guía a la Granada de Federico García Lorca,[c] de *Ian Gibson.* Plaza-Janés. 225 páginas. 2.520 pesetas.

El máximo especialista del poeta granadino[10] (ver su biografía en dos tomos, editorial Grijalbo) presenta un itinerario sentimental y cultural por la ciudad donde vivió y encontró la muerte el autor de *Bodas de sangre.* No se trata, pues, de una Guía al uso sino de un proyecto de recorrido[11] orientado a resaltar lugares y edificios de relevancia en la vida del poeta y también de otros escritores paisanos. El itinerario se divide en diez rutas, la mayor parte de ellas para hacer a pie, y el libro posee la información, el cariño y el talento narrativo que cabe esperar de Gibson, junto a unas fotografías de Disney.

---

[1] *La... Giving up smoking becomes the overriding obsession in the narrative* [2] *helpless* [3] *retribuciones... emotional payoff*
[4] *manner* [5] *modest* [6] *deal with* [7] *Benedictine monk* [8] *herb garden* [9] *abbey* [10] *from Granada* [11] *overview*

Por su forma y contenido, estas breves reseñas que se dan de ejemplo se parecen a los párrafos de introducción del estilo periodístico. Como ellos, estas reseñas explican de *qué* trata el libro y *quién* lo escribió. La única diferencia es que la reseña va acompañada de un comentario subjetivo: el juicio y la opinión del crítico.

La reseña es generalmente más larga e incluye algunos datos biográficos del autor, un resumen del contenido del libro y algunas observaciones sobre su estilo y valor histórico o artístico.

---

[a] Italo... narrador italiano caracterizado por una mezcla de realismo y fantasía y un profundo interés por la condición humana.
[b] Pueblo medieval, 200 km al suroeste de Londres, de gran importancia histórica.
[c] 1898–1936

EJERCICIO

Lea la siguiente reseña publicada en *Cambio 16* y conteste las preguntas.

1. ¿Cuáles son los datos de publicación (autor, título, etcétera) de este libro?
2. ¿De qué trata el libro de Naguib Mahfuz?
3. ¿Cómo sabe Ud. que la reseña es favorable? (¿Qué palabras, frases u oraciones sugieren una opinión favorable?)
4. ¿Qué datos biográficos menciona el crítico al comentar la obra de Mahfuz?

RECOMENDAMOS

Mahfuz, prohibido

Hijos de nuestro barrio, de *Naguib Mahfuz*. Alcor. 488 páginas. 2.000 ptas.

NAGUIB Mahfuz nace en El Cairo[a] en 1911, comienza a publicar en 1938 y recibe el premio Nobel de literatura a sus cincuenta años de profesión. Es el escritor más importante en lengua árabe. Y de que resulta un autor comercial, leído y disfrutado en España, hay constancia en las listas de éxitos.[1]

Lo último que aparece de este novelista de pura raza, infatigable contador de historias, es una de sus novelas prohibidas. Comenzó publicándose por entregas[2] en el periódico cairota[3] *Al-Ahram*, al igual que los grandes folletines[b] del siglo pasado. Y cuando en 1958 se hizo el libro, el Estado egipcio impidió[4] su circulación con el pretexto de que se injuriaba al profeta.[5]

Hijos de nuestro barrio se divide en 114 capítulos, el mismo número de *suras* del Corán[c] y es una novela alegórica: la expulsión del Edén,[d] el duelo fratricida,[6] Moisés, Jesús y Mahoma son incidentes y personajes de este voluminoso libro. Afortunadamente la novela no reposa en este juego de imposturas,[7] que resulta aleatorio frente a la habilísima construcción de la trama y el frenético ritmo de la acción,[8] las dos características del *Mahfuz* grande. Libro, pues, más entretenido que trascendente.

[1] Y... *And the proof of his worth is that this commercially successful writer, read and enjoyed in Spain, is always on the bestseller list.* [2] por... *by installments, one chapter at a time* [3] de El Cairo
[4] *stopped* [5] se... se ofendía al profeta Mahoma (c. 570–632, fundador de Islam) [6] duelo... *duel between brothers (refers to Cain and Abel, sons of Adam)* [7] no... *does not dwell on this game of deception* [8] aleatorio... *fortuitous in light of the very skillful construction of the plot and frenetic pace of the action*

[a] capital de Egipto
[b] *In 19th century Europe many novels and other literary works were published first in pamphlets, one chapter or installment at a time.*
[c] libro sagrado de la religión de Islam
[d] Jardín de Edén, de donde fueron expulsados Adán y Eva

ESTRUCTURA DE LA RESEÑA

La siguiente reseña de Humberto L. Castro, publicada en *Hombre de mundo*, sobre la última novela de Manuel Puig demuestra el conocimiento que tiene el crítico de la labor del escritor argentino y su comprensión de la realidad muy particular de Manuel Puig. Lea la reseña y analice el esquema de la estructura que la acompaña. Note cómo Castro intercala su opinión con detalles concretos.

LIBROS
Por HUMBERTO L. CASTRO

La lectura no es sólo un entretenimiento, sino también un importante medio de enriquecimiento espiritual. Libros como éstos cumplen este objetivo...

1. Datos de publicación: Título, autor, editorial, lugar de publicación

2. Introducción: Autor, nacionalidad, obras previas

3. Nuevas obras: Fecha de publicación, opinión del reseñador

4.– 6. Tema y estilo

7. Comentario final

8.– 10. Datos biográficos

Opinión intercalada del crítico:

«obra excepcional»

«acostumbrada maestría»

«rico diálogo»

① **CAE LA NOCHE TROPICAL**

Por Manuel Puig   Editorial Seix Barral, S.A   Barcelona, España

② El escritor argentino Manuel Puig (*La traición de Rita Hayworth, Boquitas pintadas,*[1] *El beso de la mujer araña*[2]), ha publicado recientemente su octava novela, después de un descanso de seis ③ años en su vertiginosa[3] producción literaria. *Cae la noche tropical* (1988) es una obra excepcional en la que el autor nos muestra, con su acostumbrada maestría,[4] el verdadero humanismo[5] existente en situaciones de la vida que otros autores utilizan para escribir ④ novelitas rosa.[a] Puig presenta la soledad que sienten dos hermanas en plena vejez, enfrentadas[6] a la decadencia y a la ⑤ muerte. Y este sentimiento de postración[7] está encarnado en la "melancolía de la ⑥ tarde que va oscureciendo". Ambas hermanas evocan el pasado durante el crepúsculo[8] tropical de Río de Janeiro,[b] y a través de este rico diálogo conocemos

sobre los amores de una vecina más joven que ellas.

⑦ *Cae la noche tropical* logra, partiendo de hechos cotidianos,[9] expresar al mismo tiempo la poesía más tierna y la soledad más desesperada.

⑧ Manuel Puig nació en 1932 en General Villegas, en la provincia de Buenos Aires. Estudió en la Universidad de Buenos Aires y siguió cursos de ⑨ Dirección en el Centro Experimental de Cinematografía. Su labor literaria ha estado muy ligada a la cinematográfica. Ha sido Asistente de Dirección en ⑩ diversos films y ha escrito guiones cinematográficos[10] como *La cara del villano* y *Recuerdo de Tijuana*. Su novela *El beso de la mujer araña* fue llevada exitosamente al cine, con William Hurt, Sonia Braga y Raúl Julia, en los papeles principales.

[1] *Boquitas... Painted Lips*   [2] *spider*   [3] *dizzying*   [4] *skill*   [5] interés en el ser humano   [6] *facing*   [7] sentimiento... *feeling of dejection, discouragement*   [8] *twilight*   [9] de todos los días   [10] guiones... *movie scripts*

[a] novelitas... las que generalmente utilizan el tema del amor tratado con cierta ingenuidad y superficialidad

[b] Rio... importante ciudad y puerto del Brasil

EJERCICIO

Lea la siguiente reseña de *Agente secreto* escrita por Humberto L. Castro, publicada en *Hombre de mundo*. Luego prepare un esquema de su estructura, según el ejemplo que se da anteriormente y comente si a Castro le gustó el libro y qué opina él de la obra.

AGENTE SECRETO

Mi vida con la KGB[a] y la élite soviética

Por Ilya Dzhirkvelov, Editorial
Planeta, S.A. Barcelona, España

Agente secreto... es el relato autobiográfico de uno de los más grandes desertores soviéticos: Ilya Dzhirkvelov. Aquí el autor nos explica su propia actividad dentro de la KGB soviética y, como es de esperar, esta historia se convierte en un testimonio de primera mano donde se nos describen los métodos operativos utilizados por la Policía Secreta de la Unión Soviética. Es una historia que, por lo vívido y real de las situaciones narradas, se asemeja[1] a una gran novela. A través de sus páginas nos enteramos de las actividades de la KGB en la Unión Soviética y en el extranjero, conocemos la estructuración del poder soviético y de su elitismo,[2] se nos explica la labor de captación de agentes y de desinformación de la inteligencia soviética, y, en fin, cómo llegan a penetrar la prensa occidental.

Esta obra -que al parecer[3] exhibe una exhaustiva documentación- no es más que[4] la experiencia vital de un disidente que formó parte del servicio de inteligencia soviético desde 1943, y que permaneció[5] en las filas de la KGB hasta 1980. Dzhirkvelov distribuye su historia en cuatro partes: *El adiestramiento; Toma de decisiones en Moscú; La KGB en la URSS y en el extranjero;* y *Los medios de comunicación en el país y en el extranjero.* Sus reflexiones tienen la autoridad y la persuasión de quien conoce perfectamente el tema que trata.

Ilya Dzhirkvelov nació en Sebastopol, en 1927. Siendo todavía un escolar[6] en Georgia, se unió[7] a la resistencia contra los alemanes, donde recibió la primera de sus condecoraciones por sus muchos servicios al Estado soviético. Se incorporó al servicio de la inteligencia soviética en 1943, y por sus cualidades se destacó[8] rápidamente, incluso llegó a ser uno de los guardianes de Stalin durante la Conferencia de Yalta.[b] Más tarde fue nombrado Subsecretario General de la Unión de Periodistas de la URSS, y se dedicó a la tarea de desinformar a Occidente.[9] Fue un gran servidor del sistema comunista soviético, hasta que en 1980 decidió abandonar su país y vivir en Occidente. Actualmente reside en Gran Bretaña.

---

[1] se... se parece   [2] sistema que favorece a una minoría selecta, en este caso, a los líderes   [3] al... *apparently*   [4] no... *is only*   [5] *stayed*
[6] Siendo... *While still a schoolboy*   [7] se... *he joined*   [8] se... *he distinguished himself*   [9] *West*

RESEÑAS DE PELÍCULAS, OBRAS DE TEATRO Y OTRAS FUNCIONES ARTÍSTICAS

En los diarios aparecen reseñas de películas y de obras de teatro, de conciertos de música y de exhibiciones de danza. Se hacen también comentarios y juicios sobre restaurantes, exhibiciones de arte y espectáculos, como por ejemplo el circo. Este tipo de reseña presenta muchos de los mismos elementos de la reseña literaria. La terminología varía según el

---

[a] agencia de la Policía Secreta de lo que antes de 1991 se llamaba la Unión de Repúblicas Socialistas Soviéticas (URSS)
[b] Conferencia... histórica reunión en la que Roosevelt, Churchill y Stalin acordaron los detalles de la rendición de Alemania en 1945, al final de la Segunda Guerra Mundial

género tratado. Al comentar una obra de teatro o una película se emplean palabras y conceptos relacionados con el teatro y el cine, como por ejemplo, *el estreno, los protagonistas, la interpretación de un papel, la actuación, la dirección artística, la escenografía, el vestuario, el libretista, la primera bailarina, la orquesta* y otros.

A

Siguen dos ejemplos de reseñas de películas publicadas en *Vanidades*.

1. El tema: ¿De qué trata *Radio Flyer*?
2. El asunto: Desarrollo de la acción con algunos detalles sobre los protagonistas y lo que pasa en su vida.
3. Juicio del crítico que hace la reseña de la película.

Compare la segunda reseña con la primera. ¿Encuentra alguna diferencia en el enfoque?

Últimos Estrenos

"Radio Flyer"

La película trata sobre el maltrato[1] infantil desde el punto de vista de los niños. Es 1969, y *Mike* (**Elijah Wood**) y *Bobby* (**Joseph Mazello**) son dos hermanos, cuyo nuevo padrastro[2] (**Adam Baldwin**) gusta de propinarle palizas[3] a *Bobby* mientras la madre de los chicos, **Lorraine Bracco**, trabaja día y noche como camarera. En vez de informar a la mamá, los niños comienzan a transformar una carretita en una máquina voladora[4] que pueda transportar al chico a algún lugar lejano donde esté a salvo.[5] Aparte de estos actores, **Tom Hanks** hace dos apariciones en el filme. Los niños actúan bien, pero la trama[6] no está muy bien llevada y las palizas pueden aterrorizar a los menores de 12 años.

① ② ③

[1] *abuse* [2] *stepfather* [3] propinarle... *give a beating* [4] carretita... *little cart into a flying machine* [5] esté... *he will be safe* [6] *plot*

"This is My Life"

En esta película debuta como directora la libretista de "When Harry Met Sally", **Nora Ephron**. La simpática **Julie Kavner** interpreta a una madre que se debate entre su ascendente carrera[1] de comedianta y sus dos hijas. El mensaje de que los hijos requieren[2] atención ha quedado bien expresado en la película. No obstante,[3] a pesar de desarrollarse en el mundo de la comedia, el libreto no es cómico. Se le ha dado preferencia a lo emocional sobre lo simpático y con esto se ha neutralizado a una buena actriz cómica como Julie Kavner. En resumen, al filme le falta impacto.

[1] ascendente... *rising career* [2] *need, require* [3] No... *Nevertheless*

B

La siguiente reseña de *El especial* da noticia de futuras funciones del Ballet Gran Folklórico de México. El reseñador conoce el valor artístico del Ballet y señala sus méritos. Según él, ¿cuáles son las cualidades que distinguen a este grupo?

BALLET FOLKLÓRICO DE MÉXICO

El Ballet Gran Folklórico de México presenta en el Teatro Park Performing Arts Center el viernes 23 de octubre con tres funciones. Las primeras (a las 10:00 de la mañana y a la 1:00 de la tarde), están dirigidas a estudiantes y a personas mayores. La presentación final será a las 8 PM. Bajo la dirección de Theo Shanab y la coreografía de Lino Ortega, el Ballet está compuesto por 35 cantantes, bailarines, floreadores[1] y músicos.

Shanab ha conservado la autenticidad de los disfraces,[2] danzas y música de las tradiciones de México transmitidas a través de muchas generaciones. El Ballet Gran Folklórico de México incluye también Mariachis y bandas de Marimbas y Jarachos reflejando el pensamiento y sentir de varios aspectos étnicos del legado[3] mexicano. El grupo es una unidad integral dedicada y disciplinada en las artes de la danza mexicana y especialistas en la creación de estados de ánimos[4] y sentimientos. El éxito obtenido en recrear el folklore mexicano clásico, ha llevado al Gran Folklórico de México por extensas giras[5] en Europa, el Oriente y toda América en donde se ha presentado ante grandes multitudes.

[1] *extras hired for visual effect*   [2] *costumes*   [3] *legacy*   [4] estados... *moods*   [5] *tours*

MÉTODO PARA ELABORAR UNA RESEÑA

Al escribir una reseña, debe seguir la misma técnica empleada en los capítulos anteriores para hacer el resumen del contenido de un artículo, sólo que ahora tiene que incluir un breve jucio crítico y dar su opinión personal sobre la obra, es decir, si le gustó o no. He aquí las etapas necesarias para la preparación y elaboración de una reseña.

A

Antes de leer el texto

• Comience con el título
• Lea el índice
• Lea el prefacio o la introducción

1. Comience por leer el título de la obra porque el título es una indicación del tema del libro.

2. Lea el índice para ver cómo se ha dividido la obra (si es que se ha dividido) y para obtener información adicional sobre su contenido.
3. Lea el prefacio y la introducción, si los hay, para enterarse de la intención del autor (de la autora) al escribir su obra y del fondo histórico, literario, etcétera, de la misma.

B

Lectura del texto

- Apunte los datos importantes
- Subraye las ideas importantes
- Lea con sentido crítico

1. Apunte al margen del libro o en una ficha los datos y las ideas importantes.
2. Subraye con discreción lo que desee recordar. ¡OJO! No debe subrayar muchas palabras, sólo las ideas más importantes.
3. Al leer, emplee un sentido crítico. Pregúntese...
   - ¿Cuál es el propósito de esta obra?
   - ¿Se expresa con claridad el autor?
   - ¿Cómo es el lenguaje del autor (de la autora)? ¿Es fácil de leer y comprender o es monótono? ¿Es vívido, mundano o lírico?
   - ¿Le gustó el libro o no? ¿Por qué?

C

Después de la lectura pero antes de empezar a escribir

- Reflexione sobre el contenido
- Seleccione los datos
- Reflexione otra vez

1. Dé un vistazo a los apuntes y al texto subrayado y reflexione sobre el contenido.
2. Seleccione los datos y los apuntes que mejor expresan la esencia de la obra que van a reseñar.
3. Reflexione sobre cómo va a comunicar su opinión o juicio.

D

Estructura de la reseña

- Introducción
- Cuerpo
- Conclusión

1. La primera oración es la *introducción* de una reseña. En ella, se dan el nombre del autor y el título del texto. Trate de captar la atención del lector con un comentario personal o inesperado.

   EJEMPLOS: Al leer la breve novela *Réquiem por un campesino español* de Ramón Sender, pensé en mi propia experiencia, en los años que viví bajo la dictadura de Franco.

   «Yo no existo» son las primeras palabras enunciadas por Máximo Manso, formidable protagonista de alma sensible y notable de la novela galdosiana *El amigo Manso.*

2. El *cuerpo* de la reseña resume brevemente la trama y los temas principales y dice quiénes y cómo son los personajes. Aquí debe explicar, con cinco o seis oraciones, de qué trata el texto. Mencione los aspectos que le gustaron más y los que no le gustaron y explique por qué. Para mayor claridad, dé uno o varios ejemplos.

   EJEMPLOS: La acción se sitúa en un ambiente rural auténtico; los personajes, en particular don Rulfo, el viejo campesino, son verosímiles y el lenguaje es natural.

   Algunas ideas, como por ejemplo, la introducción de nuevas medidas para combatir la corrupción en la ciudad, sugieren que el autor ha tenido gran experiencia en este campo. Pero, en general, sus propuestas no son prácticas.

3. En la *conclusión,* debe exponer si, a su parecer, el autor expresó bien sus ideas. También comente por qué le gustó o no el libro y si recomendaría la lectura de la obra reseñada.

   EJEMPLOS: Mientras la idea de convertir los centros urbanos en maravillosos centros culturales, artísticos, comerciales y residenciales es fabulosa, el autor no explica cómo se puede realizar tal empresa en una época de depresión económica. Uno se pregunta si vale la pena que se escriba un libro de 500 páginas sobre este asunto.

   Desde el principio, el autor se expresa con claridad empleando un lenguaje elegante y armonioso. Es un verdadero placer leer su prosa.

EJERCICIOS

A. Lea la siguiente reseña de *Semana* y determine

   1. de qué obra se trata y quién es su autor
   2. quién la publicó y cuándo
   3. en qué revista y en qué fecha aparece la reseña
   4. qué opina el reseñador de Octavio Paz en general
   5. qué opina de su último libro *Convergencias*

6. de qué trata *Convergencias*
7. por qué los textos de *Convergencias* parecen «piezas de conversación»
8. a qué se debe el hecho de que el estilo se compara con el de una charla

LIBRO

La búsqueda del presente

En su último libro, «Convergencias», Octavio Paz reúne sus más recientes ensayos.

ES MUCHO LO que Octavio Paz aún[1] tiene que decir como pensador y como poeta, no solamente sobre el arte y la literatura sino también sobre lo que puede considerarse el panorama de la historia del mundo contemporáneo.

Tras[2] recibir el premio Nobel, en 1990, el mexicano parece multiplicar sus puntos de vista y fortalecer su persuasiva argumentación.[3] Su más reciente libro, «Convergencias» (Seix Barral, 1992), es la prueba convincente de la fecundidad de una inteligencia que ha puesto en la «búsqueda del presente» su mirada más penetrante. Búsqueda del presente que sin duda se enlaza[4] con toda una reflexión histórica. Precisamente este nuevo libro de Octavio Paz se abre, espléndidamente, con «La búsqueda del presente», el discurso que leyó ante la Academia Sueca[5] en 1990. Aquí Paz define la modernidad pero desde un lugar múltiple, más allá de la historia como quien escapa a los acondicionamientos culturales del presente. Y al definir la modernidad compromete en ello[6] una tentativa por ver en ella,[7] más que una realidad, un espejismo, «un haz de reflejos»[8] que llevan a una real búsqueda del origen.

Si este texto resulta revelador es porque se levanta como un magnífico pórtico de entrada al campo que explora en los ensayos que componen los variados temas de este libro. Los siete textos sobre poetas y pintores modernos y los dos sobre temas culturales, emprenden un viaje por una geografía cultural amplia y diversa. Las dos entrevistas que cierran el libro muestran a Octavio Paz como un lúcido y apasionado conversador. Más que ensayos académicos o piezas retóricas,[9] los textos de «Convergencias» parecen piezas de conversación. De hecho son el resultado de sus «diálogos» entablados[10] con las obras de diversos autores, resultado de una frecuentación de temas, de donde estas páginas se desprenden[11] con una naturalidad que fluye[12] como una charla llena de colorido, vehemencia y amenidad,[13] pero también de rigor.

En otro texto el autor de «El arco y la lira» recuerda a Borges[a] en una evocación cálida[14] y espontánea, en la que hace justicia al hombre y al escritor, sin menoscabo[15] del uno por el otro. Luis Cernuda, de nuevo, Valéry Larbaud, Pessoa, André Breton, Vicente Huidobro, son otros poetas a quienes visita el poeta mexicano y establece con ellos entrañables coloquios.[16]

[1] *still*   [2] *After*   [3] fortalecer... *strengthen his persuasive arguments*   [4] se... *se relaciona*   [5] de Suecia, un país escandinavo   [6] compromete... *commits upon doing it (the act of defining)*   [7] tentativa... *attempt to see in it (modernity)*   [8] un... *a bundle of reflections*   [9] piezas... *rhetorical texts*   [10] *undertaken, begun*   [11] se... *unfold*   [12] *flows*   [13] *agreeableness*   [14] *warm*   [15] sin... *without detracting*   [16] entrañables... *pleasant conversations*

[a] Jorge Luis Borges (1899–1986), escritor y poeta argentino, autor de *Ficciones, El Aleph* y *Poemas.*

B. Busque Ud. en un periódico una reseña y analice su estructura, contenido y estilo. Según su parecer, ¿es una reseña bien organizada? ¿Ha expresado el crítico su opinión con claridad y con precisión?

C. Escoja un libro que Ud. haya leído o una película u obra de teatro que haya visto o conozca y escriba una reseña empleando el método explicado en este capítulo. Evite el abuso de verbos como *ser, estar, tener* e *ir*. Trate de expresarse con sencillez pero a la vez con naturalidad.

LECTURA 4

« OCTAVIO PAZ »

POR A. A. OLIVA

Hombre Internacional, Tomo 17 (1992), número 8 (agosto)

❑ Lea el perfil de Octavio Paz, poeta y ensayista mexicano, ganador de numerosos premios prestigiosos. Fue influenciado por las ideas filosóficas y políticas de varios intelectuales de fama universal. A través de los años, sus ideas políticas se mantuvieron en evolución hasta llegar a la convicción de que la democracia es la solución de los problemas causados por el subdesarrollo y esperanza para el futuro.

❑ Conteste las siguientes preguntas.

1. ¿Quién es el autor del artículo sobre Octavio Paz?
2. ¿Qué importancia tiene para Paz la lectura?
3. ¿Qué datos biográficos de Paz se presentan (su nacionalidad, familia, etcétera)?
4. ¿Qué filósofos, poetas y novelistas de fama universal influyeron en Paz?
5. De todas las ideas políticas que ha sostenido Paz, ¿cuál es la que hoy representa para él una solución para el futuro?
6. ¿Qué respuesta da él a sus críticos?
7. ¿Qué quiere Paz que entiendan los intelectuales latinoamericanos en cuanto a una posible solución del problema del subdesarrollo (la pobreza) en Latinoamérica?
8. ¿Qué opina Paz de la democracia?
9. ¿Es optimista Paz cuando piensa en el futuro del hombre?
10. ¿Está Ud. de acuerdo con Paz? Exprese su opinión.

NO CABE DUDA que Octavio Paz es el escritor hispanoamericano más aclamado y controvertido[1] de todos. Poeta y ensayista de corazón, su talento y sensibilidad fueron reconocidos hace 2 años por la Academia Sueca[a] que lo honró con el Nobel. Ídolo de los amantes de la poesía, lo es también de millones de defensores de la democracia, de quien es uno de sus más celosos guardianes. Hoy, con 78 años[2] de edad, todavía luce juvenil,[3] con su típico *Harvard Look*: pantalón gris, camisa celeste, corbata roja y saco azul. HOMBRE dialogó en exclusiva con este mexicano universal, intelectual de tomo y lomo,[4] que es capaz de lidiar[5] simultáneamente con amigos y periodistas alternando el francés, el español y el inglés con igual fluidez.[6]

Octavio
Paz

Por A. A. Oliva

Pese[7] a que muchos califican a la poesía de poco comercial, Paz no ceja de[8] escribir poesía, género que hoy está casi olvidado dentro y fuera del mundo literario. Según él: "Los latinoamericanos no leen menos poesía que otros pueblos. En cualquier lugar del mundo, quienes leen son jóvenes, después las mujeres y, finalmente, los científicos. Los que leen menos poesía que antes son los sociólogos y los politicólogos:[9] cuando hablan de estructuras económicas, de ideas y de clases, prestan muy poca atención[10] a las pasiones humanas y al papel de los infortunios[11] en la historia, que son tan importantes. En el pasado, tanto los grandes economistas, desde Adam Smith[b] hasta Karl Marx,[c] como los grandes filósofos, eran ávidos lectores de poesía. Un poeta representa no sólo una región, sino un universo. Los escritores somos los sirvientes del lenguaje, que es un patrimonio[12] común de la sociedad."

Hijo de un periodista y abogado de ideas revolucionarias, y de una católica de descendencia española, Paz dividió su niñez entre las corrientes más modernas de libre pensamiento y la tradición religiosa. Pasó su infancia en Mixcoac, un pueblo próximo a la Ciudad de México, en el seno[13] de una familia burguesa "venida a menos[14] por los efectos de la Revolución,[15] aunque llena de muebles antiguos, libros y cuartos; unos suntuosos biombos[16] que defendían bastante mal del viento y la lluvia... y hasta una enredadera[17] se metió en mi cuarto, una premonición de aquella exposición surrealista[d] en la que había una cama sobre el pantano".[18]

Iniciado en la poesía cuando tenía 2 años, alrededor de la década de los 30, "cuando casi nadie era democrático ni en Europa ni en América Latina", subraya, siguió los pasos de la mayoría de los poetas de su época y se dejó influir por Marx, Nietzsche[e] y Ortega y Gasset.[f] En ese tiempo no se pudo sustraer[19] de la imagen que proyectaban los intelectuales rusos del siglo XIX y no soñaba con otra cosa que en acercarse al pueblo, unirse a los campesinos y a la clase obrera. "Después de la Segunda Guerra Mundial, mi

---

[1] *controversial*   [2] en 1992   [3] *luce... he looks young*   [4] *de... of great importance (lit. of weight and bulk)*   [5] *fighting*   [6] *fluency*   [7] A pesar de   [8] *no... does not stop*   [9] *politicians (humorous version of* político, *to rhyme with* sociólogos*)*   [10] *prestan... they pay little attention*   [11] papel... *role of calamities, misfortunes*   [12] *heritage*   [13] *bosom*   [14] venida... *(that) had come on hard times*   [15] *Mexican Revolution, 1910–1920*   [16] *screens*   [17] *vine*   [18] *swamp, marsh*   [19] *remove himself*

Octavio Paz

El hombre es un animal político y Paz no es una excepción. Respondiendo a este axioma,[21] sus ideas políticas han ido evolucionando igual que el mundo. "Mi viraje ideológico[22] no es un acto aislado. Es la señal de un cambio profundo en la intelectualidad del continente. Es que ahora yo creo que es el liberalismo el que solucionará las dificultades económicas y políticas de Latinoamérica y el Tercer Mundo. No existen 2 sistemas, uno que sea bueno para los ricos y otro para los pobres. El socialismo ha fracasado en el Tercer Mundo y en Latinoamérica."

Muchos intelectuales critican al vate[23] mexicano, y lo acusan de haber cedido[24] ante las tentaciones del capitalismo. Ante ésta y otras acusaciones, Paz sonríe y acota.[25] "Los intelectuales son el gran fracaso de América Latina. Las grandes debilidades del continente no deben ser imputadas[26] ni a los dictadores ni al imperialismo americano ni a otras razones históricas. La verdadera causa de la enfermedad continental es el atraso[27] en la reflexión política, económica y social de nuestros intelectuales. Ellos en sus discursos vomitan injurias[28] contra los yanquis pero en su vida cotidiana los imitan caricaturescamente.[29] Es hora ya de que intelectuales y líderes del continente entiendan que no hay una solución latinoamericana para sus dificultades, sino que las soluciones para la pobreza son universales, son las mismas en todas las civilizaciones. El mensaje es inequívoco:[30] la democracia es la solución para el subdesarrollo. La democracia es una creación permanente y es ella la que educará al pueblo... Los dictadores totalitarios como Castro[k] son de una naturaleza diabólica: Castro pretende rehacer al hombre, cambiarle la condición humana..."

Sensible y visionario (como casi todo poeta), con una honda preocupación por el devenir[31] del hombre, Paz confía en el ser humano por sobre todo. "Nuestro siglo ha sido terrible; es el siglo del stalinismo,[l] de 2 guerras mundiales, de la bomba atómica, de los campos de concentración. Sin embargo, hay un signo de aliento:[32] en los últimos años estamos asistiendo al regreso de la libertad y la democracia. Si queremos cambios profundos, verdaderos, tienen que ser bajo la libertad y la democracia. No hay otra fórmula." ■

influencia mayor fue la de Jean Paul Sartre,[g] que confundió aún más mis ideas políticas extremistas. No voy a negar que también influyeron en mí otros personajes literarios como Paul Valery,[h] y eso que él no incitaba[20] al compromiso político, pero luego el peso de Ezra Pound[i] y T.S. Eliot[j] fue mayor", recuerda con una memoria prodigiosa.

Casado actualmente con Marie Jose, una bella francesa, Paz concibe la poesía como una función especialísima del hombre, ajena a cualquier problema que no sea expresar de manera inmediata el mundo del poeta y el poeta como ser en el mundo. "Para mí, la poesía es un compromiso muy serio y muy profundo con el ser humano..." (Recita un poema suyo): "Entre lo que veo y lo que digo/ entre lo que digo y lo que callo/ entre lo que callo y lo que sueño/ entre lo que sueño y lo que olvido: la poesía."

---

[20] *promoted, encouraged*   [21] *axiom, self-evident proposition*   [22] *ideological turnabout, change in direction*   [23] *poet*   [24] de... *of having given way to, yielded to*   [25] *notes*   [26] *attributed*   [27] *backwardness*   [28] *insults, outrage*   [29] de manera *ridícula*   [30] *unmistakable*   [31] *future*   [32] signo... *sign of encouragement*

Notas para «Octavio Paz»

[a] Academia... *Swedish Academy that confers Nobel prizes annually*

[b] 1723–1790. Economista, filósofo y político escocés. Escribió *The Wealth of Nations,* en el cual propuso la libertad económica.

[c] 1818–1883. Historiador y revolucionario alemán cuyas teorías sirvieron de base ideológica a los gobiernos comunistas.

[d] movimiento literario y artístico que empezó en Francia después de la Primera Guerra Mundial (1914–1918).

[e] 1844–1900. Filósofo alemán cuyas obras influyeron en la literatura, filosofía y psicología europea de fines del siglo XIX en adelante.

[f] 1883–1956. Filósofo y ensayista español, catedrático y fundador de revistas. Escribió *La rebelión de las masas* (1930).

[g] 1905–1980. Filósofo y escritor francés. Teórico más prominente del movimiento existencialista.

[h] 1871–1945. Poeta, ensayista y crítico francés, a quien le interesaba el proceso creativo y la relación entre el idioma y el pensamiento.

[i] 1885–1972. Poeta estadounidense muy controvertido y que influyó en otros escritores como Ernest Hemingway y T.S. Eliot.

[j] 1888–1965. Poeta, dramaturgo y crítico literario angloamericano famoso por su poema *The Wasteland* (1922).

[k] Fidel Castro, 1926–. Revolucionario cubano y actual presidente de Cuba, transformó la Isla en el primer país comunista de América.

[l] De Stalin (1879–1953), dictador soviético que creó un sistema comunista autoritario y burocrático.

CAPÍTULO 5

CÓMO RESUMIR UN ARTÍCULO MÁS COMPLEJO

METAS: EN EL CAPÍTULO 3 se introdujo una técnica para resumir artículos en los cuales sobresalen los datos biográficos. En este capítulo y en el próximo se aplicará la misma técnica para hacer resúmenes de artículos sobre temas más complejos: el mundo, los negocios, hechos sobresalientes, avances tecnológicos y temas ecológicos. Al practicar la técnica, Ud. aprenderá a seleccionar los datos fundamentales para el resumen y descartar aquéllos que, aunque interesantes, no son esenciales para la comprensión y divulgación del contenido del texto examinado.

El método para elaborar un resumen que se presenta en este capítulo se va a explicar punto por punto empleando como modelo el artículo «Robots», escrito por Lores de Ayús, publicado en *Hombre de mundo*, enero 1986. También se presenta un resumen modelo, con el fin de que vea el resultado del método. Si quiere, lea ahora el resumen modelo (página 60) para tener una idea general de lo que va a aprender en este capítulo.

MÉTODO PARA RESUMIR UN ARTÍCULO COMPLEJO

En los resúmenes anteriores, el asunto fue un personaje. Ahora el asunto se centra en un problema, un hecho, un descubrimiento o una nueva corriente. Para hacer el resumen en estos casos, es necesario identificar y exponer el problema planteado por el autor, describir los hechos, descubrimientos o nuevas corrientes y, finalmente, comentar su importancia y consecuencias.

En algunos artículos abundan los pasajes descriptivos. Entonces, su tarea consiste en destacar los datos esenciales de los detalles puramente descriptivos, de manera que el enfoque es en el tema y su razón. En otros artículos se discute más ampliamente un problema; en tal caso, tendrá que decidir cómo presentar los datos de una manera concisa y en qué orden de importancia. Tal vez sea necesario incluir estadísticas.

Al resumir este tipo de artículo, tiene que preguntarse: ¿Cuál es el problema? ¿Cuál es su origen y desarrollo? ¿su magnitud? ¿Quién es capaz de manejar o resolver el problema? ¿Qué solución se propone? En todo caso, el resumen en sí debe ser un breve y rápido vistazo sobre los datos sobresalientes.

MÉTODO

He aquí el bosquejo del método para elaborar un resumen que Ud. usó en el Capítulo 3.

- Lea por primera vez
- Lea por segunda vez y subraye
- Repase, observe y apunte
- Reflexione
- Seleccione y ordene
- Escriba

1. Lea por primera vez
   Recuerde que la primera lectura del artículo es sólo para comprender de qué trata. Tenga presente la pregunta planteada en el título para ver cómo la contesta el autor.

   Al leer, preste atención a la información contenida en cada párrafo, como sigue:

   Primer párrafo: Planteamiento del problema
   El autor desarrolla la pregunta original y le obliga al lector a pensar en la gravedad del asunto de los robots.

   Segundo párrafo: Origen y desarrollo histórico del robot
   Aquí el autor se refiere al origen de la palabra *robot* y habla de los primeros pasos hacia la aplicación industrial del autómata. Lores de Ayús relata

   - cuándo y dónde apareció por primera vez el nombre *robot*
   - quién fue el primero en emplear la palabra *robot*
   - en qué ocasión vio el público un robot
   - en qué años se hizo económicamente posible y en qué industrias se empleó

   Tercer párrafo: Resultados de su incorporación en la industria
   Observe que este párrafo contiene dos puntos importantes.

   - El pánico y desempleo producidos por la introducción de los robots
   - Las ventajas de los mismos (vea las ventajas adicionales citadas en el sexto párrafo)

   Cuarto párrafo: El alto costo de su instalación
   Este párrafo se diferencia de los demás en que lleva subtítulo. Los subtítulos son útiles para la comprensión de un artículo. Tienen varios usos, entre ellos el de separar los temas en el cuerpo del artículo para destacarlos. En este caso, el subtítulo «Sin embargo, la introducción de robots no es nada fácil... » representa un cambio de rumbo en el argumento que hasta ahora ha parecido favorecer el uso de los robots

a pesar del desempleo que han causado. Ahora resulta, según el autor, que la instalación de un robot «no es nada fácil... » Aquí Lores de Ayús cita la opinión de muchos expertos de la robótica y demuestra por medio de un cuadro la proyección de su uso en el futuro. Sin embargo, esta información, aunque interesante, no es esencial y, por eso, no se incluye en un resumen breve.

Quinto párrafo: Desventajas de los robots

Este párrafo se dedica a desarrollar con más amplitud el argumento de los problemas de instalación y empleo de los robots en la industria. Se enumeran todas las desventajas de los robots en la industria.

Sexto párrafo: Conclusión

El autor vuelve a mencionar las ventajas de los robots citadas en el tercer párrafo. Y, por fin, Lores de Ayús contesta afirmativamente la pregunta propuesta en el título, «Sí, cortarán la mano del hombre... », pero añade que la generalización de su uso requerirá tiempo y dinero.

2. Lea por segunda vez y subraye

Vuelva a leer el artículo una vez más. Subraye los datos esenciales únicamente. Recuerde que se subrayan sólo las palabras clave. Además de subrayar, otro recurso útil que puede usar es el de enlazar con líneas conceptos relacionados pero expresados en diferentes partes del texto.

3. Repase, observe y apunte

Repase una vez más el artículo y observe la estructura y cómo presenta los datos el autor. Apunte al margen los conceptos importantes. Emplee un mínimo de palabras.

4. Reflexione

Reflexione por unos momentos. Sin poner los ojos en la página, trate de recordar los datos y temas expuestos en el texto. Pregúntese: ¿qué dice el autor?

5. Seleccione y ordene

Seleccione los datos esenciales y empiece a ordenarlos en una forma lógica. Por ejemplo,

- información básica
- desarrollo histórico del robot
- el robot y la industria
- sus ventajas y desventajas
- conclusión

6. Escriba

Ahora haga el resumen. Escriba en el primer párrafo los datos de publicación (autor, título del artículo, nombre y fecha de publicación de la revista). Luego escriba el cuerpo del resumen empleando los datos esenciales que ya se han mencionado. Analice el resumen modelo en cuanto a estructura, contenido, claridad, concisión y brevedad.

Robots

¿cortarán la mano del hombre?

**Por
Lores de Ayús**

**Por
Lores de Ayús**

*M*illones de trabajadores en todo el mundo enfrentan un nuevo fantasma.[1] En los grandes países industrializados hay una inquietud que flota en el ambiente y se traduce en un temor incesante ante el futuro.[2] ¿La causa de tanto desasosiego?[3] Unos seres no-humanos que, como fantásticas figuras de la ciencia ficción, están invadiendo industrias y fábricas, imponiendo su presencia fría e impersonal en el ambiente fabril[4] e implantando un nuevo orden de vida en el mundo: <u>*los robots*</u>. ¿Llegarán estos autómatas impresionantes, que cada día se perfeccionan más, a cortar la mano del hombre, a eliminar sus medios de sustentación?[5]¿Qué consecuencias puede traer para el mundo esta incipiente[6]revolución que se une al ya irrefrenable[7] desarrollo de las computadoras para darnos un vislumbre[8] de los próximos siglos? HOMBRE ofrece a sus lectores una síntesis informativa de estas importantes cuestiones.

¿DE QUÉ TRATA? →

F O N D O   H I S T Ó R I C O

La palabra *robot* apareció por primera vez en una obra satírica del <u>dramaturgo checoslovaco *Karel Capek*, en 1921.</u> En esa obra, el autómata era un ser que emergía victorioso frente al imperfecto e inútil ser humano. Según fue avanzando la era industrial, la concepción del robot fue ganando cada vez más fuerza[9]y ya en la <u>Feria Mundial de</u> <u>Nueva York en 1939</u>, se mostraba un robot doméstico <u>*Electro* y su perro autómata *Spark.*</u> A medida que[10]la industrialización se fue tornando[11]cada vez más compleja, se fue introduciendo la automatización en las grandes plantas y complejos industriales. A mediados de <u>los años 50</u>, los ingenieros japoneses, norte-americanos y europeos se encontraban totalmente listos para diseñar y poner a funcionar potentes brazos industriales capaces de realizar desde los trabajos más pesados y fuertes hasta los más delicados y precisos. Las aulas universitarias[12]incorporaron la nueva ciencia en sus cursos de estudio, las grandes compañías comenzaron a crear sus propios robots para <u>fabricar automóviles y computadoras</u>, trabajar en las centrales termonucleares y en la exploración del fondo del mar; manipular materiales altamente radiactivos y trabajar como guardias de seguridad en bancos y edificios públicos, como enfermeros y ayudantes de medicina, y hasta como sirvientes de personas impedidas.[13] ¡Había <u>nacido la robótica moderna</u>!

I N D U S T R I A ←

←

No obstante,[14] en estos momentos, la invasión de los robots en posiciones clave[15] dentro de la industria moderna ha comenzado a crear un verdadero pánico entre millares de hombres y mujeres que están siendo desplazados[16]por máquinas automatizadas cada vez más perfectas. Por ejemplo, <u>la fábrica italiana *Termoli Tre*</u>, considerada como una de las más automatizadas del mundo, emplea una línea de <u>robots</u> para la producción de los <u>motores</u> del *Fiat Uno*, la cual ha <u>desplazado</u> a más del <u>50% de los trabajadores</u> de esa empresa, aumentando el índice de desempleados[17] italianos. En otras industrias, la llegada del robot siempre indica despido.

---

[1] enfrentan... *are facing a new ghost*   [2] se... *becomes an unending fear of the future*   [3] intranquilidad, preocupación   [4] de fábrica (*factory*), industrial   [5] medios... *means of (earning a) livelihood*   [6] *emerging*   [7] *unstoppable*   [8] *glimpse*   [9] fue... *was becoming more popular*   [10] A... *As, at the same pace as*   [11] se... *was becoming*   [12] aulas... *university classrooms*   [13] personas... *handicapped people*   [14] No... *Nevertheless*   [15] *key*   [16] *displaced*   [17] *unemployed*

VENTAJAS

"Básicamente, el robot <u>nunca falta al trabajo, no se enferma, es incansable, no necesita estímulos morales, ni espirituales, realiza su trabajo a la perfección</u> y no nos crea problemas laborales", expresa *John Mattson* de la firma *Consolidating Coatings Company*, una empresa de mediano tamaño que utiliza robots para pintar cientos de gabinetes de computadoras. "Antes de introducir *el robot* —se trata de uno solo— este trabajo necesitaba 30 empleados. Hoy, gracias a la automatización, mi firma se expande y puedo utilizar recursos en nuevos proyectos".

"Sin embargo, la introducción de robots no es nada fácil..."

"Hace unos cuantos años los expertos predecían[18] que millones de robots usurparían las plazas[19] de los trabajadores manuales en todo el mundo; sin embargo, la realidad nos demuestra algo bien diferente", expresa *George T. Rehfeldt*, uno de los vicepresidentes de la *Cincinnati Milicron Incorporated*. "Hoy día, las compañías norteamericanas están empleando unos 15.000 robots, o sea, la proporción es de 1 por cada 900 trabajadores fabriles. La introducción de un robot, o un sistema de automatización complejo que incluya el establecimiento de cadenas de producción con robots, no es una cosa sencilla. En los Estados Unidos, por ejemplo, la instalación de robots está muy por debajo de lo proyectado para este año. Según fuentes autorizadas de la *Asociación Nacional de Robótica de los Estados Unidos*, la situación actual entre lo proyectado y lo real es la siguiente:

Año	Proyectada	Real
1982	35.000	12.000
1984	60.000	15.000
1986	80.000	
1988	120.000	
1990	150.000	

Como puede apreciarse en el cuadro anterior,[20] las diferencias entre el número real de robots instalados en las distintas industrias norteamericanas y la cantidad efectiva de estos autómatas que han sido instalados realmente en éstas varía dramáticamente... entre lo ideal y lo real. De continuar esta tendencia,[21] es poco probable que dentro de cuatro años estén funcionando los 150.000 robots considerados en la proyección. Esto se debe, fundamentalmente, a que <u>instalar</u> un robot <u>no</u> es algo tan <u>sencillo</u> como colocar una computadora personal en una oficina. Existe todo un trabajo de ingeniería involucrado[22] en su funcionamiento que requiere cambios radicales en las tecnologías, los *know how* y la racionalización efectiva de las cadenas de producción.

DESVENTAJAS

Inclusive se calcula que, en la próxima década, los robots realizarán menos del 5% de los trabajos de fábrica. Esto refleja claramente el <u>alto costo que tienen los robots</u>, las enormes <u>dificultades</u> que implica <u>ensamblar</u> sistemas de fabricación de robots y las <u>limitaciones</u> propias de los mismos robots. Una de las limitaciones que más se les señalan a los robots es la que se relaciona con las líneas de producción que exige la introducción de <u>innovaciones</u>. Los fabricantes cuyos productos requieren una constante innovación han encontrado la aplicación de los robots nada práctica. Cuando se termina de instalar un robot, hay que volver a efectuar <u>adaptaciones</u> para que se ajusten[23] a las nuevas adiciones. Para superar estas limitaciones, así como otras que surgen de la incapacidad del robot para actuar ante determinadas situaciones que no hayan sido programadas previamente por la computadora, algunas firmas fabricantes de robots —como la *Westinghouse* o la *GMF Robotics Corporation*— han comenzado a desarrollar un sistema de comunicaciones muy especializado. El sistema permite vincular[24] los robots a todas las operaciones que se efectúan en un área determinada dentro del sistema global. Sin embargo, <u>el costo</u> de las instalaciones sobrepasa los <u>US$300.000</u>[25] y los equipos de sensores para integrar un robot a un sistema computarizado integral unos US$100.000, lo que todavía le coloca en costos altamente prohibitivos para empresas de mediano tamaño e, inclusive, para grandes compañías.

CONCLUSIÓN

A pesar de todo esto, la incorporación de los robots a la industria continúa siendo favorecida por las ventajas que representa un "trabajador infatigable que no necesita condiciones ambientales especiales.". Es decir, el lugar donde trabaja el robot puede prescindir[26] de las comodidades esenciales mínimas que exige el ser humano. Por otra parte, la <u>fuerza</u> que pueden desarrollar estos brazos gigantescos es muy superior a la mano del hombre. En una planta de la *General Electric Company* se están instalando robots que pueden trabajar simultáneamente en 10.000 variedades de productos y cumplimentar las órdenes de sus clientes en menos de 72 horas. Además, en algunas fábricas de automóviles, los brazos poderosos de los robots cargan <u>pesadas puertas</u> de automóviles y camiones, y las colocan en su sitio en un proceso totalmente automatizado. Es decir, la posibilidad real de la <u>implantación</u> masiva de los robots, aunque aún está <u>lejana</u>, no ha sido descartada[27] y el hombre deberá desarrollar nuevas ocupaciones donde emplear ese tiempo libre de una manera productiva si no queremos quedar subordinados al indigno papel[28] de sirvientes de los robots. ∎

---

[18] *were predicting* [19] usurparían... *would snatch away (eliminate) the jobs* [20] Como... *As one can see in the above chart* [21] De... *If this trend were to continue* [22] *involved* [23] se... *they adjust* [24] *join, link* [25] [*sic*] US$300.000: dólares estadounidenses [26] prescindir... *do without* [27] *rejected, scrapped* [28] indigno... *humiliating role*

RESUMEN MODELO

«ROBOTS ¿CORTARÁN LA MANO DEL HOMBRE?»,
LORES DE AYÚS

Introducción

Lores de Ayús plantea el problema de la influencia de la tecnología moderna en el artículo «Robots ¿cortarán la mano del hombre?» publicado en la revista *Hombre de mundo* de enero de 1986.

Desarrollo
histórico

La palabra *robot* apareció por primera vez en 1921 en una obra de Karel Capek, un dramaturgo checo. En 1939, en la Feria Mundial de Nueva York, fueron exhibidos dos autómatas, Electro y Spark. En los años 50 los robots fueron introducidos en la industria, en particular en la automovilística y en la de las computadoras. Cuando algunas empresas como la Termoli Tre reemplazaron el 50 por ciento de sus obreros por robots, el resultado fue el pánico. Sin embargo, las desventajas de los robots, por ejemplo, los costos de su instalación y mantenimiento ($300.000) y la dificultad de adaptación, exceden a las ventajas: fuerza superior y falta de exigencias humanas como, por ejemplo, el estímulo moral, la salud y el ambiente.

El robot y la
industria

Los pros y los
contras

Conclusión: el
futuro

El autor concluye que los robots serán una realidad en el futuro y que el hombre tendrá que adaptarse.

Approximadamente 170 palabras y 7 oraciones

EJERCICIOS

A. Busque veinticinco cognados en el artículo «¡Oh, Don Quijote! Si vieras estos molinos» publicado en *Hombre de mundo* de febrero 1992. Luego, lea, subraye y resuma el artículo.

B. Busque un artículo en un diario o en una revista que exponga un problema o hable de un descubrimiento, un hecho o una corriente y haga un resumen de lo esencial del asunto.

¡Oh, Don Quijote! Si Vieras Estos

Como el célebre personaje literario Don Quijote,[a] que se encuentra a cada momento molinos de viento en sus aventuras por los caminos de Castilla (España), los automovilistas que recorren en la ruta 580, cerca de Livermore, California (EE.UU.),[1] contemplan un paisaje similar... innumerables molinos de viento, semejantes a colosales ventiladores,[2] serpentean[3] arriba y abajo a lo largo de toda la carretera.

Paradójicamente, los enemigos que combatió con tanta furia el Caballero de la Triste Figura,[b] hoy invadieron California, hallándose por miles en todo el Estado. Pero existen buenas razones para explicar el surgimiento de estas moles que van cambiando la fisonomía del paisaje.

Ante la grave amenaza de la contaminación ambiental[4] que pende sobre nuestras cabezas como la espada de Damocles,[c] numerosas empresas estadounidenses han tomado conciencia del problema. Y para ello están aumentando la producción de energía valiéndose de las fuerzas de la naturaleza. De hecho, en la actualidad, cerca del 15 por ciento de la electricidad de todo el Estado de California es producida mediante[5] fuentes energéticas alternativas, tales como el viento.

MOLINOS

El procedimiento por el cual estos molinos de viento ultramodernos producen electricidad es sencillo. Las aspas[6] de los molinos funcionan de forma parecida a las alas[7] de un avión. Cuando el aire pasa sobre la superficie del ala de avión o una aspa de molino, se crea una fuerza de elevación. En el caso de los molinos, esta fuerza hace rotar las aspas. Así, las aspas convierten el movimiento lineal del viento en un movimiento de rotación, utilizado para impulsar un supergenerador eléctrico que transmite la electricidad[8] a todas las casas de los alrededores.

Según un informe publicado recientemente por la compañía "U.S. Windpower", la mayor empresa productora de energía eléctrica por medio del viento que opera[9] en los Estados Unidos, los 2.500 millones de kilovatios-horas generados anualmente por los molinos de viento en California evitaron la emisión a la atmósfera de bióxido de carbono[10] y otros contaminantes ambientales. Si estos 2.500 millones de kilovatios-horas anuales se hubieran producido mediante el empleo de hulla[11] o carbón de piedra,[12] habría sido necesario quemar un millón de toneladas del producto... y si en su lugar se hubiera usado petróleo, se habrían consumido 4 millones de barriles.

Por el gran beneficio que brinda esta fuente energética, que permite obtener energía libre de contaminación ambiental, la "U.S. Windpower" está creando molinos de viento más eficientes, a un costo de 20 millones de dólares. Estos molinos -todavía más revolucionarios y modernos que los actuales- comenzarán a funcionar comercialmente en 1993.

---

[1] Estados Unidos   [2] *fans*   [3] *wind (like a snake)*   [4] del ambiente   [5] *by*   [6] *wings*   [7] *wings (of a bird or airplane)*   [8] para... *to propel an electric supergenerator that distributes electricity*   [9] *operates*   [10] evitaron... *prevented the emission of carbon dioxide to the atmosphere*   [11] *soft-coal (bituminous coal)*   [12] carbón... *coal, pit-coal*

Notas para «Molinos»

[a] Don Quijote, caballero andante y protagonista de *Don Quijote de la Mancha,* novela del gran escritor español Miguel de Cervantes Saavedra (1547–1616) publicada en dos partes, la primera en 1605 y la segunda en 1615). Don Quijote es famoso por la aventura de los molinos de viento que es uno de los episodios más conocidos de la obra.

[b] apodo de Don Quijote que se debe a su figura débil y flaca, resultado de su pasión por los libros de caballerías que le afectaba la razón y consumía su vida

[c] símbolo de la inestabilidad de la fortuna

LECTURA V

« EL DALAI LAMA... »

POR MALVINA E. BUSH

Hombre de mundo, Tomo 14 (1989), número 9

❏ El perfil del Dalai Lama, líder espiritual y temporal de los tibetanos, es una introducción a un mundo casi desconocido por muchos. El budismo, una doctrina filosófica y religiosa fundada por Buda en el siglo VI antes de Cristo (a.C.), se ha extendido por el continente de Asia. Éste es un artículo fascinante sobre el Tíbet y el proceso que se sigue para la elección del legendario Dalai Lama.

❏ Conteste las preguntas.

    1. ¿Quién es el Dalai Lama?
    2. ¿Qué quiere decir *Dalai Lama*?
    3. ¿A quién representa él?
    4. ¿Cuál es el proceso que se describe para encontrar al sucesor del Dalai Lama cuando éste muere?
    5. ¿Cuántos años son necesarios para la preparación del sucesor?
    6. Del *Catorce* de los Dalai Lama diga Ud.
      • cuándo y en qué lugar nació
      • cuántos años tenía cuando fue llevado al Palacio de Potala
      • qué pasó cuando tenía sólo 15 años
      • por qué vive ahora en India
      • de qué se ocupa él en el exilio
    7. Explique la importancia del Palacio de Potala.

❏ Escriba un párrafo de introducción (de 35 a 40 palabras) resumiendo los datos de publicación del artículo «El Dalai Lama: Líder espiritual de los tibetanos».

❏ Busque en la biblioteca algunos datos adicionales sobre cada uno de los siguientes tópicos y resúmalos.

    1. el Tíbet (situación geográfica, población, historia)
    2. El budismo (su desarrollo, creencias fundamentales e influencia)
    3. La situación política, económica y social del Tíbet en el presente.

EL DALAI LAMA:
LÍDER ESPIRITUAL DE LOS TIBETANOS
Por Malvina E. Bush

Los tibetanos[a] consideran que el **Dalai Lama** es una reencarnación del mismo Buda,[b] y por lo tanto es el supremo líder religioso (y político) del Tíbet. La palabra *Dalai* proviene del idioma mongolés[c] y quiere decir "sabiduría tan vasta como el océano", y el título fue otorgado por primera vez al líder de la secta religiosa de los *Gelupta* por el *Altan Khan*[1] mongolés (en 1578). *Lama* es una palabra tibetana que significa "superior", pero técnicamente se refiere a un hombre que es considerado como una representación en forma humana del Buda absoluto. El término se usa también para dirigirse a los sabios monjes budistas como gesto de cortesía. El título de *Dalai Lama*, sin embargo, se usa muy poco entre los tibetanos, quienes prefieren referirse a su líder espiritual como *Yidbzhin norbu*, o "joya de los deseos realizados". La posición es vitalicia[2] y no se hereda. Efectivamente, la sucesión de los *Grandes Lamas* depende de su encarnación en forma humana dentro de un período determinado de tiempo.

Cuando el *Dalai Lama* muere, el más viejo de los monjes budistas del Tíbet toma la dirección espiritual de los fieles[3] hasta encontrar al sustituto, la nueva encarnación del Buda. Esta búsqueda (siempre de un niño) a través de toda la región, se basa en presagios, profecías, señales místicas y metafísicas hasta localizar al renacido *Dalai Lama*. El proceso puede tardar hasta dieciocho meses, y una vez que se encuentra al candidato, el niño es sometido por los viejos *lamas* a una serie de pruebas síquicas para determinar si es la reencarnación del antiguo líder, que a su vez es la reencarnación de Buda.

Estas pruebas son muchas y rigurosas. En una de ellas se colocan para su identificación varios objetos personales del fallecido *Dalai Lama* junto a otros exactamente iguales. El niño debe de escogerlos todos, sin equivocarse. Una vez que terminan las pruebas, a plena satisfacción de los sabios, el niño es reconocido como *líder supremo* y es llevado hasta el **Palacio de Potala**, situado en la cima[4] de una elevada y rocosa colina[5] en las afueras[6] de Lhassa,[d] frente a la imponente cordillera[7] de los Himalayas. Allí, recibirá una extensa educación religiosa y general, debiendo pasar los mismos exámenes monásticos en metafísica[8] budista que pasan los monjes superiores. También está establecido que a los 18 años, el joven está capacitado para asumir las labores administrativas del gobierno tibetano...

Los *Grandes Lamas* se identifican por su número de descendencia. El *Dalai Lama* actual, el depuesto líder tibetano ahora en exilio en India (aunque pasa parte del tiempo en Francia) es el *catorce*.

EL ÚLTIMO LIDER DE LOS TIBETANOS...

El *Catorce* de los *Dalai Lama* nació en junio de 1935, dentro de una familia campesina tibetana que vivía en la provincia de Ching-hai, al norte del Tíbet. El niño tenía apenas 5 años cuando fue oficialmente reconocido por los viejos religiosos budistas como la reencarnación de Buda y del Dalai Lama anterior, después de haber pasado las pruebas con éxito.

En la tradición budista, el niño se despidió de su familia y fue llevado al Palacio de Potala donde, después de cinco años de preparación espiritual, fue nombrado oficialmente en su posición de líder (en octubre de 1940).

El *Palacio de Potala* es una verdadera fortaleza, imponente,[9] con más de trece pisos y mil habitaciones. Originalmente fue el refugio del poderoso Rey tibetano *Strongsen Gambo* (en el siglo VII); los primeros *Grandes Lamas* lo renovaron sucesivamente, agregando más y más aposentos,[10] hasta 1617 cuando el *Quinto Dalai Lama* lo dejó en su forma actual.

Las funciones oficiales y audiencias públicas siempre tienen lugar en el *piso 13*, siguiendo la costumbre de que nadie está por encima del *Gran Lama*, el cual siempre mira hacia abajo, no habiendo nadie por encima de él.

El reinado[11] del actual *Dalai Lama*, sin embargo, no duró mucho con el avance expansionista de la China comunista. En octubre de 1950 los ejércitos de la República Popular China invadieron la frontera oriental del Tíbet. Aunque con sólo 15 años, el joven *Dalai Lama* asumió las responsabilidades de su gobierno en la batalla contra los comunistas que lo acusaban de "elitista". En noviembre de ese mismo año, y en vista del peligro de que la región pasara inexorablemente a manos de China, el *Dalai Lama* convocó a una sesión extraordinaria de las Naciones Unidas para resolver la grave crisis de la región; su apelación[12] no tuvo efecto, y en mayo de 1951 el Tíbet se vio forzado a firmar un pacto con China bajo el cual, aparentemente, se garantizaba la "autonomía" de la ⟶

[1] Altan... *sovereign or king* [2] *lifelong, for life* [3] *los... the faithful* [4] *top* [5] *rocosa... rocky hill* [6] *outskirts* [7] *mountain range*
[8] *metaphysics (branch of philosophy)* [9] *imposing* [10] *rooms or apartments* [11] *reign* [12] *appeal*

EL DALAI LAMA

región... un acuerdo que los nacionalistas tibetanos insisten en que nunca se ha respetado.

La lucha contra China comenzó inmediatamente, hasta culminar en los motines del 10 de marzo de 1959, cuando el *Dalai Lama* se vio forzado a exilarse en Dharamsala, en el noroeste de India, con miles de sus seguidores. Allí estableció su gobierno en el exilio; en 1962 publicó su autobiografía, *Mi tierra y mi pueblo*, siendo la primera vez en la historia que un *Dalai Lama* escribía la historia de su vida en una forma abierta. El *Dalai Lama Catorce* se ha mantenido políticamente activo desde su gobierno en India, estableciendo contacto con líderes europeos y orientales. Los tibetanos de hoy no reconocen otro líder que él, y aguardan con impaciencia el momento del regreso de *su Buda*. ◆

Notas para «El Dalai Lama»
[a] Vea Capítulo 1, ejercicio B, páginas 13 y 14
[b] *Buddha* (príncipe indio, fundador de la doctrina llamada budismo)
[c] de Mongolia, república socialista anexada por China en 1950
[d] *capital of Tibet and sacred city*

CAPÍTULO 6

CÓMO RESUMIR DOS O MÁS TEXTOS SOBRE UN MISMO ASUNTO

M E T A S : **EN ESTE CAPÍTULO** Ud. aprenderá a resumir el contenido de dos artículos que tratan el mismo asunto pero desde dos perspectivas. Su tarea será de analizar los textos para identificar los datos principales, ordenarlos y presentarlos en un resumen. Como habrá diferencias temáticas y estilísticas entre los dos textos, su tarea consistirá también en analizar y comparar la manera en que cada autor presenta e interpreta los sucesos. Ud. podrá aprender la técnica tomando parte activa en el proceso. La técnica le servirá de preparación para la elaboración de informes más extensos donde le será necesario consultar más de una fuente de información.

El método para resumir dos o más textos sobre un mismo asunto se va a explicar punto por punto empleando dos artículos que tienen como asunto el concepto del *glasnost* y su influencia en la vida contemporánea de la Unión Soviética[a] y China. Ambos relatan los sucesos ocurridos en cada país desde que éste se introdujo. También se presenta un resumen modelo, en el cual no solamente se incorporan los datos esenciales sino también se hace una comparación entre los dos autores en la conclusión. Si quiere, lea ahora el resumen modelo (páginas 82 y 83) para tener una idea general de lo que va a aprender en este capítulo.

MÉTODO PARA ELABORAR EL RESUMEN DE DOS O MÁS TEXTOS

En el Capítulo 5 aprendió a destacar y a resumir las ideas importantes presentadas en un artículo dedicado a un solo asunto. Aquí se trata de dos textos extensos, de estilo variado, que exponen un asunto complejo. La selección de los datos esenciales es más difícil porque los autores han incluido muchos detalles interesantes sobre los cambios que en ese momento se estaban manifestando en los dos países. Por lo tanto la tarea de Ud. de enfocar en lo esencial no será fácil.

---

[a] Desde 1989 la situación ha cambiado radicalmente. La Unión Soviética como tal ya no existe. En su lugar hay varias repúblicas independientes, entre ellas, Rusia y Ucrania.

El asunto de los dos artículos, como ya se ha mencionado, es el *glasnost* en la Unión Soviética y China, dos países histórica y culturalmente muy diferentes. Sin embargo, ambos han tenido una experiencia en común: una revolución comunista que cambió en su época la vida política, económica y social del pueblo. Los autores exponen la inquietud que se sintió en Rusia y China al introducirse *glasnost*, y los obstáculos que presentó el afán de efectuar reformas repentinamente, una revolución tan radical como la revolución comunista. Nuestra tarea será la de comparar las semejanzas y diferencias del *glasnost* en Rusia y China.

A

El primer artículo se titula «Glasnost: ¿hasta dónde puede llegar Mikhaíl Gorbachev?», por Gilbert L. Socas, *Hombre de mundo,* enero de 1989.

GLASNOST:

Por GILBERT L. SOCAS

¿hasta dónde puede llegar Mikhaíl Gorbachev?

Cuando el joven aviador alemán **Mathías Rust** violó flagrantemente el espacio aéreo soviético evadiendo los radares (en junio de 1987), para aterrizar valientemente y con destreza su ligera avioneta en la Plaza Roja de Moscú, precisamente junto a los muros del Kremlin, el joven declaró solemnemente: "Éste es un gesto simbólico; ¡es mi esfuerzo personal por lograr la paz internacional!".

Con los cambios inconfundibles que se están produciendo en la Unión Soviética, y con su nueva política de apertura y democratización, Gorbachev da los primeros pasos en un terreno desconocido... ¿el camino hacia el capitalismo? ¿Hasta qué punto aceptará las reformas la élite del Partido?

GLASNOST

Su gesto le costó catorce meses de cárcel, pero a la vez desató[1] una serie de eventos que hoy confirman un cambio radical en la rígida estructura del Partido Comunista soviético y en la actitud misma de los gobernantes en la Unión Soviética. En primer lugar, al quedar demostrada la vulnerabilidad del espacio aéreo soviético, el **Premier Mikhaíl Gorbachev** logró la justificación que necesitaba para retirar de su cargo a Sergei Sokolov, Ministro de Defensa, uno de sus oponentes más poderosos y enemigo radical a toda liberalización en la Unión Soviética.

Al igual que Rust con su avioneta, la filosofía occidental de la democracia y los conceptos básicos del capitalismo, hasta ahora repudiados, han ido penetrando más y más en la sociedad soviética y han rasgado[2] para siempre la famosa cortina de hierro[3] impuesta desde los años cuarenta. Es evidente que desde que Mikhaíl Gorbachev asumió el mando de su país, se respira un aire de democratización progresiva en la Unión Soviética. Todos los analistas políticos están de acuerdo en que, en la actualidad, la Unión Soviética se halla en medio de un formidable proceso de transformación política, social y económica que está estremeciendo[4] los mismos cimientos del comunismo concebido por Lenin.[a]

Mikhaíl Gorbachev ha puesto en marcha la maquinaria para llevar a cabo[5] un experimento que alterará totalmente la estructura política y social de este gigantesco país: **Glasnost** o **Perestroika**, como se le quiera llamar al fenómeno. Pero a pesar del éxito inicial que ha obtenido y del aplauso unánime y el apoyo que ha recibido de los gobiernos de Occidente, pocos se atreven a pronosticar los resultados de esta transformación radical. ¿Puede un sistema monolítico[6] y burocrático como el de

San Basilico, la Plaza Roja, Moscú

la Unión Soviética implementar de la noche a la mañana las reformas que Gorbachev se ha propuesto? ¿Hasta qué punto le permitirá el Partido a su Secretario General llevar a cabo cambios que muchos de sus colegas critican como "occidentalistas", "excesivos" y "arriesgados"...?

¡Es difícil olvidar el legado de Lenin, Stalin y Kruschev!

¡Mikhaíl Gorbachev sabe que es difícil cumplir las metas que se ha propuesto! El actual líder soviético[b] se enfrenta al formidable legado de Lenin, Stalin y Kruschev, y éste no se puede olvidar de ahora para luego. Hay que tener presente que cada uno de esos líderes anteriores habían impuesto sus propias reformas y todas tuvieron arraigo forzado en[7] el pueblo ruso:

- Lenin estremeció a Rusia y la llevó del zarismo al marxismo[8] en una sangrienta revolución;

- Stalin enmendó[9] y extendió la revolución, convirtiendo al país en una férrea dictadura[10] totalmente centralizada;

---

[1] *set in motion* [2] *torn* [3] cortina... *Iron Curtain* [4] *shaking* [5] llevar... *carry out* [6] *monolithic, extremely large* [7] tuvieron... *were forced upon* [8] del... *from the reign of the Czars (the name given to the Emperors of Russia) to the rule of the Marxists (followers of Karl Marx [1818–1883])* [9] *amended, altered* [10] férrea... *iron-willed dictatorship*

GLASNOST

• Kruschev trató de erradicar los excesos de Stalin y quiso echar a andar una maquinaria política y social menos represiva... pero no solamente marxista sino absolutamente anti-capitalista.

No es de extrañar[11] que después de tantos años de tendencias represivas, la liberalización de Gorbachev no pueda llevarse a cabo sino en una forma progresiva. Tanto en la política, la ideología, la cultura y la sociedad soviética de hoy, existen rezagos[12] de la influencia de cada una de estas etapas del pasado... como una pared que ha sido pintada y repintada a través de los años. Gorbachev se ve ahora en la necesidad imperiosa[13] de raspar las capas de esmalte socialista, marxista, stalinista,[14] y hasta cierto punto zarista, que son las que opacan[15] la superficie de lo que puede ser la base del sistema soviético de principios del siglo XXI.

Su intención no es abandonar el marxismo ni apartarse de los principios fundamentales de Lenin, y esto lo ha repetido muchas veces. Su propósito es adaptar esta ideología a las necesidades del momento que confrontan su país. Es evidente que la Unión Soviética tiene que actualizarse en todos los sentidos para poder competir de una forma equitativa con países como Estados Unidos, Japón y Alemania Occidental... y para enfrentarse a un gigante socio-económico como será la Comunidad Europea a partir de 1992, que puede aislarlo definitivamente detrás de los Montes Urales.

El sistema centralizado que ha imperado[16] hasta ahora en la Unión Soviética no permite este tipo de competencia. Como resultado, el país se ha ido quedando rezagado[17] en el plano económico mientras otros desarrollan sus mercados y canalizan el consumo de sus productos. Si consideramos asimismo la posibilidad de que la República Popular China llegue a sobrepasar a la Unión Soviética en desarrollo económico, un hecho que cada día se hace más real, es igualmente comprensible la preocupación de Gorbachev por integrarse más y más a la comunidad de naciones y buscar nuevos mercados donde desarrollar su estancada[18] economía. Es decir, no sólo está movido hoy por su orgullo patriótico, sino por motivos de supervivencia.

Los efectos del GLASNOST son francamente sorprendentes...

Aunque en otras áreas no resulta fácil precisar cuál ha sido el impacto del GLASNOST, éste se hace obvio en las esferas política, social y cultural de la Unión Soviética. Los disidentes soviéticos, hasta no hace mucho confinados a cárceles u hospitales siquiá-

recibió su premio de salida en 1987; hoy vive con su esposa en Israel donde igualmente se ha expresado a favor del GLASNOST que atraviesa la Unión Soviética en estos momentos.

Asimismo, antiguos "enemigos" del régimen comunista, después de años de rechazo, han sido restaurados plenamente.

Boris Pasternak, autor de la novela *Doctor Zhivago*, y por décadas condenado a un limbo oficial, goza hoy de todos los honores que merece un gran novelista en su propia patria. *Doctor Zhivago* ya no figura entre los "libros prohibidos" por el régimen y recientemente se agotó[20] en pocas horas la primera edición de su inmortal novela sobre la Revolución rusa, la cual ha

El sistema de vida está cambiando paulatinamente para todos los soviéticos. Los más liberales están a la vanguardia de cualquier movimiento, sin embargo, a los más conservadores, les cuesta un esfuerzo disfrutar de las nuevas conquistas.

tricos, han sido los primeros en beneficiarse: **Andrei Sajarov**, por años en exilio interno, ha sido liberado y ya no es víctima de los asedios constantes de la KGB. Es decir, por orden de Gorbachev ha dejado de ser una causa célebre para convertirse en una voz de peso[19] dentro de la sociedad soviética actual, en la que se mueve hoy con absoluta libertad. Ya no se le prohíbe hablar o escribir a este prominente científico, y él mismo ha sido el primero en confirmar públicamente la transformación que en poco tiempo se ha producido en su país.

Anatoly Sharansky, un incansable promotor de los derechos humanos en la Unión Soviética, quien padeció nueve años en el infame *Gulag* soviético,

sido calificada como "una obra maestra de la literatura rusa" por los propios críticos que alguna vez la repudiaron.[21]

¡Horowitz y Nureyev regresan a la Unión Soviética!

Aun las grandes figuras que un día se exiliaron en Occidente por no poder resistir la dictadura comunista, hoy han podido regresar a su país de origen gracias al GLASNOST de Mikhaíl Gorbachev. **Vladimir Horowitz**, considerado como el mejor pianista de este siglo, regresó de manera triunfal a una serie de recitales en la patria que abandonó con su familia a raíz de la revolución bolchevique.[c] Sus conciertos fueron aplaudidos con delirio por

---

[11] No... *It is not surprising*   [12] *vestiges*   [13] *imperative*   [14] raspar... *removing the layers of socialist, marxist, Stalinist influences*
[15] *dull, darken*   [16] ha... *has dominated*   [17] *backward, in a rut*   [18] *stagnant*   [19] voz... *influential voice*   [20] se... *sold out*   [21] *repudiated, rejected*

fanáticos y autoridades oficiales por igual. Su caso no es único: **Rudolf Nureyev**, el astro[22] del ballet que se exiliara en la década de los sesenta para escapar de lo que él llamó "la asfixia cultural que existe en mi país", pudo regresar a su patria en 1987 para visitar a su madre enferma. Hoy tiene otro permiso para volver en un futuro próximo, y hasta se habla de la posibilidad de ofrecer una serie de conferencias sobre ballet en Moscú a finales del presente año.[d]

¡Natalia Makarova vuelve al Ballet Kirov de Leningrado!

Es evidente que la política del GLASNOST tiene como una de sus metas destruir las barreras culturales que han sido establecidas por este grupo de artistas soviéticos que se exilió en décadas pasadas por no estar de acuerdo con las imposiciones y restricciones gubernamentales al desarrollo de sus profesiones. Y esta nueva política de apertura se hizo evidente cuando en julio de 1988 se le permitió a **Natalia Makarova** aparecer como bailarina principal invitada en las presentaciones que hizo el Ballet de Kirov de Leningrado en Londres (Inglaterra). Es decir, la misma compañía de ballet que abandonó Natalia Makarova en 1968 para exiliarse y buscar un campo más amplio en los Estados Unidos, le brindaba la oportunidad de una reconciliación. "Fueron momentos realmente emocionantes", comenta hoy la Makarova. "De repente, volví a bailar con mis compañeros y amigos de toda la vida... Sí, tengo una invitación para regresar a Leningrado. ¡Voy a regresar!".

Tantas especulaciones han provocado la invitación extra–oficial del gobierno soviético a Natalia Makarova, que en los círculos internacionales del Ballet se habla con insistencia de la posibilidad de que muy pronto Nureyev, Makarova y hasta **Mikhaíl Barishnikov** (otro exiliado de su país) puedan regresar a bailar en los escenarios soviéticos en un futuro muy próximo. Por el momento, sus nombres figuran otra vez entre la lista de "grandes bailarines rusos", después de años de "olvido oficial" y de silencio absoluto en los diferentes medios de comunicación del gobierno.

¡Los soviéticos son fanáticos del rock!

Esta *apertura* artística no se limita solamente a los exiliados y disidentes soviéticos. Con Mikhaíl Gorbachev, el rock occidental es ahora aceptable y aceptado en la Unión Soviética... algo que habría sido absolutamente inaceptable hace sólo unos años, en época de Brezhnev o Andropov.[e] Primeramente, **Elton John** ofreció varios conciertos a teatro lleno en una gira por las principales ciudades de la Unión Soviética. Y a principios de 1988, **Billy Joel** se presentó en escena, rompió pianos, y se comportó como lo haría en cualquier país de Occidente, ante el aplauso delirante de la juventud soviética que hasta ese momento sólo lo conocía por discos infiltrados clandestinamente[23] en el país y por las emisiones radiales[24] de *Radio Free Europe*.[f] Para concluir el desfile de músicos norteamericanos por los escenarios de Moscú y Leningrado, **Carlos Santana** ofreció una serie de conciertos a teatro lleno, aplaudido unánimemente por las autoridades soviéticas.

El nuevo clima de aceptación y tolerancia fue observado por los periodistas occidentales en el público que asistió a estas presentaciones, así como por la cobertura[25] que estas estrellas del rock y la salsa recibieron por parte de los medios de comunicación del país. Los fanáticos soviéticos, libres de las ataduras[26] de otras épocas, gritaron, aplaudieron y hasta bailaron en los pasillos de los teatros. Aquel público podría haber sido confundido con el del *Madison Square Garden* de Nueva York o el *Palladium de Londres*... ¡jamás el de un teatro oficial de Moscú!

GLASNOST

En las Artes, el realismo-socialista es ahora decadente en la Unión Soviética...

Las Artes también están experimentando su propia revolución gracias al GLASNOST de Gorbachev. Hace apenas diez años, todo artista que se desviara[27] del prescrito estilo de realismo-socialista corría el riesgo de perder la aprobación oficial, y por consiguiente, toda oportunidad de ganarse la vida legalmente con su profesión. No obstante, el Arte Moderno se ha beneficiado notablemente con las nuevas reformas liberales que han surgido con Mikhaíl Gorbachev. Las exhibiciones de pinturas y esculturas abstractas reciben el visto bueno oficial, los artistas pueden exponer y vender sus obras sin temer a la súbita intervención (e incautación)[28] de los agentes de la KGB (como sucedía antes), e inclusive muestras de este nuevo "arte del GLASNOST" comienzan a circular en los países occidentales.

En el teatro soviético actual abundan las obras de vanguardia, algunas de las cuales muchas veces satirizan al gobierno y exponen claramente las dificultades de la sociedad moderna en la Unión Soviética. Nuevos y vistosos montajes de las obras clásicas de Shakespeare ahora rivalizan con las de Inglaterra, y autores que nunca antes habían sido escenificados en el país están siendo considerados para las nuevas temporadas.

El cine ruso, casi siempre formal y denso, muy ceñido a las regulaciones del gobierno, está recibiendo igualmente corrientes occidentales con la visita de importantes productores y actores norteamericanos que ya han firmado convenios de intercambio con los productores soviéticos, no sólo para co-producciones entre ambos países, sino para "experimentos cinematográficos" que ya se están realizando en estos momentos. Así, el

---

[22] *star*   [23] *secretly*   [24] emisiones... *radio broadcasts*   [25] *coverage*   [26] *ties, restrictions*   [27] *se... strayed*   [28] súbita... *sudden intervention (and confiscation)*

GLASNOST

actor norteamericano **Robert De Niro** asistió el año pasado al Decimoquinto Festival de Cine Internacional de Moscú, actuó como Presidente de uno de sus paneles, y conversó extensamente con el libretista ruso **Rustam Ibraghimbekov** para proyectos especiales a desarrollar en los Estados Unidos.

En televisión, los televidentes[29] soviéticos tuvieron la oportunidad de ver en 1988 al entonces **Presidente Ronald Reagan** hablar sobre diferentes temas de interés para la paz mundial (Gorbachev hizo lo mismo en la TV norteamericana); se comenzó a pasar en la TV rusa el programa **Star Trek** (**Leonard Nimoy** viajó a la Unión Soviética para promover el clásico teleprograma norteamericano); y la firma **Turner Broadcasting System** de Atlanta (Estados Unidos) obtuvo un permiso especial de Gorbachev para filmar una serie de programas sobre la vida cotidiana en la Unión Soviética. En este proyecto los técnicos y libretistas norteamericanos obtuvieron la cooperación oficial absoluta, y en ningún momento se les impusieron restricciones que luego pudieran ser interpretadas como una forma de censura.

¡La mujer soviética también se transforma!

La mujer soviética por años ha sido un tema de chiste en Occidente, posiblemente porque la imagen que ha exportado la Unión Soviética en su afán de mostrar la austeridad socialista es la de una mujer que se preocupa más por su trabajo y por las responsabilidades con la patria que por su papel de mujer. Así, hasta el año pasado, la Unión Soviética se negó a participar en concursos de belleza internacionales o a lanzar colecciones de Moda con diseños a los niveles de París, Milán o Nueva York. Hoy, esta actitud también está cambiando. Actualmente, no sólo se ha celebrado

en Moscú el concurso de *Señorita Moscú*, sino que la Unión Soviética ya cuenta con su primer diseñador de Moda de importancia mundial, **Slava Saitsev**, cuyos diseños ya están siendo exportados a los Estados Unidos, Francia y otros países occidentales.

En este sentido, muchos dan crédito a **Raisa Gorbachev,** la esposa del Pre-

Cuatro años de glasnost y de perestroika han dejado huellas en el pueblo, en sus costumbres y en su estilo de vida. Sin embargo, el ciudadano promedio de la Unión Soviética todavía tiene muchas metas a las que pretende llegar... si es que Gorbachev puede seguir adelante.

mier, quien en sus viajes a Occidente ha mostrado ser una mujer de ideas amplias, muy actual, elegante, preocupada por su feminidad, y con una imagen que ha disipado para siempre la de la trabajadora gorda rusa asfaltando[30] las calles de Moscú.

El derecho a la crítica...

Si bien[31] los cambios culturales en la Unión Soviética son muchos, la sociedad también está experimentando una transformación radical. Resguardados[32] bajo el abrigo del GLASNOST, los soviéticos ya no temen tanto como antes a expresar sus puntos de vista. Aún no disfrutan de una total libertad de expresión y prensa, pero eso no les impide demostrar sus frustraciones en público. Los desfiles con pancartas[33] ya no son interrumpidos por la Policía. Hasta las publicaciones oficiales contienen artículos de crítica abierta, ya sea al pasado stalinista y sus excesos, como a la insoportable burocracia que afecta a la mayoría de los ciudadanos en todos los aspectos de su vida, como a la poca efectividad de ciertos líderes.

En agosto de 1988, al celebrarse veinte años de la invasión de la Unión Soviética a Checoslovaquia,[9] aparecieron publicados una serie de artículos de crítica y censura en el diario *Noticias de Moscú*, a pesar de que estos comentarios iban directamente en contra de la opinión de Gorbachev, quien en un viaje a Bratislava (Checoslovaquia) en 1987, declaró públicamente que "considerando los acontecimientos, estoy seguro que los líderes de mi país tuvieron razón para invadir Checoslovaquia". Es decir, existe ya la posibilidad de manifestar desacuerdo con la opinión oficial.

Asimismo,[34] a mediados de 1988 se vieron movimientos de protesta abierta entre los habitantes de las Repúblicas Socialistas de Latvia, Estonia y Lituania en contra de la Unión Soviética, sobre todo durante el aniversario del pacto de no-agresión firmado en 1939 entre Adolfo Hitler y Stalin. Este pacto secreto dividía a Europa en dos regiones: una de influencia nazi y otra de influencia soviética, y tuvo como consecuencia el hecho de que estas tres naciones del Báltico perdieran su identidad propia al ser absorbidas por el monstruo

---

[29] *TV viewers* [30] *covering with tar* [31] *Si... Just as* [32] *Protected, Shielded* [33] *signs, banners* [34] *Likewise*

soviético. Gorbachev no sólo toleró estas manifestaciones que en otra época habrían sido ahogadas en sangre, sino que dio a conocer públicamente el texto del famoso pacto, advirtiendo siempre la posibilidad de que el mismo fuera fraudulento.

Desde luego, Gorbachev tiene muchos enemigos...

Es de comprender que la política de GLASNOST no sea del agrado de muchos de los poderosos personajes de la élite del Partido. Mikhaíl Gorbachev se enfrenta a difíciles obstáculos para poder implementar plenamente sus reformas y la re-estructuración de la maquinaria política y social de la Unión Soviética. No obstante, el hábil líder soviético ha aprovechado ciertos factores que le permiten llegar a extremos que hubiesen sido inconcebibles en otra era. En primer lugar, ha logrado imponerse como un estadista a nivel internacional, respetado por los líderes de Occidente, y hasta cierto punto, admirado en el exterior. En la Unión Soviética, las facciones progresistas del Partido, y la mayoría de los ciudadanos soviéticos, le han dado la bienvenida a este nuevo estilo de política abierta y de reconciliación con el Occidente, y reconocen que sólo un hombre con los antecedentes de Gorbachev habría logrado llegar tan lejos en su política de reestructuración.

En su afán de *abrir* la sociedad soviética, Gorbachev está creando una alianza interna de prominentes figuras políticas que le ayudarán a implementar sus ideas y a alcanzar las metas que se ha propuesto. Sin embargo, los ilusos que ya predicen el advenimiento de un sistema capitalista y democrático, exageran. Gorbachev desea revitalizar la economía y la política soviéticas, y reconoce que para esto se necesitan ciertos incentivos materiales, ciertas libertades civiles fundamentales de las que hasta ahora ha carecido[35] el pueblo soviético.

También tiene que combatir a dos de sus mayores enemigos: la resistencia de los burócratas y la inercia social. Los oficiales gubernamentales no aceptarán fácilmente la idea de que su deber es servir al público. De igual manera, el pueblo soviético, después de años de saber que recibe su sueldo y sus beneficios sin importar cuál sea su aporte a la economía, tendrá que acostumbrarse a demostrar su utilidad para recibir mayores incentivos; eventualmente se verá obligado a pagar por servicios que hoy espera recibir gratis del gobierno. También es preciso erradicar el creciente fenómeno de la vagancia,[36] el alcoholismo y el uso de drogas, problemas de importancia fundamental para el país, y que al igual que está sucediendo en casi todos los países del mundo libre (y a pesar de las restricciones y vigilancia que hasta ahora han imperado en la Unión Soviética), están minando dos sectores básicos y determinantes de la población: la juventud y la clase trabajadora.

Gorbachev tendrá que vencer estos problemas para poder convencer a sus

GLASNOST

Gorbachev, según la opinión de algunos, pretende reformar el sistema político y económico de la Unión Soviética hasta llegar a una democratización capitalista al estilo de Occidente.

opositores que su programa de re-estructuración no causará un cataclismo social. Tal vez sea necesario imponer ciertas normas, pero según analistas políticos, la mejor opción de Mikhaíl Gorbachev y sus aliados consiste en reeducar al pueblo y hacerle comprender que la libertad tiene sus derechos, pero también sus obligaciones. ◆

---

[35] ha... *has lacked* [36]*vagrancy*

Notas para «Glasnost»

[a] Vladimir I. Lenin (1870–1924), político y revolucionario ruso, fundador del estado soviético

[b] actual... Gorbachev renunció en 1991 por desacuerdos entre él y los miembros conservadores del partido.

[c] revolución... insurección armada en Rusia. Bajo la dirección de Lenin, los bolcheviques tomaron el poder en 1919 y dieron origen a la fundación del Partido Comunista.

[d] Rudolf Nureyev falleció en 1993.

[e] Brezhnev y Andropov, exsecretarios del Partido Comunista que fueron a su vez jefes de la Unión Soviética

[f] *Radio*... estación de radio que, después de la Segunda Guerra Mundial, transmitió noticias a los países de Europa Central ocupados por la Unión Soviética

[g] país de Europa Oriental que fue invadido por la Unión Soviética después de la Segunda Guerra Mundial

MÉTODO

1. **Lea el texto con atención**

   Tenga presente la pregunta que se plantea en el título y note cómo la contesta el autor. Después de haber leído el texto dedique unos momentos al análisis de su estilo. Fíjese en el uso que se hace de

   a. los subtítulos, que resumen las ideas clave.

   b. las palabras en cursiva (*italics*) o negrita (*boldface*), para destacar nombres de lugares y personajes y también conceptos importantes

2. **Lea el artículo por segunda vez**

   Esta vez subraye los datos que necesitará para organizar el resumen. Si quiere, refiérase al artículo anotado y subrayado en el apéndice, páginas A–1 – A–6.

3. **Repase, observe y apunte**

   Ahora, examine la estructura del artículo y note cómo se desarrollan los temas. Socas presenta los temas metódicamente, de una manera tan ordenada y clara que no es difícil discernir el siguiente esquema, (indicado también en la lectura). Éste le servirá para la preparación del resumen.

   A. Introducción
   B. Fondo histórico
   C. Efectos del *glasnost*
      1. Los disidentes soviéticos
      2. Los exiliados vuelven a visitar el país
      3. Artistas extranjeros son invitados a visitar el país
      4. Otros efectos culturales del *glasnost:* la libertad artística en el arte, teatro, cine y la televisión
      5. Transformación de la mujer soviética (la moda)
      6. Apertura (crítica y protesta política abiertas)
   D. Imagen de Gorbachev
      1. Imagen fuera de la Unión Soviética (respetado, admirado)
      2. Imagen dentro de la Unión Soviética (apoyado por algunos, criticado por otros)
   E. Obstáculos para la reestructuración
      1. La burocracia
      2. La inercia social
      3. El alcoholismo
      4. Las drogas
      5. El conservadurismo

4. **Reflexione, seleccione y ordene**

   Vuelva a mirar el artículo con nuestros apuntes. Observe cómo hemos seleccionado y ordenado los datos para ampliar los tópicos del esquema.

   A. Introducción. En la introducción el autor explica qué es el *glasnost* y habla de Gorbachev y sus objetivos para realizar el cambio político, social y económico de su país.

B. **Fondo histórico.** Empezando por el subtítulo sobre el legado de Lenin, Stalin y Kruschev, el autor hace un resumen de las contribuciones y los cambios atribuidos a cada uno. Él explica por qué Gorbachev propone el *glasnost:* la necesidad de una reforma económica para poder competir con los demás países y en particular con la Comunidad Económica Europea en 1992.

C. **Efectos del *glasnost*.** Socas expone los efectos de *glasnost* en la vida social, cultural y política de los soviéticos. Nombra a los disidentes célebres que ya no son perseguidos y a los exiliados que han regresado. Menciona también a los artistas extranjeros que han visitado el país. Socas comenta sobre la incipiente tolerancia política y la libertad de expresión que se nota en el hecho de que hay protestas públicas y manifestaciones políticas.

D. **Imagen de Gorbachev.** El autor reconoce que Gorbachev es respetado internacionalmente y que es apoyado internamente por los que desean, como él, una reforma progresista. Sin embargo, hay una fuerte oposición a sus programas dentro del país.

E. **Obstáculos para la reestructuración.** El autor cita ciertos problemas sociales—el alcoholismo, las drogas, la vagancia —problemas que se deben resolver para que se puedan efectuar los cambios necesarios.

6. Ahora pregúntese si el autor ha contestado la pregunta planteada en el título, «¿hasta dónde puede llegar Mikhaíl Gorbachev?» ¿Puede realizarse la reestructuración teniendo en cuenta el problema de la burocracia y la inercia del pueblo? Socas concluye que la política de *glasnost* tendrá éxito sólo cuando los soviéticos acepten las responsabilidades que acompañan la liberación.

B

El segundo artículo es «China 1989: ¿Glasnost oriental... o violencia?», por Gloria Riquelme, *Hombre de mundo*, septiembre de 1989.

¡De nuevo se desata la violencia en China![a] Pero, simultáneamente, se abren las puertas que durante tantos años permanecieron totalmente cerradas para el mundo occidental.

CHINA 1989:

¿GLASNOST ORIENTAL... O VIOLENCIA?

Por Gloria Riquelme

No hay duda de que el gobierno de China ha cometido excesos de todo tipo al reprimir manifestaciónes espontáneas de sus ciudadanos en busca de libertad. Pero también es indudable de que, a pesar de la publicidad negativa que ha recibido debido a estos actos de violencia, China sigue tratando de terminar el aislamiento[1] que Mao Tse-tung[b] autoimpuso desde 1949. Las medidas de apertura son evidentes desde hace años,[2] las consecuencias de ese *glasnost-a-la-china* son detectables en las inquietudes de la juventud y en las exigencias[3] estudiantiles por mayores libertades, las cuales tantas vidas han costado en los disturbios[4] de mediados de este año.

Entre los primeros pasos que dio la *nueva China* está la implantación[5] de una escritura para el idioma chino, que trata de relacionar ciertos sonidos de los caracteres chinos a determinadas letras de los alfabetos occidentales para así facilitar la pronunciación a quienes no dominan el chino. También es evidente que los nuevos gobernantes de China quieren borrar los recuerdos negativos y los errores del pasado. Por ejemplo, el nombre de la ciudad de *Pekín* (centro principal de los excesos cometidos durante la llamada *Revolución Cultural*[c] de Mao Tse-tung) ha sido reemplazado por el de *Beijing*, como si de esta manera se iniciara una nueva etapa histórica donde funcione aquello de borrón-y-cuenta-nueva.

Y en efecto, en el *Beijing* actual, el *glasnost*-a-la-china ha introducido la *Coca Cola* y las hamburguesas con patatas fritas como alimento de multitudes; se puede asistir a un desfile de modas del diseñador francés Pierre Cardin; adquirir todo tipo de mercancías para la exportación... y pagarlas con una tarjeta de crédito occidental; y hasta se puede cenar en el *Maxim's* chino, que es una réplica del restaurante de París (también parte del consorcio Cardin), donde se mantienen precios internacionales comparables a los de cualquier ciudad europea.

---

[1] *isolation*   [2] desde... *for years*   [3] *demands*   [4] *disturbances*   [5] *implementation*

CHINA 1989

LOS CHINOS DE HOY NO SE SIENTEN "CONTA-MINADOS" POR EL CONTACTO CON LOS EXTRANJEROS...

Quizás la insistencia de la *nueva China* en identificar a su capital con el nombre de *Beijing* se entiende cuando al llegar hoy a la ciudad no se encuentra a la *Pekín* hostil de hace algunos años, donde era obvio que los extranjeros estaban confinados a un área determinada en el sector noreste, un verdadero *ghetto* donde el gobierno chino quiso aislar a los residentes con el pretexto de que así podía ofrecerles "mejor atención y protección".

Tampoco se ven ahora en Beijing a los ciudadanos uniformados con el traje único de hace unos años. El *glasnost*-a-la-china ha llevado la influencia del exterior hasta el pueblo, y aquella orden a los ciudadanos de "mantenerse aislados para evitar la *contaminación* con los peligros del capitalismo" ha sido sustituida por una actitud gubernamental flexible que puede ser apreciada rápidamente en la acogida amistosa[6] que el pueblo chino ofrece al visitante occidental de hoy. Asimismo, la música rock no está condenada, sino que es, posiblemente, la que más se escucha. El cine norteamericano y europeo ha vuelto a ser popular. Y las fábricas de ropa ya no están obligadas a confeccionar el modelo que ordene el régimen, sino que existe libertad de diseño.

"LAS PUERTAS DE CHINA ESTÁN ENTREABIERTAS..."

Según declaraciones del propio Primer Ministro chino Deng Xiaoping,[d] a quien no parece preocuparle mucho la ideología rígida y cerrada de sus antecesores, "entreabrir la puerta a los de dentro y a los de fuera para que funcione el socialismo, significa

La Plaza Tiananmen, Beijing

que cualquier cosa es aceptable si contribuye al desarrollo de China". Sin embargo, se apresura[7] a aclarar que "tenemos que mantener dos principios básicos: la propiedad en manos del Estado, para que tenga un papel dominante en la economía; y, en segundo lugar, evitar la polarización de las clases, para mantener abierto el camino a la prosperidad común.

Por otra parte, Deng Xiaoping - un comunista de tradición, que fue formado en la Universidad Sun Yat-sen,[e] en Moscú, y quien afirma estar convencido de que "los principios básicos del marxismo-leninismo son correctos", aunque considera que "la ideología debe evolucionar con las necesidades de la sociedad"- ha abierto el país a las inversiones extranjeras.[8] Al mismo tiempo declara que "China siempre será una *democracia socialista*; es decir, una democracia del pueblo, no una democracia burguesa ni una democracia individualista".

EL HOMBRE DE NEGOCIOS OCCIDENTAL Y LA "NUEVA CHINA"

¿Qué encuentra hoy en China el que la visita por primera vez o el que vuelve después de varios años? ¿Qué pueden esperar los hombres de negocios que están tratando de ampliar sus actividades con inversiones en la *nueva China* de Deng Xiaoping? Quizás otra pregunta que necesita respuesta para comprender mejor el fenómeno de *apertura* que se ha producido en China en estos últimos años es determinar qué factores llevaron a la super-conservadora Primer Ministro británica Margaret Thatcher[f] a ratificar un tratado para devolver

---

[6] acogida... *warm reception* [7] se... *he hastens* [8] inversiones... *foreign investments*

la colonia de Hong Kong a China en 1997, con el entendido de que ésta respetará el sistema económico y social desarrollado por los ingleses. En otras palabras: ¿qué garantía tienen los que corren el riesgo de pasar por esa "puerta entreabierta" de la que habla Deng Xiaoping...?

El hombre de negocios occidental que no ha intentado todavía una aventura comercial en China puede entusiasmarse porque en los Estados Unidos (en Nueva York) se ha abierto una oficina del gobierno chino llamada *Consorcio Internacional y Compañía de Inversiones de China* para desarrollar sus actividades comerciales con el mundo occidental, o porque su empresa reciba una invitación para participar en la *Feria Industrial de Guangzhou* (es decir, la ciudad de *Cantón*, cuyo nuevo nombre en chino también se está popularizando en el mundo). En efecto, la *nueva China* tiende la mano al hombre de negocios occidental, pero el ejecutivo que visita China por primera vez debe frenar un poco su entusiasmo y observar la situación con la mayor objetividad posible. Una visita de negocios a China puede ser muy agradable y productiva... pero también puede resultar en una amarga experiencia.

¿Motivos...? La forma de hacer negocios de los chinos continentales es muy diferente a la que conocemos en el Occidente (o en Hong Kong), y esa precipitación occidental a cerrar un trato[9] puede hacer fracasar una gestión productiva[10] con China. Primeramente, los chinos continentales, quizás por el aislamiento comercial en que se han desarrollado durante tantos años, tardan más en depositar su confianza en una relación comercial, y evidentemente creen en el concepto del *período de prueba*.[11] Se requiere, por lo tanto, un ritmo mucho más lento en la negociación

con ellos, hasta que los resultados finalmente cristalizan. Entonces, es posible que los vínculos[12] establecidos sean más sólidos y definitivos que los que puedan existir en una negociación entre hombres de negocios occidentales.

Con el *glasnost*-a-la-china, el gobierno de la República Popular China rompió, definitivamente, el aislamiento de muchas décadas al entrar en negociaciones con firmas occidentales a base de "acuerdos sobre compensaciones" y "contratos de manufactura". Bajo estos acuerdos, las firmas extranjeras que abren una fábrica en China, reciben el pago anual de su inversión hecha mediante:[13]

- una cantidad de los artículos manufacturados,

- en pagos periódicos, o

- en una combinación de los dos métodos anteriores.

Los contratos estipulan que la firma extranjera suministre[14] la materia prima y piezas necesarias para la manufactura de los productos en una fábrica china, a la cual pagan el precio estipulado previamente para la fabricación de esos productos.

En la actualidad el nuevo régimen chino ha ampliado el sistema de inversiones extranjeras en una forma insólita[15] al permitir "operaciones conjuntas" en las que la firma extranjera invierte directamente y adquiere la propiedad de la empresa. Esto -conjuntamente

CHINA 1989

con la aceptación de créditos procedentes de países y entidades extranjeras- ha cambiado totalmente el panorama de los negocios para los inversionistas occidentales en la China actual.

A PESAR DE LA "APERTURA", SIGUEN EXISTIENDO CIERTAS LIMITACIONES...

Tanto el que visita China en viaje de negocios como el turista, debe recordar siempre que a pesar del

La política comercial de la *nueva China* puede ser tentadora para el hombre de negocios occidental, sin embargo, ¡debe frenar su entusiasmo!

glasnost-a-la-china, aún existen limitaciones para el extranjero. Los turistas viajan en grupos dirigidos de los cuales no deben apartarse porque pueden enfrentarse a ciertas situaciones de conflicto debido a restricciones que nunca están especificadas. En cuanto al visitante en viaje de negocios éste debe tener la visa y el itinerario trazado de acuerdo con lo permitido por las autoridades en su caso; la realidad es que no existe libertad de movimientos para el que viaja solo, y las propias autoridades chinas así lo admiten sugiriendo que "la *apertura* debe hacerse en una forma gradual y progresiva".

En todo momento debe tenerse presente que el ciudadano chino promedio[16] ha vivido aislado bajo la opresión y la represión durante décadas, y que ahora es que comienza a tener sus primeros contactos

---

[9] precipitación... *Western haste to close a deal*   [10] hacer... *cause a productive negotiation to fail*   [11] período... *trial period*   [12] *ties*
[13] pago... *annual return on their investment via*   [14] *supply, furnish*   [15] *astonishing*   [16] *average*

CHINA 1989

con un mundo que le es absolutamente desconocido. Asimismo, es evidente que ni el gobierno ni el pueblo están preparados para recibir los cientos de miles de turistas que visitan (y quieren visitar) la *nueva China* cada año. Tanto los turistas como los chinos que viven en el extranjero, que ahora pueden visitar libremente a sus familiares, por primera vez están llevando la influencia del mundo libre al ciudadano promedio. Al mismo tiempo, el gobierno está enviando a cientos de estudiantes chinos a estudiar en otros países, participando por primera vez en programas de intercambio cultural internacionales.

LA "NUEVA CHINA" QUIERE APRENDER DE JAPÓN Y DEL OCCIDENTE

Uno de los hechos más interesantes recientemente ha sido la declaración abierta de los dirigentes de Beijing sugiriendo que "China tiene mucho que aprender de Occidente y del Japón". Esa admisión puede ser interpretada como el sello que pone fin al aislamiento impuesto durante la era maoísta y que todos quieren olvidar en esta *nueva China*. Esto ha creado una actitud hacia el visitante muy distinta al recelo[17] y hasta al repudio[18] de que eran objeto los occidentales que se aventuraban a visitar a la China Popular en el pasado maoísta.

Pero queda por descifrar la incógnita[19] sobre si China va a lograr una relativa libertad en su sistema económico sin que ésta acabe por "contaminar" al sistema político comunista y suavizar el control casi absoluto que el gobierno sigue manteniendo sobre la sociedad. La euforia[20] de los logros alcanzados con el *glasnost*-a-la-china no han

eliminado a los "defensores de la ideología" que siguen en contra de lo que ellos consideran pudiera ser "una *apertura* excesiva".

No obstante, todos los dirigentes chinos están de acuerdo en que si no se llevan a cabo las reformas ya iniciadas, es imposible sacar a la *nueva China* de la miseria... aunque si se llevan a cabo se corre el riesgo de una lucha por el poder para frenarlas.[21] Es decir, en la propia medicina está el peligro. Además, cuando el pueblo comienza a tener ciertas libertades para mejorar su forma de vida, y cuando empieza a conocer al mundo más allá de sus propias fronteras, inevitablemente surge una situación peligrosa para el régimen, porque entonces ese pueblo reclama[22] otras libertades políticas y sociales no contempladas en la reforma económica. Y un ejemplo de esta realidad son las frecuentes revueltas de los jóvenes reclamando mayores libertades que se han observado en los últimos meses.

¡DOS CARTAS POLÍTICAS MUY IMPORTANTES!

Es indudable que Deng Xiaoping y sus asesores están jugando dos cartas políticas muy delicadas:

• una de ellas es el acercamiento que han iniciado con el gobierno de Taiwán;

• la otra es la actitud tomada para tranquilizar a las grandes empresas financieras que mantienen sus centros de operaciones en Hong Kong, y cuya fuga[23] hacia otros países podría representar una catástrofe económica para uno de los centros económicos más prósperos de Asia.

Aunque oficialmente la República China considera a Taiwán como una "provincia no incorporada", el gobierno de Xiaoping ha abandonado las antiguas

amenazas de ocupación militar y de anexión por medios violentos. Ha preferido llevar el asunto a la mesa de negociaciones y está dando pasos muy positivos para aliviar la animosidad de otros tiempos con muestras de su buena voluntad. Entre sus decisiones están, por ejemplo, el permitir en *Xikou* (la ciudad natal del líder nacionalista Chiang-Kai-chek) que se erija un monumento en su honor y que el pueblo honre a quien fuera el mayor enemigo de la revolución comunista china. Asimismo, se están haciendo esfuerzos a todos los niveles para que la familia de Chiang-Kai-chek vuelva a *Xikou*, al extremo de que el gobierno ha reconstruido la villa donde el General pasaba los veranos.

Las autoridades, por supuesto, no discuten oficialmente la vida de Chiang-Kai-chek ni hacen comentarios sobre su intervención en la Historia moderna de China. Pero hoy el gobierno de Taiwán ya permite que sus ciudadanos visiten *Xikou*, donde encuentran la leyenda de su héroe y el acento propio de la región que les es tan familiar.

Además de la campaña de acercamiento más o menos sentimental y de reunión de familias divididas, está el acercamiento comercial de industriales de Taiwán, a quienes ambos gobiernos permiten establecer fábricas en la China continental porque, por una parte les ofrece la ventaja de pagar salarios más bajos, y por otra contribuyen al desarrollo de la región. *Xikou* está tratando de atraerlos y ya cuenta con una planta establecida por un industrial de Taiwán. La campaña oficial de las autoridades de la cuidad para atraer inversionistas de Taiwán llega hasta ofrecerles, inclusive, un trato especial en cuanto al pago de impuestos. No obstante, los obser-

---

[17] temor, desconfianza   [18] *rejection*   [19] queda... *the riddle remains to be solved*   [20] sensación de bienestar   [21] *put a break on them*
[22] *claims, demands*   [23] *flight*

vadores opinan que el llamado "entusiasmo de *Xikou*" es un poco exagerado, y algunos afirman que "en Taiwán no existe tanto interés por las ofertas comerciales que hacen los chinos continentales".

Aunque en Taipei[9]el gobierno no parece estar dispuesto a que exista una China única -a base de que Taiwán pierda su independencia como país, ni la prosperidad lograda con una sociedad abierta- las conversaciones continúan en un clima de negociación que pudiera encontrar una fórmula aceptable para ambos gobiernos en un futuro no muy lejano. Mientras, es otra de las tantas *incógnitas chinas* que únicamente el tiempo puede despejar.[24]

LA INQUIETUD DE HONG KONG PERSISTE...

Cómo tranquilizar a la población de Hong Kong,[h] es quizás la tarea más difícil que se ha impuesto el régimen de Beijing. Es muy difícil aceptar de buena fe el compromiso firmado entre la República Popular China y Gran Bretaña, garantizando en 1997 el mismo *status* económico que existe en el presente. Y como reacción lógica, ha comenzado una peligrosa fuga de capital (con fuertes inversiones en Europa, Estados Unidos y algunos países latinoamericanos), al extremo de que muchas empresas están relocalizando sus fábricas en otros lugares más estables políticamente.

Todo parece indicar que Deng Xiaoping ha decidido que la mejor manera de convencer, es mostrar que la República Popular China es capaz de lograr lo mismo que hicieron los ingleses en Hong Kong. Así, hace varios años iniciaron un experimento a poca distancia de Hong Kong, en una ciudad llamada *Shenzhen*, donde lo único que existía eran siembras de arroz y caseríos de pescadores.[25] En pocos años convirtieron la zona en una ciudad moderna, donde se alza el *Centro Internacional de Comercio*, el edificio más alto de China. Las autoridades de la ciudad tienen una libertad increíble para atraer inversiones extranjeras, y en este sentido ofrecen incentivos para el desarrollo de una tecnología moderna que ha hecho de *Shenzhen* la ciudad china de mayor desarrollo (ha aumentado la población de 30,000 a casi 400,000 habitantes en unos ocho años; en ese tiempo ha firmado contratos con compañías extranjeras por más de 700 millones de dólares).

A pesar de este éxito, el gobierno chino considera que "aún queda mucho por hacer; el experimento pudiera fallar porque todo no ha resultado como se esperaba". Se refieren los analistas chinos a que los inversionistas extranjeros que llegaron a *Shenzhen* atraídos por las ventajas en el pago de impuestos, han invertido las utilidades[26]en edificios, residencias y parques de diversión, en vez de ampliar sus industrias.

En Hong Kong ven a *Shenzhen* como "un esfuerzo chino para mostrarle al mundo lo que pueden esperar al tomar la antigua colonia británica"... pero también consideran que los chinos continentales han exagerado sus posibilidades. Por otro lado, los enemigos de Deng Xiaoping consideran que el proyecto ha sido "un esfuerzo inútil" porque sólo consigue atraer una industria mediocre que se está llevando los mejores trabajadores de otras ciudades chinas al ofrecer sueldos más altos, una situación que podría provocar consecuencias trágicas para el desarrollo de la industria en el resto del país.

Si no otra cosa,[27]el régimen chino sí ha probado que es capaz de levantar una ciudad industrial donde antes sólo existían sembrados. Pero... les queda mucho por aprender y por cambiar. En una sociedad aún cerrada como la china, es difícil que prospere la

CHINA 1989

iniciativa al punto de aprovechar las circunstancias y diversificar las actividades. Por ejemplo, si es cierto que a *Shenzhen* acuden los visitantes atraídos por los parques de diversiones construidos por los industriales extranjeros (como el *Mundo Submarino* y el *Lago de Miel*), y que sus vecinos de Hong Kong están construyendo allí casas para pasar temporadas, bien podían desarrollar una industria de turismo a base de atractivos y servicios. Semejante posibilidad no parece formar parte de lo que se entiende por "desarrollo" en la *nueva China* ¡ni siquiera por el régimen actual! Para los enemigos del gobierno sería algo así como una "degeneración cultural" porque el atractivo ("enfermizo" para los comunistas tradicionales) que tiene *Shenzhen* ha obligado al gobierno a aislar a la ciudad con una cerca de alambre[28] para evitar que se establezcan en ella los habitantes de la vecina provincia de Guangdong.

¿PUEDE EXISTIR CAPITALISMO EN UN RÉGIMEN COMUNISTA?

Cuando en 1978 Deng Xiaoping recuperó el control político de la República Popular China -después de un período desastroso para el país y para él mismo- con toda frialdad declaró que "el problema económico de los cientos de millones de chinos estaba en el sistema de control estatal propio del marxismo". Sin considerarse disidente, mencionó que "Karl Marx vivió en una época ya pasada" y que "sus teorías no respondían a las necesidades de hoy".

Los dirigentes de la *nueva China* no parecen estar fanatizados con la ideología marxista al punto de insistir en el dogma, cuando se dieron cuenta de que el siglo XIX en que vivió Marx no tiene nada que ver con el siglo XX que ya está terminando. Después del fanatis-

---

[24] aclarar   [25] siembras... *rice fields and the poor homes of fishermen*   [26] *profits*   [27] Si... *If nothing else*   [28] cerca... *wire fence*

CHINA 1989

mo de la Revolución Cultural de Mao Tse-tung, es evidente que en China pudo más la realidad y que los chinos decidieron cambiar de rumbo en cuanto al sistema económico sin renunciar a sus principios políticos.

Deng Xiaoping emprendió lo que pudiéramos llamar "una segunda revolución", sin hacer caso a las críticas. Con sus palabras ya proféticas ("no importa que el gato sea blanco o negro, lo que importa es que cace ratones"), Xiaoping se ha enfrascado[29] en una reforma económica que, indudablemente, ha cambiado la vida del pueblo chino. Los mercados están bien abastecidos[30] por primera vez en décadas, los resultados del plan de construcción de viviendas se ven en la ciudad y en los centros industriales, y puede decirse que el ciudadano promedio por primera vez tiene lo suficiente para comer.

LA DIFERENCIA ENTRE EL "GLASNOST" CHINO Y EL SOVIÉTICO

La férrea regimentación de Mao Tse-tung ha sido sustituida en la *nueva China* por otro tipo de política que ha cambiado la vida en las áreas rurales, donde vive el 80% de la población de China. El nuevo plan agrícola ha eliminado los dormitorios y los comedores comunes así como el trabajo del campo a base de las famosas comunas. Se ha vuelto a implantar la vida de familia; asimismo, el gobierno le arrienda[31] la tierra al campesino, le concede libertad para que se dedique al cultivo que

desee y para que desarrolle su propio negocio como agricultor.

El *experimento chino* es algo que los observadores analizan con mucho escepticismo, tanto en el Occidente como en el mundo comunista. Los elementos hasta ahora irreconciliables que están sobre el tapete,[32] pueden desembocar[33] en un caos o en otra lucha ideológica que barra con las reformas de Xiaoping. Desde este lado del mundo, desde luego, es muy difícil profetizar, porque Oriente y Occidente no responden a los mismos resortes.[34]

Según los observadores que estudian el fenómeno, el *glasnost*-a-la-china comenzó ofreciendo cambios a los campesinos, mientras que en la Unión Soviética se pretenden introducir cambios que afectan a las áreas urbanas, sin que los campesinos reciban beneficios que mejoren su precaria condición de vida. Por ello, muchos le conceden más probabilidades de éxito al *experimento chino* comenzado hace tiempo, que al *glasnost* soviético, en el que el campesino soviético sólo ha recibido promesas aún por cumplimentarse.

La transformación del socialismo chino no es otra cosa que la oportunidad para que el individuo desarrolle su capacidad de producción dentro del medio donde vive, pero siempre dentro de las limitaciones impuestas por un gobierno de control. Se eliminaron las comunas y la vida de familia ha vuelto, pero bajo las condiciones impuestas por el gobierno... como, por ejemplo, la *ley del control de la natalidad* que permite un solo hijo a cada pareja.

PREGUNTAS SIN RESPUESTAS

Contestar una pregunta con otra pregunta es evadir el tema o no tener respuesta. Ante la pregunta sobre qué puede esperar el inversionista[35] extranjero en China y sobre cuál será el futuro de Hong Kong cuando pase a manos de China, es necesario contestar con otras preguntas, porque hasta el momento no hay respuestas concluyentes. ¿Cómo va Deng Xiaoping a estabilizar su gobierno a base de las reformas económicas, sin conceder libertades políticas...? ¿Será capaz el régimen chino de renegar oficialmente su condición de "país comunista" para propiciar[36] una evolución política y social de acuerdo con sus patrones[37] culturales...?

Existe también otra etapa muy difícil para la aventura de Deng Xiaoping: la aceptación de China como participante en los mercados mundiales como un nuevo socio. A los países marxistas les asusta el hecho porque se trata de un "convertido" que ha abandonado el campo económico de Marx al punto de estar contemplando abrir una bolsa de valores.[38] Es un mal ejemplo que los ideólogos del dogma marxista van a tratar de que no se propague. Además, para el mundo libre resulta un competidor que no se mira con confianza, pues no se sabe si podrá actuar de acuerdo con los compromisos que contraiga.[39] En cualquier momento puede surgir una toma del poder[40] por los enemigos de la *apertura*, y... ¿se perdería todo? ◆

---

[29] se... *has become involved*   [30] *supplied, stocked*   [31] *rents, leases*   [32] sobre... *on the table (for discussion)*   [33] *end up in*   [34] *stimuli*   [35] *investor*   [36] *facilitate*   [37] *models*   [38] bolsa... *stock exchange*   [39] *it contracts*   [40] puede... *there could be a coup d'etat*

Notas para «China 1989...»

[a] En junio de 1989 la represión política llegó a la violencia; la más comentada manifestación fue la de los estudiantes en la plaza de Tiananmen.

[b] Mao Tse-tung (1893–1976), político chino que participó en la fundación del Partido Comunista en China. Fue presidente de la República Popular de China desde 1950 hasta 1959.

[c] Revolución Cultural (1966–1968): Mao Tse-tung decidió enviar a estudiantes universitarios, intelectuales y artistas, entre otros, a trabajar en el campo cultivando la tierra porque creía que habían olvidado los ideales y sacrificios de la Revolución comunista de 1950. Fue una reacción anti-cultural. [Continúa.]

MÉTODO

1. **Lea por primera vez**

   Tenga presente durante la lectura la pregunta que plantea Gloria Riquelme y averigüe cómo la contesta ella.

   Dé un vistazo rápido al texto. Observe el estilo del artículo. Fíjese en las palabras en cursiva, que destacan nombres de lugares, y personajes y también conceptos importantes. Lea de nuevo los subtítulos porque éstos hacen resaltar las ideas clave del artículo.

2. **Lea por segunda vez**

   Lea el artículo por segunda vez y subraye los datos esenciales contenidos en el artículo. Si quiere, consulte el artículo anotado y subrayado en el apéndice, páginas A–7 – A–12.

3. **Repase, observe y apunte**

   Examine la estructura del artículo y note que en este caso no es tan definida como la del artículo «Glasnost: ¿hasta dónde puede llegar Mikhaíl Gorbachev?». La manera en que Riquelme ve el asunto es en el contexto de la *vieja* y la *nueva* China, o sea, *aislamiento* (la China del pasado) versus *apertura* (la China del presente). Nuestros apuntes le ayudarán a llegar al esquema.

   A. *Glasnost*-a-la-china
   B. Definición de la democracia social
   C. El hombre de negocios y la *nueva China*
   D. Límites del *glasnost*-a-la-china
   E. Otras consecuencias del *glasnost*
   F. Taiwán
   G. El problema de Hong Kong
   H. ¿El capitalismo en China?
   I. La diferencia entre el *glasnost*-a-la-china y el soviético
   J. Preguntas

4. **Reflexione, seleccione y ordene**

   Reflexione sobre el esquema anterior. Vuelva a mirar el artículo con nuestros apuntes. Observe cómo hemos seleccionado y ordenado los datos para ampliar los tópicos del esquema.

   A. *Glasnost*-a-la-china: definición
      1. Cambio en el alfabeto chino con relación al alfabeto occidentales
      2. Introducción de alimentos y moda occidentales
      3. Fin del traje uniforme del pasado

Notas para «China 1989...»

[d] Deng Xiaoping, actual Primer Ministro de la República Popular de China.

[e] Sun Yat-sen (1867–1925), reformador y defensor de ideas occidentales. Presidente de la República China en 1911–1912, es considerado el padre de la China moderna.

[f] Margaret Thatcher, política británica. Fue Primera Ministra desde 1979 hasta 1991.

[g] capital de Taiwán

[h] Hong Kong, una colonia real de Gran Bretaña que comprende la isla de Hong Kong y la península de Kowloon. Fue cedida a Gran Bretaña por la China en 1842 y declarada un puerto libre.

      4. Tolerancia de la música *rock* y el cine occidental

      5. Viajes de estudiantes chinos al extranjero

      6. Libertad de los emigrados chinos de visitar a sus parientes en China

      7. Actitud amistosa hacia los extranjeros

  B. Democracia social: definición

  C. El hombre de negocios y la nueva China

      1. La forma de hacer negocios

      2. Inversiones y sus estipulaciones

  D. Límites del *glasnost*

      1. Un turismo controlado

      2. Miedo de lo desconocido

  E. Otras consecuencias del *glasnost*

      1. Deseo de aprender del Occidente y del Japón

      2. Reconocimiento de la necesidad de cambiar el sistema de vida para sobrevivir

  F. Relaciones con Taiwán

      1. Aceptación de un Taiwán independiente

      2. Medidas para atraer inversiones de Taiwán

      3. Permiso para el acercamiento de las familias

  G. El problema de Hong Kong

      1. Hong Kong en 1997

      2. La creación de la ciudad de Shenzhen

  H. ¿El capitalismo en China?

      1. Cambio de rumbo económico

      2. Preservación de los principios políticos

  I. La diferencia entre el *glasnost* chino y el soviético

      1. Cambios en la vida rural de China, tierra y familia

      2. Enfoque en la vida urbana rusa

      3. Control de la familia por el gobierno chino

  J. Preguntas

      1. Paradoja: ideología versus realidad económica

      2. El futuro

Al revisar el último esquema, las ideas más importantes se aclaran: por ejemplo, cómo se manifiestan el *glasnost*-a-la-china y las consecuencias positivas de él en diferentes aspectos de la vida china (temas A y E); las limitaciones del *glasnost*-a-la-china y los obstáculos ideológicos (temas B y D); las medidas que China necesita tomar para sobrevivir (temas C y F–I).

Ahora, pregúntese si la autora ha contestado la pregunta planteada en el título «China 1989: ¿*glasnost* oriental... o violencia?» ¿Podrá China aceptar el *glasnost* teniendo en cuenta el tradicionalismo, la política rígida y el aislamiento de la vieja China que la caracterizan, o se opondrá al camino liberal, flexible y abierto? Riquelme usa el recurso de la yuxtaposición para exponer la oposición ideológica que es la base del dilema que enfrentan los dirigentes chinos.

5. Antes de comenzar a escribir el resumen de los dos textos, reflexione brevemente sobre la *forma* y el *contenido* de los dos artículos sobre el *glasnost.* Considere los siguientes puntos.

- La forma en que los autores Socas y Riquelme han desarrollado el argumento.

  Por ejemplo, Socas presenta los efectos del *glasnost* en una forma estructurada mientras que Riquelme organiza su artículo de una manera más flexible, como si fuera una charla. Sin embargo, el artículo de Riquelme tiene una unidad temática que se debe al *leitmotif* del contraste entre la oposición de la nueva y la vieja China.

- El contenido, o sea, las ideas, los temas y puntos que tienen en común los dos artículos.

  Los dos artículos tratan sobre el *glasnost* y cómo se está implementando en Rusia y en China. También se comenta hasta qué punto se realizará con éxito, según Socas y Riquelme.

- La conclusión de los dos autores en cuanto al *glasnost* en la Unión Soviética y en China.

6. Finalmente, refiérase a los esquemas de los dos artículos en las páginas 72–73 y 80–81. Conteste las preguntas que le servirán de base del resumen de las semejanzas y diferencias del *glasnost* en Rusia y en China.

a. ¿Cuáles son los datos de publicación de los dos artículos? ¿autores? ¿títulos? ¿fechas? ¿fuentes?
b. Dé una definición del *glasnost.*
c. ¿Dónde, cuándo y por qué ocurrió este fenómeno?
d. ¿Quién fue el principal proponente del *glasnost* en Rusia? ¿Es admirada esa persona dentro del país? ¿fuera del país?
e. ¿Cuáles son los efectos del *glasnost* en Rusia?
f. ¿Cómo se manifiesta el *glasnost* en la cultura contemporánea de China? ¿Y en Taiwán? ¿en Hong Kong?
g. ¿Cuáles son los obstáculos del *glasnost* en Rusia?
h. ¿Cuáles son las limitaciones del *glasnost* en China?
i. ¿Qué medidas deben tomar los dos países para prosperar con *glasnost*?

RESUMEN MODELO

GLASNOST EN RUSIA Y CHINA: SEMEJANZAS Y DIFERENCIAS

Glasnost es el asunto de dos artículos: uno por Gilbert L. Socas, «*Glasnost:* ¿hasta dónde puede llegar Mikhaíl Gorbachev?» y el otro por Gloria Riquelme, «China 1989: ¿*Glasnost* oriental... o violencia?» publicados en la revista *Hombre de mundo,* en enero y en septiembre de 1989, respectivamente. *Glasnost,* que quiere decir *apertura,* es un paso de la política represiva hacia la liberalización. *Glasnost* es el resultado de la necesidad de reformas económicas en Rusia y en la China. *Glasnost* afecta la vida política, social y cultural del pueblo.

Mikhaíl Gorbachev es el principal proponente del *glasnost* en Rusia. Es admirado en Occidente y sus ideas han sido aceptadas favorablemente. Para Rusia, *glasnost* significa que los disidentes son tolerados, los escritores son reconocidos oficialmente, los artistas extranjeros son invitados a presentar y a exponer su arte. Se permite además una crítica abierta y cierto grado de protesta política.

En China se manifiesta una comparable, pero más limitada, versión del *glasnost.* Por ejemplo, la introducción de comidas, moda y música occidentales es tolerada y las inversiones extranjeras son buscadas. Existe el turismo aunque es controlado. Los estudiantes chinos estudian en el extranjero y los exiliados chinos pueden regresar para visitar a sus parientes. Las relaciones con Taiwán también han mejorado. China incorporará a Hong Kong en 1997.

Glasnost tiene sus limitaciones en ambos países. La reestructuración de Rusia es impedida por la burocracia y la inercia social. En China, la presencia de la vieja China impide las reformas necesarias. La historia y la ideología también contribuyen a las limitaciones del *glasnost.*

Ambos países reconocen que la reforma económica es urgente y que ésta forma la base del *glasnost.* Sin embargo, existe una diferencia entre ellos: China está reformando la vida rural mientras que Rusia se concentra en lo urbano. China desea una democracia socialista basada en los principios marxistas y leninistas. Gorbachev, quien se enfrenta con el problema del alcoholismo y la drogadicción en centros urbanos, cree que el *glasnost* tendrá éxito sólo si el pueblo soviético acepta las responsabilidades que acompañan la libertad. Sólo con el tiempo se sabrá si China aceptará el *glasnost* o regresará a su ambiguo aislamiento. Tendrá que resolver la paradoja entre ideología y realidad económica.

365 palabras y 24 oraciones

EJERCICIOS

A. Infórmese sobre la influencia y el desarrollo de *glasnost* desde el año 1989. Lea uno de los artículos más recientes que explique lo que pasa en Rusia y China en cuanto al *glasnost.* Elabore un resumen de los hechos y resultados más importantes.

B. Lea el artículo «Debate académico» que apareció (en inglés) en el *Wall Street Journal* del 10 de marzo de 1987 y resúmalo destacando las ventajas y desventajas del sistema educativo en el Japón y en los Estados Unidos.

C. Escoja un capítulo de un libro de texto o una lectura en cualquiera de sus clases y resuma su contenido.

Debate académico

POR MIKE THARP

Los estudiantes de escuela secundaria en los Estados Unidos carecen del empeño que tienen los estudiantes japoneses, pero demuestran espontaneidad.

En medio de preguntas sobre reformas, las visitas a salas de clases indican que hay puntos fuertes en cada sistema.

«Exámenes infernales» y jóvenes díscolos.[1]

Es el tercer período de ciencias para estudiantes de último año en la escuela secundaria de Komaba en Tokio. Con tizas[2] azules, rosadas y amarillas, el profesor Hiroo Nemoto dibuja flechas y diagramas en la pizarra mientras explica reacciones químicas.

Con plumas de color azul, rosado y amarillo, 48 estudiantes copian en sus cuadernos las flechas y los diagramas. Nadie hace preguntas, pero la tensión es palpable. La mayoría de los estudiantes pronto tomará un examen a nivel nacional que, en gran parte, determinará ampliamente[3] su lugar en la sociedad por el resto de su vida.

A cinco mil millas de distancia, en la escuela secundaria de Alameda, cerca de Oakland, California, 19 estudiantes en la clase de francés de Alicia Nourse, leen en voz alta un ensayo de Blaise Pascal. Cada vez que la Sra. Nourse hace una pregunta, media docena de manos se alza. Un chico demuestra un pasaje sobre la muerte tirándose al suelo con la lengua de fuera.

Ambas escuelas, la de Komaba y la de Alameda, son escuelas públicas para la clase media, pero tan diferentes la una de la otra como el este y el oeste. Precisamente cuando los educadores de ambos países se quiebran la cabeza[4] pensando y discutiendo acerca de reformas, la comparación de las dos escuelas muestra los puntos fuertes y débiles de cada sistema.

Una carrera[5] desesperada

Los estudiantes de Komaba están sumergidos en un corto y desesperado período de tres años de trabajo intenso para acumular suficientes conocimientos para aprobar el examen de ingreso[6] a la universidad. Cuando lleguen a graduarse, habrán cursado un año más de estudios que los estudiantes de Alameda, sin contar las otras clases extraescolares de repaso. También tendrán la distinción de contarse entre los estudiantes mejor preparados del mundo, según estándares internacionales.

Aproximadamente, una tercera parte de ellos no saldrá aprobada en el examen universitario: éstos se convertirán en «ronin» que literalmente quiere decir «samurai sin señor a quien servir».[7] En la actualidad, no es muy humillante fallar una vez. Muchos estudiantes toman el examen nuevamente, pero si no pueden pasar en los intentos si-

guientes, los empleos de prestigio serán inaccesibles para ellos.

En Alameda, el esfuerzo por alcanzar triunfos académicos es pálido en comparación. Muchos observadores creen que ésta es la causa de la declinación del espíritu de competencia[8] en el país. Los estudiantes de Alameda podrían dedicar la mitad del tiempo, si así lo quisieran, a materias no académicas. Incluso, algunos estudiantes demuestran una actitud arrogante, en por lo menos algunos casos, fallando intencionalmente en el examen estatal de aptitud como protesta contra las autoridades escolares.

Pero más o menos el mismo porcentaje de estudiantes irá a una universidad de cuatro años, que generalmente son considerados mejores en los Estados Unidos que en Japón. Esto sugiere que la élite de Komaba tendría una ventaja inicial sobre los estudiantes de Alameda. En un marcado contraste con los estudiantes de Komaba, muchos de los de Alameda disfrutan claramente de la escuela y de una activa vida social. También se les estimula a pensar por ellos mismos, mientras que escuelas como la de Komaba crean una sumisión en el estudiante, muy extraña para los estándares de los Estados Unidos.

---

[1] *unruly* [2] *chalk* [3] largely [4] *se... are beating their brains out* [5] *race* [6] *entrance* [7] *sin... lordless, without a patron* [8] *competition*

Lo siguiente es un vistazo a las dos escuelas.

Komaba

Los estudiantes de Komaba están a un moderado nivel superior sobre el promedio[9] nacional de proficiencia. Para éstos, el ritmo es muy acelerado. Pasan 240 días al año en clase, incluyendo medio día los sábados. Muchos de los estudiantes van, además, a escuelas privadas llamadas «juku», donde los que están en el último año reciben instrucción extra por dos o tres horas al día.

El énfasis es en aprender de memoria la información sobre la que se basarán los exámenes de la universidad nacional o los exámenes de ingreso a las universidades privadas. Rica Yamada, una estudiante de último año que espera asistir a una universidad privada, se queja de que no le gusta memorizar. «Esto no se puede utilizar en otros aspectos de la vida, excepto en los exámenes», dice.

Los estudiantes perseveran porque tienen que hacerlo para superar los extraordinarios exámenes. Recientemente, en un examen nacional, los estudiantes que no pudieron recordar las palabras exactas de un texto de geografía que describía el Bósforo, un estrecho que une el Mar Negro con el Mar de Mármara en Turquía, perdieron la pregunta.

Los adolescentes que asisten a Komaba, una escuela de tres pisos cerca de la activa estación de trenes en Tokio, Shibuya, ya han sobrevivido[10] a un examen a nivel nacional. Este examen, que los estudiantes toman en el noveno grado, determina cuáles de ellos asistirán a escuelas de artes y oficios, a escuelas que ofrecen tanto programas de artes y oficios como académicos, y a establecimientos completamente académicos de tres años como Komaba con un currículum regular y estandarizado.

Después del segundo año de estudios, que consiste principalmente en matemáticas, ciencias, estudios sociales e inglés, los estudiantes japoneses tienen que decidirse por una especialización. Un poco más de la mitad de los chicos eligen las ciencias. La mayoría de las chicas se deciden por las humanidades, limitando así, en muchos casos, su oportunidad de asistir a una universidad nacional de prestigio.

Durante el año encaminado hacia la prueba final, el llamado «examen infernal», los estudiantes de último año de Komaba se ausentan de los deportes y otras actividades extraescolares. Sus madres, quienes los presionan fuertemente para que estudien más, con frecuencia les llevan la cena al escritorio, mientras que a los padres, considerados como una distracción, se les dice que no regresen a casa hasta que no cierren los bares o corra el último tren.

La cantidad de horas que un estudiante duerme es índice de las posibilidades que tiene de pasar un examen. El viejo dicho que dice: «Si con cuatro horas pasa, con cinco fracasa», todavía se repite, sólo medio en broma.

La mayoría de los padres piensa que el esfuerzo vale la pena. «El examen no es tan infernal», dice Yoko Tanaka, quien da clases de badminton para ayudarse a pagar los $4.500 dólares anuales que gasta en «juku» para sus dos hijos. «Es solamente una etapa corta de la vida, y tú tienes una larga vida por delante después de que te has graduado en la universidad.»

Pero muchos estudiantes parecen fuertemente presionados por las obligaciones que se les imponen. En una encuesta nacional reciente, una mayoría abrumadora escogió la siguiente respuesta a una pregunta de opciones múltiples acerca del tipo de escuela al que les gustaría asistir: «Una con lecciones que sean más fáciles de comprender.»

Los estudiantes de Komaba parecen compartir tal opinión. «Los estudiantes japoneses de secundaria no disfrutan realmente de su vida,» dice Mika Shiraishi, una estudiante del último año que pasó su penúltimo año en San José, California, en un programa de intercambio de estudiantes. «En los Estados Unidos se te permite decirle lo que quieras a un profesor, como si fuera un amigo. Las clases no son solamente frente a la pizarra: puedes aprender por medio de una videocasetera o de una visita al campo de alguna actividad.»

Yuji Takakuwa, un estudiante de último año, tiene una queja más grave. «En el Japón,» dice, «todo el mundo tiene que ser igual. A menos que se convierta en un país que respeta al individuo, el Japón va a decaer.»

Nadie alborota el panal[11]

En efecto, en Komaba la conformidad es una regla tácita. Cerca del 90 por ciento de los estudiantes viste el uniforme de la escuela—traje marinero negro para las chicas, y chaqueta Nehru y pantalones negros para los chicos—no obstante que los uniformes ya dejaron de ser obligatorios desde las protestas estudiantiles de los años 60. «Muchos estudiantes de esta escuela son conservadores y no les gusta el cambio,» concluye Shinsuke Kaneko, un chico de segundo año vestido en «blue jeans». «Debería haber más gente que alborotara el panal.»

Con todo, en clase los estudiantes de Komaba son todavía más sumisos.[12] Toman apuntes impasiblemente. Muy pocos hacen preguntas. Ninguno desafía las ideas de sus profesores, a quienes se les ve con profundo respeto y se les pone literalmente sobre pedestales: sobre plataformas de unos treinta centímetros de altura que simbolizan su autoridad. Por cierto, uno de los

[9] *average* [10] *survived* [11] alborota... *upsets the beehive (fig. rocks the boat)* [12] *passive, submissive*

Debate académico

estudiantes no tiene nada que decir, incluso cuando el profesor le pregunta en voz alta por qué ha llegado tarde a la clase.

La enseñanza como carrera aún atrae a algunos de los jóvenes más capacitados del Japón: en parte porque los salarios, que oscilan entre $16.000 y $54.000 anuales (en dólares equivalentes), ponen a los profesores entre el diez por ciento de los asalariados mejor pagados. Sin embargo, algunos profesores en Komaba se sienten frustrados por la pasividad que sus estudiantes han adoptado.

En la clase de chino clásico, por ejemplo, Hisako Hagiwara trata de usar el método socrático. Sin embargo, tiene que responder a sus propias preguntas porque sus estudiantes no lo hacen. Cuando Makoto Niimaki, un profesor de historia, cuenta un chiste obsceno acerca de afuerinos[13] en el Japón del siglo XIX, los estudiantes fijan la mirada en el vacío.[14] Cuando la profesora de inglés Aoi Ogawa trata de sazonar[15] su clase sobre Ernest Hemingway comentando sobre los tres divorcios del escritor, los estudiantes se quedan mirando la cubierta de sus pupitres. «Todos coincidimos en que las voces de los estudiantes (participación en la clase) van escaseando[16] más cada año», dice ella.

Los estudiantes son sumisos

El director Chohyoh Hosono concluye: «Tenemos un problema en que los estudiantes no tratan de mejorar sus habilidades por su propia iniciativa. Son bastante sumisos. Si se les asigna tarea para hacer en casa, la hacen muy bien—pero no harán más de lo necesario.»

Como es de esperarse, los problemas de disciplina en Komaba son relativamente menores. En cierta ocasión, la infracción más seria tuvo que ver con varias chicas a quienes se vio comiendo golosinas[17] mientras caminaban: una falta a la etiqueta en el Japón.

Los estudiantes generalmente llevan una vida personal sumisa también. A diferencia de sus pares en Alameda, no se ven distraídos por reuniones con amigos o por el uso de drogas. Una de las razones es que, después de un día repleto de clases, les queda poco tiempo para pasarlo con amigos. El Sr. Takakuwa, el estudiante de último año que se preocupa por la decadencia del Japón, ha tenido sólo dos citas en tres años. Ambas fueron visitas a un planetario. Cuando se les preguntó a 13 estudiantes durante un almuerzo si había algún problema con las drogas en su escuela, todos se mostraron perplejos por el concepto: «¿Ud. habla de medicinas?» preguntó uno de ellos.

Hacia un restaurante de fideos[18]

No obstante, en una demostración excepcional de iniciativa, recientemente unos 24 chicos de ambos sexos pasaron por alto[19] un día de asamblea general. Treparon un muro[20] de más de dos metros de alto que rodea los campos de la escuela y se escaparon hacia cafés y restaurantes de fideos del vecindario.

Sin embargo, el instructor Izumi Tamura, quien asistió a la escuela durante los militaristas años 30, concluye que los estudiantes de hoy día están «más reprimidos»[21] que en el pasado. Él dice: «Los padres los empujan sobre una correa transportadora».[22]

Al igual que la sociedad japonesa, las escuelas están dominadas por hombres. Desde la escuela de párvulos[23] en adelante, los nombres de los chicos, al tomar la lista de asistencia diaria, se llaman antes que los de las chicas. Cuatro de cada cinco profesores de escuela secundaria son hombres. Las mujeres jóvenes sólo constituyen un 25 por ciento de las matrículas en las universidades de cuatro años. La mayoría de las chicas asisten a colegios superiores de dos años[24] con el propósito de poder pasar unos cuantos años trabajando antes de casarse. Sólo cerca del 10 por ciento se molesta en tomar los exámenes de ingreso de la universidad de Tokio, la escuela de más prestigio.

Las chicas de Komaba no objetan a esta situación. Akiko Shimomura, una chica de último año que se propone solicitar ingreso a colegios privados de buena reputación, explica: «Si me gustaran las matemáticas o la física, yo podría ir [a una escuela de renombre]. Pero no me gustan.»

Mariko Mitsui, una maestra de inglés de Komaba que estudió en los Estados Unidos, está tratando de disminuir la separación de sexos en el sistema japonés, pero ha progresado muy poco. Ella dice que «en Japón, la eficiencia es más importante que la igualdad».

Alameda

Al igual que muchas de las escuelas secundarias dirigidas por las 17.000 juntas locales de educación,[25] la de Alameda trata de ser todo para todos los estudiantes. Es escuela preparatoria para la universidad, es escuela de artes y oficios[26] y, algo así como un padre más, ofrece instrucción en materias desde educación sexual hasta sobre cómo escribir cheques.

---

[13] *country folk, hicks*   [14] *fijan... stare blankly into space*   [15] *spice up*   [16] *becoming scarce*   [17] *candy*   [18] *noodles*   [19] *pasaron... skipped*   [20] *Treparon... They climbed a wall.*   [21] *repressed*   [22] *correa... assembly line*   [23] *escuela... nursery school*   [24] *colegios... junior colleges*   [25] *juntas... local boards of education*   [26] *trades*

Los estudiantes de las escuelas secundarias en los Estados Unidos y Japón tienen metas que son tan diferentes como el este y el oeste

El estudiantado, procedente de la ciudad de Alameda, al sur de Oakland, es muy diverso. Hay estudiantes de minorías desventajadas, buenos estudiantes, malos estudiantes, y estudiantes inadaptados. Con un propósito tan fragmentado y con tal mezcla de material humano, la escuela de Alameda no puede competir académicamente con la de Komaba.

Aun así, hasta a los estudiantes más inteligentes de Alameda sólo se les exige tomar la mitad de las clases de matemáticas, ciencias, estudios sociales y lenguas que toman los de Komaba. El programa de estudios está lleno de cursos electivos, no académicos, como oratoria, hacer un anuario[27] y liderazgo, éste último descrito así en el programa de clases: «Cómo planear y conducir reuniones.» Los estudiantes de último año también pueden obtener crédito por una clase llamada Supervivencia de los solteros[28] que pone énfasis en dar instrucción sobre cómo «administrar el tiempo y el dinero y saber escoger en el momento de comprar, preparar y seleccionar alimentos, ropa, muebles para la casa, automóviles y seguros».

Comparados con sus pares de Komaba, los estudiantes de último año de Alameda son un grupo indisciplinado. Las preocupaciones de muchos de estos estudiantes tienen que ver con su vida social, tener citas y, en algunos casos, con su vida sexual. Los estudiantes de último año estiman que entre un 40 y 50 por ciento de sus compañeros consume drogas o bebidas alcohólicas con regularidad. Hace diez años que Robert Rod, quien se graduó en la escuela de Alameda en 1967, enseña allí. Recuerda que una

vez un estudiante le preguntó «cuánto tiempo permanece viva la esperma en una chica. Yo no sabía la respuesta», dice, «pero le dije que no jugara con el método del ritmo».

Empleos después de clases

A diferencia de los estudiantes de Komaba, muchos de los de Alameda tienen empleos después de las clases. Algunos trabajan porque provienen de hogares de ingresos[29] limitados, en los que sólo hay uno de los padres. Otros gastan su sueldo en comprar coches y en pagar sus gastos cuando tienen citas.

Los estudiantes de Alameda no hacen mucha tarea escolar. Los cálculos oficiales arrojan un promedio de media hora a una hora cada noche, comparado con un máximo de cuatro horas por noche.

En la escuela de Alameda, algunos estudiantes también parece que muestran desagrado por las autoridades. Según una investigación hecha por el periódico estudiantil, 13 de 22 estudiantes en una clase de cívica, intencionalmente sacaron un suspenso en un examen estatal de aptitud el año pasado, porque resentían cómo eran tratados por el director y los examinadores traídos de una base militar cercana. El periódico indicó que cerca del diez por ciento de todos los estudiantes de último año saboteó el examen, y un gran porcentaje de ellos ni siquiera intentó tomarlo. «Me daba lo mismo»,[30] dijo un estudiante de último año. El periódico citó a otro de estos estudiantes quejándose de que los examinadores «eran muy rudos».

Los administradores de la escuela y los maestros tampoco son respetados por algunos estudiantes. Una tarde en la biblioteca, la subdirectora abordó[31] a un chico de primer año quien, violando el reglamento escolar, escuchaba una cinta magnetofónica por unos auriculares.[32] Ella le ordenó que se los entregara. El estudiante le respondió: «Pues, va a tener que castigarme porque no se los voy a dar.»

Mientras tanto, en una clase de inglés para estudiantes rezagados,[33] Junior Taamu, un jugador de fútbol, arrellanado en su silla se dirige a su maestra, Carmel Zimmerman. «Oye, chica,» le dice, «¿me echaste de menos?[34] Yo te eché de menos a ti.» Ella lo mira fijamente, pero no le responde.

Los maestros de Alameda tienen que luchar, comenzando por los salarios, tan bajos como $23.000, con los problemas de enseñanza que trae la diversidad social de la escuela. Hay un tres por ciento de estudiantes negros y un ocho por ciento de hispanos. En California, como promedio, estos grupos alcanzan el 80 por ciento del nivel de los estudiantes blancos.

Cerca del 24 por ciento del estudiantado es asiático-americano, un grupo que generalmente supera a los blancos en matemáticas, y está un poco por debajo de los blancos en lectura y ortografía.

Carol Kyle, quien enseña una clase de cálculo, integrada en su mayoría por estudiantes asiáticos-norteamericanos, señala una pronunciada declinación en motivación y persistencia entre el estudiantado blanco de la clase media—observación que ella atribuye al deterioro

---

[27] *yearbook*   [28] Supervivencia... *single person's survival guide*   [29] *income*   [30] Me... *I didn't care.*   [31] *approached*   [32] *headphones*
[33] *remedial*   [34] ¿me... *did you miss me?*

Debate académico

de la vida familiar y de la ética laboral.[35] Dice ella que «las escuelas sólo reflejan lo que ocurre en la sociedad».

Educación para estudiantes rezagados

Algunos de los estudiantes de Alameda, tanto blancos como de las minorías, parecen mal preparados hasta para una clase para rezagados. Los 27 estudiantes de la Sra. Zimmerman pasan dificultades para escribir ensayos de dos páginas y, al final, éstos están llenos de errores. Esta maestra de segundo año, apartándose de un soplo un mechón de cabellos,[36] dice: «Nunca he trabajado tanto en mi vida.»

Pero de la falta de disciplina de Alameda surgen algunos de sus puntos fuertes. Los estudiantes más inteligentes se ven obligados a desarrollar su agilidad mental y a cuestionar lo que dicen sus compañeros y maestros. En la clase de cívica de Robert Lochner, a los estudiantes se les califica[37] en base de lo bien que presentan sus argu-

mentos en discusiones sobre los campos de concentración para los japoneses-americanos durante la Segunda Guerra Mundial, el derecho de los cines para adultos a operar en la ciudad y si se debería permitir a los maestros registrar[38] los «lockers» de los estudiantes para ver si tienen drogas.

Elizabeth Larriberot, una estudiante de último año, dice: «Los maestros despiertan nuestro interés en lo que sucede, no sólo diciéndonos que hay un examen la próxima semana. Esto le da al individuo la oportunidad de mostrar su creatividad.»

En efecto, a muchos japoneses les preocupa la preconcebida ventaja de la creatividad norteamericana. Masahiko Fujiwara, un profesor de matemáticas de la Universidad Ochanomizu de Tokio, quien también ha enseñado en los Estados Unidos, dice: «Los chicos japoneses de 18 años lo saben todo, pero en términos de pensar lógicamente, los chicos norteamericanos piensan mejor.»

Sin embargo, básicamente, cada sistema obtiene los resultados para

los cuales fue designado. Escuelas secundarias como la de Komaba, producen los chicos más educados, sumisos, disciplinados y habituados al trabajo fuerte, del mundo. Aun la mayoría que no asiste a las universidades tiene un promedio de educación equivalente a la de los estudiantes de segundo año de colegio superior de dos años en los Estados Unidos, y están capacitados para ejercer en el Japón la mayoría de los trabajos de oficina.

«Para una prosperidad económica, la educación japonesa es la mejor y la de Uds. es la peor», concluye el Sr. Fujiwara, el profesor japonés de matemáticas.

Pero Terrel Bell, antiguo Secretario de Educación Pública en los Estados Unidos, quien visitó varias escuelas japonesas en 1985, cree que las autoridades en el campo educativo de ambos países tienen algo que aprender las unas de las otras. «Me fui con la impresión de que los japoneses tienen mucha presión y que nosotros no tenemos la suficiente», dice el Sr. Bell. «Si ambas naciones pudieran encontrar un término medio,[39] ambas se beneficiarían.»

---

[35] ética... *work ethic*   [36] apartándose... *blowing a wisp of hair out of her eyes*   [37] se... *are graded*   [38] *to search*   [39] término... *middle ground*

LECTURA 6

« UN PLANETA EN QUIEBRA »

POR RAMIRO CRISTÓBAL

Cambio 16, número 1.093 (2 de noviembre de 1992)

❏ Uno de los temas más discutidos hoy en día es el futuro de la tierra. La contaminación del agua y del aire, la destrucción de muchas especies de animales y de los bosques tropicales, el crecimiento de la población y, por consecuencia, de la pobreza en muchas partes del mundo y la escasez de recursos son problemas graves que requieren una solución. Lea la lectura que sigue, «Un planeta en quiebra», de Ramiro Cristóbal, que trata de los puntos de vista expuestos por economistas, sociólogos, científicos y humanistas durante una conferencia en Madrid.

❏ Conteste las preguntas.

1. ¿Dónde y en qué fecha se publicó el artículo?
2. ¿De qué trata?
3. ¿Quiénes participaron en la conferencia? Dé los nombres, el título y la profesión de los participantes citados.
4. Según los científicos, ¿cuáles son los problemas?
5. ¿Qué soluciones proponen los participantes?
6. ¿Cuáles son los obstáculos que ellos preven cuando hablan de posibles soluciones?
7. Según los humanistas, ¿cuáles son los problemas del planeta?
8. ¿Qué soluciones proponen ellos?
9. ¿Quiénes son más optimistas, ¿los científicos o los humanistas?
10. ¿Cuáles son las fallas trágicas de la ciencia y la técnica según los profesores Alain Touraine y Rem Petrov?

❏ Lea el «Decálogo negro para el siglo XXI» que acompaña el artículo y busque cada uno de esos diez puntos en el cuerpo del artículo «Un planeta en quiebra». Ponga en el texto del artículo el número que corresponde a cada tema mencionado en el Decálogo. Eso asegura que Ud. comprende bien el texto y el tema complejo presentado en la conferencia.

Un planeta en quiebra

Destacados científicos auguran[1] síntomas alarmantes en la futura vida del planeta Tierra

RAMIRO CRISTÓBAL

SI la ciencia y la razón no lo remedian, en menos de 50 años el ser humano puede haber agotado[2] todas sus posibilidades de habitar este planeta de forma armónica y pacífica. De continuar las tendencias actuales, en ese tiempo la población de la Tierra habrá llegado a los 8.000 millones, cifra que se considera la máxima que puede alimentarse con los recursos conocidos. Mientras, el número de países y personas arrojadas a la miseria será cada vez mayor y las posibilidades de estos países de alcanzar a los desarrollados serán cada vez más improbables. Al mismo tiempo, el deterioro del medio ambiente puede llegar a límites casi insostenibles.

Éstas son algunas de las conclusiones de las jornadas[3] celebradas en Madrid, en las que un grupo de científicos, economistas y filósofos, reunidos bajo el lema de *El futuro del planeta,* han debatido los problemas y sus posibles soluciones. Las *Conversaciones de Madrid*, uno de los ciclos culturales de Madrid Capital Europea de la Cultura, reunieron en el Euro-forum de San Lorenzo de El Escorial a varios de los más prestigiosos investigadores y sociólogos del mundo.

Del premio Nobel Nicolai Basov, padre del láser, al profesor de Oxford, Roger Penrose, autor de la obra de divulgación *La nueva mente del emperador*, y del sociólogo Alain Touraine al economista Guillermo de la Dehesa, todos coincidieron en lo esencial de tan pesimista diagnóstico. Los científicos no se cerraron a eventuales posibilidades, como dijo el profesor noruego Frederik Barth: «El futuro inmediate no está predeterminado y puede modificarse cambiando las estrategias actuales».

El profesor Rafael Portaencasa, director de este encuentro, defendió la necesidad de multiplicar los contactos entre especialistas de diversas áreas: «Una de las cosas más graves que están sucediendo es que los problemas se analizan por parcelas.[4] Por ejemplo, la ingeniería genética es necesaria porque hay que lograr nuevos productos vegetales y animales, pero también es peligrosa porque puede producir seres monstruosos. El crecimiento demográfico es una grave

Decálogo negro para el siglo XXI

SEGÚN los participantes en las conversaciones de Madrid, éstos son los diez problemas más graves que tendrá el mundo a lo largo de la próxima centuria:

1. Aumento de la población mundial que alcanzará su máximo (calculado en 8.000 millones de personas) dentro de 40 años si la tendencia actual continúa.

2. Aumento progresivo de las diferencias económicas, culturales y sociales entre zonas y países pobres y ricos, tanto internacional como en su propio interior.

3. Fragmentación de los países o regiones más pobres, con el consiguiente peligro de guerras civiles y enfrentamientos armados entre sus habitantes, tal como puede constatarse[1] en la realidad internacional actual.

4. Progresivo endeudamiento[2] de los países más pobres y disminución de las posibilidades de los gobiernos y de las sociedades para salir de él.

5. Disminución[3] de las opciones para las nuevas generaciones a causa del crecimiento previsible de la presión fiscal.[4]

6. Fuerte incremento de los movimientos migratorios de los países más pobres a los ricos con el probable incremento de los contenidos ideológicos de carácter nacionalista y racista.

7. Despolitización[5] de la sociedad con el consiguiente peligro de la aparición y desarrollo de sectarismos religiosos o laicos.[6]

8. Aspectos negativos de la educación, en especial la fuga de cerebros a países ricos en mayor medida[7] incluso que hasta el momento.

9. Deterioro del medio ambiente terrestre y atmosférico.

10. Aspectos negativos de la investigación científica y tecnológica: armas convencionales y biológicas, creación de seres animales y vegetales peligrosos para la ecología general y utilización de las energías para usos de carácter militar.

---

[1] *predict*   [2] puede... *may have exhausted*   [3] *daily conferences*   [4] *bits and pieces*

[1] puede... *can be verified*   [2] Progresivo... *Increasing indebtedness*   [3] *Decrease*
[4] presión... *fiscal pressure*   [5] *Decreasing politicization*   [6] sectarismos... *religious and lay factions*   [7] en... *in greater numbers*

Contaminación del Mediterráneo, asignatura pendiente del deterioro del medio ambiente

salud del hombre y en el aumento de la longevidad media.

Los humanistas en cambio ven las cosas mucho menos rosadas. Para el sociólogo francés Alain Touraine: «Vivimos unos momentos de fragmentación de la sociedad. Por un lado, la distancia y la falta de comunicación entre ricos y pobres del planeta es cada vez más visible; por otro, en las mismas sociedades ricas hay una tendencia a la insolidaridad, al individualismo. La realidad es que antes los pobres se enfrentaban a los ricos y ahora los pobres se matan entre ellos por medio de la droga o con las armas». El profesor Portaencasa afirmó: «Se ha creado un caos, sobre todo en el terreno económico». El catedrático de Filosofía Alfonso López Quintás matizó[5] que «en el momento actual se observa un penoso desequilibrio entre una situación muy floreciente de la ciencia y la técnica y una situación de extrema miseria de buena parte de la población mundial».

SIN RECURSOS. El punto de vista del economista Guillermo de la Dehesa es contradictorio: «Por un lado estamos en una situación global y eso debería favorecer una economía de mercado en todo el planeta, con nuevos mercados de oferta y demanda. Esa nueva situación producirá ganadores y perdedores y lo peor es que los ganadores serán más ganadores y los perdedores más perdedores. Al final, el gran problema del siglo que viene es conseguir que unos y otros no lo sean tanto». Otro de los puntos negros de la humanidad es la deuda externa[6] que ha crecido hasta niveles que dificultan la actuación de los políticos. «Los gobiernos ahora —según Guillermo de la Dehesa— no tienen más recursos que aumentar la presión impositiva[7] para obtener ingresos. Eso va a repercutir de manera muy negativa en nuestros descendientes: nuestros hijos y nietos van a tener que sufrir esta enorme presión fiscal para pagar deudas antiguas, sin contrapartida,[8] por tanto, en su bienestar». ➡

preocupación, pero además tiene mucho que ver con el deterioro del medio ambiente. Todo es interdependiente».

Sin embargo, los puntos de partida entre científicos y humanistas no podían ser más dispares. Los científicos se muestran confiados en que la ciencia y su aplicación tecnológica puede llegar todo lo lejos que se quiera. Por ejemplo, el profesor norteamericano Peter Likins, catedrático de ingeniería mecánica, afirmó que «ahora creemos que virtualmente cualquier pregunta científica, antes o después, puede contestarse y que cualquier objetivo tecnológico se puede alcanzar» y significativamente añadió que el debate se había centrado en «qué puede conseguirse en estos campos. La pregunta es: ¿qué es lo que hay que alcanzar?». Del mismo modo, el profesor Penrose afirmó: «Los ordenadores continuarán en su desarrollo a una velocidad creciente y afectarán notablemente en nuestras vidas. Sin embargo, no se conseguirán máquinas con inteligencia real». El inmunólogo ruso Rem Petrov, vicepresidente de la Academia de Ciencias de Rusia, señaló que «las ciencias de la vida, como la biología general, la biomedicina, la genética, la inmunología, la biotecnología, se desarrollarán prioritariamente en el futuro» y subrayó su influencia positiva en la

---

[5] *brought in another point of view (when he said)*   [6] deuda... *foreign debt*   [7] presión... *tax burden*   [8] sin... *without (seeing any positive) effect*

Las posibles soluciones a estos problemas también fueron abordadas desde muy diversos puntos de vista. La presencia creciente de los científicos en las decisiones políticas y sociales se concretaba en propuestas como la del Nobel Nicolai Basov que pidió la creación de un «centro internacional en Europa» y la convocatoria[9] de una conferencia internacional en la que «deberían participar científicos, políticos, representantes de la Administración y figuras públicas, y en la que se debería tratar no sólo el actual estado científico-tecnológico, sino también los aspectos ecológicos, económicos y de seguridad», o la del biólogo norteamericano Eric H. Davidson que propuso «la educación en las 'ciencias duras' (ciencia y técnica) de los planificadores de estrategias, de los políticos, de los sociólogos y de los economistas».

La educación ha sido tratada con especial amplitud a lo largo de las jornadas. Guillermo de la Dehesa recordó que «la nueva teoría del crecimiento económico se basa en el capital humano. En este sentido, la educación y la investigación se muestran como prioritarias a la hora de concentrar las inversiones. Para mí es más importante dar dinero para educación que, por ejemplo, para conservar el medio ambiente. La inversión en educación significa crecimiento a largo plazo y hay otras inversiones inmediatas que merecen ser atendidas: inversiones en agua potable,[10] en aire respirable. Téngase en cuenta que hoy existen más de mil millones de personas que no tienen acceso a agua potable y que 1.500 millones no tienen acceso a la sanidad».[11]

Alain Touraine precisó que «sin duda la educación es positiva, pero hay que tener cuidado cómo se desarrolla en la práctica. En algunas ocasiones, la educación superior en el Tercer Mundo es una forma de crear trabajadores capacitados y a bajo precio, que inmediatamente son absorbidos por los países ricos. En mi opinión, es más importante, a veces, volcarse[12] en la educación primaria, que ésa sí es rentable[13] para el país, que en la universitaria que acaba por marcharse al exterior. En América Latina, la formación de técnicos acaba por ser un beneficio para Estados Unidos. No se puede aislar el factor educación del contexto en que tiene lugar».

EMIGRANTES. El segundo gran tema a debate fue la emigración. Según Guillermo de la Dehesa: «El desplazamiento de mano de obra[14] de los países pobres a los ricos parece ser uno de los pocos remedios, tanto al desigual crecimiento demográfico entre estas zonas, como a la radical desigualdad

> SI no se resuelven los problemas genéticos, continuaremos diseminando enfermedades hereditarias,» dice Rem Petrov

económica. Por otro lado, las transferencias de los emigrantes a sus países de origen pueden contribuir a su desarrollo». En este sentido, el profesor Davidson recordó la experiencia americana: «Es fundamental en la masa emigrante el nivel grado de educación. En mi país fueron los individuos que se esforzaron en mejorar su educación los que tuvieron éxito y es el caso que está ocurriendo ahora entre los orientales emigrantes, cuya dedicación a la tecnología los está colocando en puestos importantes. Para mí, el problema del emigrante es más un problema de educación que de pobreza».

El abandono del nacionalismo y auto-desarrollo en los países pobres fue recordada por el profesor López Quintás: «En un reciente viaje a varios países del Tercer Mundo, me sorprendió la actitud de varios de sus dirigentes, quienes me dijeron que ya no sabían qué hacer para desarrollar el país. Lo habían intentado todo con resultados negativos y lo único que podían esperar ahora era una nueva colonización, es decir la llegada de inversiones exteriores de la forma que sea».

IDEAS RADICALES. Sin embargo, la libre circulación de mano de obra no parece ser, ni mucho menos, un ideal compartido[15] por gran parte de los habitantes de los países ricos. También se puso de relieve[16] en las conversaciones de Madrid, el renacimiento de ideas de extrema derecha, nacionalistas y racistas, causadas precisamente por la emigración.

En cuanto a la ciencia y la técnica a pesar de su poder y sus posibilidades no parece encontrarse, como en otro tiempo, a la cabeza del progreso. Alain Touraine señalaba esa pérdida de protagonismo: «En el siglo XIX la ciencia fue vinculada[17] con el progreso, había una visión optimista de la misma como locomotora de la sociedad. Ahora en cambio parece encontrarse a la defensiva. Hoy se limita a tratar de evitar las catástrofes o la pobreza. Parece esperar los males para tratar de paliarlos».[18] El profesor Rem Petrov, especialista en inmunología también señalaba fallos de la ciencia, con cierta resonancia de fantaciencia.[19] «Las armas microbiológicas, la expansión ecológica de las plantas, animales e insectos creados recientemente para destruir el equilibrio natural y las armas étnicas, pueden considerarse puntos negros de la ciencia».

Significativamente, es este científico ruso el que concluye: «Si no resolvemos algunos de los problemas genéticos e inmuniológicos continuaremos diseminando entre la población mundial enfermedades hereditarias, inmunodeficiencias de todo tipo y alergias parciales y totales». ∎

---

[9] *convening* [10] *drinkable* [11] *sanitary facilities (toilets)* [12] *revamp (devote one's efforts)* [13] *worthwhile* [14] mano... *work force* [15] *shared* [16] se... *was stressed* [17] *linked* [18] *alleviate them* [19] *science fiction*

A. «Jacques Cousteau» (*Hombre de mundo*, diciembre 1987), «Fosa de la muerte» (*Hombre internacional*, marzo 1992) y «¡El calentamiento de la Tierra ha comenzado!» (*Hombre de mundo*, febrero 1989) son tres artículos que tratan del ambiente. Lea cada uno de ellos y luego haga los siguientes ejercicios.

1. Resuma el contenido de cada uno de los tres artículos.
2. Escriba un resumen de los problemas del ambiente expuestos en los tres artículos.

PROTAGONISTAS

Por Oscar R. Orgállez

Jacques Cousteau

El hombre que es una leyenda viva de los mares nos habla de los grandes peligros que existen en estos momentos en los océanos

Jacques Yves Cousteau es una leyenda viva del mar. Con 77 años[a] de edad, lleno de vigor y entusiasmo, es uno de los exploradores contemporáneos más conocidos del mundo. También uno de los más alarmados con el destino de los mares: "El Mediterráneo, por ejemplo, presenta el dramático espectáculo de un cementerio marino", dice tristemente. "Basta sumergirse para contemplar la tragedia. Un mar lleno de sacos de plástico y de grasas negras y densas, de partículas corrompibles en suspensión, de un agua oscura y un paisaje submarino desolador[1] que espanta, repleto[2] de botellas, neumáticos,[3] pedazos de plástico, trastos[4] de todo tipo, muebles rotos, suciedad y falta de vida. Hace solamente treinta años el fondo del Mediterráneo era un oasis de vida, depurador[5] del agua y un factor dentro del equilibrio ecológico del planeta. Hoy basta sumergirse unos metros para empezar a encontrar basuras de todo tipo, contaminación y muerte. Los desperdicios[6] humanos acumulándose en medio de toda esta inmundicia[7] pueden hacernos regresar a los tiempos de las grandes epidemias del cólera, provocar hepatitis viral y múltiples trastornos.[8] Por ejemplo, durante el año 1957, el agua sucia se perdía a unos cuantos centenares de metros. En los años 65 y 67 había que caminar algunos kilómetros para llegar al agua azul. Hoy día hay que ir aún más lejos... y la situación sigue complicándose".

Sin embargo, no es solamente el Mediterráneo lo que le preocupa a Cousteau. "Ha llegado el momento

---

[1] *desolate* [2] *full* [3] *rubber tires* [4] *rubbish* [5] *purifier, cleanser* [6] *garbage* [7] *filth* [8] *disorders*

PROTAGONISTAS

en que *todos* los gobiernos de la tierra tienen que unirse en esfuerzos comunes, independientemente de cualesquiera que sean sus ideologías o creencias para tomar medidas universales de protección al planeta en que vivimos", expresa. "Si no se detiene inmediatamente la pesca[9]indiscriminada de especies vitales para mantener el equilibrio ecológico y no se toman medidas conjuntas para evitar la contaminación, estaremos cometiendo un verdadero suicidio del que no se librará nadie. Un planeta contaminado se vuelve irrespirable para *todos*, ya que la naturaleza no hace distinciones raciales ni políticas".

"Ha llegado el momento en la historia de la humanidad en que se debe actuar sin pérdida de tiempo", continúa. "Las aguas subterráneas del Mediterráneo deben depurarse inmediatamente, así como se deben establecer fuertes legislaciones que impidan verter[10]desperdicios y sustancias contaminadoras en mares y océanos. Al igual que existen en la tierra las reservas y parques naturales, se deben crear 'acuarios naturales' en el mar donde la actividad humana esté totalmente prohibida y las especies animales y vegetales puedan reproducirse sin interferencia".

La preocupación de Cousteau por el Mediterráneo es justificable. "Es mi 'paciente' más antiguo porque también es el mar que más ha sufrido. No hemos cuidado la vía que permitió el desarrollo de nuestra civilización. Los fenicios,[b] árabes, egipcios, griegos, turcos, romanos... toda Europa, el norte de Africa y el Cercano Oriente[11]le deben lo que son al Mediterráneo.

Jacques Cousteau

Afortunadamente, en estos momentos los gobiernos han comenzado a comprender la importancia que tiene proteger su propia existencia garantizando la salud del mar. Uno de estos intentos lo ha sido el proyecto marsellés[c]de repoblar el mar con plantas marinas, pero es aún muy poco para todo lo que se necesita hacer".

"Si la curva demográfica continúa avanzando, en el año 2025 seremos 545 millones de habitantes en las costas del Mediterráneo. Una población que consumirá millones de toneladas de petróleo y que seguirá ocupando el litoral[12]y contaminando el ambiente. Si no se toman medidas de inmediato el mar puede perder fertilidad y romperse la cadena alimenticia. Esto sería una verdadera desgracia".

Sin lugar a dudas, Jacques Cousteau es alguien que puede expresarse con autoridad sobre los problemas del mar. Nacido el 11 de junio de 1910, en San André de Coubzac, Francia, Cousteau no solamente es un incansable explorador investigador marino, sino un prolífico escritor y productor de cine. En 1943 contribuyó decididamente a la invención del *Aqualung* y ha sido el promotor y fundador de un gran número de organizaciones de investigaciones marinas y ecológicas. Sus trabajos de exploración le han llevado por todo el Mar Rojo, el Océano Indico y el Pacífico hasta el norte de Alaska, inclusive, un trabajo exhaustivo que aprovechó para filmar las conocidas series de "El mundo submarino de Jacques Ives Cousteau" en 1967. Posteriormente dirigió las expediciones en la costa de Chile y la Antártica, las expediciones arqueológicas en las costas de Grecia donde descubrió grandes tesoros arqueológicos sepultados en el mar, y las innumera-

---

[9] *harvesting*   [10] impidan... *will stop the dumping of*   [11] Cercano... *Near East*   [12] *coast*

bles exploraciones marinas en las Islas Galápagos,[d] las investigaciones dentro del mundo de los delfines[13] y pingüinos, las exploraciones submarinas debajo de los casquetes polares,[14] los trabajos en el río Amazonas, y muchos otros más.

Cousteau no solamente ha sido el recipiente de numerosos honores y distinciones dentro del mundo científico sino también dentro de las artes y espectáculo, como el premio Oscar de la Academia de Cinematografía y Arte Norteamericana, la Palma de Oro de Cannes y muchas otras distinciones extraordinarias. Sus producciones fílmicas son más de cincuenta, y ha escrito más de veinte obras sobre temas ecológicos

y marinos, además de ser asiduo[15] colaborador del *National Geographic Magazine* y otras publicaciones periódicas en varios idiomas. Su barco explorador, el *Calypso* es toda una leyenda dentro de su trabajo diario: un verdadero laboratorio flotante donde se pueden realizar los experimentos más inverosímiles[16] dentro del mundo animal y vegetal que encierran los mares.

Por todo esto, la llamada patética de alerta del gran explorador no puede pasarse por alto.[17] Si no nos comprometemos *todos* a cuidar nuestro ambiente biológico y protegerlo de los nuevos bárbaros del siglo XX, dentro de muy pocos años habremos perdido nuestra humani-

dad y nos habremos transformado en miserables seres rodeados de parques de concreto y cemento, incapaces de poder disfrutar de un mar contaminado y sucio, alejados cada vez más de la naturaleza y en franco proceso de exterminio como especie. "No podemos olvidar nuestra esencia", añade Cousteau. "Biológicamente somos animales. En la medida que vayan desapareciendo las especies como consecuencia de nuestra acción inmadura y egoísta, iremos desapareciendo nosotros también... no podremos sustraernos a la regla[18] que decreta la extinción de la vida cuyo fundamento, hoy más que nunca, se encuentra en gran peligro". ∎

---

[13] *dolphins*   [14] casquetes... *polar caps*   [15] *constant*   [16] *unreal*   [17] pasarse... *be ignored*   [18] sustraernos... *remove ourselves from (be an exception to) the rule*

Notas para «Jacques Cousteau»

[a] edad que tenía en 1987

[b] *from Phoenicia, an ancient country on the coast of modern Syria, and a great seafaring nation around 1000 B.C.*

[c] *from Marseilles, an important French port on the Mediterranean*

[d] Islas... *small volcanic islands, 600 miles West of Ecuador, explored by Charles Darwin in 1858*

■ EL MUNDO

KAZAKSTÁN ▮

YA ES DEMASIADO TARDE PARA BORRAR LAS HUELLAS[1] DE LA FOSA[2] DE LA MUERTE

KAZAKSTÁN[a] ES LA más extensa República de la ex-URSS, después de Rusia, con 2.717.300 kilómetros cuadrados[3] y unos 16 millones de habitantes. En su territorio, el paisaje es sobrecogedor,[4] dominando la aridez[5] de la "Estepa[6] del Hambre", un inmenso desierto. En contraste con la naturaleza esquiva,[7] los habitantes del lugar (los *kazajos*) son hospitalarios[8] y serviciales.[9]

Región dedicada al pastoreo[10] en tiempos pasados, luego transformada en importante zona agrícola a partir de 1925 (año que pasó a ser una República autónoma dentro de la Unión Soviética), y más tarde un gran centro industrial, Kazakstán es hoy víctima de la desenfrenada *carrera armamentista*.[11] Basta visitar los alrededores de Semipalatinsk, una ex-estación militar soviética de pruebas nucleares, para reconocer que el hombre comete atrocidades[12] imperdonables.

Semipalatinsk es ahora un gran terreno baldío,[13] especie de *pueblo fantasma*, donde unos soldados que lucen como extraterrestres[14] tratan desde hace seis meses de borrar los últimos vestigios[15] de *experimentos atómicos*. Los trabajos de *descontaminación*[16] comenzaron en septiembre de 1991, pero la tarea resulta demasiado peligrosa... no es fácil transportar misiles con cabezas nucleares y demás armamento mortífero[17] a un refugio distante y seguro. Sólo unos pocos pastores nómadas[18] merodean[19] por el lugar, porque

[1] *traces* [2] *pit* [3] *square* [4] *surprising* [5] *dryness* [6] llanura extensa, generalmente sin árboles; meseta [7] *stark, forbidding*
[8] *hospitable* [9] *obliging, eager to please* [10] *grazing* [11] desenfrenada... *uncontrolled arms race* [12] *atrocities* [13] terreno... *uncultivated territory* [14] *extraterrestrials* [15] *vestiges, remnants* [16] *decontamination, cleaning up* [17] *deadly* [18] *nomadic, wandering* [19] *roam*

rehusan emigrar[20] y quieren morir en la tierra que los vio nacer. Todos ellos saben que están condenados a muerte, sometidos a los más altos niveles de radiactividad.

En medio de una gran maraña[21] de alambres de púas[22] que impide el paso hacia un lago artificial (que brotó[23] de una explosión nuclear, en 1965), es visible la entrada a un túnel subterráneo que conduce a las entrañas de las montañas Delegeny, más conocida como "la fosa de la muerte", donde los soviéticos explotaron 467 bombas nucleares (¡cada una de ellas 1.000 veces más poderosa que la bomba que cayó sobre Hiroshima!) En las cercanías,[24] decenas de postes con latones pintados[25] advierten el peligro: ¡¡Radiactividad!!

EL MUNDO

La decisión de clausuar[26] la estación nuclear -bastante tardía ante los ojos de la opinión pública internacional y, especialmente, de los kazajos- fue tomada por el Presidente de la República de Kazakstán, según él, "en beneficio de los habitantes de la zona". Un informe médico establece que los kazajos sufren de una cantidad de radiación intolerable: 165 rems[27] acumulados, cuando la cantidad legal es limitada a 0.5 rems por año.

Miles de kazajos ya tienen sus días contados... esterilidad, anomalías[28] que van desde la anemia[29] hasta la leucemia[30] y una muerte prematura, son los males que han heredado.

■ **John Fernández (Kazakstán).**

[20] *they refuse*   [21] *mess, tangle*   [22] alambres... *barbed wire*   [23] *sprung up, was formed*   [24] *near-by areas*   [25] postes... *posts with painted tin signs*   [26] *close*   [27] medida de la radiación   [28] *abnormalities*   [29] enfermedad de la sangre   [30] *leukemia*

Nota para « ...Fosa de la muerte»
[a] país rico en minerales que abarca una región árida desde el mar Caspio en el este hasta la China en el oeste

¡El calentamiento de la Tierra ha comenzado!

¡Los pronósticos acerca del futuro de la Tierra son pesimistas! Un gran número de científicos opina que, de no haber un cambio, ¡moriremos calcinados!

Por OSCAR RODRÍGUEZ ORGÁLLEZ →

La Tierra

Los termómetros no engañan... ¡La Tierra se está convirtiendo en un horno[1] gigantesco! Las sequías[2] de 1988 alcanzaron proporciones no vistas antes; ¡las de este año serán peores! El futuro del planeta está en peligro, e inclusive el gobierno de los Estados Unidos está haciendo estudios de emergencia y tomando medidas especiales para evitar que una parte de su litoral desaparezca[3] con los deshielos[4] que están previstos para las próximas décadas.

Éstos son los hechos:

• Durante los primeros cinco meses del año 1988, las temperaturas promedios en el planeta fueron las más altas que jamás se hayan tenido en la Tierra desde hace más de 130 años.

• Según han podido comprobar[5] recientemente los especialistas, este aumento de las temperaturas no se debe a un factor natural sino al resultado de la formación de dióxido de carbono[6] (CO_2) y otros gases producidos por la actividad industrial del hombre en el planeta.

• Debido a esta capa de dióxido de carbono que cubre el planeta, el temido efecto de invernadero[7] ya ha comenzado en la Tierra y, con él, el calentamiento global del mundo... un fenómeno climatológico que ha sido anunciado desde hace algunos años por los científicos que han seguido de cerca este proceso y que en estos momentos amenaza con calcinarnos[8] totalmente en un futuro no lejano.

¡EL AUMENTO DE LA TEMPERATURA ES CONSTANTE!

"Se han efectuado lecturas en más de 2,000 estaciones meteorológicas de todo el mundo y hemos encontrado que en estos últimos años las temperaturas del invierno están elevándose mucho más que lo normal. Inclusive, en París y Nueva York se han experimentado calores más intensos y temperaturas mucho más altas que en otras zonas de la Tierra próximas a la línea del Ecuador", explica el Dr. James Hansen Director del *Instituto Goddard* de la NASA (Administración Nacional de la Aeronáutica y el Espacio de los Estados Unidos). "Desde que comenzó la llamada *revolución industrial*, el aumento de gases... como el dióxido de carbono, el óxido nitroso[9] y otros elementos contaminantes... ha ido creando una densa capa atmosférica[10] que impide la salida de las radiaciones infrarrojas al espacio. ¿Qué sucede, entonces...? Pues que esas radiaciones son devueltas a la superficie de la Tierra. Así, de seguir el nivel de aumento de temperaturas actuales, al llegar el año 2050 se habrá experimentado un aumento de varios grados en la temperatura global de la Tierra. Esto indica que habrán veranos de mayor calor, las sequías serán más prolongadas, y el nivel del mar aumentará al derretirse[11] parte de la masas de hielos polares".

"La actividad humana... al estar quemando combustibles producidos por la descomposición de fósiles[12] (petróleo y sus derivados) y el lanzamiento al aire de diferentes gases contaminantes... ha alterado el clima global de la Tierra de una forma alarmante, y esto se sentirá en todo el planeta durante los próximos años de una manera dramática", continúa el Dr. Hansen.

Sin embargo, no todos los científicos están de acuerdo con sus opiniones, las cuales algunos califican de "alarmistas". "Es cierto que el planeta se está calentando, pero es probable que se deba a ciclos normales de variaciones de temperaturas como los que han venido ocurriendo durante siglos pasados", expresa Stephen Schneider, del *Centro Nacional para la Investigación de la Atmósfera* (Estados Unidos). "No obstante, sí debemos ser cuidadosos porque estas cifras de altas temperaturas globales, nunca antes vistas en el planeta, pueden indicarnos que la señal del CO_2 acaba de llegar a la Tierra... ¡y que el calentamiento final ha comenzado!".

Las terribles sequías que comenzaron en los primeros meses de 1988 amenazan con ser más severas en el presente año. Y esto, desde luego, limita la producción.

¿CÓMO OCURRE EL LLAMADO "EFECTO INVERNADERO"?

El llamado "efecto invernadero" en la atmósfera ocurre de la siguiente manera:

• Los rayos solares inciden sobre la superficie del planeta atravesando la atmósfera y generando una gran cantidad de calor en la misma. Normalmente este calor adicional es devuelto al espacio en forma de radiaciones infrarrojas. De esta manera la Tierra mantiene su temperatura en equilibrio.

---

[1] *oven* [2] *droughts* [3] *disappears* [4] *thaws* [5] *verify* [6] dióxido... *carbon dioxide* [7] efecto... *greenhouse effect* [8] *burn us up*
[9] óxido... *nitrous oxide* [10] capa... *atmospheric shield* [11] *melt* [12] al... *by burning combustible materials produced by the breakdown of fossil fuels*

La Tierra

● Cuando los rayos infrarrojos tratan de escapar de la Tierra y volver al espacio (eliminando así el exceso de calor generado en el planeta), se encuentran con una capa que está formada por una gran cantidad de gases (producidos en la Tierra, por la actividad industrial desarrollada por el ser humano) que impide la salida completa de la radiación, dejando escapar solamente una cantidad y devolviendo a la Tierra (como si se tratara de un espejo) los rayos calientes. Éstos a su vez elevan la temperatura en la superficie del planeta y, por consiguiente, su temperatura interna.

● Esta temperura elevada, unida a la actividad interna del planeta, produce veranos más calurosos y prolongados, sequías más largas (como las que el año pasado afectaron a extensas regiones en los Estados Unidos y las calamidades de Etiopía y los países del oriente africano), y alteran el equilibrio biológico del planeta.

Sin embargo, el *efecto invernadero* no es totalmente dañino,[13] siempre y cuando se mantenga dentro de límites que puedan ser considerados normales. "Sin esta capa protectora, la Tierra perdería mucho calor y entonces tendríamos el efecto contrario; o sea, un planeta cada vez más frío", continúa el Dr. Hansen. "Lo que ha pasado es que la situación se nos ha escapado de las manos. El equilibrio natural de los gases ha sido roto por el hombre, en algunos casos, de una manera totalmente irresponsable".

¿QUÉ PORVENIR NOS ESPERA...?

¿Cuál será el resultado de todo esto? ¿Qué porvenir nos espera a los seres humanos en las próximas décadas? ¿Nos calcinaremos en una Tierra que cada día se está volviendo más caliente? Todo parece indicar que ésa es la dirección que seguimos. En estos momentos, por ejemplo, se ha detectado un ligero aumento en todos los niveles de los mares en la Tierra. Al mismo tiempo, el exceso de calor está causando la evaporación de las masas acuíferas internas[14] del planeta; asimismo, el nivel de las aguas en los lagos y los ríos está bajando en forma alarmante.

Por otra parte, el **Dr. Syukuro Manabe**, del *Laboratorio de Dinámica de los Fluidos Geofísicos* de la NASA (Estados Unidos) expresa sus temores de la siguiente manera: "No hay duda de que el *efecto invernadero* ya está ocurriendo; hay muchos factores que están provocando el calentamiento progresivo del planeta Tierra. Entre ellos, el derretimiento prematuro[15] de masas polares, por ejemplo, está creando un cambio dentro de los patrones de lluvia mundial.[16] La *faja de lluvias* se está moviendo más al norte en el verano, y con ella, disminuyen las precipitaciones, se provoca el aumento de las sequías, y se presentan veranos más calientes y se crean olas de calor que serán cada vez más frecuentes, sobre todo en el interior de los continentes".

¿HAY ESPERANZAS?

Afortunadamente, aún estamos a tiempo de controlar el *efecto invernadero* e impedir que por nuestra falta de previsión destruyamos la vida en nuestro planeta. "Hay que comenzar cuanto antes[17] a desarrollar un programa mundial mediante el cual[18] se reduzca drásticamente la combustión de carbones, petróleos y otros combustibles obtenidos de materia fósil que aumenta considerablemente el nivel de CO_2 atmosférico", expresan los científicos a nivel internacional, y con visible preocupación. "Es fundamental que las organizaciones internacionales tomen una participación activa en este asunto... ¡cuanto antes!... porque no hay duda de que la Tierra está amenazada de muerte. La tala y quema de árboles indiscriminada debe evitarse por todos los medios. Los árboles son los grandes pulmones de la Tierra, y ellos absorben una gran cantidad de CO_2 para realizar la fotosíntesis[a] o función clorofiliana, mediante la cual los vegetales verdes producen sus alimentos. Si destruimos nuestros bosques, estamos destruyendo los pulmones del planeta... Bastante es que hay bosques que se destruyen totalmente por combustión espontánea... ¡por las sequías!...

El peligro que encierra continuar usando[19] el petróleo y sus derivados es otro factor que está estimulando a los diferentes países a continuar sus investigaciones dentro del campo seguro y pacífico de la explotación de la energía nuclear. "La alternativa al petróleo será, indudablemente, la energía atómica", expresa el **Dr. George Woodwell**, Director del *Centro de Investigaciones de la Madera* (Woods Hole, Massachusetts). "Hay que trabajar cuanto antes en el desarrollo de otras fuentes de energía que reduzcan considerablemente la combustión de hidrocarburos que son los principales responsables del enrarecimiento[20] de la atmósfera y del *efecto invernadero*".

Las pruebas son concluyentes... el momento requiere la unión de todos los países del mundo para salvar nuestra madre común... ¡La Tierra está en peligro! ¡No podemos permitir que se destruya! ∎

[13] *harmful* [14] masas... *underground reserves of water* [15] derretimiento... *premature melting* [16] patrones... *world rainfall patterns*
[17] cuanto... *as soon as possible* [18] mediante... *through which* [19] que... *that is inherent in continuing to use* [20] *rarefaction*

Nota para «¡El calentamiento de la Tierra...»
[a] *photosynthesis, process by which plants use light and water to produce chlorophyl, their food*

B. Lea la reseña titulada «La película de Frida» publicada en *Cambio 16* y conteste las preguntas.

La Película de Frida

EN 1984, el realizador mexicano Paúl Leduc (director, también, de *Reed*,[a] *México insurgente*) hizo una película sobre Frida Kahlo, que ha sido considerada como una de las obras más hermosas del actual cine de su país.

La película tuvo un buen comienzo. Estuvo presente en el Festival de Venecia de 1985,[b] con el título de *Frida, natura viva*, y obtuvo una buena acogida de la crítica. Posteriormente se paseó por varios festivales internacionales, incluido el de Valladolid y el Iberoamericano de Huelva.[1]

Sin embargo, en lo que a España se refiere, su suerte comercial ha sido mucho más modesta: a nadie le interesó su estreno[2] y permanece, por el momento, inédita[3] entre nosotros. Al parecer, sin embargo, el error puede ser subsanado[4] si Televisión Española se decide, al fin, a incluirla en su programación, ya que ha sido adquirida por ella para proceder al pase.

Frida, natura viva, es una notable película biográfica con técnicas y presupuestos[5] muy poco comunes. Realizada con una gran economía de palabras, carga toda su poderosa carga dramática en las imágenes y, particularmente, en una increíble interpretación de la actriz Ofelia Medina. No sigue un orden cronológico en la vida de Frida, sino que ofrece de forma, casi anárquica, diversos momentos de su vida: su eficacia comunicativa está en el conjunto de las secuencias, en el gran caleidoscopio que representa.

R. C.

[1] *ciudades de España*   [2] premiere, la primera vez que se presenta una película en un lugar
[3] *unknown*   [4] *corrected*   [5] *budgets*

1. Según el reseñador Ramiro Cristóbal, ¿tuvo éxito la película en los festivales internacionales? ¿en España?
2. ¿Qué medida podría salvar la película en España?
3. ¿Cuáles son los méritos de *Frida, natura viva*?
4. ¿Qué dice Ramiro Cristóbal de la actriz Ofelia Medina?
5. ¿Le gustó la película al reseñador?
6. Analice la estructura de esta reseña: introducción, cuerpo y conclusión.

---

[a] John Reed, periodista socialista norteamericano que simpatizó con la Revolución rusa; el único estadounidense enterrado en el Kremlin
[b] Importante festival de cine que tiene lugar todos los años en Venecia, Italia

✸ ESCRITURA PRÁCTICA: EL CURRÍCULUM VITAE Y LA CARTA

La entrevista

E L CURRÍCULUM VITAE Y la carta son dos documentos prácticos que le serán muy útiles cuando empiece a buscar un empleo. Para la preparación de estos dos escritos, debe acudir a la misma técnica explicada en la Unidad 1, sólo que ahora el tema será su persona.

El currículum vitae (c.v.) resume los datos sobresalientes de su preparación académica, experiencia profesional y algunos datos personales. ¿Recuerda Ud. los perfiles de la Unidad 1? ¿y los resúmenes de los mismos?

Pues, el c.v. es muy parecido a un perfil en cuanto a la información que contiene. La carta es a su vez un breve resumen del c.v. que pone en relieve sus méritos y sus cualidades sobresalientes.

Antes de comenzar estas dos tareas tan esenciales, debe repasar las lecciones en la Unidad 1 acerca de la importancia de la ordenación de los datos, la precisión, la concisión y la claridad. La presentación del currículum y la carta que lo acompaña son de suma importancia porque son los primeros indicios que tiene un futuro empleador de Ud. Puede decirse que ambos documentos son muy elocuentes. Reflejan su preparación y habilidad y, en este sentido, son como un reflejo de su propia persona. ❧

CAPÍTULO 1

EL CURRÍCULUM VITAE

M E T A S : CUANDO UD. DECIDA buscar un empleo, lo primero que debe hacer es preparar un currículum vitae. La preparación de este documento le obligará a pensar en sus méritos, cualidades y experiencia académica y profesional. En este capítulo se incluyen modelos en español y también en inglés.

El currículum vitae es un breve resumen escrito de la preparación académica, experiencia profesional y datos personales del solicitante. Este documento reduce a lo esencial los antecedentes del solicitante y, por lo tanto, le permite a un empleador tener idea de esa persona en un instante. Los datos presentados tienen que ser precisos, claros y correctos.

Las cinco preguntas básicas del estilo periodístico — qué, quién, dónde, cuándo y por qué— le servirán también en la preparación del c.v. porque el currículum consiste en decir *quién es* Ud., *qué* experiencia ha adquirido, y *dónde* y *cuándo*. (Luego, la carta que acompaña el c.v. explica *por qué* le interesa el puesto.)

Tenga presente que el c.v. que envía al empleador, por lo general, es uno entre muchos otros y esta persona dedicará pocos segundos a su lectura. Por esa razón la ordenación y presentación de los datos son de suma importancia.

PRINCIPALES ESTILOS DEL CURRÍCULUM VITAE

Para la elaboración de un currículum vitae, tiene que tener en cuenta que existen varios estilos. Los principales son el *cronológico* y el *funcional*. El estilo del último es narrativo y relata cuál es el objetivo, la experiencia y formación de quien solicita el puesto profesional. El c.v. cronológico presenta la información en forma esquemática. El resultado es un perfil abreviado de la persona. Este tipo de c.v. es más corriente que el de estilo funcional. Los datos son presentados en orden inverso. Es decir, los datos más recientes se presentan primero.

El estilo del c.v. cronológico puede variar. Por ejemplo, las fechas pueden escribirse **(1)** cronológicamente o **(2)** a la inversa.

(1) 1992–1993   Banco Popular de Nueva York, contador
(2) 1993–1992   Banco Popular de Nueva York, contador

Otra variación estilística tiene que ver con las recomendaciones. A veces se escriben los nombres de las personas que pueden recomendar al candidato con la dirección y número de teléfono para que el entrevistador pueda ponerse en contacto con ellas si lo desea. A veces se escriben sólo los nombres o se declara: Recomendaciones a solicitar. Pero en general, el estilo del c.v. cronológico es bastante uniforme.

CÓMO SE ORDENAN Y PRESENTAN LOS DATOS

Al leer esta sección del capítulo, miren los dos modelos en las páginas 107 y 108.

- **Datos personales.** El c.v. comienza con su nombre y apellido, dirección y número de teléfono. Esta información sirve de encabezamiento para la hoja.

- **Objetivo profesional o vocacional.** A este encabezamiento le sigue la declaración de su objetivo —programadora de computadoras, secretario bilingüe, periodista, etcétera.

En el cuerpo del currículum se especifican las siguientes categorías.

- **Preparación académica.** En orden inverso debe anotar cuál ha sido su preparación académica. Primero pondrá las fechas en que asistió a la universidad y el nombre de esa universidad o universidades; luego, las fechas en que asistió a la escuela secundaria y el nombre de esa escuela. Deben especificar además el título o diploma que recibió en cada nivel de enseñanza —Bachillerato, Bachiller en Artes (B.A.), Maestría (M.A.), etcétera. Si se trata de un entrenamiento vocacional, como cosmetología, taquigrafía, hotelería, la información puede presentarse en una categoría aparte: **Preparación vocacional, Preparación adicional** o **Preparación suplementaria.**

- **Experiencia profesional.** En esta categoría debe enumerar en orden inverso los sitios donde haya trabajado. Debe especificar las fechas en que empezó y terminó el empleo, el nombre de la firma o institución para la cual trabajó y el título del cargo que desempeñó, por ejemplo, cajero, agente de viajes, supervisora. También en este caso puede agregar una categoría adicional, si es necesario, para incluir otras experiencias que haya adquirido desempeñando otros trabajos. Por ejemplo, puede incluir bajo el título de **Experiencia adicional** experiencias prestando trabajo voluntario en hospitales, escuelas y organizaciones de la comunidad. También puede incluir cursos de aprendizaje, programas de empleo para el verano y otros empleos de duración breve.

- **Habilidades, Premios y reconocimientos académicos o profesionales, Pasatiempos y actividades.** Éstas son otras categorías que completan el c.v. La información que dará en estas categorías es más personal. Debe mencionar sus méritos personales y vocacionales, sus habilidades o intereses artísticos, los honores académicos, becas, premios deportivos o en reconocimiento de su contribución a la comunidad que haya recibido. Aquí puede decir además cuáles son sus tres pasatiempos favoritos. Estos últimos datos pueden despertar el interés de su entrevistador, quien puede compartir con Ud. el entusiasmo por los mismos pasatiempos durante la entrevista.

- **Recomendaciones.** Ésta es la última categoría del currículum. Como verá en los modelos, no tiene que especificar el nombre ni la dirección de las personas que pueden recomendarlo. Estos datos se dan sólo si el entrevistador los pide. Escriba sólo: Recomendaciones a solicitar.

EL CURRÍCULUM VITAE CRONOLÓGICO

El estilo del c.v. comprende su presentación. Tenga presente que el c.v. es el primer documento que un empleador tiene a mano que le informa de Ud. Se puede decir que es su carta de presentación. Por eso, además de ser completo y correcto en su contenido, el c.v. tiene que ser visualmente atractivo. El lector debe poder leer sin interrupción y sin esfuerzo el texto del documento preparado por Ud. Recuerde que el tiempo que esa persona dedica a esta lectura es de segundos nada más. Por esta razón son esenciales la ordenación de los datos y la distribución del texto de una manera uniforme a través del papel, con los títulos de las categorías escritos en letras mayúsculas y subrayados.

Aquí tiene algunas indicaciones estilísticas sobre cómo distribuir el texto del c.v. Al leer, no se olvide de mirar los modelos en las páginas 107 y 108. (Se habla de la carta que acompaña el c.v. en el Capítulo 2 de esta unidad.)

1. Distribución del texto

- Deje tres espacios entre cada título. Escriba el título en letras mayúsculas y subráyelo.

TRES ESPACIOS

EXPERIENCIA PROFESIONAL

- Deje dos espacios después del título de cada categoría.

DOS ESPACIOS

EXPERIENCIA PROFESIONAL

1991–1992   Macy's Department Store, cajera

- Deje un espacio entre líneas en el resto del texto.

UN ESPACIO

1993–1994   Restaurante Madrid, cajera

1990–1993   Benneton, asistenta

2. Letras mayúsculas

Al leer esta sección, le puede ser útil consultar la Unidad 4 de este libro, «Guía para la escritura correcta; las reglas ortográficas».

- Todos los títulos principales se escriben con letra mayúscula y se subrayan: <u>EXPERIENCIA VOCACIONAL</u>.
- La primera palabra en una frase, oración o párrafo se escribe con mayúscula.
- Todos los nombres propios de personas, lugares, centros de enseñanza o compañías se escriben con letra mayúscula: **Merrill Lynch**, **Barcelona**, **Pablo Picasso**.
- Las reglas para el uso de las mayúsculas en español son diferentes de las que se aplican en inglés.

3. La puntuación

La puntuación es tan importante como el uso de las mayúsculas. Preste atención a la puntuación, tanto en las direcciones (Lima, Perú) como en el cuerpo del c.v. (1990–1992 Club Latinoamericano, tesorera). (Consulte la Unidad 4, «Guía para la escritura correcta», para más información sobre la puntuación en español.)

4. La ortografía

Es de suma importancia escribir sin errores las palabras del texto del c.v. Consulte el diccionario si tiene alguna duda, en particular cuando se trata de cognados (**profesional** versus *professional*). Sobre todo, no olvide que en español no existen en general las consonantes dobles. (Mire la Unidad 4, «Guía para la escritura correcta».)

5. Revisión del currículum vitae

El texto del c.v. debería ser revisado por otra persona antes de enviar el currículum vitae, para ver si tiene errores u omisiones. Al solicitar la ayuda de otra persona, puede obtener a la vez una opinión sobre el contenido y la organización del c.v. y tal vez algunos consejos o sugerencias para mejorarlo, si es necesario.

6. La importancia de la presentación

La versión final del c.v. tiene que ser nítida. ¡No debe llevar borrones! En caso de errores tipográficos, vuelva a copiar el texto hasta que resulte perfecto. No envíe nunca un c.v. con borrones, manchas u otros defectos.

Escriba el c.v. en papel de buena calidad y tenga especial cuidado en que la letra sea clara, para que se lea sin dificultad. La versión final del c.v. debe dar la impresión de ser un documento cuidadosamente elaborado, sin defectos. Si tiene que doblar el c.v. para ponerlo en el sobre junto con la carta, tenga cuidado de que la línea del doblez sea derecha.

CURRÍCULUM VITAE CRONOLÓGICO (EN ESPAÑOL)

MARÍA ELENA DE SOTO
29 Río Grande Boulevard
Albuquerque, New Mexico 87194
(505) 247-1589

OBJETIVO PROFESIONAL

Gerente de almacén

PREPARACIÓN ACADÉMICA

1991–1993	Universidad de Nuevo México, Maestría Especialización: Dirección de negocios
1987–1991	Universidad de Nuevo México, Bachiller en Artes Especialización: Artes liberales
1985–1987	Colombia H.S., Albuquerque, N.M., Diploma
1983–1985	Colegio de Los Ángeles, Lima, Perú

PREPARACIÓN PROFESIONAL ADICIONAL

1990–1991	Escuela de Cosmetología, Certificado
1989–1990	Escuela de Secretariado, Certificado

EXPERIENCIA PROFESIONAL

1992–1993	Galería de Arte Indígena de Nuevo México, asistenta
1990–1991	Sheraton Old Town Inn, peluquera
1989–1990	La Piñata, dependienta

EXPERIENCIA ADICIONAL

1989–1991	Club Latinoamericano, tesorera
1987–1989	Iglesia de San Felipe, trabajo voluntario

HABILIDADES

Mecanografía

Cosmetología

Manejo de computadoras

Dominio de dos idiomas — español e inglés

Conocimiento elemental del francés

INTERESES

la danza, el voleibol, el arte culinario

RECOMENDACIONES

A solicitar

CURRÍCULUM VITAE CRONOLÓGICO (EN INGLÉS)

Rafael Gómez
601 Third Avenue, Apt. 6A
New York, N.Y. 10021
(212) 773-0021

PROFESSIONAL GOAL

Physical Education Instructor in a Secondary Education School

ACADEMIC PREPARATION

1992–1994	Lehman College, C.U.N.Y., N.Y., B.A.
1990–1992	Borough of Manhattan Community College, C.U.N.Y., N.Y., A.A.
	Liberal Arts Major
1986–1990	Julia Richman High School, Diploma
1983–1986	Colegio Ferrini, Medellín, Colombia

WORK EXPERIENCE

1983–1992	Borough of Manhattan Community College Physical Education, College Assistant
1988–1990	Bamford Health Club, Water Safety Instructor
1986–1988	Boy's Club of New York, Life Guard

ADDITIONAL EXPERIENCE

1986–1988	Assisted Swimming Instructor in High School
1983–1986	Swimming Team, Medellín, Colombia

SKILLS

Soccer, Swimming, Archery
Fluent in Spanish and English
Computer

AWARDS

1989–1990	Most Valuable Player, Swimming
1988–1989	Most Valuable Player, Swimming

INTERESTS

Sports, music, and traveling

REFERENCES

Provided upon request

EJERCICIOS

A. Prepare un borrador de su propio c.v. Consulte los ejemplos dados y tenga presente las indicaciones. Luego, escríbalo a máquina como si en realidad lo fuera a enviar a un empleador.

B. Escoja entre el ejercicio 1 ó 2.

1. Resuma en forma narrativa el contenido del c.v. de María Elena de Soto o de Rafael Gómez.
2. Escriba una composición de unas 250 palabras sobre sus planes para el futuro. Puede ser sobre sus planes profesionales, académicos o personales o una composición que comprenda los tres temas.

CAPÍTULO 2

CÓMO REDACTAR UNA CARTA

METAS : EN EL CAPÍTULO anterior, aprendió a elaborar un currículum vitae. Ahora aprenderá a redactar la carta que lo acompaña cuando solicite un empleo. Al mismo tiempo, tendrá la oportunidad de aprender algo sobre la correspondencia comercial. Si quiere saber más sobre el arte de escribir cartas comerciales, debe de consultar un manual especializado; hay muchos que son buenos.

La carta pertenece al género epistolar y sirve para comunicar ideas, sentimientos y experiencias. Su uso se remonta hasta los principios de la escritura. Algunas cartas son famosas universalmente, por ejemplo, las epístolas de San Pablo, las cartas de Cristóbal Colón y las de Horacio Walpole, Washington Irving y Prosper Merimée.

Existen muchos tipos de cartas según lo que se desea comunicar. Los más corrientes son la carta familiar, las invitaciones y las cartas de agradecimiento. En el mundo de los negocios se usa la carta con muchos propósitos, entre otros: para promover nuevos productos, confirmar contratos, acusar recibo de pagos, anunciar conferencias y otros más. La carta es vital para las operaciones comerciales.

El tono, el lenguaje y el estilo de la carta son tan importantes como su contenido. Antes de redactar una carta hay que pensar, además de la razón por la cual se escribe, en el tono y en la respuesta que se espera recibir. Como el c.v., la carta es también un reflejo de la persona que la redacta y en este sentido es muy reveladora de su personalidad y preparación y, a veces, de su estado de ánimo.

LA CARTA COMERCIAL

La carta comercial debe ser escrita a máquina, a diferencia de la carta personal que, por lo común, se escribe a mano. No se admiten incorrecciones y su presentación tiene que ser nítida. Debe poner atención en los márgenes y en la distribución del texto en la página. La carta debe tener una apariencia atractiva: representa a la persona que la envía.

La carta comercial consta de seis partes, un formato que también sirve para otros tipos de cartas. Al leer el siguiente esquema de las partes de una carta comercial, consulte también el Formato de una carta (página 113) y los dos ejemplos que se le ofrecen (páginas 114–123).

1. El encabezamiento, o sea la dirección de quien escribe la carta y la fecha
2. El nombre y la dirección del destinatario (agencia, compañía, institución)
3. El saludo
4. El cuerpo o texto de la carta, que consta de tres partes: Introducción, Desarrollo, Conclusión
5. La despedida (también se llama el *cierre*)
6. La firma con el nombre y apellido (y a veces el título) del escritor abajo

Note que, cuando una carta comercial se escribe en el papel de cartas oficial de la compañía, el membrete substituye por la dirección de quien escribe. Se puede ver esto en el Ejemplo 2. Note también que en el ejemplo se usa un espacio entre lineas, cuando no se especifica cuanto espacio hay que dejar.

Formato de una carta

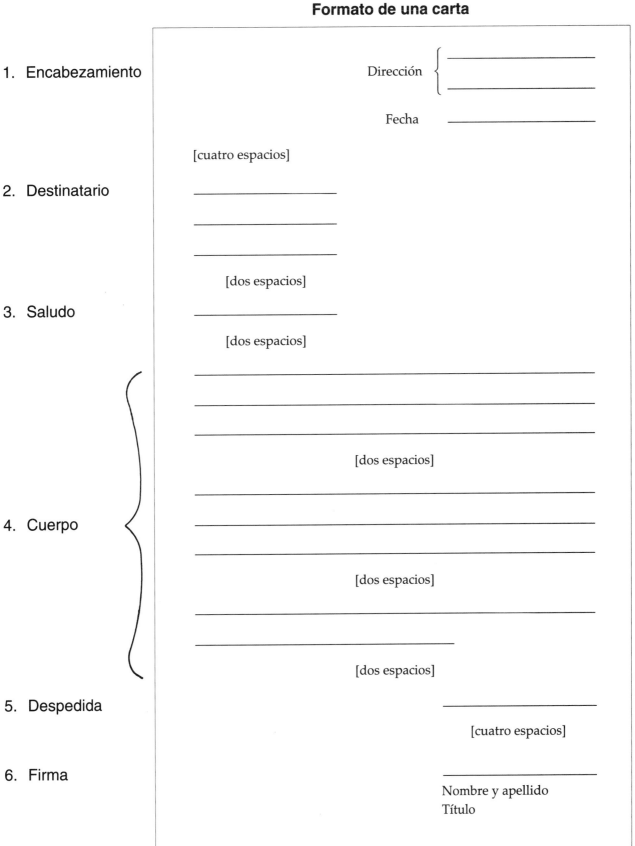

1. Encabezamiento

Dirección ⎰ _____
          ⎱ _____

Fecha _____

[cuatro espacios]

2. Destinatario

_____

_____

_____

[dos espacios]

3. Saludo

_____

[dos espacios]

4. Cuerpo

_____

_____

_____

[dos espacios]

_____

_____

_____

[dos espacios]

_____

_____

[dos espacios]

5. Despedida

_____

[cuatro espacios]

6. Firma

_____

Nombre y apellido
Título

LA CARTA COMERCIAL: EJEMPLO 1

1. Encabezamiento

1140 Third Avenue
New York, N.Y. 10021
24 de enero de 1994

2. Destinatario

Sr. A. Colón
Relaciones Públicas
Banco Popular
124 Madison Avenue
New York, N.Y. 10011

3. Saludo

Estimado Sr. Colón:

4. Cuerpo

Intro-ducción

Mi cuenta corriente Número 32770290 demuestra un débito de $625. Como yo no he escrito ningún cheque por esa suma, le agradecería que me informara la razón de este débito.

Desa-rrollo

Hágame el favor de revisar mi cuenta corriente y de abonar en cuenta $625.

Conclu-sión

Le agradeceré su pronta respuesta sobre este asunto. Grácias.

5. Despedida

Atentamente,

Janet C. Sorel

6. Firma

Janet C. Sorel

LA CARTA COMERCIAL: EJEMPLO 2

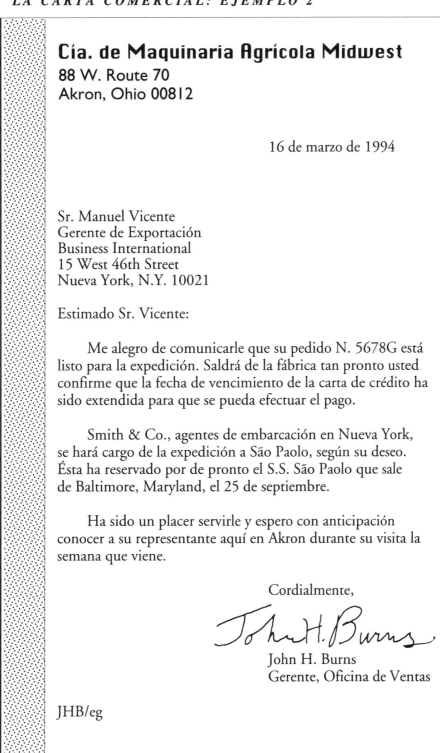

Cía. de Maquinaria Agrícola Midwest
88 W. Route 70
Akron, Ohio 00812

16 de marzo de 1994

Sr. Manuel Vicente
Gerente de Exportación
Business International
15 West 46th Street
Nueva York, N.Y. 10021

Estimado Sr. Vicente:

Me alegro de comunicarle que su pedido N. 5678G está listo para la expedición. Saldrá de la fábrica tan pronto usted confirme que la fecha de vencimiento de la carta de crédito ha sido extendida para que se pueda efectuar el pago.

Smith & Co., agentes de embarcación en Nueva York, se hará cargo de la expedición a São Paolo, según su deseo. Ésta ha reservado por de pronto el S.S. São Paolo que sale de Baltimore, Maryland, el 25 de septiembre.

Ha sido un placer servirle y espero con anticipación conocer a su representante aquí en Akron durante su visita la semana que viene.

Cordialmente,

John H. Burns
Gerente, Oficina de Ventas

JHB/eg

LA CARTA QUE ACOMPAÑA EL CURRÍCULUM VITAE

La carta que acompaña el c.v. es tan importante como el mismo c.v. y hay que prepararla con el mismo cuidado y esmero. A continuación tiene una explicación detallada de los pasos a seguir para la redacción de dicha carta, con énfasis en el estilo y tono de la misma.

- **Antes de redactar**

  Al comenzar a redactar la carta que acompaña su c.v., piense en el destinatario (¿quién?), o sea a quién va dirigida la carta, y la razón (¿por qué?) por la cual la escribe. No se olvide de mencionar la fuente de información (¿dónde?), es decir, el medio por el cual se enteró del empleo que solicita y en qué fecha (¿cuándo?). Como generalmente los anuncios se publican en los diarios, es importante que mencione el nombre del periódico donde apareció y la fecha en que se publicó. A los empleadores les gusta saber que el medio de publicidad que han escogido es efectivo. Si el puesto le fue recomendado por alguna persona, debe dar su nombre en la carta. También tiene que especificar qué puesto (¿qué?) solicita, porque cuando se trata de un anuncio, a veces se anuncian varias vacantes en la misma sección del periódico.

- **Al redactar**

  Hay que recordar que es de gran importancia que exponga sus ideas con claridad, concisión y sencillez. El cuerpo o texto de la carta se divide generalmente en tres párrafos.

  1. En el primer párrafo debe decir qué puesto solicita y cómo y dónde se enteró de la noticia de la vacante.
  2. En el segundo párrafo destaque dos o tres datos del c.v. y añada información que desea comunicar pero que no incluyó en el currículum como, por ejemplo, sus planes para seguir estudiando en el futuro. Aquí explique por qué tiene interés en el puesto.
  3. En el tercer párrafo exprese su esperanza de que le concedan una entrevista cuánto antes y que agradecería su pronta atención a su solicitud.

- **Antes de enviar la carta**

  Revise la carta con cuidado y corrija los errores gramaticales, ortográficos y tipográficos. Preste atención a la puntuación, al uso de las mayúsculas y otras reglas ortográficas. (Consulte la Unidad 4 «Guía para la escritura correcta».)

LA CARTA QUE ACOMPAÑA EL C.V.: EJEMPLO 3 (EN ESPAÑOL)

1678 Broadway
New York, N.Y. 10021
28 de febrero de 1994

Sr. John Smith
Director de Personal
American Import Corporation
11 W. 14th Street
New York, N.Y. 10011

Estimado Sr. Smith:

Tengo interés en el puesto de programadora de computadoras y le envío copia de mi currículum vitae de acuerdo con el anuncio que apareció en The New York Times, el 24 de enero de 1990.

Me gradué en el Borough of Manhattan Community College en junio de 1993. Mi especialización es en el procesamiento de datos. Puedo leer COBOL y RPG. Solicito este puesto porque su compañía es la primera en este campo y me gustaría adquirir más experiencia y eventualmente ascender dentro de esta carrera en una empresa de tanto prestigio como la que Ud. representa. Pienso seguir estudiando y me he matriculado en la Universidad de Nueva York donde seguiré un curso avanzado de computación en el otoño.

Le agradecería que me diera la oportunidad de conocerle personalmente para hablar más a fondo de mi preparación, experiencia y metas profesionales. Con gracias anticipadas por su atención, quedo en espera de su pronta respuesta.

Muy atentamente,

Dahlia Rodríguez

Encl.

117

LA CARTA QUE ACOMPAÑA EL C.V.: EJEMPLO 4 (EN INGLÉS)

30 Metropolitan Avenue
Bronx, New York 10462
December 11, 1994

Mr. James Votava
Personnel Director
Drake Management Corporation
750 Third Avenue
New York, New York 10017

Dear Mr. Votava:

I am interested in the position of Office Administrator and I enclose a copy of my resume as requested in the advertisement that appeared in The New York Times, December 11, 1991.

I will graduate from Borough of Manhattan Community College in June 1995. My major is Business Administration. I am interested in a position with your firm because it has a reputation for rapid advancement and competitive salaries.

I look forward to the opportunity of an early interview. Thank you for your attention.

Very truly yours,

Toby Dearie

Toby Dearie

LA CARTA QUE SE ENVÍA DESPUÉS DE LA ENTREVISTA

A veces es necesario que envíe una carta después de la entrevista para demostrar que todavía tiene interés en el puesto y también para dar las gracias una vez más por la entrevista.

EJEMPLO 5

1678 Broadway
New York, N.Y. 10021
18 de marzo de 1994

Sr. John Smith
Director de Personal
American Import Corporation
11 W. 14th Street
New York, N.Y. 10011

Estimado Sr. Smith:

Gracias por la entrevista del jueves, 15 de marzo, para el puesto de programadora de computadoras. Fue un placer conocerle a usted y a la señorita Edwards. Le agradezco también la información sobre la compañía y las responsabilidades del puesto vacante.

Comprendo que soy una de los candidatos aprobados. Adjunto a la presente algunos ejemplares que usted me pidió de los programas efectuados por mí.

Espero que su respuesta sea favorable. Como le expliqué, estoy disponible desde el próximo 1° de abril para empezar a trabajar.

Si por alguna razón usted desea comunicarse conmigo, haga el favor de hacerlo por teléfono o por escrito. Gracias.

Sinceramente,

Dahlia Rodríguez
Dahlia Rodríguez

Adj.

SOLICITUD DE UNA CARTA DE RECOMENDACIÓN

Además de ofrecerle al entrevistador los nombres de las personas que pueden recomendar al candidato, es buena idea que éste tenga su propia colección de cartas de recomendación, o para su uso personal o asequibles en el Placement Service de su universidad. Aunque le parezca muy formal, también es buen consejo comunicarle por escrito a la persona a quien se le pide tal carta. Esto es esencial especialmente cuando se trata de profesores universitarios, ya que éstos han tenido contacto con muchos estudiantes a lo largo de su carrera y es posible que no se acuerden de Ud. En la carta Ud. puede hablar de los detalles que quiere que se mencionen en la recomendación.

En tal solicitud de una carta de recomendación, se sugiere comunicarle a la persona la siguiente información. Véala en el Ejemplo 6.

1. Mencionar dónde y cuándo Ud. y la persona que dará la recomendación se conocieron.
2. Explicar para qué necesita la carta.
3. Mencionar cuáles sus los planes personales para el futuro.
4. Enviar datos que esta persona luego resumirá en la carta de recomendación.
5. Incluir un sobre con un sello para la carta de recomendación.

EJEMPLO 6

1678 Broadway
New York, N.Y. 10021
15 de febrero de 1994

Profesora Carla Coleman
Department of Social Studies
University of Colorado at Boulder
Boulder, Colorado 80309

Estimada profesora Coleman:

Espero que usted se acuerde de mí. Fui su alumno en el otoño de 1991 y en la primavera de 1992 en los cursos de Teoría Política y Derecho Internacional. En ambos cursos obtuve un promedio de A.

El objeto de ésta es una carta de recomendación para conseguir un puesto de asistente legal en el Departamento de Estado de Asuntos del Consumidor en Denver, Colorado. Esto es conveniente para mí porque espero seguir mis estudios en la Facultad de Derecho en la Universidad de Colorado en el otoño.

Le adjunto copia de mi currículum vitae para que usted vea lo que he hecho desde cuando fui su alumno. Deseo mencionarle el hecho de que se me fue otorgado el Premio del Rector por Excelencia Académica en el campo de las ciencias políticas. También obtuve una beca durante mi último año en la universidad por haber alcanzado un promedio de 4.0.

La carta de recomendación debe ser enviada a:

Sr. John Connoss, consejero legal
Departamento de Estado de Asuntos del Consumidor
Capitol Building
Denver, Colorado 80013

Adjunto un sobre con sello. Le agradezco con anticipación su ayuda y espero tener la oportunidad de darle las gracias personalmente una vez que me establezca en Denver.

Cordialmente,

Ricardo R. Gil

Ricardo R. Gil

Adj.

EL TONO DE UNA CARTA

El tono de una carta es tan importante como su contenido. El tono da vida a la carta. Comunica el estado de ánimo de quien la escribe al momento en que la escribe, su actitud mental, su temperamento. El tono puede comunicar incredulidad, sorpresa, desilusión, esperanza, tristeza, entusiasmo, disgusto, placer, enojo, satisfacción. En la carta comercial, equilibrio y moderación son la regla. Compare el tono de las dos cartas que siguen.

EJEMPLO 7

---

14 de mayo de 1994

Al Departamento de Multas de Tránsito:

No puedo creer que me hayan puesto una multa de $45 el martes a las 6:55 de la tarde cuando estacioné mi auto en la Calle 72 enfrente de la florería La Margarita Feliz. Yo tenía que comprar unas flores para el cumpleaños de mi mamá. Como ella no ha estado bien de salud últimamente, yo deseaba levantarle un poco el ánimo. Yo iba volando a mi casa del trabajo cuando pensé en ella y en lo bueno que sería comprarle unas flores. Yo había tenido un día malísimo en el trabajo. Pasé el día entero ayudando a una multitud de personas con todos sus problemas y ¿¡ahora tengo que pagar una multa de $45!? ¡¡¡Y pensar que me había parado sólo por un instante!!! No tenía ni una moneda para ponerle al parquímetro. ¡Y eran las 6:55! ¿Qué importaban cinco minutos? Después de las 7:00 no había que pagar por estacionar. Entré en la tienda, compré las flores, salí corriendo y ¡caray! ¡Allí estaba la multa! Las flores me costaron sólo $6.95. ¡Qué locura! Además, sólo es obligatorio pagar hasta las 7:00 y yo había mirado mi reloj y eran exactamente las 6:55 cuando estacioné el auto. Uds. dicen que desean una sociedad más humana y caritativa. Pues, ¿qué tipo de autoridad le da una multa de $45 a una pobre mujer trabajadora por sólo estacionar *cinco* minutos? Yo creo que esto es una injusticia.

Muy desilusionada de Uds.

Teresa Cárdenas

Teresa Cárdenas

P.D. Adjunto un cheque por $45.

EJEMPLO 8

313 E. Fourth Street
New York, NY 10003
5 de marzo de 1994

A quien corresponda:

Adjunto un cheque a mi nombre, por $45, para pagar la multa que me dieron el martes, 25 de enero, a las 6:55 en la esquina de la Calle 72 y la Avenida West End.

Aunque me multaron por haber estacionado ilegalmente en un sitio por escasos cinco minutos, comprendo que lo hicieron en cumplimento de las leyes de tránsito.

Le pido que acepte mis disculpas.

Sinceramente,

Ricardo Anderson

Ricardo Anderson

EJERCICIOS

A. Lea en un periódico la sección donde aparecen los anuncios para empleos. Recorte un anuncio y escriba una carta solicitando ese puesto. Mencione el nombre y la fecha del diario en que leyó el anuncio y refiérase al currículum vitae que adjuntó para destacar algunos datos personales acerca de su preparación para el empleo que solicita.

B. Redacte una carta pidiéndole una carta de recomendación a un empleador anterior o a un profesor que le conozca a Ud. En la carta, recuérdele a la persona que va a escribir la carta de recomendación quién es Ud. Proporciónele algunos datos personales y algunos detalles acerca de su preparación profesional o académica, sus planes para el futuro y la razón por la cual necesita la recomendación.

C. Escoja una de las siguientes situaciones y escriba una carta en tono serio rectificando la situación de una manera cortés. Debe reprimir su enojo o preocupación por el asunto en cuestión que quiere resolver con su carta.

1. un problema que quiere resolver con su banco acerca de su crédito
2. un reclamo que le hace a una compañía de aviación acerca de un reembolso
3. un malentendido acerca de unos recibos que le envió a Ud. la compañía telefónica, y que Ud. debe aclarar

UNIDAD 3

INTRODUCCIÓN A LOS ESTILOS LITERARIOS: DEFINICIONES, CARACTERÍSTICAS Y EJEMPLOS

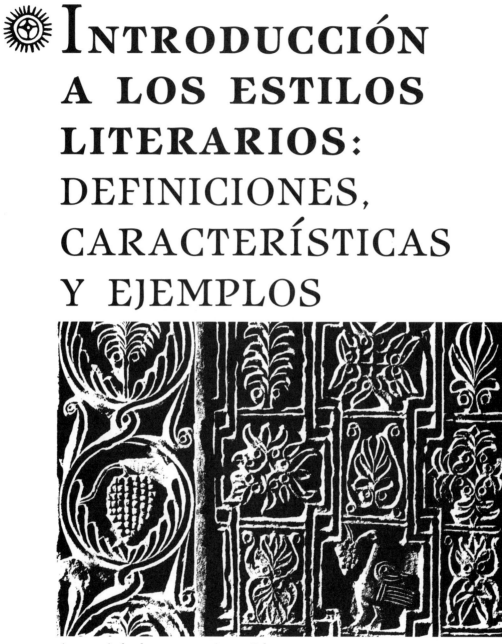

Arte mozárabe de un monasterio español

LA LITERATURA REPRESENTA LA cumbre del arte de la escritura. Por eso dedicamos la Unidad 3 a la definición de los siguientes estilos literarios: la descripción, la narración, el diálogo y el ensayo. Para apreciar el valor de una obra literaria, Ud. necesita saber cómo un escritor maneja el lenguaje para descubrir nuevas ideas y sensibilidades y para dar nuevo vigor e interpretación a la palabra.

Esta introducción a los recursos literarios pone a su disposición los más básicos para que Ud. pueda dar los primeros pasos en la gran aventura que es la literatura. El propósito aquí no es enseñarle la historia de la literatura ni la crítica literaria. El fin es que aprenda a diferenciar entre la descripción y la narración, que reconozca la importancia del diálogo en la obra literaria y que sepa las características del ensayo, un género tan popular en nuestro tiempo. Con este conocimiento, Ud. podrá apreciar la técnica empleada por los autores citados.

Los ejemplos se han escogido por su valor tanto didáctico como literario e histórico. Los textos pertenecen a obras contemporáneas y clásicas de autores españoles e hispanoamericanos. Es de esperar que éstos despierten en Ud. la curiosidad por la lectura.

Como se ha hecho en las unidades anteriores, la teoría va acompañada por la práctica. Por eso encontrará ejercicios variados al final de cada capítulo, entre ellos ejercicios que le darán la oportunidad de escribir sobre muchos temas. Sería ideal que esta introducción le motivara a seguir estudiando la literatura por el placer que proporciona y que le sirviera de inspiración para dedicarse a escribir. ✥

CAPÍTULO 1

LA DESCRIPCIÓN

COMENTARIO SOBRE LA DESCRIPCIÓN

Describir es representar a personas, cosas, lugares y animales, con imágenes concretas que le hacen al lector «ver» lo que se desea describir. El escritor se sirve de la descripción para crear un ambiente en el cual desarrolla un relato. Describe a los personajes—su físico, sus maneras, gustos y costumbres—y las cosas que los rodean. La descripción puede ser muy detallada, o puede destacar sólo las cualidades sobresalientes de una persona, lugar o cosa. Es enriquecida por el uso de imágenes vivas, derivadas de los cinco sentidos. Éstas son las imágenes visuales, auditivas, olfativas, táctiles y gustativas. Aunque hay escritores que buscan la expresión «desnuda» (es decir, que carece casi totalmente de elementos descriptivos), en general la descripción sigue siendo un estilo muy cultivado por los escritores contemporáneos.

Para empezar, Ud. va a leer un fragmento de la obra del novelista madrileño Jesús Fernández Santos[a] (1926–   ) que se llama *En la hoguera*[1] (1957), un título muy sugestivo. Este ejemplo demuestra cómo Fernández Santos emplea imágenes concretas para comunicar la vitalidad de Íscar, un pueblo español. Note Ud. cómo el autor recrea la vida del pueblo, haciendo hincapié en sus actividades (mujeres que cosen, hombres que trabajan) y en sus ruidos (motores, relinchos,[2] voces, ecos). El lenguaje es corriente; no es rebuscado. Sin embargo, el orden en que presenta las imágenes y el ritmo del texto hacen de esta descripción lo que se llama *arte*.

> Íscar, ahora, aparecía vivo, abierto al cielo: las mujeres en el corral o en grupos cosiendo,[3] los hombres en el campo, un grupo de jugadores en el frontón,[4] y el cabo[5] de la Guardia Civil a la puerta del cuartel, sentado, leyendo. Una ristra[6] de caballos cruzaba camino de Olmedo, alzando a su paso nubes de polvo diminutas. Motores, relinchos,

[1] *bonfire, blaze*   [2] *whinnies, neighs*   [3] *sewing*   [4] *wall used to play* **pelota** (*jai alai*)
[5] *corporal*   [6] *string*

---

[a] distinguido cuentista, director de cine y narrador. En *En la hoguera* los protagonistas vacilan entre el deseo de vivir y de morir.

voces, el cántico de los gallos, el rumor de los chicos persiguiéndose por la carretera, todos los ecos fundidos[7] en un solo clamor llevaban un hálito[8] de vida hasta los dos hombres, hasta las ruinas que comenzaban a ensombrecerse[9] a sus espaldas.

[7] *fused, merged*   [8] *breath*   [9] *fall into the shadows*

Un pueblo en Ibiza, Islas Baleares

Dos mujeres en traje regional

LAS IMÁGENES VISUALES: LOS COLORES

Al describir a una persona o un paisaje, el escritor acude a los colores y sus matices y tonos para crear una imagen estética y verosímil. Los colores son fuente infinita de imágenes visuales. Para hacer el escritor una buena descripción, se sirve a veces no sólo de los colores básicos —rojo, verde, azul y amarillo— sino también de los matices y tonos relacionados con esos colores, como por ejemplo, carmín, rubí, dorado, ópalo, violáceo, perla.

Esto es lo que hace Pío Baroja[a] (1872–1956), el novelista vasco, al describir la puesta del sol y la transformación del panorama en una de

[a] empezó como médico rural; desilusionado, fue a Madrid para trabajar en la panadería de un tío y a través de su vida publicó ochenta y ocho novelas. Su estilo es realista, sencillo y directo. Individualista, escéptico y anticlerical, fue sin embargo un gran patriota.

sus primeras novelas, *Camino de perfección* (1902). El camino que toma el protagonista, un estudiante de medicina, lo lleva por los pueblos de España. Mientras camina, contempla el paisaje y piensa sobre asuntos filosóficos, políticos y sociales, buscando tal vez su propia perfección interior.

> El cielo estaba puro, limpio, azul, transparente. A lo lejos, por detrás de una fila de altos chopos del Hipódromo,[1] se ocultaba[2] el sol, echando sus últimos resplandores anaranjados sobre las copas verdes de los árboles, sobre los cerros[3] próximos, desnudos, arenosos,[4] a los que daba un color cobrizo y de oro pálido.
>
> La sierra se destacaba como una mancha azul violácea, suave en la faja[5] del horizonte cercana al suelo, que era de una amarillez de ópalo; y sobre aquella ancha lista opalina,[6] en aquel fondo de místico retablo, se perfilaban claramente, como en los cuadros de los viejos y concienzudos[7] maestros, la silueta recortada de una torre, de una chimenea, de un árbol. Hacia la ciudad, el humo de unas fábricas manchaba el cielo azul, infinito, inmaculado...
>
> Al ocultarse el sol se hizo más violácea la muralla de la sierra; aún iluminaban los últimos rayos un pico lejano del poniente, y las demás montañas quedaban envueltas en una bruma[8] rosada y espléndida, de carmín y de oro, que parecía arrancada de alguna apoteosis[9] del *Ticiano*.[a]

[1] chopos... *black poplars of the Hippodrome (racecourse for horses)* [2] se... se escondía [3] *hills* [4] *sandy* [5] *strip* [6] lista... *opalescent or milky-white band* [7] *conscientious* [8] *haziness, mist* [9] cuadro de gran brillantez

Fíjese cómo la puesta del sol en el horizonte se presenta por medio de la progresión de los tonos de los colores descritos por Baroja. El azul y el verde son los únicos dos colores básicos que menciona. Los demás son matices y tonos: «anaranjados», «violácea», «cobrizo», «rosada», «opalina», «oro» y «carmín». Las variaciones de amarillo son descritas como «amarillez de ópalo» y «oro pálido».

LA LUZ

Los pintores y fotógrafos saben que la luz y el color son inseparables. Sin luz el color pierde su brillantez y dimensión. Por lo tanto la luz es un elemento importante en la descripción. La luz puede ser descrita como *brillante, tenue, clara, sombría, pálida, lúgubre,* etcétera. La luz tiene movimiento también y por eso se dice que es *trémula, chispeante* y *ardiente*. Observe cómo la narradora Ana María Matute[b] (Barcelona, 1926–   ) usa la imagen de la luz en «El incendio», un breve cuento sobre un jovencito que, al cumplir los 16 años, pierde la inocencia (el «incendio» del título) en una fiesta donde unos cómicos representan una

[a] *Titian, a sixteenth century Venetian painter that influenced El Greco.*
[b] novelista y cuentista conocida por su interpretación del mundo de los niños, mezclando magistralmente y con agudeza la realidad y la fantasía.

obra teatral sobre Adán y Eva. En el texto que sigue Eva, la luz y la pasión se confunden.

> Aquella noche, como de costumbre, «el maestrín»[a] se sentó en la boca misma del escenario, simplemente urdido[1] con unas colchas floreadas[2] y pálidamente iluminado por el temblor de las luces llameando en las paredes.
>
> . . .
>
> La luz iba y venía, no se estaba quieta ni un segundo... Ella [Eva] llevaba una diadema de brillantes que refulgían cegadores,[3] como llamas, al vaivén[4] de los pasos.
>
> . . .
>
> Sonreía [Eva], a los vaivenes de la luz del candidato, clavado en la pared como un murciélago.[5]

[1] *wrapped*   [2] colchas... *bedspreads with a flower pattern*   [3] refulgían... *shone with blinding light*   [4] *unsteady movement*   [5] *bat (flying mammal)*

Las imágenes de la luz, «pálidamente iluminado», «brillantes», «llamas» y «candil», crean un contraste con las imágenes que evocan la oscuridad: la «noche», «cegadores», «murciélago» (animal nocturno que es ciego). El movimiento de la luz es sugerido por «el temblor de las luces llameando en las paredes» y, más tarde, Matute dice que «la luz iba y venía, no se estaba quieta... ». Finalmente, termina refiriéndose una vez más al movimiento de la misma al hablar de «los vaivenes de la luz del candil».

IMÁGENES AUDITIVAS: LOS SONIDOS

A veces la palabra que designa un sonido (por ejemplo, *cascabeleo, tamborileo*) imita ese sonido. Este recurso estilístico se llama **onomatopeya**. Otros ejemplos son: la rana *croa,* el corazón *palpita,* el arroyo *murmura* y el *tic-tac* del reloj.

En *La casa de Aizgarri* (1900), obra de Baroja, las imágenes auditivas evocan una escena idílica y bucólica que el novelista yuxtapone a la ruina económica, física y moral de una vieja familia hidalga. Note en particular la comparación de los sonidos, que se están desvaneciendo, con una estrella que también se desvanece, como ocurre con la suerte de los personajes de *La casa de Aizgarri.*

> Desde la ventana se perciben, a lo lejos, rumores confusos de dulce y campesina sinfonía, el tañido[1] de las esquilas de los rebaños[2] que vuelven al pueblo, el murmullo del río, que cuenta a la noche su eterna y monótona queja, y la nota melancólica que modula un sapo en su flauta,[3] nota cristalina que cruza el aire silencioso y desaparece

[1] *clinking sound*   [2] esquilas... *bells of the flocks of sheep*   [3] que... *that a toad sings* (flauta = *throat*)

---

[a] personaje principal de «El incendio», llamado así porque es hijo de un maestro

como una estrella errante.[4] En el cielo, de un azul negro intenso, brilla Júpiter con su luz blanca.

[4] estrella... *shooting star*

En el trozo las imágenes auditivas («rumores», «sinfonía», «tañido», «murmullo», «monótona queja», «nota melancólica», «modula», «flauta» y «silencioso») se mezclan con algunas imágenes visuales—los colores azul negro y blanco.

EL VERBO COMO IMAGEN DESCRIPTIVA

El verbo puede ser tan descriptivo como un adjetivo por su poder evocativo, tanto visual como auditivo. En *La vorágine*[1] (1924), del escritor colombiano José Eustasio Rivera[a] (1888–1928), los verbos sostienen la descripción de la selva amazónica y del río Orinoco que el autor había recorrido en sus viajes. En el siguiente fragmento de esta obra se presentan las reflexiones del protagonista, Arturo Cova, un hombre que huye de Bogotá con una mujer para luego ser devorado por la «vorágine», la selva. Note cómo Rivera, que fue también poeta, le hace ver y sentir el ambiente de una noche calurosa tropical.

Al través de la gasa del mosquitero,[2] en los cielos ilímites, veía parpadear las estrellas. Los follajes de las palmeras que nos daban abrigo enmudecían[3] sobre nosotros. Un silencio infinito flotaba en el ámbito, azulando la transparencia del aire[4]...

Mi ánima atribulada[5] tuvo entonces reflexiones agobiadoras:[6] ¿Qué has hecho de tu propio destino?

[1] *vortex, whirlpool of water. Here it refers to the jungle and the violence that takes place in the novel which, like a whirlpool, drags men down, literally devouring them.*   [2] gasa... *mosquito net made of gauze placed over a bed for protection*
[3] *became silent, still*   [4] azulando... *giving the transparent air a bluish hue*
[5] *atormentada*   [6] *oppressive, overwhelming*

Los verbos *parpadear, flotar* y *azular* y los adjetivos derivados de *atribular* y *agobiar* evocan movimientos, colores y sonidos del ambiente de la selva.

EL SÍMIL Y LA METÁFORA

La comparación es otra manera de hacer más viva una descripción. Existen dos tipos de comparación: el símil y la metáfora. El **símil** consiste en comparar una cosa con otra para matizar mejor una de ellas. Se diferencia de la metáfora por el uso de *tan, como* e *igual*. La frase

[a] maestro, abogado y escritor, publicó solamente la novela citada y un libro de versos antes de morir prematuramente. *La vorágine* es conocida como la novela de la selva por la descripción tan poética y auténtica en la obra. Se siente el profundo amor y respeto del autor por esta región fascinante.

«Es tan bueno como el pan» es ejemplo de un símil. Se pueden encontrar varios otros ejemplos de símiles en *Las greguerías*[1] de Ramón Gómez de la Serna[a] (Madrid 1891–1963): «era tímido como un perro debajo de un carro»; «aquella mujer me miró como un taxi desocupado»; «el zodíaco es algo así como el menú del restaurante de los dioses».

[1] dicho o impresión humorístico, agudo, de asociación inesperada

El escritor español Juan Ramón Jiménez[b] (1881–1958), en su libro *Platero y yo* (1917), emplea un símil para describir su burro Platero y su amado pueblo Moguer, el ambiente (la tormenta, los ecos) y a las personas (la familia húngara).

[Platero] es tierno y mimoso igual que un niño, que una niña... ; pero fuerte y seco por dentro, como de piedra.

. . .

Moguer es igual que un pan de trigo, blanco por dentro, como el migajón,[1] y dorado en torno —¡oh sol moreno!— como la blanda corteza.[c]

. . .

La tormenta palpitaba sobre el pueblo hacía una hora, como un corazón malo...

. . .

Y los ecos respondían, hondos y sonoros, como en el fondo de un gran pozo.

. . .

Ahí tienes, Platero, el ideal de familia de Amaro[d]... Un hombre como un roble,[2] que se rasca; una mujer, como una parra,[3] que se echa; dos chiquillos, ella y él, para seguir la raza, y un mono, pequeño y débil como el mundo, que les da de comer a todos, cogiéndose las pulgas...

[1] *soft inner part of the bread* [2] *oak tree (symbol of strength)* [3] *grapevine* (*representing her disheveled appearance and tattered clothes*)

La **metáfora** es una comparación tácita que emplea una imagen en lugar de otra. Según Rafael Lapesa, crítico literario, «En toda comparación hay siempre dos términos; uno es aquello de que se habla, y otro aquello con que se compara. Ahora bien, si suprimimos el primero, el símil se convierte en metáfora: en el lenguaje usual la comparación *ser listo como un lince,* se reduce a la metáfora *ser un lince.*»

[a] prosista humorístico, original y excéntrico.

[b] poeta, ganador del Premio Nóbel de Literatura en 1956; vivió gran parte de su vida en San Juan, Puerto Rico, donde murió

[c] *crust (of bread). The poet speaks to Platero about the ''soul'' of Moguer, telling him that it is indeed bread. He describes bread's importance in the meals of the village people, how it is delivered, and how poor children long for some. And, like its bread, Moguer is baked (by the sun).*

[d] se refiere a una familia de gitanos que gana la vida en parte entreteniendo al público con el mono, símbolo de la frivolidad y las flaquezas del mundo, imitando al hombre. Sin embargo, el mono gana el pan para la familia.

El poeta chileno Pablo Neruda[a] (1904–1973) hace uso de muchas metáforas en su obra poética «Alturas de Machu Picchu» (1947), un himno a la América Latina y a sus raíces indias. Citamos un brevísimo trozo en el cual Neruda emplea la metáfora para describir la forma de Machu Picchu y también para hacer resaltar la importancia simbólica de la antigua capital del imperio inca en el Perú.

> Entonces en la escala de la tierra he subido
> entre la atroz maraña[1] de las selvas perdidas
> hasta ti, Machu Picchu...
> Madre de piedra, espuma de los cóndores.[2] Alto arrecife[3] de la aurora humana. Pala perdida en la primera arena.[4]

[1] *undergrowth of vegetation in the jungle*   [2] espuma... *mist of the condors (refers to the mist and clouds found at its great heights; the condor is a very large vulture found in the Andes).*   [3] *reef, usually associated with ocean reefs; here it refers, by way of contrast, to a rocky ridge at high altitude*   [4] Pala... *Shovel lost in the sands of time*

No todas las metáforas son tan difíciles de interpretar como las de arriba. Por ejemplo, Ramón Gómez de la Serna nos divierte empleando la metáfora para convertir la realidad en algo nuevo y sorprendente. Por ejemplo, «las serpientes son las corbatas de los árboles», «micrófono: oreja de todos», «el arco iris[1] es la cinta que se pone la naturaleza después de haberse lavado la cabeza».

[1] arco... *rainbow*

LA DESCRIPCIÓN DE UN PERSONAJE LITERARIO

Al describir a un personaje literario, el escritor selecciona las cualidades sobresalientes de ese personaje que considera esenciales para su representación tanto física como sicológica o espiritual. En *La vorágine,* Rivera pone énfasis en la apariencia del vaquero y en las cosas que posee para hacer resaltar la fuerza y tenacidad del vaquero. El cuchillo, el puñal, las cápsulas y el revólver son símbolos importantes de su virilidad.

> El Váquiro era borracho, bizco,[1] gangoso.[2] Sus bigotes, enemigos del beso y la caricia, se le alborotaban, inexpugnables,[3] sobre la boca, en cuyo interior la caja de dientes[4] se movía desajustada.[5] En su mestizo rostro pedía justicia la cicatriz de algún machetazo[6] desde la oreja hasta la nariz. Por el escote de su franela irrumpía del pecho un reprimido bosque de vello hirsuto, tan ingrato de emanación como

[1] *cross-eyed*   [2] *with a nasal voice*   [3] se... *were out of control, yet stubbornly in place*   [4] caja... *dentures*   [5] *loose-fitting*   [6] pedía... *the scar from a strike of a machete (probably the result of a fight) begged for justice*

---

[a] Neruda recibió el Premio Nóbel de Literatura en 1971. El poema «Alturas de Machu Picchu» es el segundo poema de su *Canto general* (1950) y fue publicado aparte.

abundante en sudor termal.[7] Su cinturón de cuero curtido[8] se daba pretensiones de muestrario bélico[9]: cuchillo, puñal, cápsulas, revólver. Vestía pantalones de kaki sucio y calzaba cotizas[10] sueltas, que, al moverse, le palmoteaban bajo los talones.[11]

[7] *Por... A repressed forest of unruly hair, abundant in warm sweat and unpleasant smell, erupts from his chest through the open shirt.* [8] *tanned* [9] muestrario... *war collection* [10] *footwear worn by peasants* [11] *heels*

Los vaqueros

Note como Rivera emplea imágenes concretas y realistas para describir las cualidades selváticas, rudimentarias y crudas del Váquiro. No cabe duda de que este tipo ha sabido sobrevivir a pesar del ambiente peligroso.

Benito Pérez Galdós[a] (1843–1920), el gran novelista español del siglo diecinueve, es famoso por el estilo descriptivo de sus novelas. Su novela *Fortunata y Jacinta* es el relato de dos mujeres: Fortunata, de la clase humilde, y Jacinta, de la clase media. Para dar a conocer el modesto estado social de Fortunata, Galdós describe la manera en que ésta entra en una habitación.

Fortunata, que iba vestida con mucha sencillez, entró como entraría una planchadora que va a entregar la ropa. Avanzaba tímidamente, deteniéndose a cada palabra del saludo, y fue preciso que Guillermina la mandase dos o tres veces sentarse para que lo hiciera. Su aire de

[a] novelista prolífico. Escribió novelas históricas, realistas, simbólicas de temas variados, retratando la jerarquía de la sociedad.

modestia, su encogimiento,[1] que era el mejor signo de la conciencia de su inferioridad, hacíanla[2] en aquel instante verdadero tipo de mujer de pueblo, que por incidencia se encuentra mano a mano[3] con las personas de clase superior.

[1] *shrinking demeanor*   [2] la hacían   [3] mano... *rubbing elbows*

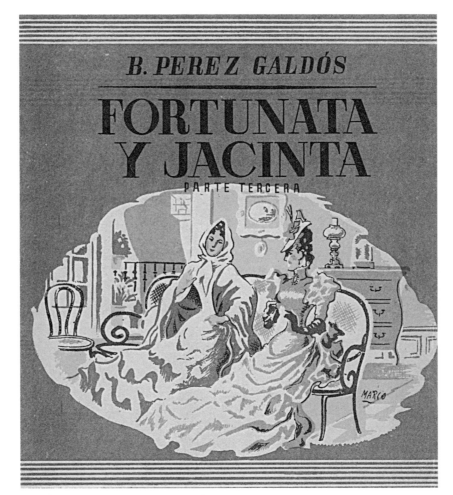

Las dos protagonistas Fortunata y Jacinta

La descripción de los atributos físicos de un personaje y de sus costumbres pueden revelar la personalidad del mismo. Esto sucede en la descripción de Facundo,[a] el protagonista de la novela *Facundo. Civilización y Barbarie* (1845) del novelista y ensayista argentino Domingo Faustino Sarmiento (1811–1888). Al describir la apariencia física de Facundo, Sarmiento interpreta la personalidad de este hombre que llegó a ser dictador de su país.

---

[a] Facundo fue el prototipo de Juan Manuel Rosas (1793–1877), dictador de la Argentina entre 1835 y 1852. Sarmiento llegó a ser el primer Presidente de la Argentina, elegido democráticamente en 1868. También fue Ministro de Educación y embajador de la Argentina en los Estados Unidos.

Facundo, pues, era de estatura baja y fornido; sus anchas espaldas sostenían sobre un cuello corto una cabeza bien formada, cubierta de pelo espesísimo, negro y ensortijado.[1] Su cara, poco ovalada, estaba hundida en medio de un bosque de pelo, a que correspondía una barba igualmente espesa, igualmente crespa[2] y negra, que subía hasta los pómulos,[3] bastante pronunciados,[4] para descubrir una voluntad firme y tenaz.

Sus ojos negros, llenos de fuego sombreados por pobladas cejas, causaban una sensación involuntaria de terror en aquellos a quienes alguna vez llegaban a fijarse porque Facundo no miraba nunca de frente, y por hábito, por arte, por deseo de hacerse siempre temible, tenía de ordinario la cabeza inclinada y miraba por entre las cejas...

...Por lo demás, su fisonomía era regular, y el pálido moreno de su tez[5] sentaba bien a las sombras espesas en que quedaba encerrada.

La estructura de su cabeza revelaba, sin embargo, bajo esta cubierta selvática, la organización privilegiada de los hombres nacidos para mandar.

[1] *curled* [2] *curly* [3] *cheekbones* [4] *prominent* [5] *complexion*

LAS DIFERENCIAS ENTRE LA DESCRIPCIÓN OBJETIVA Y LA SUBJETIVA

La descripción puede ser objetiva o subjetiva. La primera descripción que sigue es **objetiva**. El lenguaje es científico y técnico. El asunto es descrito desde el punto de vista funcional, práctico o concreto. Lea la siguiente descripción del vaivén de las mareas, extraída de una colección popular de libros sobre la naturaleza.

En el rocoso litoral meridional[1] de Bretaña la marea[2] sube exactamente cada doce horas y veinticinco minutos. Su altura es menos regular, puesto que en un punto determinado cambia, de día en día y de una semana a otra. Cuando hay luna nueva o llena, las mareas vivas suben y bajan más que en los cuartos[3] de luna, que se denominan mareas muertas; en aquellas ocasiones el sol y la luna están alineados con la Tierra y sus fuerzas gravitatorias combinadas llevan el agua hasta las superficies de las más altas rocas.

. . .

Desde estos niveles, casi exclusivamente terrestres, hasta los más bajos, que quedan al descubierto[4] sólo unos minutos cada vez, el litoral mantiene una gran variedad de plantas y animales, que comprende algas, líquenes[5] y distintas especies de caracolas, litorinas, bálanos o bellotas de mar, lapas marinas, mejillones, caracoles marinos o buccinos, actinias, esponjas, estrellas de mar y gusanos formadores de tubos.[6] Grandes algas pardas[7] se aferran, asimismo, por sus tallos de sostén,[8] a la zona de marea baja.

[1] *rocoso... rocky Southern shoreline* [2] *tide* [3] *quarter phases* [4] *al... revealed, not under water* [5] *lichen (plant)* [6] caracolas... *types of sea snails, sponges, starfish, and other marine life* [7] algas... *dark algae* [8] tallos... *sustaining stem*

La descripción de las mareas es precisa y objetiva. Incluye las causas de las mareas altas y bajas, su nivel, el tiempo y los efectos sobre la flora y fauna del litoral. La representación es detallada y parece completa.

La descripción literaria es **subjetiva**; interpreta la realidad de una manera muy personal. El asunto tratado por el escritor es descrito emotivamente, con el propósito de causar una impresión escogiendo cuidadosamente las imágenes descriptivas con un fin estético, artístico.

En su obra *La busca* (1904), Pío Baroja describe la lucha por la vida de la gente del hampa[1] de Madrid. Fíjese en el lenguaje que usa Baroja para expresar su sentimiento hacia estos desgraciados.

> En un extremo, cerca de una capilla,[2] se amontonaban los hombres; no se veían más que caras hinchadas, de estúpida apariencia, narices inflamadas y bocas torcidas; viejas gordas y pesadas como ballenas,[3] melancólicas, viejezuelas[4] esqueléticas de boca hundida y nariz de ave rapaz;[5] mendigas vergonzantes[6] con la barba verrugosa, llena de pelos, y la mirada entre irónica y huraña;[7] mujeres jóvenes, flacas y extenuadas, desmelenadas[8] y negras...

[1] gente de mala vida y costumbres; delincuentes, vagos, etcétera   [2] *chapel*
[3] *whales*   [4] diminutivo de *vieja,* usado con sentido peyorativo   [5] ave... *bird of prey, like the vulture*   [6] mendigas... *poor women who are too ashamed to beg (in the streets)*   [7] tímida   [8] *disheveled*

Un capricho—Chitón—de Goya

Don Pío describe a los mendigos y traperos que están esperando la alimentación como un paisaje humano compuesto de partes de hombres y mujeres, un grupo fragmentado y roto, de caras hinchadas, narices inflamadas y bocas hundidas, que recuerdan las caricaturas de Goya.[a] Los adjetivos «estúpida», «torcidas», «melancólicas», «esqueléticas», y «verrugosa», por ejemplo, evocan una visión grotesca de la humanidad que es completamente subjetiva.

La descripción del río Amazonas por Leopoldo Díaz (Argentina, 1862–1947) en el soneto «El Amazonas» también es subjetiva. Díaz, un sonetista que emplea temas clásicos y americanos, comunica por medio de sus versos la admiración que él siente ante el grandioso fenómeno de la naturaleza que es el río Amazonas.

El Amazonas

Padre Río, que avanzas al Oriente;
opulento, magnífico Amazonas,
que de vírgenes lianas[1] te coronas
y el sol del Ecuador[2] besa en la frente:

¿Cantas al porvenir con voz rugiente[3]?
¿Ser libre, como América, ambicionas?
Monarca augusto[4] de invioladas zonas,
¿qué Dios nos habla en tu rumor potente?

Atraviesa florestas tropicales,
y del Andes ceñidos por las brumas[5]
se desploman tus férvidos raudales.[6]

¡Cunde[7] en los bosques tu tronar lejano,
y arrojando a su frente tus espumas
haces retroceder el Océano[8]!

[1] *plant that climbs (grows) on trees in tropical jungles*
[2] *equator*   [3] *roaring*   [4] magnífico, majestuoso
[5] ceñidos... *encircled by the mist*   [6] se... *your fervid streams tumble down*   [7] *Spreads*   [8] haces... *the force of the river's water is so great that it pushes back the ocean as the river rushes into it*

Por medio de las imágenes «opulento», «magnífico», «rugiente» y «augusto», el poeta evoca el poder y la majestad del río Amazonas creando a la vez una interpretación lírica.

En resumen, para describir con eficacia y agudeza hay que observar primero y luego seleccionar cuidadosamente las cualidades, o los atributos sobresalientes de la persona, cosa o lugar que se vaya a describir. Es esencial una expresión viva y apropiada, enriquecida por el símil y la metáfora.

---

[a] Francisco de Goya (1746–1828), el pintor español más original de su época. Nombrado pintor de la Corte, cultivó una gran variedad de estilos empezando por el más lírico y terminando por el más grotesco.

EJERCICIOS

A. El adjetivo se usa con gran frecuencia en el estilo descriptivo. Este ejercicio y los ejercicios B y C se enfocan en su uso. Empiece a practicar el uso del adjetivo sustituyendo el adjetivo en letra itálica en las siguientes frases por una palabra o frase sinónima.

MODELO: un ambiente *rural* → un ambiente *rústico*

1. una niña *amable*
2. un líder *despótico*
3. una alumna *lista*
4. una superficie *amarilla*
5. un tren *rápido*
6. un niño *silencioso*
7. un paisaje *extenso*
8. una heroína *valiente*
9. una hierba *aromática*

B. Escriba tres adjetivos para describir lo relacionado con cada uno de los cinco sentidos.

MODELO: visual → *brillante*

1. visual   2. táctil   3. gustativo   4. olfativo   5. auditivo

C. Escriba un derivado con valor de adjetivo o adverbio para cada uno de los siguientes sustantivos o verbos.

MODELOS: la paz → *pacífico*
hablar → *hablador*

1. la desgracia
2. la perfección
3. el cuidado
4. sentir
5. el mar
6. brillar
7. la frecuencia
8. trabajar
9. el día
10. lejos
11. amar
12. el joven
13. costar
14. la ilusión
15. el cansancio

D. Escriba un párrafo descriptivo sobre uno de los siguientes temas.

1. El paisaje: Empiece con estas palabras: «Desde mi ventana veo... »
2. Una persona: Empiece con estas palabras: «Nunca olvidaré el día en que conocí a... »
3. Un grupo de personas en uno de los siguientes sitios u ocasiones:

   a. en un autobús o tren
   b. en un aeropuerto
   c. en una fiesta
   d. en una reunión familiar
   e. en la cafetería universitaria

E. *La Casa Verde* del escritor peruano Mario Vargas Llosa (1936–   ) es una novela que se sitúa en la selva peruana. La Casa es un burdel que simboliza la sociedad peruana en todos sus aspectos: la lucha social, el machismo, la opresión de la mujer y la jerarquía de las clases peruanas. Lea el fragmento a continuación y haga una lista de los verbos que delinean la situación de una manera viva. ¿Cómo contribuyen los verbos a la descripción de «los contornos[1]» de *La Casa Verde*?

Los contornos de la Casa Verde estaban siempre animados por multitud de vagos, mendigos, vendedores de baratijas[2] y fruteras que asediaban[3] a los clientes que llegaban y salían. Los niños de la ciudad escapaban de sus casas en la noche y, disimulados tras los matorrales,[4] espiaban a los visitantes y escuchaban la música, las carcajadas. Algunos, arañándose manos y piernas, escalaban el muro y ojeaban codiciosamente el interior. Un día (que era fiesta de guardar), el Padre García se plantó en el arenal,[5] a pocos metros de la Casa Verde y, uno por uno, acometía[6] a los visitantes y los exhortaba a retornar a la ciudad y arrepentirse. Pero ellos inventaban excusas: una cita de negocios, una pena que hay que ahogar porque si no envenena[7] el alma, una apuesta que compromete el honor. Algunos se burlaban e invitaban al Padre García a acompañarlos y hubo quien se ofendió y sacó pistola.

[1] *surroundings*   [2] *trinkets*   [3] *besieged*   [4] *underbrush*   [5] *sandy ground*   [6] *assaulted* [7] *poisons*

Mario Vargas Llosa

LECTURA 7

LA COLMENA

POR CAMILO JOSÉ CELA

La Colmena, 13ª Edición. Madrid-Barcelona: Editorial Noguer, S.A., 1973.

Camilo José Cela

❏ Camilo José Cela (1916–   ), ganador del Premio Nóbel de Literatura en 1991, es uno de los escritores más comentados y originales de la España de la posguerra.[a] Adquirió fama al publicar su primera novela *La familia de Pascual Duarte* (1942), la historia de un asesino que Cela presenta como

---

[a] Se refiere a la Guerra Civil española (1936–1939) entre los republicanos y los nacionalistas, cuyo líder fue el Generalísimo Francisco Franco (1892–1975). Ganaron los nacionalistas y Franco gobernó hasta el fin de su vida.

víctima de una sociedad corrupta. *La colmena* (1951) reveló a Cela, en la novelística contemporánea, como un gran observador de la vida diaria.

En esta novela, Cela expone a los tipos madrileños como si fueran habitantes de una colmena;[1] interpreta su lenguaje, su carácter, el ambiente en que se mueven y el papel que cada uno desempeña en la vida cotidiana. La narrativa de Cela contiene reminiscencias galdosianas. Los personajes viven de acuerdo con lo que saben y como pueden, y en la descripción de su carácter y personalidad Cela nos hace pensar en los personajes tan bien definidos de las novelas de Galdós. No falta el humorismo en la novela de Cela, pero el humor es más bien irónico y sarcástico. Su estilo se caracteriza también por el uso de los apodos.

El siguiente fragmento de *La colmena* trata de una pesadilla que tiene uno de los personajes, la señorita Elvira, en la cual ésta ve un gato espantoso y una cantidad de enanos.

La señorita Elvira tiene jadeante[2] y como entrecortado el respirar, y su sueño violento, desapacible,[3] su sueño de cabeza caliente y panza fría, hace crujir, quejumbroso, el vetusto colchón.[4]

Un gato negro y medio calvo que sonríe enigmáticamente, como si fuera una persona, y que tiene en los ojos un brillo que espanta, se tira, desde una distancia tremenda, sobre la señorita Elvira. La mujer se defiende a patadas, a golpes. El gato cae contra los muebles y rebota,[5] como una pelota de goma, para lanzarse de nuevo encima de la cama. El gato tiene el vientre abierto y rojo como una granada[6] y del agujero del trasero le sale como una flor venenosa y maloliente de mil colores, una flor que parece un plumero de fuegos artificiales.[7] La señorita Elvira se tapa la cabeza con la sábana. Dentro de la cama, multitud de enanos[8] se mueven enloquecidos, con los ojos en blanco. El gato se cuela,[9] como un fantasma, coge del vientre a la señorita Elvira, le lame[10] la barriga y se ríe a grandes carcajadas, unas carcajadas que sobrecogen el ánimo. La señorita Elvira está espantada y lo tira fuera de la habitación: tiene que hacer grandes esfuerzos, el gato pesa mucho, parece de hierro. La señorita Elvira procura no aplastar a los enanos. Un enano le grita «¡Santa María! ¡Santa María!». El gato pasa por debajo de la puerta, estirando todo el cuerpo como una hoja de bacalao.[11] Mira siniestramente,[12] como un verdugo.[13] Se sube a la mesa de noche y fija sus ojos sobre la señorita Elvira con un gesto sanguinario. La señorita Elvira no se atreve ni a respirar. El gato baja a la almohada y le lame la boca y los párpados[14] con suavidad, como un baboso.[15] Tiene la lengua tibia como las ingles[16] y suave, igual que el terciopelo.[17] Le suelta con los dientes las cintas del camisón. El gato muestra su vientre abierto, que late acompasadamente,[18] como una vena. La flor que le sale por detrás está cada vez más lozana,[19] más hermosa. El gato tiene una piel suavísima. Una luz cegadora empieza a inundar la alcoba. El gato crece hasta hacerse como un tigre

[1] *beehive* [2] *panting* [3] *restless* [4] hace... *makes the very old mattress creak* [5] *rebounds, bounces* [6] *pomegranate* [7] fuegos... *fireworks* [8] *dwarfs* [9] se... *passes through (the group)* [10] *licks* [11] *codfish* [12] con malas intenciones [13] *hangman* [14] *eyelids* [15] *drivelling old man* [16] *groin* [17] *velvet* [18] *rhythmically* [19] *luxuriant*

delgado. Los enanos siguen moviéndose desesperadamente. A la señorita Elvira le tiembla todo el cuerpo con violencia. Respira con fuerza mientras siente la lengua del gato lamiéndole los labios. El gato sigue estirándose cada vez más. La señorita Elvira se va quedando sin respiración, con la boca seca. Sus muslos se entreabren, un instante cautelosos, descarados después...

La señorita Elvira se despierta de súbito y enciende la luz.

❑ Conteste las preguntas.

1. Describa el gato que ve en la pesadilla la señorita Elvira.
2. ¿Qué imágenes le impresionaron más a Ud. en la descripción del gato?
3. Señale los símiles que aparecen en el texto sobre la pesadilla.
4. ¿Qué hacen los enanos en la pesadilla?
5. Según Cela, ¿a qué se debe la pesadilla de Elvira?

❑ Describa alguna pesadilla que Ud. ha tenido en su vida, narrando los detalles de la pesadilla en tercera persona, como en la descripción de Cela de la pesadilla de Elvira.

CAPÍTULO 2

La narración

DEFINICIÓN Y GÉNEROS NARRATIVOS

Narrar quiere decir contar o relatar hechos y acontecimientos, reales o ficticios, que ocurren en un tiempo y en un espacio determinados por el narrador. El arte de narrar tiene una larga historia. En España los trovadores o «juglares» medievales narraban la vida y las hazañas de los grandes héroes nacionales. El más famoso ejemplo es el *Cantar de Mío Cid* (1140), compuesto en versos rimados. Las primeras narraciones épicas fueron orales porque la rima es fácil de recordar. Los géneros narrativos incluyen la anécdota, la fábula (en verso y en prosa), el cuento, la novela, la historia o crónica y la biografía.

CARACTERÍSTICAS DE LA NARRACIÓN

El estilo narrativo es caracterizado por los siguientes elementos: la **acción**, los **personajes**, el **ambiente** y un **tiempo**. La **acción** es la esencia de la narración. El narrador cuenta—generalmente en orden cronológico— lo que pasa, sin muchos detalles descriptivos, y de una manera animada y entretenida. Las virtudes, flaquezas, ambiciones y cualidades de los **personajes** se descubren a través de la acción. Éstos se mueven en un determinado **ambiente** que puede ser histórico, contemporáneo, urbano o rústico, exótico o mundano; y en un determinado **tiempo** que puede ser el presente o el pasado. Una buena narración reúne todos estos elementos necesarios para crear una obra original, llena de dinamismo, interés y personajes que cobran vida propia.

La función de la narración es entretener, aunque una narración también puede informar e instruir. La descripción es mínima y existe sólo para aclarar la acción. El diálogo sirve para expresar los pensamientos y sentimientos de los personajes y para interrumpir los largos relatos (trozos narrativos) que podrían cansar al lector.

El siguiente poema consta de sólo diez versos pero su autor, Antonio Machado (1875–1939), poeta castellano,[a] ha creado una narración completa con personajes (una dama, un caballero), ambiente (la plaza, la torre, el balcón) y acción (ha pasado, se ha llevado). El tiempo es el presente («tiene»), que desaparece con el caballero.

La plaza tiene una torre

La plaza tiene una torre,
la torre tiene un balcón,
el balcón tiene una dama,
la dama una blanca flor.
Ha pasado un caballero
—¡quién sabe por qué pasó!—
y se ha llevado la plaza
con su torre y su balcón,
con su balcón y su dama,
su dama y su blanca flor.

EL PUNTO DE VISTA DEL NARRADOR

Los dos puntos de vista más comunes son la primera persona (yo, nosotros) y la tercera persona (él, ella, ellos, ellas). Antes de relatar su cuento, el narrador tiene que decidir cuál va a ser su punto de vista. Cuando emplea la primera persona, el autor es el **protagonista**—real o ficticio—o **testigo** de lo que acontece. El relato en primera persona es generalmente autobiográfico.

Un ejemplo es el *Lazarillo de Tormes,* una novela picaresca anónima del siglo XVI.[b] En ésta el protagonista relata su propia historia, la trayectoria de un niño que sirve de criado a varios amos, sufre hambre y malos tratos y, por fin, obtiene un oficio que le da vida. En el siguiente fragmento Lazarillo expone su humilde origen al dirigirse a su último benefactor.

Pues sepa vuestra merced, ante todas cosas, que a mí llaman Lázaro de Tormes, hijo de Tomé González y de Antona Pérez, naturales de Tejares, aldea de Salamanca. Mi nacimiento fue dentro del río Tormes, por la cual causa tomé el sobrenombre, y fue de esta manera. Mi padre, que Dios perdone, tenía cargo de proveer una molienda[1] de una aceña[2] que está ribera de aquel río, en la cual fue molinero más de quince años. Y estando mi madre una noche en la aceña,

[1] *measure (of grain) to be milled*   [2] *flour mill moved by water, located in a river stream*

---

[a] Machado nació en Sevilla, pero es considerado el poeta de Castilla porque en su poesía evoca los valores tradicionales y heroicos de las tierras de Castilla. Aunque el punto de partida en muchos de sus poemas es un lugar o un incidente, su estilo es reflexivo, filosófico y sentimental.

[b] una obra autobiográfica, episódica que trata de la vida y las aventuras de un joven amoral, travieso y astuto. Su escuela es la vida. *Lazarillo de Tormes* es la primera novela picaresca.

preñada de mí, tomóle el parto y parióme allí. De manera que con verdad me puedo decir nacido en el río.

Lazarillo con su amigo, el ciego

La mayoría de los relatos se cuentan en tercera persona. El autor es omnisciente y narra desde diferentes perspectivas los altibajos y conflictos de la vida de sus personajes. El gran escritor español Miguel de Cervantes (1547–1616)[a] cultiva esta postura en su obra maestra *Don*

[a] Cervantes nació en Alcalá de Henares, ciudad cerca de Madrid. Era amante de la aventura. Se trasladó a Italia, y poco después entró en el ejército y luchó en la batalla de Lepanto (1570) contra los turcos. Cuando regresaba a España, fue tomado prisionero por los piratas y encarcelado en Argel por cinco años. Finalmente fue rescatado por unos frailes. Al regresar a España, produjo obras de diferentes géneros: poesía, teatro, novelas. Su obra maestra es *Don Quijote de la Mancha,* novela publicada en dos partes: la primera en 1605 y la segunda en 1615. Su vida aventurera y su gran obra literaria atestiguan su doble vocación de hombre de armas y de letras.

Quijote de la Mancha. Para adquirir la mayor objetividad, Cervantes, al comenzar su relato en esta obra hace referencia a «los autores» de ella como si él no fuese su autor. En el siguiente fragmento de la mencionada novela, Cervantes describe el momento en que el caballero de la Triste Figura (Don Quijote) decide hacerse caballero andante y salir al mundo para enderezar injusticias.

En efecto, rematado ya su juicio,[1] vino a dar en el más extraño pensamiento que jamás dio loco en el mundo, y fue que le pareció convenible y necesario, así para el aumento de su honra como para el servicio de su república, hacerse caballero andante,[2] e irse por todo el mundo con sus armas y caballo a buscar las aventuras y a ejercitarse en todo aquello que él había leído que los caballeros andantes se ejercitaban, deshaciendo todo género de agravio, y poniéndose en ocasiones y peligros[3] donde, acabándolos, cobrase eterno nombre y fama.

[1] rematado... completamente loco   [2] caballero... *knight errant*   [3] poniéndose... *putting himself at risk*

Don Quijote y Sancho Panza

LA ORDENACIÓN DE LOS ACONTECIMIENTOS EN UN RELATO

En los relatos la acción es presentada generalmente en orden cronológico. El narrador comienza con un incidente—una causa—que por lo general, provoca otros, cuyas consecuencias casi siempre se complican hasta llegar al desenlace, o sea, a su resolución. A veces el autor rompe el orden cronológico por medio de la técnica del «flashback» (narración retrospectiva).

LA ESTRUCTURA DE UNA NARRACIÓN

La estructura de una narración consta de:

- La **exposición**. El narrador presenta a los personajes, define el ambiente y comienza la acción.

- El **desarrollo**. Los temas y el asunto son desarrollados.
- El **desenlace**. Los conflictos son resueltos.

La fábula *La gallina de los huevos de oro* del fabulista Félix María Samaniego (1745–1801)[a] es una narración breve que tiene un comienzo, un desarrollo y una conclusión. El relato tiene además personajes que en las fábulas son casi siempre animales. Estos encarnan las flaquezas humanas que el lector reconoce en sí mismo, sin ofenderse, porque las narraciones son amenas y graciosas. La acción y el ambiente son tan evidentes aquí como en otros relatos. La fábula termina con una moraleja porque su propósito es didáctico.

La gallina de los huevos de oro

Érase una gallina que ponía
un huevo de oro al dueño cada día.
Aun con tanta ganancia mal contento,
quiso el rico avariento
descubrir de una vez la mina de oro
y hallar en menos tiempo más tesoro.
Matóla; abrióla el vientre de contado;
pero después de haberla registrado,
¿qué sucedió? Que muerta la gallina
perdió su huevo de oro y no halló mina.

—¡Cuántos hay que, teniendo lo bastante,
enriquecerse quieren al instante
abrazando proyectos,
a veces de tan rápidos efectos
que sólo en pocos meses,
cuando se contemplaban ya marqueses
cantando sus millones,
se vieron en la calle sin calzones!

EL MOVIMIENTO EN LA NARRACIÓN

Una narración cuya prosa es animada, con pocos detalles y oraciones breves, da la impresión de ser rápida mientras que una narración cargada de detalles, con oraciones largas, es lenta. El narrador escoge el ritmo que desea para desarrollar su relato.

El siguiente es un fragmento del cuento «Emma Zunz» de *El Aleph* (1949), una colección de cuentos sobre temas variados, escrita por Jorge

---

[a] fabulista del siglo XVIII de España que vuelve a escribir en verso las fábulas contadas por el fabulista griego Esopo, 600 a.C.

Luis Borges (Argentina, 1899–1986).[a] En él Borges relata la historia de un día en la vida de Emma Zunz, que empieza de una manera ordinaria y termina con un homicidio. Abunda el uso del verbo en el pretérito («durmió», «procuró», «declaró», «discutió», etcétera) al referirse a las actividades de la protagonista. Para Borges el universo es caótico y el individuo busca su destino. En esta búsqueda el pasado es esencial para entender el presente. Note cómo el ritmo del segundo párrafo del relato es más acelerado que el del primero, comunicando así la confusión de Emma Zunz y también su nerviosismo.

No durmió aquella noche, y cuando la primera luz definió el rectángulo de la ventana, ya estaba perfecto su plan. Procuró que ese día, que le pareció interminable, fuera como los otros. Había en la fábrica rumores de huelga;[1] Emma se declaró, como siempre, contra toda violencia. A las seis, concluido el trabajo, fue con Elsa a un club de mujeres, que tiene gimnasio y pileta.[2] Se inscribieron; tuvo que repetir y deletrear su nombre y su apellido, tuvo que festejar[3] las bromas vulgares que comentan la revisación.[4] Con Elsa y con la menor de las Kronfuss discutió a qué cinematógrafo irían el domingo a la tarde. Luego, se habló de novios y nadie esperó que Emma hablara. En abril cumpliría diecinueve años, pero los hombres le inspiraban, aún, un temor casi patológico... De vuelta, preparó una sopa de tapioca y unas legumbres, comió temprano, se acostó y se obligó a dormir. Así, laborioso y trivial, pasó el viernes quince, la víspera.

. . .

Los ladridos tirantes le recordaron que no podía, aún, descansar. Desordenó el diván,[5] desabrochó el saco del cadáver, le quitó los quevedos salpicados[6] y los dejó sobre el fichero.[7] Luego tomó el teléfono y repitió lo que tantas veces repetiría, con esas y con otras palabras: *Ha ocurrido una cosa que es increíble... El señor Loewenthal me hizo venir con el pretexto de la huelga... Abusó de mí, lo maté.*

La historia era increíble, en efecto, pero se impuso a todos, porque sustancialmente era cierta. Verdadero era el tono de Emma Zunz, verdadero el pudor, verdadero el odio. Verdadero también era el ultraje[8] que había padecido: sólo eran falsas las circunstancias, la hora y uno o dos nombres propios.

[1] *worker's strike*   [2] piscina   [3] *tolerate, put up with*   [4] *the review, in the sense that they were making fun of her name and surname after having made her repeat it and spell it for them*   [5] *low-cushioned sofa*   [6] quevedos... *splattered eyeglasses (pince nez)*   [7] *file*   [8] *outrage*

El movimiento de una narración es estimulado también por las expresiones adverbiales de tiempo, como, por ejemplo, *anoche, ayer, más*

---

[a] Jorge Luis Borges publicó *Ficciones* y *Laberintos,* dos colecciones de cuentos en el mismo año 1962 y consecuentemente adquirió fama internacional como uno de los mejores prosistas en lengua castellana. Es un escritor original, imaginario, cultísimo a quien le interesa el hombre y su pasado para descubrir el centro del laberinto de su existencia. También cultivó la poesía.

tarde, a menudo. A veces el tiempo es definido con más precisión: *a las tres de la tarde, a medianoche,* la campana tocó *la una,* etcétera.

RESUMEN

La narración es caracterizada por el relato de un conflicto o acontecimiento en un determinado tiempo y lugar con una serie de personajes. Su estructura consta de una exposición, un desarrollo y un desenlace. Puede ser breve (una anécdota) o larga (una novela). Aunque una obra narrativa puede incluir el diálogo y la descripción, éstos no son elementos dominantes. El verbo predomina en la oración porque el verbo es acción y la acción es fundamental en la narración. El ritmo puede ser acelerado por medio de oraciones breves y un mínimo de detalles. El punto de vista depende del enfoque que el narrador quiera dar a su obra.

EJERCICIOS

A. El siguiente es el relato de Almanzor, un gran caudillo árabe que fue el ministro de Hixem, el califa musulmán de Córdoba en el siglo X. Lea esta breve historia y luego conteste las preguntas.

Almanzor

Unos quince años después,[a] cuando reinaba en Córdoba[b] Hixem, califa[1] de carácter apocado,[2] llegó a ministro un hombre extraordinario, gran político y gran militar, al que llamaban Almanzor, que en árabe quiere decir el Victorioso.

Todos los años Almanzor emprendía una campaña,[3] causando el terror de los cristianos. Tomó a Zamora,[c] destruyó a León,[d] entró en Barcelona[e] y en Pamplona[f] y llegó hasta Santiago de Compostela,[g] arrasando la ciudad.

Ante el impulso arrollador[4] de los ejércitos de Almanzor, los reyes y condes cristianos se desconcertaron, y el rey de León huyó a sus montañas de Asturias.

[1] príncipe del reino musulmán   [2] tímido   [3] *military campaign*   [4] *sweeping, routing*

---

[a] Unos... es decir, en 976, al morir Abderramán III de Córdoba, después de haber reinado por 50 años. Los árabes habían conquistado a España en 711. En 718 los cristianos, bajo el mando de Pelayo, derrotaron a los musulmanes en la batalla de Covadonga en Asturias, empezando así la Reconquista que duró hasta 1492 cuando los Reyes Católicos, Fernando e Isabel, entraron victoriosos en la ciudad de Granada.

[b] ciudad de Andalucía fundada por los romanos donde se encuentra aún la famosa Mezquita construida por los árabes en el siglo XIII

[c] ciudad fronteriza en el noroeste de España

[d] ciudad en el noroeste de España conocida por su catedral gótica

[e] capital de Cataluña, puerto y gran ciudad moderna y, a la vez, centro industrial y cultural

[f] ciudad de España situada en la falda de los Pirineos; famosa por las corridas de toros durante las fiestas de San Fermín

[g] ciudad de Galicia en el noroeste de España; centro de peregrinaciones religiosas desde la Edad Media

Como los cristianos estaban divididos en varios Estados, separados unos de otros, no tenían fuerza bastante para resistir a Almanzor, aunque cada uno por su parte peleaba con valor y entusiasmo.

En el año 1002, Almanzor fue hacia tierras de Soria,[a] y cerca de Calatañazor fue herido en un combate con los cristianos, muriendo poco después.

1. Explique por qué el estilo de este relato es narrativo.
2. ¿Hay alguna descripción?
3. Identifique al personaje, el lugar y la acción.
4. Analice la estructura del relato—la exposición, el desarrollo y el desenlace.

Una puerta de la Mezquita de Córdoba

B. Lea el fragmento «La noche» de la obra *Cuerpo plural,* escrita por el narrador venezolano Antonio López Ortega (1957–   ), en el cual ocurre una transformación extraordinaria. Note el elemento subjetivo que

---

[a] provincia de España que pertenece a Castilla-León

caracteriza esta narración, a diferencia del relato de Almanzor que es más objetivo.

> Desde pequeño he querido ser como la noche. Todos los días, después del crepúsculo,[1] cenaba y salía hacia las rejas del corral, quedándome hasta bien entrada la madrugada.[2] Buscaba los mil y un métodos para ser como ella, para entrar en ella, pero siempre regresaba frustrado. Ayer agoté todas las fórmulas posibles y simplemente me extasié contemplándola mientras oía el ruido de los becerros.[3] Hoy amanecí con la piel oscura y llena de estrellas.

[1] *sunset* [2] *dawn* [3] *yearling calves*

1. ¿Cuál es el punto de vista del narrador?
2. ¿Qué es lo que pasa? Es decir, ¿cuál es el asunto?
3. ¿Por qué es este fragmento una narración?
4. ¿Hay expresiones en esta narración que especifican la hora?

C. Imagínese que, al salir del teatro, Ud. se despide de sus amigos y empieza a caminar hacia su casa. De repente oye unos pasos detrás de Ud. Los pasos se apresuran. ¿Qué hacer? Escriba una narración de una página contando lo que pasa.

D. Haga una narración breve sobre uno de los siguientes temas.

1. un episodio de su vida
2. el cuento de niños que más le gusta
3. la historia de Aladino, el personaje de las *Mil y una noches*
4. una noticia o un acontecimiento de actualidad, como un partido de fútbol, un accidente o algo parecido

LECTURA 8

«TESTIMONIO DE RIGOBERTA MENCHÚ»

POR CÉSAR A. CHELALA

Le monde diplomatique, Sección especial latinoamericana, diciembre de 1986

Rigoberta Menchú

❏ Lea el siguiente relato de Rigoberta Menchú, que es parte de una conversación que el médico argentino César A. Chelala tuvo con ella en Nueva York. Menchú ganó el Premio Nóbel de la Paz en 1992 por su lucha por los derechos de los indígenas y por defender las tierras que les pertenecen.

Chelala es el autor de varios reportajes sobre temas hispanoamericanos contemporáneos publicados en *The Washington Post, The Los Angeles Times, The Wall Street Journal, The Christian Science Monitor* y *The Miami Herald.* Se ofrece también parte de un comentario que Chelala escribió sobre Guatemala porque la información que contiene sirve de contexto para el relato impresionante de esta extraordinaria indígena guatemalteca.

Comentario de César A. Chelala

Una de las más ricas y demográficamente densas de las repúblicas centroamericanas, Guatemala es la única que posee una definida cultura y lengua indígenas, descendientes de los mayas. Durante las últimas decadas la supervivencia de esa cultura se ha visto amenazada como consecuencia de la represión contra los indígenas por los regímenes militares que azotaron a ese país. Esa represión tuvo lugar incluso bajo el único gobierno civil de los últimos treinta y un años, el de Méndez Montenegro (1966–1970), durante el cual 10.000 civiles fueron asesinados.

La historia de Guatemala es la de un conflicto casi continuo entre la mayoría de la población rural (que posee poca o ninguna tierra explotable) y una minoría (estimada en un 2 por ciento) que posee más del 70 por ciento de esa tierra y maneja las exportaciones agrícolas. La distribución de la tierra es así crucial para la problemática guatemalteca.

Una conversación con Rigoberta Menchú

Yo soy Rigoberta Menchú; soy indígena del pueblo quiché en Guatemala. La mía ha sido una larga vida; me han pasado muchas cosas como si fuera una película. Mis padres han sido muertos por la represión; no tengo casi ningún familiar vivo o si lo tengo no sé de ellos. Me ha tocado vivir en carne propia lo que a muchos, muchos guatemaltecos les ha tocado vivir.

Nosotros fuimos una familia muy pobre. Mis padres durante toda su vida trabajaron cortando algodón, cortando café. Vivíamos un poco (como cuatro meses al año) en el altiplano de Guatemala, donde mi padre tenía un pequeño pedazo de tierra; pero eso nos alcanzaba muy poco tiempo para vivir en el altiplano y luego teníamos que bajar a las fincas a buscar comida.

Según me cuenta... , me contaba mi madre, durante todo el tiempo que estuvo embarazada conmigo estuvo en la finca cortando café y algodón. Me pagaban veinte centavos en ese entonces, hace muchos años, cuando comencé a trabajar en mi pueblo en Guatemala. Allí los pobres, los niños, no hemos tenido oportunidad de escuelas, no hemos tenido oportunidad de realizar otra vida que el trabajo para poder comer y ayudar a que nuestros padres compren medicinas para nuestros otros hermanitos. Fuimos 9 hermanos. Dos de mis hermanos se murieron en la finca cortando café. Se enfermaron y no pudieron curarlos. Uno de ellos murió así. El otro se murió cuando el terrateniente[1] mandó fumigar el algodón y nosotros estábamos adentro del algodón. Mi hermanito se intoxicó, no hubo forma de curarlo y se murió en la finca, donde lo enterramos.

[1] *landowner*

Nosotros no sabíamos por qué ocurrían esas cosas. Es un milagro que nosotros nos hayamos salvado varias veces. Cuando nos enfermábamos mi madre buscaba hojas de plantas para curarnos. Los indígenas en Guatemala todavía dependemos mucho de la naturaleza. Mi madre nos curaba muchas veces con hojas de plantas, con raíces. Así logramos llegar a ser grandes. A los diez años yo comencé a trabajar más en colaboración con mi comunidad, donde mi padre era un dirigente católico. Él era un dirigente maya, indígena, regional, conocido por todos los indios de la región.

Mi padre poco a poco nos involucró en las tareas de la comunidad, en el respeto de la comunidad. Y así crecimos nosotros con esta conciencia. Mi padre era catequista[2] y nosotros, sus hijos, comenzamos a desenvolvernos en la religión católica y comenzamos a ser catequistas. En Guatemala cuando uno es catequista es a la vez dirigente de la comunidad, y lo que uno hace especialmente es predicar el Evangelio.[3]

Poco a poco fuimos creciendo y realmente podemos decir que nosotros no empezamos a luchar hace poco, sino que hace veintidós años que mi padre luchó por las tierras. Los terratenientes querían quitarnos nuestra tierra, nuestra pequeña tierra, y mi padre entonces peleaba por ella. Así, se iba a hablar con los alcaldes, con los jueces en distintas partes de Guatemala. Después mi padre se integró al INTA, que es la institución de transformación agraria en Guatemala. Durante muchos años mi padre fue engañado. Él no hablaba el español. Ninguno de nosotros hablaba el español. Entonces a mi padre lo hacían viajar para firmar unos papeles, cartas, telegramas, a todas partes de Guatemala, lo que significaba que tenía que sacrificarse no sólo él sino toda la comunidad para pagar los pasajes. Todo esto nos creó a nosotros una conciencia desde muy chiquitos.

En los últimos años mi padre fue encarcelado muchas veces, la primera de ellas en el año 1954. Cuando mi padre cayó en la cárcel era acusado como un hombre que causaba desorden en la población. Cuando mi padre estaba encarcelado nos despojaron de nuestras casas, quemaron nuestras ollas. Nosotros no usamos cosas de hierro o de aluminio. En nuestra comunidad nosotros usamos ollas de barro, que hacemos nosotros mismos con la tierra. Pero el ejército lo quebró todo y era realmente difícil para nosotros comprender esta situación.

Mi padre fue sentenciado entonces a 18 años de prisión, pero no los hizo porque nosotros pudimos trabajar con abogados para sacar a mi padre. A raíz de eso mi madre tuvo que ir a trabajar como sirvienta en la ciudad de Santa Cruz del Quiché, y todos los hijos tuvimos que bajar a trabajar en las fincas. Después de un año y dos meses mi padre salió de la cárcel y regresó a casa con más valor para seguir luchando y con mucha cólera por lo que había pasado.

Poco después mi padre fue torturado por los guardaespaldas[4] de los terratenientes. Llegaron unos hombres armados a mi casa y lo sacaron a mi padre sin que nosotros supiéramos quiénes eran esos señores. Nosotros entonces nos movilizamos con la comunidad y encontramos a mi padre tirado en el camino, lejos, como a dos kilómetros de la casa. Mi padre estaba

---

[2] *catechism teacher* (*Christian principles in question and answer form*) [3] *Bible* [4] *bodyguards*

muy golpeado y casi medio vivo. Los sacerdotes de la región tuvieron que movilizarse para llevar a mi padre al hospital. Estuvo seis meses en el hospital cuando escuchamos que lo iban a sacar porque lo iban a matar. Hacían bulla[5] los terratenientes y nos llegaban las informaciones por medio de sus mozos, que también son indígenas, y con quienes nos queríamos mucho. Así es que a mi padre tuvimos que buscarle otro lugar, un lugar privado que le buscaron los sacerdotes para que se curara. Pero ya mi padre no podía hacer trabajos difíciles como hacía antes. Poco después mi padre se dedicó exclusivamente a trabajar por la comunidad, viajando, viviendo en la tierra.

Pasaron varios años y nuevamente en el año 1977 mi padre fue sentenciado a muerte. Cayó otra vez en la cárcel. Cuando fuimos a verlo a la cárcel de Pantán nos dijeron que no querían que nosotros viéramos a mi padre porque había cometido muchos delitos. Mi madre fue a Santa Cruz a buscar abogados y por medio de ellos supimos que mi padre iba a ser fusilado. Cuando lo iban a matar, muchos sindicatos, estudiantes, campesinos y algunos sacerdotes se movilizaron para que dejaran a mi padre en libertad. Mi padre salió en libertad, pero antes de salir lo amenazaron diciéndole que de todas maneras lo iban a matar por comunista. Desde ese momento mi padre tuvo que desarrollar sus actividades en forma secreta, tuvo que cambiar su ritmo de vida y vivir escondido en varias casas. Estuvo en varias casas en el Quiché y después se fue a la ciudad capital. De modo que se convirtió en un dirigente de lucha y tuvo que luchar por los campesinos. Fue entonces que mi padre dijo: «Tenemos que luchar como cristianos», y de allí surgió la idea, junto con otros catequistas, de hacer organizaciones cristianas que participaran en el proceso.

Para nosotros siempre fue algo misterioso que mi padre pudiera desarrollar todas esas actividades, que fueron muy importantes, a pesar de ser analfabeto;[6] y nunca pudo leer o escribir en su vida. Todos sus hijos fuimos perseguidos por esas actividades de mi padre, y realmente la pobreza no nos ayudaba a defendernos, porque eran esas condiciones muy tristes para nosotros.

Todas esas actividades de mi padre nos habían creado un resentimiento porque no podíamos recibir el cariño de nuestros padres, porque éramos muchos hijos y la preocupación más grande era la de sobrevivir. Encima de todo esto estaban los problemas de la tierra, que a mi padre lo ponían muy mal. Hacía muchos años habían caído piedras de las montañas y nos habíamos visto obligados a bajar de donde vivíamos. Cuando bajamos y cultivamos nuevas tierras aparecían los terratenientes con documentos y nos decían que las tierras eran de ellos antes de que nosotros viniéramos. Pero nosotros sabíamos muy bien que la tierra no tenía dueño cuando nosotros llegamos allí.

No pudieron agarrar[7] a mi padre pero en el año 1979 secuestraron[8] a uno de mis hermanitos. No supimos quién lo hizo. Sólo supimos que eran cinco hombres armados, con sus rostros cubiertos. Como mi padre no podía salir, salimos nosotros con mi madre y miembros de la comunidad a reclamar al

---

[5] Hacían... *Were making a racket*   [6] *illiterate*   [7] *catch*   [8] *they kidnapped*

ejército, pero ellos decían que no sabían nada de lo que había pasado. Fuimos a la alcaldía, fuimos a todas las cárceles de Guatemala, pero no lo encontramos. Después de muchos viajes por todas partes mi madre estaba muy angustiada. Él es un hermano que costó mucho que sobreviviera y por eso para mi madre era muy difícil de aceptar.

En esa fecha el ejército publicó un boletín diciendo que iba a haber un concilio de guerrilleros. Dijeron que tenían en su poder unos guerrilleros y que los iban a castigar en público. Mi madre dijo: «Ojalá que aparezca mi hijo. Ojalá que mi hijo esté allí. Quiero saber qué pasó con él». Entonces fuimos a ver qué pasaba. Caminamos un día y casi toda la noche para trasladarnos al otro pueblo. Cuando llegamos al lugar había un oficial del ejército que estaba a cargo de dar un discurso. Había cientos de soldados que tenían rodeado casi todo el pueblo y que habían juntado a la gente para que presenciaran lo que iban a hacer. Había indígenas de otras partes como así también indígenas del lugar. Al rato llegó un camión del ejército con veinte personas torturadas de distintas formas. Entre ellos reconocimos a mi hermanito, quien junto con los demás prisioneros habían sido torturados durante quince días.

Cuando mi madre vio a mi hermanito ella casi se expuso,[9] pero nosotros tuvimos que tranquilizarla diciéndole que si se exponía se iba a morir allí mismo por ser la familia de guerrilleros. Nosotros estábamos llorando pero también estaba llorando casi todo el resto de la población al ver el estado de las personas torturadas. A mi hermanito le habían sacado las uñas, le habían cortado parte de las orejas y otras partes del cuerpo, los labios, y estaba lleno de cicatrices e hinchado por todas partes. Entre los prisioneros había una mujer a quien le habían cortado parte de los pechos y otras partes del cuerpo.

El capitán nos dio un discurso muy largo, de casi tres horas, en el cual constantemente amenazaba al pueblo diciendo que si se metían con el comunismo les iba a pasar lo mismo que les pasó a los prisioneros torturados. Luego nos explicaron uno por uno los distintos tipos de torturas que les habían aplicado a los prisioneros. Después de tres horas el militar mandó al ejército a que desnudaran a los torturados y dijo: «Todavía falta una parte del castigo». Mandó atar a los prisioneros en unos postes. El pueblo no sabía qué hacer y a mi madre le daba ataques de desesperación en esos momentos. Y todos nosotros no sabíamos cómo soportar esa situación. El militar mandó cubrir a los prisioneros con gasolina y les prendieron fuego, uno por uno.

[9] se... *revealed her identity*

❏ Conteste las preguntas.

1. ¿Cuál es el punto de vista narrativo del relato de Rigoberta Menchú?
2. ¿Cómo se sabe que el estilo es narrativo?
3. ¿En qué orden presenta ella los sucesos?
4. ¿Por qué compara Menchú su vida con una película?
5. ¿Qué cualidades caracterizan su estilo narrativo?

CAPÍTULO 3

El diálogo

COMENTARIO SOBRE EL DIÁLOGO

El diálogo es una conversación entre dos o más personas que intercambian ideas, opiniones y sentimientos. El filósofo griego, Platón, empleaba el diálogo para descubrir la verdad de una cuestión porque el diálogo se presta a la representación de dos o más puntos de vista. Cervantes creó a Sancho para que don Quijote tuviese con quién dialogar. Por medio de las charlas entre los dos, el autor presenta el idealismo de don Quijote y el realismo de Sancho, su fiel escudero.

En el siglo XX Antonio Machado, poeta amante de Castilla, dedica los siguientes versos al tema de la falta de reconciliación entre el intelecto y los sentimientos del hombre. Emplea el diálogo para su propósito imitando en la forma los debates medievales.

Parábola 5, VII

Dice la razón: Busquemos
la verdad.
Y el corazón: Vanidad
La verdad ya la tenemos.
La razón: ¡Ay, quién alcanza
la verdad!
El corazón: Vanidad
La verdad es la esperanza.
Dice la razón: Tú mientes.
Y contesta el corazón:
Quien miente eres tú, razón,
que dices lo que no sientes.
La razón: Jamás podremos
entendernos, corazón.
El corazón: Lo veremos.

FUNCIONES Y CUALIDADES DEL DIÁLOGO

El diálogo tiene otras funciones además de la representación de dos ideas en oposición. El diálogo (1) expone las ideas y los sentimientos íntimos de los personajes. (2) Refleja la personalidad, el carácter, la clase social y los intereses del que habla. (3) Interrumpe largos textos narrativos y descriptivos para hacer más rápida, fácil e interesante la lectura.

El **estilo, ritmo,** y **tono** del diálogo varían según el personaje, el tema o el ambiente tratados y según la intención del autor. El estilo puede ser culto, elegante, popular, regional, irónico. Además, puede ser caracterizado por juegos de palabras, el doble sentido, la ambigüedad, la ironía y otros recursos expresivos. El ritmo puede ser lento o animado y el tono, sublime, sarcástico, agitado, triste o alegre.

En *Nada menos que todo un hombre* del escritor Miguel de Unamuno[a] (1864–1936), una de las *Tres novelas ejemplares y un prólogo,* el diálogo hace resaltar el tema trágico de las pasiones humanas y, en particular, el deseo de dominio del protagonista Alejandro. La conversación entre Alejandro, un marido dominante, sospechoso y racional, y Julia, su mujer, emotiva, sensible y sufrida es depurado y aparentemente sencillo. Sin embargo, pone de manifiesto la compleja relación entre los cónyuges. También expone la angustia que siente Alejandro en el momento crítico en que su esposa está a un paso de la muerte y él, por su carácter obstinado, no puede cumplir con el único deseo de ella: que le confiese que la ama.

> —Me muero, Alejandro, me muero.
>
> —¡No, no te mueres—le decía él—, no puedes morirte!
>
> —¿Es que no puede morirse tu mujer?
>
> —No; mi mujer no puede morirse. Antes me moriré yo. A ver, que venga la muerte, que venga. ¡A mí! ¡A mí la muerte! ¡Que venga!
>
> —¡Ay, Alejandro, ahora lo doy todo por bien padecido... ! ¡Y yo que dudé de que me quisieras... !
>
> —¡Y no, no te quería, no! Eso de querer, te lo he dicho mil veces, Julia, son tonterías de libros. ¡No te quería, no! ¡Amor... , amor! Y esos miserables cobardes, que hablan de amor, dejan que se les mueran sus mujeres. No, no es querer... No te quiero...
>
> —¿Pues qué? —preguntó Julia con la más delgada hebra[1] de su voz, volviendo a ser presa de su vieja congoja.[2]

[1] delgada... *weak thread*   [2] *anguish, dismay*

---

[a] Miguel de Unamuno fue poeta, novelista, dramaturgo, ensayista, filósofo y profesor de griego e historia de la lengua en la Universidad de Salamanca (España) en la cual también fue rector por algún tiempo. Pertenece a la Generación del '98 (1898), un grupo de escritores ilustres como Antonio Machado y Pío Baroja, cuya preocupación era la crisis de España y su futuro. Controvertible, paradójico, quijotesco, de temple combativo y atormentado por el ansia de fe y por la duda, admiraba a los hombres de fe y de acción como don Quijote de la Mancha. Aunque don Quijote solamente es un personaje ficticio, fue para Unamuno su ideal de hombre y le sirvió de tema de su obra filosófica *Vida de don Quijote y Sancho* (1905).

—No, no te quiero... ¡Te... te... te... , no hay palabra! —estalló[3] en secos sollozos, en sollozos que parecían un estertor,[4] un estertor de pena y de amor salvaje.

—¡Alejandro!

Y en esta débil llamada había todo el triste júbilo[5] del triunfo.

—¡Y no, no te morirás; no te puedes morir; no quiero que te mueras! ¡Mátame, Julia, y vive! ¡Vamos, mátame, mátame!

—Sí, me muero...

—¡Y yo contigo!

—¿Y el niño, Alejandro?

—Que se muera también. ¿Para qué le quiero sin ti?

—Por Dios, por Dios, Alejandro, que estás loco...

—Sí, yo, yo soy el loco, yo el que estuve siempre loco... , loco de ti, Julia, loco por ti... Yo, yo el loco. ¡Y mátame, llévame contigo!

—Si pudiera...

—Pero no, mátame y vive, y sé tuya...

—¿Y tú?

—¿Yo? ¡Si no puedo ser tuyo, de la muerte!

Y la apretaba más y más, queriendo retenerla.

—Bueno, y al fin, dime, ¿quién eres, Alejandro? —le preguntó al oído Julia.

—¿Yo? ¡Nada más que tu hombre... , el que tú me has hecho!

Este nombre sonó como un susurro[6] de ultramuerte, como desde la ribera de la vida, cuando la barca parte por el lago tenebroso.[7]

[3] *he broke out* [4] *choking* [5] *joy* [6] *whisper* [7] la... *the boat sets forth on the dark lake* (i.e., *death*)

EL DIÁLOGO EN EL TEATRO

El diálogo es esencial en el teatro donde los personajes hablan sin la intervención del autor. Son ellos quienes expresan las ideas principales. Por medio del diálogo el espectador se entera de las relaciones entre los personajes.

No hay que complicar la felicidad, obra teatral del escritor Marco Denevi[a] (Argentina, 1922–   ) se destaca por su concisión, sencillez y por el suspenso que se va creando durante la conversación entre los personajes. Note la carencia de elementos descriptivos y narrativos.

Un parque. Sentados bajo los árboles, ELLA *y* ÉL *se besan.*

ÉL: Te amo.
ELLA: Te amo.

Vuelven a besarse.

[a] cuentista, dramaturgo, novelista conocido por sus «falsificaciones», que son minicuentos, anécdotas, y bocetos de acontecimientos históricos, míticos o literarios con una perspectiva irónica

ÉL: Te amo.
ELLA: Te amo.

Vuelven a besarse.

ÉL: Te amo.
ELLA: Te amo.

ÉL se pone violentamente de pie.

ÉL: ¡Basta! ¡Siempre lo mismo! ¿Por qué, cuando te digo que te amo, no contestas, por ejemplo, que amas a otro?
ELLA: ¿A qué otro?
ÉL: A nadie. Pero lo dices para que yo tenga celos. Los celos alimentan al amor. Despojado de ese estímulo, el amor languidece. Nuestra felicidad es demasiado simple. Hay que complicarlo un poco. ¿Comprendes?
ELLA: No quería confesártelo porque pensé que sufrirías. Pero lo has adivinado.[1]
ÉL: ¿Qué es lo que adiviné?

ELLA se levanta, se aleja unos pasos.

ELLA: Que amo a otro.

ÉL la sigue.

ÉL: Lo dices para complacerme. Porque yo te lo pedí.
ELLA: No. Amo a otro.
ÉL: ¿A qué otro?
ELLA: No lo conoces.

ÉL tiene una expresión sombría.

ÉL: Entonces, ¿es verdad?
ELLA: (*Dulcemente.*) Sí. Es verdad.

ÉL se pasea haciendo ademanes de furor.[2]

ÉL: Siento celos. No finjo,[3] créeme. Siento celos. Estoy muerto de celos. Quisiera matar a ese otro.
ELLA: (*Dulcemente.*) Está allí.
ÉL: ¿Dónde?
ELLA: Allí, detrás de aquellos árboles.
ÉL: ¿Qué hace?
ELLA: Nos espía. También él es celoso.
ÉL: Iré en su busca.[4]
ELLA: Cuidado. Quiere matarte.
ÉL: No le tengo miedo.

ÉL desaparece entre los árboles. Al quedar sola, ELLA ríe.

ELLA: ¡Qué niños son los hombres! Para ellos, hasta el amor es un juego.

Se oye el disparo de un revólver. ELLA deja de reír.

---

[1] lo... *you guessed it*   [2] Él... *He pretends to be very angry*   [3] No... *I'm not pretending*   [4] Iré... *I'll go after him.*

ELLA: Juan.

Silencio.

ELLA: (*Más alto*) Juan.

Silencio.

ELLA: (*Grita.*) ¡Juan!

Silencio. ELLA corre y desaparece entre los árboles. Al cabo de unos instantes se oye el grito desgarrador[5] de ELLA.

ELLA: ¡Juan!

Silencio. Desciende el telón.

[5] grito... *heart-rending scream*

EL MONÓLOGO EN LA OBRA DRAMÁTICA

El **monólogo,** o **soliloquio,** es el discurso interior de un personaje por medio del cual nos enteramos de sus sentimientos más íntimos, sus preocupaciones, esperanzas y angustias. Entre los monólogos más famosos se destacan el del príncipe Hamlet, en la tragedia *Hamlet* del dramaturgo inglés William Shakespeare (1564–1616) y, en la literatura española los tres monólogos de Segismundo en *La vida es sueño* del gran dramaturgo barroco español Pedro Calderón de la Barca[a] (1600–1681).

En *La vida es sueño* Calderón presenta el conflicto interior de Segismundo, un joven príncipe que ha sido encerrado en una torre desde su nacimiento porque su padre, el rey de Polonia, cree en un pronóstico según el cual él, Segismundo, iba a destronarle un día. Los tres monólogos ocurren en tres momentos críticos en la vida de Segismundo. En el primero (Jornada I, escena 2), que empieza con la queja «¡Ay mísero de mí! ¡Ay infelice!», Segismundo se lamenta por su falta de libertad y se compara con otros seres de la naturaleza que tienen más libertad que él, que es hombre. Angustiado, declara que «el delito mayor del hombre es haber nacido». En el segundo (Jornada II, escena 3) se despierta en el palacio de su padre donde, en una serie de preguntas y exclamaciones, expresa su incredulidad: «¡Válgame el cielo, qué veo!» y, más adelante, «¿Yo en palacios suntuosos?» El joven Segismundo reacciona violentamente y el rey manda que lo lleven otra vez a la torre. Al despertar, comienza el famoso monólogo que aquí se presenta entero para poder apreciar su lirismo y su riqueza temática. Representa el momento

[a] las obras de teatro de Calderón de la Barca se destacan por la unidad dramática, la importancia de sus protagonistas—Segismundo en *La vida es sueño,* Pedro Crespo en *El alcalde de Zalamea,* don Gutierre en *El médico de su honra*—y el estilo lírico y barroco. El suyo es un teatro de reflexión, de ideas y conceptos, en el cual la razón se sobrepone a la pasión. Su obra abarca dramas de honor y celos, comedias filosóficas, mitológicas, bíblicas, y de santos. El enfoque es en la naturaleza del ser humano, la honra y la fe religiosa. Calderón escribió unos ochenta autos sacramentales además de las 120 comedias.

más crítico de la vida del protagonista: el despertar de su conciencia.
Segismundo razona que él es el autor de su propia condición, de su
«prisión», al permitir que las pasiones, y no la razón, guíen su conducta.

Es verdad, pues reprimamos[1]
esta fiera condición,
esta furia, esta ambición,
por si alguna vez soñamos;
y sí haremos, pues estamos,
en mundo tan singular,
que el vivir sólo es soñar;
y la experiencia me enseña
que el hombre que vive sueña
lo que es hasta despertar.
Sueña el rey que es rey, y vive
con este engaño mandando,
disponiendo y gobernando;
y este aplauso, que recibe
prestado, en el viento escribe,
y en cenizas le convierte
la muerte (¡desdicha fuerte!)
¿Que hay quien intente reinar
viendo que ha de despertar
en el sueño de la muerte?
Sueña el rico en su riqueza,
que más cuidados le ofrece;
sueña el pobre que padece
su miseria y su pobreza;
sueña el que a medrar empieza,
sueña el que afana y pretende,
sueña el que agravia y ofende,
y en el mundo, en conclusión,
todos sueñan lo que son,
aunque ninguno lo entiende.
Yo sueño que estoy aquí
de estas prisiones cargado,
y soñé que en otro estado
más lisonjero[2] me vi.
¿Qué es la vida? Un frenesí.
¿Qué es la vida? Una ilusión,
una sombra, una ficción,
y el mayor bien es pequeño,
que toda la vida es sueño,
y los sueños sueños son.

[1] *let's suppress, overcome* [2] estado... *more
pleasant, agreeable state* (Se refiere a su
estancia en el palacio del rey cuando
despertó rodeado de lujo.)

Segismundo, en la torre, con el viejo Clotaldo

El tono del monólogo es reflexivo, el de un ser desengañado a quien un sueño le ha enseñado una lección. Segismundo comprende ahora cómo son pasajeras la vida y las de las dichas humanas, y aprende a dominar sus instintos. Es liberado por el pueblo y después empieza a gobernar como un príncipe modelo.

EL APARTE

El **aparte** es un comentario que un personaje hace en voz alta en una representación teatral. Se supone que no es oído por los demás personajes en la escena. Este recurso es usado para divulgar lo que un personaje opina de verdad acerca de otro y también para comentar sobre la acción.

Por medio del aparte se puede expresar el engaño y la hipocresía, como ocurre en *El Burlador de Sevilla* (1630) de Tirso de Molina (1581–1648).[a] Don Juan es un caballero que encarna todos los valores

---

[a] Tirso de Molina, pseudónimo de Gabriel Tellez, nació en Madrid y fue fraile en la Orden de la Merced. También viajó a América. Después de Lope de Vega (1562–1635) y Calderón de la Barca, Tirso es el dramaturgo más conocido y prolífico del teatro español. Se conservan unas setenta obras de las 400 que se calcula que escribió.

de su clase, es valiente, impetuoso, seguro de sí mismo. Pero es también burlador de mujeres. Su actitud hacia la mujer es contraria a las normas sociales, pero a don Juan no le importan las leyes morales. Esa indiferencia es aparente en la siguiente escena con Aminta, una joven ingenua que ama a don Juan a pesar de su mala fama. Él le ha prometido que será su esposo, pero por medio del aparte el espectador se entera de su verdadera intención: no se casará nunca con Aminta.

> AMINTA: Pues con ese juramento soy tu esposa.
> DON JUAN: El alma mía entre los brazos te ofrezco.
> AMINTA: Tuya es el alma y la vida.
> DON JUAN: ¡Ay, Aminta de mis ojos!
>
> . . .
>
> AMINTA: A tu voluntad, esposo, la mía desde hoy se inclina: tuya soy.
> DON JUAN: (*Aparte*) ¡Qué mal conoces al *Burlador de Sevilla*!

El aparte se usa mucho en *La Celestina*[a] (1499),[b] una novela dialogada de veintiún actos[c] escrita por Fernando de Rojas[d] (? –1541). Esta obra, frecuentemente representada en forma adaptada para el teatro, es la historia trágica de los dos protagonistas: Calisto, un joven de noble linaje, y Melibea, hija única de una familia acomodada. El destino de ellos, el de Celestina, la alcahueta, y el de los criados gira en torno al azar. El azar es responsable del primer encuentro entre Calisto y Melibea cuando el halcón que él llevaba voló y entró en el jardín de Melibea. El

Personajes de La Celestina

---

[a] el título original de esta obra fue *Comedia* o *Tragicomedia de Calisto y Melibea,* pero su título actual es *La Celestina,* derivado de su personaje central, Celestina

[b] la primera edición fue publicada en Burgos en 1499. A ésta le siguieron la de Toledo (1500) y las de Sevilla (1501, 1502).

[c] las primeras ediciones contenían dieciséis actos. Para el año 1502 se habían intercalado cinco actos más, que hicieron un total de veintiún actos, que es la versión definitiva.

[d] se conocen sólo algunos datos biográficos acerca de él. Nació en Puebla de Montalbán, estudió en Salamanca, vivió en Talavera de la Reina y fue un judío converso.

azar es importante también en el primer encuentro entre Melibea y Celestina cuando ésta viene en nombre de Calisto a preparar el terreno para la primera cita ilícita entre los dos amantes. El aparte sirve para revelar la duplicidad, el engaño, la hipocresía, o sea, la compleja sicología y multitud de motivos que cada personaje encarna. Note cómo, en el fragmento que sigue, el aparte (las palabras entre paréntesis) revela la preocupación de Lucrecia, la criada de Melibea, por las consecuencias que ella prevé en el instante en que Melibea le da un cordón[1] a Celestina para que se lo entregue a Calisto.

[1] *narrow sash or ribbon*

MELIBEA: [*hablando con Celestina*] ... quiero cumplir tu demanda y darte luego mi cordón. Y porque para escribir la oración no habrá tiempo sin que venga mi madre, si esto no bastare, ven mañana por ella muy secretamente.[a]

LUCRECIA: (¡Ya, ya perdida es mi ama! ¿Secretamente quiere que venga Celestina? Fraude hay; ¡más le querrá dar que lo dicho!)

MELIBEA: ¿Qué dices, Lucrecia?

LUCRECIA: Señora, que baste lo dicho, que es tarde.[b]

MELIBEA: [*hablando con Celestina*] Pues, madre,[c] no le des parte de lo que pasó[d] a ese caballero, por que no me tenga por cruel o arrebatada o deshonesta.

LUCRECIA: (No miento yo, que mal va este hecho.)

Aunque por el diálogo se deduce la inminente caída moral de Melibea, sin embargo el aparte tiene la función de confirmar lo que se prevé y hasta subrayar el momento en que esto sucede. Sin lugar a dudas, ella aceptará la cita que la conducirá a su trágico fin.

EL REGIONALISMO EN EL DIÁLOGO

Hay diálogos que incorporan regionalismos y expresiones dialectales para reproducir el habla típica de los personajes. Este tipo de diálogo se ha empleado tradicionalmente en obras que se sitúan en un ambiente rústico, aunque la jerga urbana también es de uso común cuando el escritor necesita cumplir con uno de los requisitos de un buen diálogo—la autenticidad. El siguiente trozo es de un cuento puertorriqueño «El niño

---

[a] al pedirle a Celestina que venga «secretamente» Melibea demuestra no ser tan honesta y prudente como una joven de su clase tenía que ser.

[b] Esto no es lo que dice Lucrecia en el aparte. Este recurso estilístico señala la diferencia entre lo que Lucrecia piensa sinceramente de la situación y lo que su condición de criada le permite decir sin ofender a su ama.

[c] Celestina no es la madre de Melibea; aquí *madre* quiere decir *señora*

[d] se refiere a su reacción negativa al principio de la conversación cuando Melibea se enoja al enterarse de que Celestina viene a hablarle de Calisto.

morado de Monsona Quintana» de Emilio S. Belaval[a] (1903–1972) que cuenta de una madre pobre que trata de salvar la vida de su hijo recién nacido. Más tarde vienen las mujeres del pueblo a ver al niño «morado».

Por la mañana, Monsona Quintana le dijo a su marido Anacleto Quintana:

—Anoche nos nasió[1] otro. Yo no quise dispeltalte.[2] Me las emburujé[3] yo sola como púe.[4]

El padre no se conmovió mucho que digamos con el nacimiento del nuevo hijo. Eran dieciséis picos pidiones[5] que tenía bajo su techo y los hijos no se alimentan con pepitas de cundiamor.[6]

—Haberá que compral[7] algo, me imagino—indagó recelosamente.

—Ya le he remendao el coy[8] y le he jecho[9] unas batinas pa vestil.[10] No te apures.

—Endispué idré a vello[11]—respondió el padre, un tanto aliviado, tirando para sus abrojales.[12]

. . .

—¡Mía que mono es,[13] Monsona! Aojalá el mío me salga asina.[14]

—A mí me está un poco amorotao.[15] ¿Tendrá frío?—inquirió una, menos entusiasta.

—Vas a tenel[16] que criarlo con leche maúra.[17] Pa mí que éste te ha nasío delicao[18]—la previno[19] otra, tragándose[20] un poco la repugnancia.

[1] = nació (*was born*) [2] = despertarte (*to wake you up*) [3] Me... = Me las embarullé (*I managed by myself*) [4] = pude (*as I could*) [5] picos... *hungry mouths, like hungry birds in a nest* [6] pepitas... *flower seeds* [7] Haberá... = Habrá que comprar (*It will be necessary to buy*) [8] Ya... *I have already mended the crib* [9] = hecho [10] batinas... = batas para vestir (*little shirts to put on him*) [11] Endispué... = Y despúes iré a verlo (*I will go to see him later.*) [12] *a weedy garden patch* [13] Mía (= Mira)... *Look how nice he is* [14] Aojalá (= Ojalá) el mío me salga asina (= así) *I hope that mine will be born like that, as nice as yours.* [15] = morado (*purple*) [16] = tener [17] *fresh* [18] Pa... = Para mí que este te ha nacido delicado (*Looks like this one has been born a bit delicate*) [19] *warned* [20] *hiding*

Note, por ejemplo, el uso de la consonante *s* en lugar de la *c* y la *l* en vez de la *r* y también la confusión entre la vocal *i* y la *e,* en las palabras como *nasió* y *dispeltalte.*

En la Lectura 9, *La Fiaca,* del escritor Ricardo Talesnik, se encuentran otros ejemplos del habla regional.

RESUMEN

El diálogo es un estilo literario vital, dinámico, por medio del cual los personajes se dan a conocer, descubriendo sus ideas, opiniones sentimientos, y carácter. Puede ser elegante, vulgar, pintoresco, irónico o humorístico, pero más que todo debe ser auténtico, y fiel al personaje y su ambiente.

---

[a] juez de la corte suprema de Puerto Rico, nacido en Fajardo. Escribió cuentos, ensayos y obras teatrales.

EJERCICIO

Escriba un diálogo, serio o humorístico, sobre uno de los siguientes temas.

1. Reproduzca una conversación que haya oído en un lugar público. En el diálogo, trate de captar la manera de expresarse de las personas que hablan.

2. Escriba una conversación entre dos novios pobres. Como no tienen dinero, deben decidir si vivir en casa de los padres de ella o de él después de casarse.

3. Si Ud. pudiera hablar con cualquier personaje real o ficticio, histórico o de actualidad, ¿quién sería? Desarrolle la charla entre Uds.

4. Escoja una cuestión problemática que afecta a todos en su universidad y escriba un diálogo que represente los diferentes puntos de vista sobre el asunto.

LECTURA 9

L A FIACA

POR RICARDO TALESNIK

La fiaca. Buenos Aires: Talia, 1967.

❏ *La fiaca* es una obra de teatro cómica que trata de un hombre, Néstor, que siempre ha sido un empleado ejemplar. Nunca ha faltado a su trabajo, siempre ha sido puntual, y ha desempeñado su cargo con seriedad y un sentido de responsabilidad. Un día se despierta con la «fiaca»[1] o sea con ganas de no hacer nada, de quedarse en la cama y no salir de su casa. Después de que su mujer le ruega levantarse como de costumbre para cumplir con su deber, empiezan a llegar una serie de individuos: médicos, amigos, y finalmente su empleador, pero nadie puede moverlo.

En esta obra se emplean regionalismos típicos de la Argentina. Note, en particular, las formas verbales que se usan, por ejemplo, *vení* (ven), *oís* (oyes), *mirá* (mira) y la falta de un acento escrito en los mandatos *levantate* y *terminala.* Preste atención también al uso de *vos* en vez de *tú* y *che,* una expresión común que corresponde a «hey» en inglés.

Es de noche. MARTA, 26 a 30 años, lee, acostada. NÉSTOR, alrededor de 32 años, termina de abotonarse el pijama, dispuesto a acostarse. Sus movimientos son lentos, pensados; se mira las manos, los ojales,[2] los botones. De vez en cuando le echa una mirada a MARTA sin que ella, abstraída en la lectura, se dé cuenta. NÉSTOR se sienta en la cama, enciende la luz de su velador, se quita las pantuflas. Levanta una, la observa y la deja. Se inquieta y mira a su alrededor. Descubre la ventana abierta, se calza, va y baja la cortina. MARTA lo mira un momento y sigue leyendo. Nuevamente sentado en la cama, NÉSTOR se quita las pantuflas con movimientos ahora mecánicos. Permanece sentado, pensando.

. . .

Mira el reloj con gran nerviosidad. Piensa. Vuelve a mirarlo. No se decide. Baja de la cama. Se pasea muy inquieto. Reflexiona intensamente, moviendo los labios. Imagina, argumenta, se convence, se arrepiente, recuerda, titubea[3] y, al fin, se decide. Va hacia la cama. Con un movimiento lento, trascendental, aprieta el interruptor de la alarma. Se acuesta. Se incorpora en seguida, sonríe y levanta nuevamente el interruptor. Satisfecho, apoya morosamente[4] la cabeza sobre la almohada y apaga la luz de su velador. Tiempo. La claridad de la mañana ilumina el ambiente. Suena el despertador. NÉSTOR se despierta sobresaltado. Cuando está a punto de mascullar la puteada de rutina,[5] recuerda. Entonces sonríe, toma el reloj y aprieta el

---

[1] *indolence, exhaustion, "burn-out"* [2] *button holes* [3] *he hesitates* [4] *slowly* [5] *mascullar... to mumble about the "same damn" routine*

*interruptor con delectación. Con el reloj entre sus manos, apoya otra vez
la cabeza sobre la almohada. Trata de superar su excitación y su temor
para saborear el momento. Sonríe y cierra los ojos.* MARTA *se despierta.*

MARTA: ¿Qué hacés?
NÉSTOR: (*Abre los ojos, inquieto, pero se impone una segura naturalidad.*)
        Nada. Aquí estoy.
MARTA: ¿Qué hora es?
NÉSTOR: Las siete y cinco de la mañana.
MARTA: (*Dándole la espalda nuevamente.*) ¿Sonó el reloj?
NÉSTOR: Sí. Sonó...
MARTA: Ni lo escuché... (*Un largo bostezo y trata de dormirse nuevamente.
        Siente que* NÉSTOR *no se levanta y se vuelve, extrañada.*) ¿Qué
        hacés que no te levantás?
NÉSTOR: (*Firme, sin mirarla.*) Nada.
MARTA: ¿Qué esperás?
NÉSTOR: (*Tomando aire.*) No... (*Se aclara la garganta.*) No me levanto.
MARTA: (*Completamente despabilada,[6] incorporando medio cuerpo.*)
        ¿Cómo?
NÉSTOR: (*Siempre tratando de dominarse y aparentar resolución y sereni-
        dad.*) Que no me levanto.
MARTA: (*Perpleja.*) ¿Que no... cómo que no te levantás?
NÉSTOR: No tengo ganas.
MARTA: (*Para sí, desconcertada.*) Ganas...
NÉSTOR: No tengo ganas de ir a trabajar.
MARTA: (*Riendo sin convencimiento.*) ¡Me estás cargando![7]
NÉSTOR: No, en serio: no voy a la oficina.
MARTA: (*La risa se transforma en una mueca.[8] Excitada, hablando más
        alto.*) ¿Por qué no vas a ir? ¿Eh? (*Controlándose.*) ¿Por qué?
NÉSTOR: Porque tengo fiaca.
MARTA: (*Asombrada.*) ¿Fiaca?
NÉSTOR: Sí, señor.
MARTA: ¿Pero... , qué te agarró?
NÉSTOR: Fiaca. ¿No te digo?... No tengo ganas de ir y listo: no voy.
MARTA: ¿Así porque sí? ¿Porque se te da la gana?
NÉSTOR: Ni más ni menos.
MARTA: (*Para sí.*) No, no puede ser... (*A* NÉSTOR.) Son las siete y diez,
        Néstor... ¡vas a llegar tarde!
NÉSTOR: No, no voy a llegar tarde... porque no pienso llegar.
MARTA: (*Saltando de la cama.*) Yo... ¡Muy lindo!... Pe... ¿Qué vas a decir?
NÉSTOR: ¿A quién?
MARTA: ¿Cómo a quién? ¿No pensás[9] avisar?
NÉSTOR: No.
MARTA: ¡Dios mío!
NÉSTOR: Tranquilizate...

---

[6] completamente... *fully awake*   [7] ¡Me... *You're putting me on!*   [8] *grimace*   [9] = piensas
(*example of Argentinian speech*)

Marta: ¿Te volviste loco? ¿Qué te pasa?

Néstor: Nada, Marta, nada... No tengo ganas de ir a trabajar... ¡No es para tanto!

Marta: ¡Yo estoy loca! ¡Sí, soy yo!

Néstor: Tranquila, Marta, tranquila...

Marta: ¡No puede ser!... Mirá, Néstor, levantate porque...

Néstor: ¡Ché, estás exagerando!

Marta: ¡Néstor, mirá la hora... no llegás!

Néstor: Ya sé. Oíme una cosa...

Marta: ¡Néstor, por favor!... ¡Que llegás tarde! (*Implorante.*) ¡Levantate, Néstor, levantate!

Néstor: Vení,[10] escuchame...

Marta: ¿Qué te pasa, Néstor? ¿Te sentís mal? ¿No me querés decir?

Néstor: ¡Dale, Marta, terminala!

Marta: ¿A mí me lo decís?... ¡Es increíble!

Néstor: (*Suave*) Vení, Martita, oíme...

Marta se acerca con recelo.

Néstor: Escuchame bien: no tengo ganas de ir a trabajar, tengo fiaca... ¿Tan grave te parece?

Marta: No te pasó nunca. Es la primera vez...

Néstor: (*Sonriente*) Y bueno, algún día tenía que ser.

Marta: (*Apartándose bruscamente*) ¡Vos estás enfermo! (*Dirigiéndose al teléfono*) ¡Yo llamo a la oficina para que te manden el médico!

Néstor: (*Con una agresividad tan inusitada[11] que hasta él mismo se sorprende.*) ¡Ni se te ocurra![12]

Marta: (*Se detiene, impresionada, y se larga a llorar.*) ¡Estás enfermo, Néstor, estás enfermo!

Néstor: (*Engolosinado[13] con su autoridad, aunque menos agresivo.*) Me siento mejor que nunca. No tengo nada más que fiaca... ¿me oís?:[14] *fiaca.*

Marta: (*Llorando*) ¡Nunca tuviste fiaca!

Néstor: ¡Bueno, hoy tengo!

Marta: ¡No puede ser!

Néstor: ¡Ahora no tengo derecho a tener fiaca!

Marta: ¡Los vagos tienen fiaca! ¡Y vos no sos[15] un vago! (*Dejando de llorar, con tonito compungido,[16] tratando de disuadirlo.*) ¡Mirá la hora, Néstor! Levantate, por favor...

Néstor: (*Señalando un lugar junto a él.*) Vení, vení acá... (*Marta va, casi sin llorar, lista para asumir la actitud adecuada.*)

Néstor: Mirá, Marta... Anoche me puse a pensar. Me sentía... ¿cómo te podría decir?... estaba un poco cansado... (*tocándose la cabeza*) de aquí, ¿sabés?... Como sin ganas de nada... (*Anticipándose*) Físicamente me siento lo más bien, ¡eh! (*tocándose*) Es de acá... Es como si estuviera aburrido, no sé... Me puse a pensar y de repente

---

[10] = ven   [11] *unusual*   [12] ¡Ni... *Don't even think about it!*   [13] *Delighted*   [14] = *oyes*   [15] vos...
= tú no eres   [16] tonito... *pleading tone*

dije: ¿Qué pasa si mañana no voy a la oficina? ¿Eh? ¿Qué hay? ¿No tengo derecho yo? No quiero ir a la oficina y listo, no voy. Tengo fiaca. Sí, fiaca. ¡Y cuando uno tiene fiaca tiene fiaca!... ¿Qué tal?... Néstor Vignale, el empleado más cumplidor, el más eficiente, falta porque sí, porque se le dan las ganas. (*Entusiasmado*) ¡No me vas a negar que es algo nuevo, distinto!... Un lunes en la cama, nada menos que un lunes, un lunes a la mañana... ¿Te das cuenta lo que significa?

MARTA: (*Ya no llora. Hace ruiditos y mohines compradores.[17] Se pone en «comprensiva–cariñosa».*) Vos tenés algo... No sos el mismo de siempre.

NÉSTOR: Estoy fenómeno,[18] ¡creéme!... no me pasa nada.

MARTA: Nunca hiciste esto. Hace diez años que estás en Fiagroplast y no faltaste un solo día...

NÉSTOR: Y bueno... hoy es el primero.

MARTA: Te lo van a descontar.

NÉSTOR: No importa.

MARTA: (*Menos «comprensiva»*) ¡Es un día de sueldo!

NÉSTOR: ¿Sabés cuánto es un día de sueldo?

MARTA: Sí: ochocientos treinta y dos pesos.

NÉSTOR: ¡Ochocientos treinta y dos pesos!... Tengo que levantarme por ochocientos treinta y dos pesos!... Lavarme la cara con agua fría, afeitarme, hacerme la corbata, meterme en el subte o colgarme de un colectivo, mirar los coches de los demás, pasar delante de las vidrieras, saludar sonriendo a un tipo que no tragás,[19] aguantarme la cargada[20] del ascensorista... ¡todo por ochocientos treinta y dos pesos!... No, no vale la pena.

MARTA: (*Tenaz*) Con ochocientos treinta y dos pesos comemos casi tres días.

NÉSTOR: Por ochocientos treinta y dos pesos no voy a dejar de darme un gusto.

MARTA: (*Descontrolándose*) Por lo menos avisá, llamá, ¡decí algo!

NÉSTOR: No, ni pienso.

MARTA: (*Mira la hora, se desespera y se pone de pie.*) Las siete y veinte, ¡Néstor!

NÉSTOR bosteza y se acomoda.

MARTA: ¡Está por salirte el aumento!... ¿Te acordás? ¡El aumento!

NÉSTOR: ¡Bah, que se lo metan en el culo![21]

MARTA: ¡Hace dos años que estamos esperándolo!

NÉSTOR: Año más año menos...

MARTA: ¡No te lo van a dar!... ¡Con el concepto que tienen de vos!... ¿Te imaginás lo que va a pensar el gerente?

NÉSTOR: (*Natural*) Sí. Va a pensar en él, en una casa más grande, en un coche más nuevo, en un sastre más caro...

---

[17] mohines... *actions that will help her figure out why he is behaving in this way*   [18] estoy... *I feel great*   [19] no... *you can't stand*   [20] *annoyance*   [21] que... *you know where they can shove it*

MARTA: ¡Es una pesadilla! (*Angustiada, impotente. No sabe qué decir. Una pausa y prosigue, con la voz ahogada por los nervios y la desesperación.*) Néstor... Oíme... Decime una cosa... Por favor... ¿Por qué hacés esto, eh? ¿Por qué?

NÉSTOR: Por-que ten-go fia-ca.

MARTA: ¡Sí, claro!... ¡Yo entiendo muy bien!... Me parece perfecto!... Pero... ¿Por qué no avisás?

NÉSTOR: Porque si aviso no tiene gracia.

MARTA: ¿Eh?

NÉSTOR: Sería lo mismo que si fuera a trabajar.

MARTA: ¿Cómo lo mismo?

NÉSTOR: Me quedo porque sí, porque se me dan las ganas, ¿entendés? Lo decidí yo mismo, yo solito... Yo soy mi jefe, mi gerente, mi patrón, mi dueño, todo... ¡Yo no tengo que pedirle permiso a nadie!... Yo me mando y me obedezco: «A ver, Néstor, hoy se me queda en la cama». «Sí, señor Néstor, cómo no.» «Ché, Néstor, lea los chistes del diario.» «Como usted diga, señor Néstor.» (*Nota la mirada de MARTA.*) Te creés que estoy chiflado,[22] ¡eh! (*Una carcajada y en seguida, muy serio, mirando fijamente a MARTA.*) ¿Sabés una cosa? Nunca hicimos el amor un lunes a la mañana... (*Trata de tocarla.*)

MARTA: (*Retrocediendo*) ¿Qué cosa?

NÉSTOR: Claro. Siempre de noche... De mañana, únicamente algún domingo que otro... Pero en días hábiles... (*Aparta las cobijas y trata de agarrarla.*)

MARTA: (*Evitándolo*) ¡Dejame, querés!... ¡Lo único que faltaba!

NÉSTOR: (*Deseándola, sonriente*) Vení, acostáte...

MARTA: ¡Estás loco, Néstor!

NÉSTOR: Vení, sé buenita...

MARTA: ¡Pero!... ¡Cómo se te ocurre que... !

NÉSTOR: Eh, al fin y al cabo soy tu marido, ¿no?

MARTA: ¡Néstor, tenés que avisar!

NÉSTOR: Vení... Es un día hábil, de mañana... (*Acentuando*) ¡Un lunes!

MARTA: Bueno, está bien... Pero antes llamás a la oficina.

. . .

NÉSTOR: (*Tapándose nuevamente*) Ya está: ¡se me fueron las ganas!

MARTA: Aunque sea llamalo a Peralta... él puede avisar en Personal!

NÉSTOR: ¡Je, Peralta! Ve un jefe y llora...

MARTA: ¡Inventamos algo!... ¡cualquier cosa! ¡Él repite lo que le decimos ¡y listo!

NÉSTOR resopla, toma el diario y lee, cubriéndose la cara.

MARTA: (*Plañidera[23]*) ¡A Peralta! ¡Nada más que a Peralta!

NÉSTOR: (*Sin bajar el diario*) Ni que me pongan la picana.[24]

MARTA: ¡El aumento, Néstor! ¡Son tres mil pesos más!

---

[22] *crazy*   [23] *Moaning*   [24] Ni... *Not even if they try to force me.*

NÉSTOR: (*Comentando naturalmente*) El diario está lleno de oportunidades, eh... Mirá vos, un jugador de fútbol gana por punto lo que...

      . . .

MARTA: (*Bajito*) Interno 208, por favor... Hola... me podría comunicar con el señor Peralta... gracias... ¿Peralta? Habla la señora de Vignale... Bien y usted... Escuche, Néstor no sabe que le estoy hablando... ¡no, no, ya le voy a explicar! Óigame bien: mi marido no va a ir a trabajar... No, no es nada grave. Hágame un favor. Dé parte en Personal y diga que va a ir mañana a la mañana. Como cosa suya, ¡eh!... ¿Le mandan el médico? No, no ¡entonces no! ¡No diga nada!... Espere que yo le avise... No, ahora no puedo... ¡No se le vaya a escapar que le hablé!... ¡por favor!... Bueno, gracias... Hasta luego. (*Cuelga y disca nuevamente.*)

Comienza a oírse la voz de NÉSTOR, *que mientras se baña tararea*[25] *alegremente, con fuerza, ritmo y entusiasmo, la marcha de la Bandera.*

      . . .

NÉSTOR, *acostado, fuma plácidamente.* MARTA, *en la «kitchenette», batiendo, pelando o algo por el estilo. Ha decidido mostrarse resignado, comprensiva y cariñosa.*

NÉSTOR: (*Intención evidente*) Vení...
MARTA: (*Suave, sonriente, pícara.*) No, tengo que hacer...
NÉSTOR: Dale, vení un ratito.
MARTA: ¿No ves que no puedo?
NÉSTOR: (*Bajito*) Sos rutinaria, eh... (*Protestando suavemente*) Si no es de noche...
MARTA: Después. Termino con esto y voy... ¿Está bien?
NÉSTOR: Y... si no hay más remedio. (*Pausa. Piensa, recuerda.*) Ché, Marta...
MARTA: ¿Qué?
NÉSTOR: ¿Sabés de qué tengo ganas?
MARTA: ¿De qué?
NÉSTOR: (*Divertido, infantil.*) Quiero la bolsa.
MARTA: ¿Eh?
NÉSTOR: La bolsa de agua caliente.
MARTA: ¿La bolsa?... ¿Y eso?
NÉSTOR: Recién me acordaba de cuando era chico... Cuando estaba resfriado y me traían la bolsa a la cama... ¡Era de lindo!... Me ponían el termómetro, me hacían té, me compraban revistas, figuritas... ¿Me preparás la bolsa?
MARTA: (*Disimulando su estupor*) Sí... claro que sí... ¿Por qué no? (*Busca la bolsa en el placard.*[26])
NÉSTOR: ¡Sin grupo que era lindo!... Faltaba al colegio, escuchaba las novelas de la radio, dormía hasta las doce, comía en la cama... ¡linda época!... ¿Vos tuviste el sarampión?[27]

---

[25] *he hums*   [26] alacena (*cabinet*)   [27] *measles*

MARTA: (*Como si la respuesta se descontara.*) Sí...

NÉSTOR: (*Con más curiosidad*) ¿Y paperas?[28]

MARTA: También.

NÉSTOR: (*Esperanzado*) ¿Tos convulsa[29] tuviste?

MARTA: No, eso no.

NÉSTOR: (*Triunfal*) ¡Yo sí!... (*Para deslumbrarla[30]*) ¡Y también tuve un impétigo[31] en la frente!

MARTA: ¿Y eso qué es?

NÉSTOR: (*Orgulloso*) ¡Algo inmundo! Una erupción... ¡Tenía toda la frente como podrida!

MARTA: No me digas... (*Llena la pava y enciende el gas.*)

NÉSTOR: ¡Sí... una porquería!... (*Extrañado, como si hablara de otra persona*) De chico quería ser médico...

MARTA: (*Esperando que se caliente el agua. Sin mirarlo. Paciente.*) Sí, me contaste...

NÉSTOR: (*Alto, pero más para sí que para ella*) Una vez me regalaron una jeringa... Me pasaba el día en el baño. Llenaba la jeringa con agua y le daba inyecciones a la tapa del inodoro[32]... la anestesiaba para operarla...

MARTA le sonríe convencionalmente, pero nota que no la mira y le da la espalda nuevamente.

[28] *mumps*   [29] tos... *whooping cough*   [30] para... *to impress her*   [31] *rash, skin irritation*
[32] tapa... *cover of the toilet*

❑ Conteste las preguntas.

1. ¿Cuál es el tono y el ritmo del diálogo?
2. ¿Comunica el diálogo el carácter de Néstor? ¿de Marta? ¿Cómo?
3. De la conversación, ¿puede adivinar la clase social de los protagonistas? Comente.
4. ¿En qué estriba el humor?
5. Diga por qué éste es un buen diálogo.
6. ¿Qué elementos lingüísticos sitúan la obra en un ambiente argentino?

❑ Escriba una breve escena teatral, cómica o seria, que tenga dos o más personajes y un diálogo vivo y animado.

EL ENSAYO

COMENTARIO SOBRE EL ENSAYO

El ensayo es un género muy cultivado en la época moderna por su estilo libre y versátil. Su desarrollo coincide con los comienzos de las luchas y reformas políticas, económicas y sociales del siglo XIX. Se encuentra con más frecuencia en los periódicos y las revistas. La popularidad del ensayo se debe a su naturaleza. Es un escrito en prosa, breve, que expone ideas, sentimientos y juicios sobre temas muy variados, entre ellos, temas políticos, sociales, económicos, filosóficos, literarios, sentimentales y esotéricos, de una manera muy personal. El ensayo es caracterizado por su subjetivismo, por su estructura flexible y por su estilo cuidadoso y elegante. El ensayo es el resultado de la reflexión de su autor; puede ser poético, meditativo, confesional, analítico, didáctico, irónico, satírico, serio o humorístico.

En España el ensayista de renombre es José Mariano de Larra mientras que en Hispanoamérica se destacan muchos ensayistas ilustres, entre ellos José Martí. Hoy en día el ensayo sigue manteniendo su integridad como género a pesar de los cambios estilísticos e históricos que han ocurrido desde su introducción.

Enrique Anderson Imbert[a] (Argentina, 1910–   ), en su «Defensa del ensayo» define el ensayo como una obra de arte poética que emplea un estilo sucinto y elegante.

> Como no creo en los géneros tampoco creo en las definiciones. Una aproximación escolar sería ésta: el ensayo es una composición en prosa, discursiva pero artística por su riqueza en anécdotas y descripciones, lo bastante breve para que podamos leerla de una sola sentada, con un ilimitado registro de temas interpretados en todos los tonos y con entera libertad desde un punto de vista muy personal. Si se repara en esa definición más o menos corriente se verá que la nobilísima función del ensayo consiste en poetizar en prosa el ejercicio

[a] autor de la *Historia de la literatura hispanoamericana* (1954–1961). También escribió *La crítica literaria y sus métodos* (1979), tres novelas, cuentos, ensayos, antologías. Fue profesor en las Universidades de Michigan, Harvard y Texas.

pleno de la inteligencia y la fantasía del escritor. El ensayo es una obra de arte construida conceptualmente; es una estructura lógica, pero donde la lógica se pone a cantar.

En el ensayo «Máscaras mexicanas» de *El laberinto de la soledad* (1950), Octavio Paz (1914–   ),[a] escritor mexicano, ganador del Premio Nóbel de Literatura de 1990, reflexiona sobre la idiosincracia de sus compatriotas. Yuxtapone las imágenes para definir el carácter complejo del mexicano.

Corazón apasionado,
disimula tu tristeza.

CANCIÓN POPULAR

Viejo o adolescente, criollo[1] o mestizo,[2] general, obrero o licenciado,[3] el mexicano se me aparece como un ser que se encierra y se preserva: máscara el rostro y máscara la sonrisa. Plantado en su arisca[4] soledad, espinoso[5] y cortés a un tiempo, todo le sirve para defenderse: el silencio y la palabra, la cortesía y el desprecio, la ironía y la resignación. Tan celoso de su intimidad como de la ajena,[6] ni siquiera se atreve a rozar con los ojos al vecino: una mirada puede desencadenar la cólera de esas almas cargadas de electricidad. Atraviesa la vida como desollado;[7] todo puede herirle, palabras y sospecha de palabras. Su lenguaje está lleno de reticencias, de figuras y alusiones, de puntos suspensivos; en su silencio hay repliegues,[8] matices,[9] nubarrones,[10] arcoíris súbitos,[11] amenazas indescifrables. Aun en la disputa prefiere la expresión velada[12] a la injuria:[13] «al buen entendedor[14] pocas palabras». En suma, entre la realidad y su persona establece una muralla, no por invisible menos infranqueable,[15] de impasibilidad y lejanía. El mexicano siempre está lejos, lejos del mundo y de los demás. Lejos, también de sí mismo.

[1] persona de padres españoles nacida en América   [2] persona nacida de padres de raza diferente, especialmente de hombre blanco y mujer india o viceversa   [3] *university graduate*   [4] *reticent*   [5] difícil (*fig.*)   [6] la... *that of others*   [7] *a vulnerable person*   [8] *creases, folds* (*This image and the next three images define the tone of the silence.*)   [9] *shades of meaning*   [10] turbulencias (*fig.*)   [11] arcoíris... *sudden rainbows* (i.e., *serenity or peace*)   [12] *guarded, concealing*   [13] insulto, ofensa   [14] *listener*   [15] *insurmountable*

Un tono desesperado predomina en el ensayo de Eduardo Mallea,[b] (Argentina, 1903–1982), «Prefacio» a la *Historia de una pasión argentina* (1937). Este escritor argentino exhorta al pueblo argentino a buscar en su pasado los valores auténticos, naturales y positivos necesarios para realizar su potencialidad nacional. Su angustia, sentido de urgencia y pasión son evidentes en el siguiente fragmento.

---

[a] Poeta, diplomático, ensayista, crítico literario, traductor y fundador de revistas literarias, Paz sigue siendo activo.

[b] escritor influido por la filosofía de los existencialistas, interpreta la situación política y social de la Argentina desde el punto de vista de la existencia del individuo en su país. Es un autor analítico, introspectivo angustiado que desea mejorar la vida del hombre común. Escribió *Cuentos para una inglesa desesperada* (1929), *Nocturno europeo* (1934) y *La bahía de silencio* (1940).

Después de intentar durante años paliar[1] mi aflicción inútilmente, siento la necesidad de gritar mi angustia a causa de mi tierra, de nuestra tierra.

De esa angustia nace esta reflexión, esta fiebre casi imposible de articular, en la que me consumo sin mejoría. Esta desesperanza, este amor—hambriento, impaciente, fastidioso, intolerante—; esta cruel vigilia.

He aquí que de pronto este país me desespera, me desalienta. Contra ese desaliento me alzo, toco la piel de mi tierra, su temperatura, estoy al acecho[2] de los movimientos mínimos de su conciencia, examino sus gestos, sus reflejos, sus propensiones,[3] y me levanto contra ella, la reprocho, la llamo violentamente a su ser cierto, a su ser profundo, cuando está a punto de aceptar el convite de tantos extravíos.[4]

[1] lessen, reduce   [2] al... in waiting, on alert   [3] tendencies   [4] está... she (the country) is about to go astray, lose her way

El ensayo es también utilizado en el periodismo. Efectivamente, los editoriales son breves ensayos que representan la opinión del editor sobre un asunto. También son ensayos algunos de los artículos que aparecen en revistas como *Cambio 16, Hombre de mundo, Time, Newsweek, The Atlantic Monthly,* etcétera.

El siguiente editorial (*Cambio 16,* 18 de mayo, 1992, núm. 1.069), como todo ensayo, tiene un destacado punto de vista. El director empieza el editorial con el incidente que le impulsó a escribir este editorial. Luego expresa su opinión sobre esta costumbre española.

ARTE O BARBARIE

Acaba de iniciarse la temporada taurina[1] en España y ya corre la sangre humana y la muerte de un torero en el albero[2] de la Maestranza[3] de Sevilla. Con el dolor y la emoción de siempre, aficionados y público en general han sentido estremecerse el alma con las imágenes del torero Manolo Montoliú empalado[4] y muerto a las 5 en punto del sol sevillano de la tarde.

Y una vez más se reanuda así la discusión eterna sobre la esencia del mundo de los toros: las corridas son arte o son barbarie. Una solución ecléctica, y probablemente atinada,[5] sería la de afirmar que la tauromaquia[6] es arte, sin duda, y es barbarie también, barbarie de muerte humana y de trato cruel a los toros hasta matarlos. Probablemente ambas definiciones son ciertas.

La ceremonia taurina, plena de una liturgia quasi religiosa, estremece[7] muchas veces a los espectadores al resucitar atavismos de los grandes sacrificios prehistóricos[8]. La corrida es un sacrificio litúrgico, una simbólica misa secular[9] en la que se representa la lucha y la victoria del hombre sobre la naturaleza.

Por contener esa magia tan extraña, son multitud los intelectuales y los poetas que han quedado embrujados[10] por la cruel belleza de los toros.

Los otros, los que sólo ven lo que se ve, no es extraño que vociferen y protesten ante esta extraña y salvaje costumbre de matar seis toros cada tarde. También es cierta la barbarie.

JUAN TOMÁS DE SALAS

[1] de los toros   [2] whitish grounds   [3] Riding Academy   [4] impaled   [5] correcta, acertada   [6] art of bullfighting   [7] moves (to strong emotions)   [8] al... as it recreates rituals of ancient sacrifices   [9] misa... secular Mass   [10] bewitched

EJERCICIOS

A. Escriba un ensayo breve sobre uno de los siguientes temas.

1. una cuestión política, social, ética o filosófica, sobre la cual Ud. tiene ideas bien definidas y claras
2. una propuesta para mejorar el ambiente en su barrio o vecindad
3. las cualidades y habilidades que debería poseer el presidente de los Estados Unidos

B. Lea el texto «Palabras» de Juan Tomás de Salas (*Cambio 16,* 18 de mayo, 1992, núm. 1.069) y conteste las preguntas.

1. ¿De qué trata esta «Carta del Director»?
2. ¿Qué quiere decir «salió el conejo de la chistera de las palabras»?
3. ¿Cuál fue la primera usurpación cometida con la palabra? ¿Cuál fue la segunda?
4. Para el escritor, ¿quiénes son los «americanos»?
5. ¿Qué ha decidido hacer el director con el gentilicio «americano» en la revista *Cambio 16*?

Palabras

CONSIDERE usted el valor de la palabra. Primero se toma un continente ignoto[1] y se le apoda América. Este hecho en principio parece neutral, ni bien ni mal, salvo por una pequeña particularidad. Y consiste ella en dar a los nativos del continente recobrado un nombre distinto al de la geografía. Los nativos se llaman indios y el continente América. Zas,[2] salió el conejo de la chistera[3] de las palabras, y los verdaderos dueños de América se quedaron de extranjeros, los indios se quedaron sin América. América para los americanos (los blancos conquistadores) y los indios a la India, a la prehistoria, a las reservas[4] o a los guetos[5] miserables de las ciudades borrachas.

Esta es la primera usurpación cometida con la palabra en el caso americano. Pero hay otra usurpación posterior, y más exquisita aún. Se trata de expulsar con la palabra a mucha más gente del continente. Para ello hace falta inventar otra palabra: Latinoamérica o latinoamericanos. Poco a poco todo americano nacido o venido del sur de Río Grande deja de ser americano y se convierte en latinoamericano forzoso. Lo que en sí no está ni bien ni mal, con una sola condición: que los otros americanos, los anglos, dejen también de ser americanos a secas y se vuelvan angloamericanos. Sólo en ese caso, cuando americanos sean todos, y unos, además, sean latinoamericanos, mientras los otros sean angloamericanos, sólo en ese caso, habremos impedido una nueva usurpación continental con la palabra.

Por eso en esta santa casa 16[6] trataremos siempre de preservar el gentilicio[7] americano para todos los habitantes del continente y, cuando haya que precisar, trataremos de utilizar el término de angloamericanos tanto o más que el de latinoamericanos, iberoamericanos, hispanoamericanos, o como sea. Hay que resistirse a la usurpación por medio de la palabra. Americanos son todos, y no sólo los del norte, el inglés y la *Church of England.*

---

[1] desconocido   [2] Pronto   [3] *silk hat*   [4] *reservations*   [5] *ghettos*   [6] santa... *offices of the magazine* Cambio 16   [7] palabra que indica nacionalidad

C. Escriba un breve resumen del punto de vista del escritor de «Palabras». Luego escriba una carta al director expresando su propio punto de vista sobre el uso del gentilicio.

D. Escriba una carta al editor de un diario en la cual Ud. expresa sus quejas, críticas o comentarios sobre uno de los siguientes temas.

1. la delincuencia
2. los programas de televisión
3. la educación
4. la contaminación del agua, del aire, etcétera
5. la violencia en el cine y en la televisión
6. el ruido excesivo en la ciudad

LECTURA 10

«TELEVISIÓN: CULTURA Y DIVERSIDAD» (*FRAGMENTO*)

POR OCTAVIO PAZ

Hombre Internacional, julio, 1992

Octavio Paz

❏ El siguiente es un texto abreviado de la lectura presentada por Octavio Paz durante el seminario «La edad de la televisión» el 24 de julio de 1979 en Acapulco, México. Trata del tema de la palabra «cultura» y de cómo el significado de ésta es diferente del significado de la palabra «civilización». Lea el texto ahora.

Como ustedes saben, «cultura» es una palabra que tiene diversas y contradictorias acepciones. La palabra es de origen agrario: cultivar la tierra significa labrarla, trabajarla para que dé frutos. Cultivar el espíritu o cultivar un pueblo significa labrarlos para que den frutos. Hay una palabra rival de cultura: «civilización». Civil significa perteneciente a la ciudad y civilidad significa cortesía, trato con los otros. En la palabra cultura encontramos un elemento productivo; lo esencial es la producción, dar frutos. En la palabra civilización encontramos un elemento de relación: lo que cuenta es que los hombres se entiendan entre ellos. La palabra civilización es de origen urbano y evoca la idea de ciudad, de ley y de régimen político. La oposición entre cultura y civilización es bastante más profunda de lo que se piensa. No son dos maneras distintas de llamar al mismo fenómeno sino dos concepciones opuestas de ese fenómeno. Cultura es una palabra ligada a la tierra, al suelo; civilización implica la idea de construcción social, histórica. Por eso se puede hablar de cultura popular pero no de civilización popular.

. . .

¿Qué es cultura entonces? En el sentido limitado al que me he referido, es el conjunto de cosas, instituciones, ideas e imágenes que usa una sociedad determinada, ya porque las haya inventado o porque las haya heredado o porque las haya adoptado de otras culturas. Una cultura es ante todo un conjunto de cosas: arados,[1] cucharas, fusiles, micrófonos, autos, barcos, campos de cultivo, jardines. Cosas hechas por el hombre; cosas que el hombre ha inventado: una silla, una taza, este micrófono por el que hablo; cosas que el hombre ha transformado: un pedazo de tierra, un río al que se ha rectificado el curso; cosas y seres que el hombre ha domado o dominado: caballos, burros, átomos, la corriente eléctrica. Cultura es aquello que el hombre usa, por ejemplo: el petróleo; y aquello que el hombre nombra, por ejemplo: una estrella. La Vía Láctea[2] es parte de nuestra cultura; no es un valor de uso como el petróleo, pero es un conocimiento, un saber sobre el cielo y es una imagen: fue un mito en la antigüedad y ahora es una metáfora que usamos diariamente.

La cultura es un conjunto de cosas que tiene un nombre. Asimismo, es un conjunto de instituciones: estados, iglesias, familias, escuelas, sindicatos, milicias, academias. La sociedad es un conglomerado de hombres y mujeres, no una aglomeración ni una masa amorfa.[3] Del mismo modo que la sociedad inventa sillas, arados, locomotoras y ametralladoras,[4] inventa formas sociales que son organizaciones, estructuras de relación, producción, distribución, es decir, formas de solidaridad. La sociedad se inventa a sí misma al crear sus instituciones. Instituir significa fundar y la sociedad se funda a sí misma cada vez que se instituye como cultura. Éste es uno de los fenómenos más sorprendentes: el hombre, los hombres juntos, se fundan a sí mismos a través de sus instituciones. O sea: los hombres se instituyen a través de sus culturas y se convierten en estados, naciones, familias, tribus.

. . .

Una civilización es una sociedad de culturas unidas por una red de creencias, técnicas, conceptos e instituciones. Una civilización comprende diversas

[1] *plows* [2] Vía... *Milky Way* [3] *amorphous, without a definite shape* [4] *machine guns*

culturas nacionales, como pueden verse en todas las grandes civilizaciones: la grecorromana,[5] la china, la islámica, la mesoamericana,[6] la occidental. La civilización requiere un medio de comunicación entre las diversas culturas, cada una con una lengua propia; ese medio es una lengua común—el latín en la Edad Media o el sánscrito en la antigua India—o es la traducción, como ocurre en nuestros días. Pertenecemos, los participantes de este Encuentro, a distintas culturas; cada uno habla su lengua propia pero para comunicarnos usamos el método de la interpretación simultánea, que es una de las formas de la traducción. Aunque hablamos lenguas distintas, pertenecemos a la misma civilización.

[5] *Greek and Roman*   [6] *of middle America*

❑ Conteste las preguntas.

1. ¿Cuál es el origen de la palabra «cultura»? ¿y el de la palabra «civilización»?
2. Dé la definición de «cultura», según Octavio Paz.
3. ¿Cómo desarrolla él las ideas que definen su interpretación de «cultura»? ¿y las ideas de «civilización»?
4. Identifique las cinco civilizaciones mencionadas por este escritor mexicano.
5. Explique lo que Octavio Paz quiere decir con «Aunque hablamos lenguas distintas, pertenecemos a la misma civilización».
6. ¿Contiene el ensayo de Paz las características esenciales del género? Explique.
7. Escriba un breve ensayo sobre la coexistencia de varias culturas en América hoy.

REPASO DE LA UNIDAD 3

A. La descripción

1. La siguiente descripción del burro Platero del libro de Juan Ramón Jiménez *Platero y yo* contiene imágenes visuales, auditivas, olfativas, táctiles y gustativas. Identifíquelas y luego clasifíquelas.

Platero es pequeño, peludo, suave; tan blando por fuera, que se diría todo de algodón, que no lleva huesos. Sólo los espejos de azabache[1] de sus ojos son duros cual[2] dos escarabajos[3] de cristal negro.

Lo dejo suelto y se va al prado, y acaricia tibiamente[4] con su hocico,[5] rozándolas apenas,[6] las florecillas rosas, celestes y gualdas[7]... Lo llamo dulcemente; «¿Platero?», y viene a mí con un trotecillo alegre que parece que se ríe, en no sé qué cascabeleo[8] ideal...

Come cuanto le doy. Le gustan las naranjas mandarinas, las uvas moscateles;[9] todas de ámbar;[10] los higos morados;[11] con su cristalina gotita de miel...

Es tierno y mimoso igual que un niño, que una niña... ; pero fuerte y seco por dentro, como de piedra. Cuando paseo sobre él, los domingos, por las últimas callejas del pueblo, los hombres del campo, vestidos de limpio y despaciosos,[12] se quedan mirándolo:

—Tien' asero[13]...

Tiene acero. Acero y plata de luna, al mismo tiempo.

[1] *jet (black mineral)* [2] como [3] *beetles* [4] *warmly* [5] *snout* [6] rozándolas... *touching them slightly* [7] amarillas [8] *jingling* [9] uvas... variedad de uvas muy dulces [10] *amber color* [11] higos... *purple figs* [12] *at their leisure* [13] Tien'... = Tiene acero (*reproduction of the Andalusian dialect*)

2. *Querido Diego, te abraza Quiela* de Elena Poniatowska[a] es una novela breve de cartas amorosas imaginarias firmadas por Quiela, el nombre que Poniatowska le da a Angelina Beloff, una pintora

---

[a] Elena Poniatowska (México, 1933–   ) sigue dos carreras, una como periodista y otra literaria. Ha recibido numerosos premios por su labor en ambos campos. Ha publicado novelas documentales (*La noche de Tlatelolco*, 1971), cuentos (*Lilus Kikus*, 1976), teatro (*Melés y Teleo*) y poesía (*Rojo de vida y negro de muerte*). *Querido Diego, te abraza Quiela* es una novela breve. Diego Rivera, ya fue mencionado en el artículo «Retrato quebrado de Frida Kahlo», (Lectura 3).

rusa que fue la amante de Diego Rivera por diez años. Él nunca contestó sus cartas. Lea el fragmento de una de las cartas donde Quiela describe a su amado Diego, y comente los elementos descriptivos. ¿Qué cualidades y detalles de la persona de Diego se destacan? ¿Qué sentimientos de Quiela se descubren por la manera en que lo describe?

Te conocí en *La Rotonde,* Diego, y fue amor a primera vista. Apenas te vi entrar, alto, con tu sombrero de anchas alas, tus ojos saltones, tu sonrisa amable y oí a Zadkin decir: «He aquí al vaquero mexicano» y otros exclamaron: «Voilà l'exotique»,[1] me interesé en ti. Llenabas todo el marco de la puerta con tu metro ochenta de altura, tu barba descuidada y ondulante, tu cara de hombre bueno y sobre todo tu ropa que parecía que iba a reventarse[2] de un momento a otro, la ropa sucia y arrugada de un hombre que no tiene a una mujer que lo cuide. Pero lo que más me impresionó fue la bondad de tu mirada. En torno a ti, podía yo percibir una atmósfera magnética que otros después descubrieron. Todo el mundo se interesaba en ti, en las ideas que exponías con impetuosidad, en tus desordenadas manifestaciones de alegría. Recuerdo aún tu mirada sobre mí, sorprendida, tierna.

[1] Voilà... Aquí está el exótico.   [2] *split open*

B. La narración

«Los dos conejos» es una fábula de tema político. La escribió Tomás de Iriarte,[a] quien fue un fabulista que criticó la sociedad española de su época. Los dos conejos representan grupos literarios que no pueden llegar a un acuerdo. Los perros representan el peligro de la falta de acción. Aunque el tema es serio, la fábula tiene cierto encanto y gracia. Lea el texto y diga cuáles son los elementos narrativos que reúne. ¿Conoce Ud. algún dicho o proverbio en inglés que corresponda a la moraleja de la fábula de Iriarte?

Por entre unas matas,[1]
seguido de perros,
(no diré corría),
volaba un conejo.

De su madriguera[2]
salió un compañero,
y le dijo: —Tente,[3]
amigo, ¿qué es esto?

—¿Qué ha de ser? responde:
sin aliento llego...
dos pícaros galgos[4]
me vienen siguiendo.

[1] *underbrush*   [2] *burrow, rabbit hole*   [3] detente *(stop)*   [4] *greyhounds*

---

[a] Tomás de Iriarte (España, 1750–1791) escribió en verso las *Fábulas literarias* en las cuales se burlaba de sus enemigos literarios.

—Sí, replica el otro,
por allí los veo...
pero no son galgos,
—Pues ¿qué son?—Podencos.[5]

—¿Qué? ¿Podencos dices?
—Sí, como mi abuelo.[6]
—Galgos y muy galgos,
bien vistos los tengo.

—Son podencos: vaya,
que no entiendes de eso.
—Son galgos te digo.
—Digo que podencos.

En esta disputa
llegando los perros,
pillan[7] descuidados
a mis dos conejos.

Los que por cuestiones
de poco momento
dejan lo que importa,
llévense este ejemplo.

[5] *Hound dogs*   [6] como... *I swear it*   [7] *they catch*

C. El diálogo. Defina los siguientes conceptos.

1. el diálogo
2. el monólogo
3. el aparte
4. el dialecto

D. El ensayo. Conteste las preguntas.

1. ¿En qué se diferencia el ensayo de los demás géneros literarios?
2. ¿Qué temas y estructura caracterizan el ensayo?

LECTURA 11

« LA FIESTA AJENA »

POR LILIANA HEKER

en *Las peras del mal.* Buenos Aires: Editorial de Belgrano, 1982.

❏ «La fiesta ajena» es un cuento de Liliana Heker, cuentista argentina contemporánea conocida en su país también como editora de la revista *Ornitorrinco.* Aquí escribe la historia de una niña inocente, Rosaura, hija de la sirvienta de una familia acomodada. Rosaura es invitada a la fiesta de cumpleaños de la hija de la patrona de su madre. En el relato de un episodio feliz en el mundo de los niños, Heker nos hace ver la diferencia que existe entre las clases sociales y el momento en que Rosaura despierta de su inocencia y descubre lo que quiere decir ser la hija de una sirvienta. Heker yuxtapone el temor que siente la madre de Rosaura, quien desea proteger a su hija, a la alegría que siente Rosaura antes y durante la fiesta hasta el momento en que ella pierde su ingenuidad.

Nomás[1] llegó, fue a la cocina a ver si estaba el mono.[2] Estaba y eso la tranquilizó: no le hubiera gustado nada tener que darle la razón a su madre. *¿Monos en un cumpleaños?,* le había dicho; *¡por favor! Vos sí que te creés todas las pavadas[3] que te dicen.* Estaba enojada pero no era por el mono, pensó la chica: era por el cumpleaños.

—No me gusta que vayas—le había dicho—. Es una fiesta de ricos.

—Los ricos también se van al cielo—dijo la chica, que aprendía religión en el colegio.

—Qué cielo ni cielo—dijo la madre—. Lo que pasa es que a usted, m'hijita, le gusta cagar más arriba del culo.[4]

A la chica no le parecía nada bien la manera de hablar de su madre: ella tenía nueve años y era una de las mejores alumnas de su grado.

—Yo voy a ir porque estoy invitada—dijo—. Y estoy invitada porque Luciana es mi amiga. Y se acabó.

—Ah, sí, tu amiga—dijo la madre. Hizo una pausa—. Oíme, Rosaura—dijo por fin—, ésa no es tu amiga. ¿Sabés lo que sos vos para todos ellos? Sos la hija de la sirvienta, nada más.

Rosaura parpadeó con energía: no iba a llorar.

—Callate—gritó—. Qué vas a saber vos lo que es ser amiga.

Ella iba casi todas las tardes a la casa de Luciana y preparaban juntas los deberes mientras su madre hacía la limpieza. Tomaban la leche en la cocina y se contaban secretos. A Rosaura le gustaba enormemente todo lo que había en esa casa. Y la gente también le gustaba.

---

[1] Tan pronto como   [2] *monkey*   [3] te... = crees todas las tonterías   [4] cagar... *vulgar way of saying that she is trying to be what she is not socially*

—Yo voy a ir porque va a ser la fiesta más hermosa del mundo, Luciana me lo dijo. Va a venir un mago y va a traer un mono y todo.

La madre giró el cuerpo para mirarla bien y ampulosamente apoyó las manos en las caderas.[5]

—¿Monos en un cumpleaños?—dijo—. ¡Por favor! Vos sí que te creés todas las pavadas que te dicen.

Rosaura se ofendió mucho. Además le parecía mal que su madre acusara a las personas de mentirosas simplemente porque eran ricas. Ella también quería ser rica, ¿qué?, si un día llegaba a vivir en un hermoso palacio, ¿su madre no la iba a querer tampoco a ella? Se sintió muy triste. Deseaba ir a esa fiesta más que nada en el mundo.

—Si no voy me muero—murmuró, casi sin mover los labios.

Y no estaba muy segura de que se hubiera oído, pero lo cierto es que la mañana de la fiesta descubrió que su madre le había almidonado[6] el vestido de Navidad. Y a la tarde, después que le lavó la cabeza, le enjugó el pelo con vinagre de manzanas para que le quedara bien brillante. Antes de salir Rosaura se miró en el espejo, con el vestido blanco y el pelo brillándole, y se vio lindísima.

La señora Inés también pareció notarlo. Apenas la vio entrar, le dijo:

—Qué linda estás hoy, Rosaura.

Ella, con las manos, impartió un ligero balanceo a su pollera[7] almidonada: entró a la fiesta con paso firme. Saludó a Luciana y le preguntó por el mono. Luciana puso cara de conspiradora; acercó su boca a la oreja de Rosaura.

—Está en la cocina—le susurró en la oreja—. Pero no se lo digas a nadie porque es un secreto.

Rosaura quiso verificarlo. Sigilosamente[8] entró a la cocina y lo vio. Estaba meditando en su jaula. Tan cómico que la chica se quedó un buen rato mirándolo y después, cada tanto, abandonaba a escondidas la fiesta e iba a verlo. Era la única que tenía permiso para entrar a la cocina, la señora Inés se lo había dicho: «Vos sí pero ningún otro, son muy revoltosos,[9] capaz que rompen algo». Rosaura, en cambio, no rompió nada. Ni siquiera tuvo problemas con la jarra de naranjada, cuando la llevó desde la cocina al comedor. La sostuvo con mucho cuidado y no volcó ni una gota. Eso que la señora Inés le había dicho: «¿Te parece que vas a poder con esa jarra tan grande?» Y claro que iba a poder: no era de manteca, como otras. De manteca era la rubia del moño[10] en la cabeza. Apenas la vio, la del moño le dijo:

—¿Y vos quién sos?

—Soy amiga de Luciana—dijo Rosaura.

—No—dijo la del moño—, vos no sos amiga de Luciana porque yo soy la prima y conozco a todas sus amigas. Y a vos no te conozco.

—Y a mí qué me importa—dijo Rosaura—, yo vengo todas las tardes con mi mamá y hacemos los deberes juntas.

—¿*Vos y tu mamá* hacen los deberes juntas?—dijo la del moño, con una risita.

---

[5] *hips*   [6] *starched*   [7] *hoop skirt*   [8] *Silently*   [9] *mischievous*   [10] rubia... *blond girl with the bun (top knot)*

—*Yo y Luciana* hacemos los deberes juntas—dijo Rosaura, muy seria. La del moño se encogió de hombros.[11]

—Eso no es ser amiga—dijo—. ¿Vas al colegio con ella?

—No.

—¿Y entonces de dónde la conocés?—dijo la del moño, que empezaba a impacientarse.

Rosaura se acordaba perfectamente de las palabras de su madre. Respiró hondo:

—Soy la hija de la empleada—dijo.

Su madre se lo había dicho bien claro: «Si alguno te pregunta, vos le decís que sos la hija de la empleada, y listo». También le había dicho que tenía que agregar: «y a mucha honra». Pero Rosaura pensó que nunca en su vida se iba a animar a decir algo así.

—Qué empleada—dijo la del moño—. ¿Vende cosas en una tienda?

—No—dijo Rosaura con rabia—, mi mamá no vende nada, para que sepas.

—¿Y entonces cómo es empleada?—dijo la del moño.

Pero en ese momento se acercó la señora Inés haciendo *shh shh,* y le dijo a Rosaura si no la podía ayudar a servir las salchichitas, ella que conocía la casa mejor que nadie.

—Viste—le dijo Rosaura a la del moño, y con disimulo le pateó un tobillo.[12]

Fuera de la del moño, todos los chicos le encantaron. La que más le gustaba era Luciana, con su corona de oro; después, los varones. Ella salió primera en la carrera de embolsados y en la mancha agachada[13] nadie la pudo agarrar. Cuando los dividieron en equipos para jugar al delegado, todos los varones pedían a gritos que la pusieran en su equipo. A Rosaura le pareció que nunca en su vida había sido tan feliz.

Pero faltaba lo mejor. Lo mejor vino después que Luciana apagó las velitas. Primero, la torta: la señora Inés le había pedido que la ayudara a servir la torta y Rosaura se divirtió muchísimo porque todos los chicos se le vinieron encima y le gritaban, «a mí, a mí». Rosaura se acordó de una historia donde había una reina que tenía derecho de vida y muerte sobre sus súbditos. Siempre le había gustado eso de tener derecho de vida y muerte. A Luciana y a los varones les dio los pedazos más grandes, y a la del moño una tajadita[14] que daba lástima.

Después de la torta llegó el mago. Era muy flaco y tenía una capa roja. Y era mago de verdad. Desanudaba pañuelos con un solo soplo y enhebraba argollas[15] que no estaban cortadas por ninguna parte. Adivinaba las cartas y el mono era el ayudante. Era muy raro el mago: al mono lo llamaba socio.[16] «A ver, socio, dé vuelta una carta», le decía. «No se me escape, socio, que estamos en horario de trabajo».

La prueba final era la más emocionante. Un chico tenía que sostener al mono en brazos y el mago lo iba a hacer desaparecer.

—¿Al chico?—gritaron todos.

—¡Al mono!—gritó el mago.

---

[11] se... *shrugged her shoulders*   [12] con... *discreetly kicking her ankle*   [13] carrera... *party games*   [14] *small slice*   [15] enhebraba... *linked hoops*   [16] *partner*

Rosaura pensó que esta era la fiesta más divertida del mundo.

El mago llamó a un gordito, pero el gordito se asustó en seguida y dejó caer al mono. El mago lo levantó con mucho cuidado, le dijo algo en secreto, y el mono hizo que sí con la cabeza.

—No hay que ser tan timorato,[17] compañero—le dijo el mago al gordito.

—Qué es timorato—dijo el gordito.

El mago giró la cabeza hacia uno y otro lado, como para comprobar que no había espías.

—Cagón—dijo—. Vaya a sentarse, compañero.

Después fue mirando, una por una, las caras de todos. A Rosaura le palpitaba el corazón.

—A ver, la de los ojos de mora—dijo el mago. Y todos vieron cómo la señalaba a ella.

No tuvo miedo. Ni con el mono en brazos, ni cuando el mago hizo desaparecer al mono, ni al final, cuando el mago hizo ondular su capa roja sobre la cabeza de Rosaura, dijo las palabras mágicas... y el mono apareció otra vez allí, lo más contento, entre sus brazos. Todos los chicos aplaudieron a rabiar. Y antes de que Rosaura volviera a su asiento, el mago le dijo:

—Muchas gracias, señorita condesa.

Eso le gustó tanto que un rato después, cuando su madre vino a buscarla, fue lo primero que le contó.

—Yo lo ayudé al mago y el mago me dijo: «muchas gracias, señorita condesa».

Fue bastante raro porque, hasta ese momento, Rosaura había creído que estaba enojada con su madre. Todo el tiempo había pensado que le iba a decir: «Viste que no era mentira lo del mono». Pero no. Estaba contenta, así que le contó lo del mago.

Su madre le dio un coscorrón[18] y le dijo:

—Mírenla a la condesa.

Pero se veía que también estaba contenta.

Y ahora estaban las dos en el hall porque un momento antes la señora Inés, muy sonriente, había dicho: «Espérenme un momentito».

Ahí la madre pareció preocupada.

—¿Qué pasa?—le preguntó a Rosaura.

—Y qué va a pasar—le dijo Rosaura—. Que fue a buscar los regalos para los que nos vamos.

Le señaló al gordito y a una chica de trenzas,[19] que también esperaban en el hall al lado de sus madres. Y le explicó cómo era el asunto de los regalos. Lo sabía bien porque había estado observando a los que se iban antes. Cuando se iba una chica, la señora Inés le regalaba una pulsera. Cuando se iba un chico, le regalaba un yo-yo. A Rosaura le gustaba más el yo-yo porque tenía chispas,[20] pero eso no se lo contó a su madre. Capaz que le decía: «Y entonces, ¿por qué no le pedís el yo-yo, pedazo de sonsa?»[21] Era así su madre. Rosaura no tenía ganas de explicarle que le daba vergüenza ser la única distinta. En cambio le dijo:

—Yo fui la mejor de la fiesta.

[17] tímido   [18] *slap*   [19] *braids*   [20] *sparks*   [21] pedazo... *silly goose*

Y no habló más porque la señora Inés acababa de entrar al hall con una bolsa celeste y una bolsa rosa.

Primero se acercó al gordito, le dio un yo-yo que había sacado de la bolsa celeste, y el gordito se fue con su mamá. Después se acercó a la de trenzas, le dio una pulsera que había sacado de la bolsa rosa, y la de trenzas se fue con su mamá.

Después se acercó a donde estaban ella y su madre. Tenía una sonrisa muy grande y eso le gustó a Rosaura. La señora Inés la miró, después miró a la madre, y dijo algo que a Rosaura la llenó de orgullo. Dijo:

—Qué hija que se mandó, Herminia.

Por un momento, Rosaura pensó que a ella le iba a hacer los dos regalos: la pulsera y el yo-yo. Cuando la señora Inés inició el ademán de buscar algo, ella también inició el movimiento de adelantar el brazo. Pero no llegó a completar ese movimiento.

Porque la señora Inés no buscó nada en la bolsa celeste, ni buscó nada en la bolsa rosa. Buscó algo en su cartera.

En su mano aparecieron dos billetes.

—Esto te lo ganaste en buena ley—dijo, extendiendo la mano—. Gracias por todo, querida.

Ahora Rosaura tenía los brazos muy rígidos, pegados al cuerpo, y sintió que la mano de su madre se apoyaba sobre su hombro. Instintivamente se apretó contra el cuerpo de su madre. Nada más. Salvo su mirada. Su mirada fría, fija en la cara de la señora Inés.

La señora Inés, inmóvil, seguía con la mano extendida. Como si no se animara a retirarla. Como si la perturbación más leve pudiera desbaratar[22] este delicado equilibrio.

[22] *disturb*

❑ Conteste las preguntas.

1. ¿Por qué no quiere la madre de Rosaura que la niña vaya a la fiesta de Luciana?
2. ¿Qué desea hacer Rosaura?
3. ¿Qué pasó la mañana de la fiesta?
4. Al entrar en la cocina de la casa de su amiga, ¿qué vio Rosaura?
5. ¿Por qué no conoce a Rosaura la prima de Luciana?
6. ¿En qué momento durante la fiesta se hace evidente la diferencia de clases entre Rosaura y los demás invitados?
7. ¿Por qué tiene Rosaura permiso para entrar en la cocina?
8. ¿Cómo fueron entretenidos los invitados?
9. ¿Cómo era el asunto de los regalos? ¿Qué le dio la Sra. Inés a Rosaura? ¿Por qué?
10. ¿Cómo reacciona Rosaura al ver los dos billetes?
11. ¿Por qué razón fue invitada Rosaura a la fiesta?

❑ ¿Cuáles son las características del cuento de Heker? Use las siguientes preguntas como guía para escribir un breve comentario sobre el cuento.

1. ¿Es una narración? ¿Por qué sí o por qué no?
2. ¿Tiene elementos descriptivos? ¿Cuáles? Cite ejemplos específicos de la obra.
3. ¿Se usa el diálogo? ¿Cómo y con qué efecto?
4. ¿Hay algún regionalismo en el habla de los personajes?

GUÍA PARA LA ESCRITURA CORRECTA: LAS REGLAS ORTOGRÁFICAS

La biblioteca

PARA ESCRIBIR CORRECTAMENTE, es absolutamente necesario tener un conocimiento básico de las reglas ortográficas y de su aplicación. Por eso, en esta unidad se repasan las reglas esenciales de la división de las palabras en sílabas, de la acentuación y ortografía, del uso de las mayúsculas y de la puntuación y sintaxis. Los muchos ejemplos que acompañan estas reglas destacan las diferencias que existen entre el inglés y el español en la aplicación de algunas de ellas. Los ejercicios son prácticos y creados para corregir los errores más comunes. ☙

A LA DIVISIÓN DE LAS PALABRAS EN SÍLABAS

LAS VOCALES

Las vocales (**a, e, i, o, u**) se dividen en dos clases: vocales fuertes (**a, e, o**) y vocales débiles (**i, u**). La **i** se sustituye por la **y** griega al final de algunas palabras: *hoy, doy, estoy, Paraguay, rey, muy.*

LA SÍLABA

La sílaba es formada por una consonante y una vocal o sencillamente por una vocal fuerte.

chi-me-ne-a	o-lor
chi-le-na	pa-ja-ri-to
ve-ne-zo-la-no	di-fí-cil

Cuando hay dos consonantes juntas, se separan si la segunda no es **l** o **r**.

tam-bién	ex-per-to
mar-zo	fal-ta-ba
ac-ción	tam-po-co

Las consonantes **ch, ll** y **rr** no se separan al dividir una palabra en sílabas porque son consonantes individuales del alfabeto.

mu-cha-cha	ca-lle	co-rrer

La combinación **consonante** + **l** o **r** (**bl, cl, gl, pl; br, cr, dr, gr, pr**). forma una sola sílaba con la vocal siguiente.

co-pla	a-bril
pu-bli-car	a-grí-co-la
e-cle-siás-ti-co	hi-pó-cri-ta

Si hay tres consonantes juntas, éstas se separan entre la segunda y la tercera consonante: $\overset{12\text{-}3}{\text{obs-tá-cu-lo}}$.

obs-cu-ro	ins-ti-tu-ción	pers-pec-ti-va

Si la tercera consonante es **l** o **r**, entonces se separan entre la primera y la segunda consonante: $\overset{1\text{-}23}{\text{Lon-dres}}$.

tem-pra-no	ex-pli-car	cons-truc-ción

LOS DIPTONGOS

La combinación de una vocal fuerte (**a, e, o**) y una vocal débil (**i, u**) o de dos vocales débiles (**iu, ui**) se pronuncia en una sílaba y forma un diptongo. Hay catorce diptongos en español. Doce de ellos resultan de la unión de una vocal fuerte con una vocal débil. Solamente dos resultan de la combinación de las dos vocales débiles. El diptongo forma una sílaba solo, o en combinación con una o más consonantes.

ai (ay)	ai-re, hay	**au**	au-daz	**iu**	ciu-dad
ia	ha-cia	**ua**	ca-sua-li-dad	**ui (uy)**	cui-da-do, muy

ei (ey)	Oli-vei-ra, rey	**eu**	Eu-ge-nio
ie	vie-ne	**ue**	vuel-vo
oi (oy)	soy	**ou**	bou[a]
io	re-me-dio	**uo**	an-ti-guo

También existe el triptongo, que es la combinación de tres vocales: débil, fuerte y débil.

es-tu-diáis en-viáis buey Pa-ra-guay

Cuando la vocal débil lleva acento escrito (**í, ú**), no forma diptongo con la vocal fuerte. En este caso las dos vocales se separan en dos sílabas.

tí-o	co-mí-a-mos	pú-a
rí-os	pa-ís	con-ti-nú-a
Gar-cí-a	re-ú-ne	ba-úl

Tampoco forman diptongo dos vocales fuertes. Éstas también se separan en dos sílabas.

le-er	de-se-ar	co-o-pe-rar
re-al	Te-o-do-ro	re-a-lis-ta

EJERCICIOS

A. Separe las siguientes palabras en sílabas.

1. industrial	8. instalación	15. panadería
2. dramaturgo	9. Uruguay	16. tarea
3. indígena	10. aventurero	17. Guatemala
4. expresión	11. cinismo	18. insoportable
5. fotografiar	12. descubrimiento	19. Europa
6. elecciones	13. zoológico	20. Asturias
7. Argentina	14. churros	21. caballero

B. Separe en sílabas las palabras subrayadas.

1. «Soy de San Agustín, Florida», dijo Laura.
2. El aire era tan sucio que no se podía respirar.
3. El ruido constante de los trenes me molesta.
4. Estudio con atención las reglas de acentuación.
5. Con las piedras se hace fuego.
6. Pues, es huérfana ahora, la pobre muchacha.
7. Se celebró la fiesta ayer.
8. Hay mucho hielo en el agua; por eso está tan fría.
9. Me pidió una pausa breve.
10. Eusebio es un niño muy travieso.

---

[a] Fishing term of Catalan origin meaning a joint casting of a net by two boats. Another example is of French origin: *boudoir* (bedroom). The *ou* combination occurs rarely within a single word. It is more likely to be found across word boundaries: no unido.

B │ LA ACENTUACIÓN

En todas las palabras que tienen más de una sílaba, hay una sílaba sobre la cual cae la fuerza de la pronunciación: *bai*le, bai*lar* y baila*rín*. A veces el acento es fonético (*bai*le, bai*lar*) y a veces hay que escribirlo (baila*rín*).

El acento escrito, u ortográfico, es muy importante para la comprensión de la palabra escrita. Compare el sentido de las siguientes palabras según su pronunciación.

El *público* fue maravilloso.
Yo *publico* muchos libros.
Él *publicó* su novela en 1916.

REGLAS PARA LA ACENTUACIÓN

Para saber cuándo y dónde debe poner el acento ortográfico en una palabra, recuerde las siguientes reglas.

1. En las palabras que terminan en vocal, **n** o **s**, la fuerza de la pronunciación recae sobre la penúltima sílaba y la palabra no necesita acento ortográfico.

   casa   no**ta**ble   Ori**no**co   Es**te**ban   nicara**güen**ses   sin**tax**is

2. En la mayoría de las palabras que terminan en consonante, con excepción de **n** y **s,** la fuerza de la pronunciación recae sobre la última sílaba y la palabra no necesita acento ortográfico.

   pa**red**   vo**cal**   re**loj**   anda**luz**   profe**sor**   acompa**ñar**

3. Las palabras que no obedecen a estas dos reglas necesitan acento ortográfico (´) sobre la vocal de la sílaba que se pronuncia con más intensidad.

   ca**fé**   ha**blé**   Pe**rú**   lla**mó**   Roco**có**   es**tás**
   Ra**món**   **Cé**sar   **Fé**lix   **fér**til   Ro**drí**guez   **mú**sica
   sílaba   si**nó**nimo   espec**tá**culo

4. Las palabras que se basan en otras palabras (rápido → rápidamente) o las palabras a las que se les añaden **otras** (diga → dígamelo) necesitan acento ortográfico en la sílaba sobre la cual cae la fuerza de la pronunciación.

   cor**tés** → cor**tés**mente
   lle**var** → lle**vár**selo
   escri**bien**do → escri**bién**dosela
   ponga → **pón**gaselo
   di → **dí**melo

5. En el caso de dos vocales contiguas, si la fuerza de la pronunciación recae sobre la vocal débil (**í, ú**), el acento se escribe sobre ésta.

   frío   ba**úl**   filoso**fí**a   acen**tú**a   ca**í**do   ha**bí**amos   se re**ú**nen

6. Las palabras interrogativas y exclamativas necesitan acento ortográfico cuando se usan con sentido interrogativo o exclamativo. También se necesita el acento cuando las palabras interrogativas se usan en una pregunta indirecta.

PREGUNTAS DIRECTAS

¿Adónde vas?	*¿Cuánto* vale el queso?
¿Cómo se siente Ud. hoy?	*¿Cuántos* vienen a cenar?
¿Cuál prefieres?	*¿Dónde* naciste?
¿Cuáles son los tuyos?	*¿Por qué* llorabas?
¿Cuándo escribirás?	*¿Qué* día es hoy?
¿Cuánta harina compró Ud.?	*¿Quién* llama?
¿Cuántas uvas comes?	*¿Quiénes* son Uds.?

EXCLAMACIONES

¡Cuántas penas sufrió el pobre García!
¡Qué día más bonito!

PREGUNTAS INDIRECTAS

Dime *cómo* estás.
Nunca me explicó Pedro *por qué* no me había llamado.

7. Los demostrativos *este, ese, aquel* y sus formas femeninas y plurales llevan acento ortográfico cuando son pronombres, es decir, cuando se usan en lugar de un sustantivo (*éste* viene, *ése* me gusta, prefiero *aquél*).[a] Se usan sin acento ortográfico cuando tienen la función de adjetivos. En este caso acompañan el sustantivo (*este* auto, *ese* árbol, *aquel* niño).

PRONOMBRES DEMOSTRATIVOS	ADJETIVOS DEMOSTRATIVOS
¿Me preguntas cuál de los sombreros prefiero? Pues, prefiero *ése*. Deseo comprar una muñeca pero *éstas* son muy caras. Voy a ver *aquéllas*.	Por favor, pásame *esa* manzana, *esas* fresas, *ese* melón y *esos* melocotones. Tráeme *aquella* pera también... y la naranja.

(CON ACENTO ESCRITO)	(SIN ACENTO ESCRITO)	
éste, ése, aquél	este, ese, aquel	
ésta, ésa, aquélla	esta, esa, aquella	+
éstos, ésos, aquéllos	estos, esos, aquellos	sustantivo
éstas, ésas, aquéllas	estas, esas, aquellas	

¡OJO! Los demostrativos neutros **esto, eso** y **aquello** no llevan acento ortográfico.

¿Esto? No lo creo.
Jacinto cree que eso no va a ser posible.

---

[a] Fíjese que la Real Academia de la Lengua (España) ha declarado que el uso del acento ortográfico en los pronombres demostrativos es opcional si el sentido de la oración está claro.

8. Se añade o se quita el acento ortográfico al formar el plural de ciertos sustantivos, según las reglas para la acentuación. Observe los siguientes casos.

acción → acciones   nación → naciones

resumen → resúmenes   imagen → imágenes

9. Se acentúa una del par de palabras homónimas para distinguirlas entre sí.

CON ACENTO		SIN ACENTO	
sí	*yes*	si	*if*
tú	*you*	tu	*your*
él	*he*	el	*the*
mí	*me*	mi	*my*
dé[a]	*give* (dar)	de	*of, from*
sé	*I know* (saber); *be* (ser)	se	*himself, herself, yourself,* etc.
té	*tea*	te	*you*
sólo	*only* (solamente)	solo	*alone*
más	*more*	mas	*but*
aún	*still, yet* (todavía)	aun	*even, also* (también)

EJERCICIOS

A. Separe las palabras en sílabas y ponga el acento ortográfico donde sea necesario.

1. aunque	11. unico	21. imagenes
2. ahi	12. rapidez	22. frijoles
3. habilmente	13. obstaculo	23. America
4. arrimandose	14. ademas	24. petroleo
5. Bogotá	15. Paraguay	25. television
6. corazon	16. capitan	26. organizaciones
7. traigamelo	17. huerfano	27. reloj
8. matrimonio	18. despues	28. filosofo
9. orquesta	19. inferior	29. tarea
10. leon	20. folklorico	30. locutor

B. Analice las palabras homónimas y los demostrativos y escriba el acento donde sea necesario.

1. *Aun* existe la casa de Fernán González en Covarrubias, provincia de Burgos.
2. *Aun* los perros y los gatos *se* llevan bien cuando *se* crían juntos.
3. Juanito *solo* quería jugar con su primo, pero *este* prefería pasar la tarde *solo*.

---

[a] Cuando el mandato **dé** va seguido de un pronombre, se pierde el acento: **deme, dele, denos.**

4. Pedro me dijo que *el* trabajó mucho en construcciones porque le gustaba *el* trabajo.

5. —¿*Te* puedo ofrecer un *te*?—*Si,* gracias, *si* tienes tiempo y *si* no es una molestia.—Para *mi* no es ninguna molestia. Eres *mi* amiga, ¿no?

6. Carmela no volverá *mas.* Su hermana trató de hacer que *se* quedase, *mas* ella no quiso. Carmela es *mas* impaciente que su hermana.

7. *Si* el director me contesta que *si, te* invitaré a tomar un café. No *se* cuándo me contestará. *Se* fue de la ciudad el lunes y no ha regresado *aun.*

8. Sra. Morales, *deme* el nuevo número *de* teléfono del Ing. Harris. *Este* número que tengo es el anterior.

9. —¿*De* quién son *esos* sombreros?—¿*Estos*? Pues, no *se.* Serán de Ricardo, como lo son *aquellos* que están sobre *aquella* mesa.

C. Lea las siguientes «Rimas» (1871) de Gustavo Adolfo Bécquer[a] (España, 1836–1870) y escriba el acento ortográfico sobre las palabras que lo necesiten. Note que en las Rimas XXI y XXXVIII el tema es el amor. En la Rima LIII, los temas son la soledad y la nostalgia que siente el poeta al recordar un amor perdido. Bécquer enlaza el tema de la naturaleza («golondrinas», «cuajadas de rocío») con el del paso del tiempo («ésas no volverán») para crear una de sus composiciones más bellas.

XXI

¿Que es poesia?—dices mientras clavas[1]
    en mi pupila tu pupila azul—.
¿Que es poesia? ¿Y tu me lo preguntas?
    Poesia... eres tu.

[1] *you fix*

XXXVIII

Los suspiros son aire y van al aire.
Las lagrimas son agua y van al mar.
Dime, mujer: cuando el amor se olvida,
    ¿sabes tu adonde va?

LIII

Volveran las oscuras golondrinas[1]
en tu balcon sus nidos[2] a colgar,
y otra vez con el ala a sus cristales
    jugando llamaran;

[1] *swallows (small birds)*   [2] *nests*

[a] Poeta romántico nacido en Andalucía, escribió prosa (*Leyendas*) y lírica (*Rimas*). En este sentido se parece a Juan Ramón Jiménez. Su poética mezcla la poesía y el sentimiento, el amor y la mujer.

pero aquellas que el vuelo refrenaban[3]
tu hermosura y mi dicha al contemplar;
aquellas que aprendieron nuestros *nombres,*
    esas... ¡no volveran!

Volveran las tupidas madreselvas[4]
de tu jardin las tapias a escalar,[5]
y otra vez a la tarde, aun mas hermosas,
    sus flores se abriran;

pero aquellas cuajadas de rocio,[6]
cuyas gotas mirabamos temblar
y caer, como lagrimas del dia...
    esas... ¡no se abriran!

Volveran del amor en tus oidos
las palabras ardientes a sonar;
tu corazon de su profundo sueño
    tal vez despertara;

pero mudo y absorto y de rodillas,
como se adora a Dios ante su altar,
como yo te he querido... desengañate;[7]
    asi ¡no te querran!

[3] *stopped*   [4] tupidas... *thick honeysuckle vines*
[5] las... *to climb the walls*   [6] cuajadas... *filled with
dew*   [7] *don't deceive yourself*

D. Este ejercicio tiene un doble propósito: primero, que Ud. lea dos selecciones literarias y segundo, que escriba los acentos donde sea necesario en el texto de las mismas.

1. «La disyuntiva mexicana» de *Tiempo mexicano,* obra de Carlos Fuentes[a] (México, 1922–   ) trata un aspecto del tema del desarrollo del pueblo mexicano.

Los problemas de nuestro pais se agudizaran[1] criticamente durante los proximos diez años. En 1980, Mexico tendra setenta millones de habitantes; de aqui en adelante, la poblacion se duplicara cada veinte años. ¿Quien pagara las escuelas, los caminos, las presas, los hospitales, la seguridad social de ese inmenso numero de nuevos mexicanos; quien les proporcionara empleo; quien sufragara[2] los gastos de la investigacion cientifica y de la inversion tecnologica?... Solo el estado puede reasumir la direccion energica del crecimiento mexicano, pero esta vez no a favor del sector privado, sino a favor de la colectividad.

[1] se... *will become worse*   [2] *will defray*

[a] Fuentes estudió en varios países: México, los Estados Unidos, también en Santiago de Chile, Río de Janeiro y Suiza. Es un escritor cosmopolita, culto. A raíz de su interés por la esencia de la mexicanidad, ha escrito muchos libros sobre México y sus orígenes. Sus obras más famosas son *La región más transparente* (1959) y *La muerte de Artemio Cruz* (1962), dos novelas conocidas en todo el mundo.

2. Este fragmento es de *Crónica del alba,* una novela autobiográfica de Ramón Sender[a] (España, 1902–1982). En la novela, Sender recrea el mundo infantil en que Pepe Garcés, un niño dotado de una gran imaginación y un temperamento rebelde, sueña con ser un héroe o un mártir por amor a Valentina, una niña presuntuosa que casi no le hace caso.

Yo queria a Valentina, pero hasta aquella tarde no se lo dije. Afortunadamente cuando llego no habian vuelto aun del paseo mis hermanos. Me alegraba yo especialmente de que no estuviera Maruja[1] porque temia que me pusiera en ridiculo diciendo que habia sido apaleado.[2] Yo estaba atento a los rumores de la escalera. Sabia que Valentina no entraria si no bajaba alguien a recibirla, porque teniamos un mastin[3] feroz atado con una cadena en el patio. Nunca habia dado el perro muestras de enemistad con Valentina, pero ella estaba en su derecho teniendole miedo.

Valentina aparecio por fin corriendo calle abajo y al ver que yo estaba en la puerta se detuvo. Siguio andando con una lejana sonrisa, pero de pronto, cambio de parecer y echo a correr de nuevo. Cuando llego comenzo a hablarme mal de su hermana Pilar. Me dijo que habia querido llegar mas pronto pero que la obligaron a estudiar el piano. Yo me crei en el caso de mirar el reloj y decirle a Valentina que los numeros de la esfera eran de ambar.[4]

[1] hermana menor de la protagonista   [2] *spanked*   [3] *hunting dog*   [4] los... *the numbers on the face of the clock were of amber* (*a semi-precious stone*)

C | LA ORTOGRAFÍA: LETRAS DE EMPLEO DUDOSO

En español, la mayoría de las palabras se escriben fonéticamente y eso hace que la ortografía sea más fácil. Pero la pronunciación de algunas letras puede dar lugar a dudas que resultan en errores ortográficos. Un ejemplo es la confusión entre **b** y **v** en palabras como *iba,* a menudo escrita erróneamente *iva,* o *bamos* por *vamos.* Otras letras que suelen presentar problemas al escribirlas son: **ll** e **y**; **g** y **j**; **c, z** y **s.** Y hay otras letras difíciles. Para escribir correctamente, conviene que Ud. repase algunas reglas ortográficas.

- Por lo general, no existen consonantes dobles en español. La **ll** (*llave*) y la **rr** (*zorro*) no son consonantes dobles, sino letras simples del alfabeto, signos distintos para sonidos particulares.
  Excepción: La doble **c** (*acción, accidente*) no es considerada una doble consonante, ya que cada letra tiene un sonido particular.

[a] Fue periodista y profesor universitario en Nuevo México, además de novelista. Durante la Guerra Civil española, simpatizó con los republicanos, aunque en sus obras literarias, sus protagonistas admiran a los anarquistas por su individualismo y espíritu independiente, cualidades que Sender estima. Desilusionado, huyó a Francia y luego se radicó en México, donde escribió *Mexicayotl,* en honor del país que lo había acogido. Finalmente, fue profesor de español en los Estados Unidos.

Excepción: El prefijo **in-** forma una consonante doble cuando se usa con una palabra que empieza con **n-:** necesario → innecesario, noble → innoble.

- La letra **h** es muda, pero se escribe: zanahoria, huir.
- La **u** después de **q** y en las combinaciones **gue** y **gui** no se pronuncia. Sin embargo, se escribe: que, aquel; llegué, guerra; guitarra, seguir. **Excepción:** Para pronunciar la **u** en **gue** y **gui**, escriba una diéresis (¨) sobre la **u:** lingüística, bilingüe.
- En algunas partes de España y en Hispanoamérica existe el **seseo,** que consiste en pronunciar con el sonido de **s** las letras **c** y **z.** Por lo tanto, no se diferencia entre la pronunciación de **ce** y **se, ci** y **si, za** y **sa, zo** y **so, zu** y **su.**[a] Como consecuencia, las palabras *abrazar* y *abrasar, ciervo* y *siervo, cierra* y *sierra, cazar* y *casar,* entre otras, se pronuncian igualmente aunque su escritura y sentido son diferentes.
- La letra **z** se cambia por **c** al formar el plural de palabras que terminan en **z:** luz → luces, lápiz → lápices.
- Para mantener la uniformidad del sonido, los verbos que terminan en **-car, -gar, -zar, -ger, -guir, -cer,** etcétera, siguen una serie de reglas ortográficas.

-car: c → qu	antes de e	buscar: bus**qu**é, bus**qu**e
-gar: g → gu	antes de e	llegar: lle**gu**é, lle**gu**e
-zar: z → c	antes de e	empezar: empe**c**é, empie**c**e
-ger: g → j	antes de a, o	recoger: reco**j**o, reco**j**a
-guir: gu → g	antes de a, o	seguir: si**g**o, si**g**a
-cer: c → z	antes de a, o	hacer: hi**z**o; ejercer: ejer**z**a

- Las letras **j** y **g** seguidas de las vocales **e** e **i** forman sílabas cuyo sonido es igual. En la mayoría de los dialectos del español, no hay diferencia entre la pronunciación de las siguientes consonantes, pero sí la hay en su escritura: **g**ente, **j**erarquía; **g**itano, **j**inete. Sólo con el estudio y la práctica aprenderá a escribir estas palabras correctamente.
- Las letras **ll** e **y** griega tenían una pronunciación muy distinta; hoy en día esta distinción está desapareciendo: llover, yoga; olla, oye. Sólo con el estudio y la práctica aprenderá a escribir estas palabras correctamente.
- Al final de una palabra, se escribe **y** en lugar de la vocal **i:** ley, voy, Ruy, hay.

---

[a] En la mayor parte de España (y en algunas otras partes del mundo de habla española), la **c** seguida por las vocales **e** e **i** y la **z** en todos los casos se pronuncian como **th** en inglés. Por lo tanto, no hay ningún problema con la escritura de las combinaciones mencionadas.

- Se usa **rr** entre vocales solamente; nunca comienza la palabra: barro, borriquito, correcto. También se usa **rr** en palabras compuestas cuando la segunda palabra original comienza con **r**: Costa Rica → costarricense, Puerto Rico → puertorriqueño.
- Las consonantes **x** y **s** son a veces difíciles de diferenciar: extremo, estremecer. A continuación hay unas palabras con **x** y **s** de uso frecuente: (**x**) exponer, expreso, explicar, extraordinario; (**s**) espléndido, espontáneo, estructura, estrépito.
- Las siguientes palabras contienen ejemplos de letras que presentan dificultades y que, por lo tanto, se escriben erróneamente con frecuencia.

b	Córdoba, estaba, Esteban, gobierno, La Habana, haber, tubo (*tube*)
v	automóvil, octavo, tuvo (*he/she had*), vago, vamos, vasto, vocación
c	ciencia, disciplina, escéptico, especial, excepto, suficiente
z	arroz, hizo, pobreza, quizás, tal vez, Venezuela, vez, zeta
g	cónyuge, gente, gentileza, Gerona, giro, gitano, proteger
j	dije, jefe, jerarquía, ¡ji, ji!, personaje, protejo, traje
h	almohada, ha hecho, hábil, hebrero, hierro, hojear, Holanda, huerto
gue	albergue, guerra, guerrillero, llegue, pague, traguen
gui	conseguir, guión, guirnalda, guitarra, seguí
güe	antigüedad, bilingüe, vergüenza
güi	lingüística, pingüino
x	exagerar, exceder, excepcional, explicar, extensión, sexto

EJERCICIOS

A. Cambie las siguientes palabras al plural.

MODELO: lápiz → *lápices*

1. vez	5. pez	8. feliz
2. voz	6. feroz	9. actriz
3. cruz	7. capaz	10. raíz
4. luz		

B. Escriba la forma correcta del verbo en la forma **yo** del pretérito, según el ejemplo.

MODELO: almorzar → *almorcé*

1. comenzar	4. empezar	7. criticar
2. alzar	5. cruzar	8. negar
3. alcanzar	6. publicar	9. llegar

C. Analice las palabras en las columnas A y B. Compárelas, explique su uso y escriba una oración con cada una de ellas.

MODELO: haya → Espero que Roberto *haya* leído el artículo.

A	
	haya (haber)
1. halla (hallar)	
2. estaba (estar)	estuve (estar)
3. voy a hacer	voy a ser
4. haber	a ver
5. hecho (hacer)	echo (echar)
6. coger	cojear
7. botar	votar

D. Traduzca al español.

1. He began his career studying science in Mayagüez.
2. The problem is that there is not enough rice for the soup.
3. Why is "light" spelled with a "z" and "lights" with a "c"?
4. They read a story about a gypsy who met a horseman on his way to Córdoba.
5. Perhaps my son-in-law ought to take the car today.
6. Bilingual students are special because they know two languages and two cultures well.
7. Yesterday Steven was very fortunate. I paid the bill.
8. Isabel was ashamed to admit that she had not done the assignment.
9. We saved enough money to go on a trip in our new automobile.

D | LOS COGNADOS

Existen palabras que se parecen en dos lenguas por su sentido y por la forma en que se escriben. Estas palabras se llaman **cognados**. Algunos cognados entre español e inglés son: «comunicación» y *communication;* «decidido» y *decided;* «gravedad» y *gravity.* Algunos cognados son idénticos: «industrial» e *industrial;* otros son falsos, o sea, su escritura es idéntica o bastante parecida, pero su sentido es diferente: «asistir» (*to attend*) y «atender» (*to assist*). La ventaja de los cognados es que a través de su estudio se amplía el vocabulario. Pero, a la vez, los cognados son tan parecidos en los dos idiomas, por ejemplo, «teléfono» y *telephone,* que algunas veces se prestan a confusión en la ortografía.

Algunas normas para la traducción de los cognados del inglés al español son las siguientes.

1. No existen consonantes dobles en español: «comité» (*committee*), «proceso» (*process*), «aceptar» (*accept*), «inteligente» (*intelligent*).
2. Las palabras que en inglés terminan en *-ity, -ed, -tion,* o *-ly,* en español terminan en **-dad, -ado, -ido, -ción** o **-mente.**

INGLÉS	ESPAÑOL
public**ity**	publici**dad**
prepar**ed**	prepar**ado**
substitu**tion**	substitu**ción**
evident**ly**	evidente**mente**

3. La combinación *ph* en inglés es sustituida por **f** en español, y la *ch* por **c** o **qu**.

INGLÉS	ESPAÑOL
tele**ph**one	telé**f**ono
phonetics	**f**onética
pharmacy	**f**armacia
photographer	**f**otógrafo
characteristic	**c**aracterística
ma**ch**ine	má**qu**ina
chaos	**c**aos
ri**ch**	ri**c**o

EJERCICIOS

A. Dé los cognados que corresponden a las siguientes palabras.

1. recommendation
2. production
3. professor
4. intelligent
5. author
6. special
7. governor
8. preferred
9. September
10. additional
11. chemistry
12. occurred
13. opportunity
14. institution
15. different
16. species
17. autonomy
18. physics
19. ideology
20. passionate
21. attention
22. difficulty
23. impossible
24. immediate

B. Escoja *diez* cognados en español de la lista del ejercicio A y escriba una oración empleando cada uno de ellos.

E LAS MAYÚSCULAS

Se escriben con letra mayúscula:

1. Los nombres propios (nombre y apellido) o apodos de las personas.

Laura Gallegos, Laurita
Juan González Calderón, Juanito
Juana la Loca

Los nombres de lugares (ciudades, países, continentes, montañas, ríos, océanos) y de instituciones y compañías.

Buenos Aires, Madrid
Paraguay, Senegal
Antártida, Australia, Europa
los Andes, la Sierra Nevada

el río Amazonas, el río Misisipí
el océano Atlántico, el océano Pacífico
el mar Mediterráneo, el mar Rojo

el Museo de Bellas Artes, la Universidad Autónoma
la IBM, Castillo Saavedra, S.A. (Sociedad Anónima)

2. La primera palabra y los nombres propios de personas y lugares que van dentro de los títulos de poemas, libros, obras de teatro, etcétera.[a]

«Dicen que no hablan las plantas» de Rosalía de Castro (poema)
Prosas profanas de Rubén Darío (libro)
El burlador de Sevilla, de Tirso de Molina (obra de teatro)
Los pasos perdidos, de Alejo Carpentier (novela)
Hombre de mundo (revista)

3. La primera palabra de una oración completa, aun cuando ésta va intercalada en otra oración.

A los estudiantes les encanta leer las *Rimas* de Gustavo Adolfo Bécquer. En particular, les gusta la rima XXI que empieza con el verso «¿Qué es poesía... ?» y que termina con el verso «¡Poesía... eres tú!»

4. Los tratamientos de cortesía cuando están expresados en abreviatura.

usted → Ud., Vd.
ustedes → Uds., Vds.
señor, señora, señorita → Sr., Sra., Srta.
don Julio, doña Flor → D. Julio, Dª. Flor

5. Los cargos y títulos se escriben con mayúscula cuando se refieren a una persona concreta.

El Rey (i.e., Juan Carlos) subió al trono en 1975.
El Rey de España es muy admirado.

Sin embargo, cuando se habla de ellos en general o cuando van seguidos del nombre de la persona que los lleva, se escriben con minúscula.

Un rey tiene muchas preocupaciones.
El rey Juan Carlos intenta integrar a España en el mundo democrático.

No se escriben con mayúscula:

1. los días de la semana
lunes, martes, miércoles, ...
2. los meses del año
enero, febrero, marzo, ...
3. las estaciones del año
primavera, verano, otoño, invierno
4. los nombres de idiomas
el español, el inglés, el portugués,

---

[a] Nótese que los títulos de libros, obras de teatro, novelas y revistas se escriben *en letra itálica.*

5. ningún adjetivo (no importa de dónde se derive)
Gentilicios: español, ruso, chino, catalán
Nombres propios: darwinismo (Darwin), platónico (Platón), marxista (Karl Marx), budista (Buda)
Religiones: catolicismo, católico; islám, islamita

EJERCICIOS

A. Ponga mayúsculas donde sea necesario.

1. estoy leyendo *cien años de soledad* del autor colombiano gabriel garcía márquez.
2. el rey de españa, juan carlos, dictó una conferencia sobre el bicentenario del descubrimiento de américa por cristóbal colón en 1492.
3. el famoso monólogo que comienza con las palabras «ser o no ser» es parte del drama *hamlet*, del dramaturgo william shakespeare.
4. el expresidente de los estados unidos, george bush y el presidente de francia, françois mitterrand, se reunieron el 29 de abril en el palacio versalles cerca de parís.
5. el artículo de ramiro cristóbal, «retrato quebrado de frida kahlo», apareció el 29 de febrero de 1988 en cambio 16, una revista española.

B. Vuelva a escribir el siguiente memorandum, poniendo letras mayúsculas donde sea necesario, según las normas indicadas anteriormente.

---

intercontinental development co.
9 church street
new york, n.y. 10007

memorandum

a:	sr. christopher jones vice presidente departamento de contratos y licencias	fecha:	5 de octubre de 1991
de:	anita soto asistenta, oficina del presidente	asunto:	itinerario, primera etapa, próximo viaje a sudamérica

adjunto a la presente el itinerario de la primera etapa de su próximo viaje a sudamérica. estoy pendiente de la confirmación de su vuelo caracas-são paolo.

lunes, 10 de octubre

11:00 de la mañana	salida del aeropuerto internacional j.f.k., vuelo varig 234.
18:00	llegada a caracas, venezuela. reservado el hotel sheraton international.

20:30	cena en casa del sr. gustavo marín, director general de la xerox, caracas. será presentado a varios representantes de la industria norteamericana en venezuela, entre ellos, el sr. ramón muñoz, vice director de caterpillar, s.a.; el ing. luis taller, tesorero de la borden, s.a., y el dr. enrique martínez, gerente de la firestone international. el sr. d. diego rivera, ingeniero principal del departamento de desarrollo económico para la zona amazónica y la dra. lupe martínez de los condes, directora de relaciones exteriores del ministerio para el desarrollo agrícola, también estarán presentes.

martes, 11 de octubre

9:00 de la mañana	encuentro con el dr. enrique martínez, gerente de la firestone international para firmar contratos.
10:15	reunión en el sheraton international con los ings. t. sánchez, l. rosto y m. vivar para negociar licencias.
mediodía	almuerzo, sheraton international, en el salón azúl, con el sr. gustavo marín, y los ings. martínez, sánchez, rosto y vivar.
de 14:00 a 15:00	giro por la fábrica y oficinas de la caterpillar, s.a. con el sr. ramón muñoz y la ingra. josefina delgado.
19:00	cocktail y cena en casa del dr. enrique madera, gerente de la caterpillar, s.a. su dirección es avenida de la república, 374 (tel. 76134).
21:30	función teatral, ballet folklórico de caracas, teatro teresa carreño, cerca del hotel hilton.

miércoles, 12 de octubre

8:00 de la mañana	desayuno con el sr. luis taller en el hotel continental, salón versalles.
11:30	salida, aeropuerto internacional simón bolívar, vuelo varig 738.
14:30	llegada a são paolo.

Esta tarde le enviaré el itinerario de la visita a são paolo. si necesita más información o alguna aclaración, haga el favor de ponerse en contacto con nuestra oficina.

F LA PUNTUACIÓN

La puntuación es importante para la comprensión de un escrito. Compare el sentido de las siguientes oraciones.

No viene mañana.
No. Viene mañana.
¡No! ¿Viene mañana?

LOS SIGNOS DE PUNTUACIÓN

,	la coma	¿?	la interrogación
.	el punto	¡!	la admiración
;	el punto y coma	( )	el paréntesis
:	los dos puntos	« »	las comillasª
...	los puntos suspensivos	-	el guión
		—	la raya (el guión mayor)

En general, los signos de puntuación en español se usan así como se usan en inglés, aunque existen algunas diferencias. En español:

1. Cuando se trata de una interrogación o de una exclamación, se pone un signo invertido (¿) (¡) al principio de una oración, además del signo que se usa siempre al final.

> ¿Quién es el autor?
> ¡Dios mío! ¡Qué vergüenza!
>
> ¿Qué canción conoces?
> ¡Viva la patria!

Cuando estos signos afectan a un segmento de la oración, sólo la parte propiamente interrogativa o exclamativa los lleva.

> Prefieres la música popular, ¿verdad?
> Quisiera acompañarte, pero... ¡estoy cansadísima!

2. Se emplea la raya (el guión mayor) en el diálogo para indicar lo dicho por cada interlocutor.

> —Ana, llámame esta tarde, por favor.
> —De acuerdo. ¿A qué hora estarás en casa?
> —A las cinco.

3. Las comillas se usan antes y después de una cita textual, una palabra extranjera o para enmarcar una palabra que se desea destacar en el texto. También se usan para indicar los títulos de poemas, artículos, ensayos y películas.

> «En un lugar de la Mancha, de cuyo nombre no quiero acordarme... » Así comienza Miguel de Cervantes su maravillosa aventura, *Don Quijote de la Mancha.*
> ¿Qué piensas hacer este «weekend»?
> Me gustó el poema «Lo fatal» de Rubén Darío.
> En la escuela leímos el famoso ensayo «Tres héroes» de José Martí.

Ya que muchos signos de puntuación en español se usan así como se usan en inglés, Ud. deberá comprender con facilidad el uso de ellos en los siguientes ejemplos.

ª Se usa también otro tipo de comilla, la que se usa en inglés (" "). Ambos estilos se usan corrientemente, con tal que sea uniforme en un mismo texto.

LA COMA (,)

Compré manzanas, uvas y ciruelas en el mercado.

Boris Becker, tenista alemán, ganó en Wimbledon.

«La situación económica», dice el Alcalde, «será peor en el futuro».

Sí, recibí tu carta ayer y te contestaré inmediatamente.

Al salir de mi casa, me caí, pero no me hice daño, gracias a Dios.

EL PUNTO (.)

La respuesta fue negativa. Para el director representó una derrota.

Envió la carta al Sr. Gómez, a la Sra. Morales, a D. Pedro y a la oficina del Dr. Pérez en Washington, D.C.

EL PUNTO Y COMA (;)

No me gusta el té; prefiero el café.

En el verano vamos a la playa o al campo; en el invierno preferimos quedarnos en casa.

La tía Pepita es muy alegre; sin embargo, también ella tiene sus días tristes.

LOS DOS PUNTOS (:)

Los tres elementos narrativos son: la acción, el ambiente y los personajes.

Muy señores míos: Contestamos su carta del 10 de octubre.

La cena fue riquísima: paella valenciana, ensalada verde, fruta fresca, queso manchego y vino tinto.

LOS PUNTOS SUSPENSIVOS (...)

Me gustaría ir al teatro esta noche pero...

Acabo de leer el poema «Yo soy aquel... » de Rubén Darío, dedicado a José Enrique Rodó, el famoso autor de *Ariel*.

Me encantan los escritores rusos: Tolstoy, Chekov, Turgenev...

EL PARÉNTESIS ( )

Juan Valera (1824–1905) escribió su famosa novela *Pepita Jiménez* en 1874.

La decisión de la administración (decisión que a mi parecer es injusta) fue apoyada por un gran número de personas.

La International Business Machines (IBM) piensa invertir capital en un nuevo implante en Buenos Aires.

EL GUIÓN (-)

La palabra «contaminación» se separa en cinco sílabas: con-ta-mi-na-ción.

En un escrito, la fecha «12 de octubre de 1992» se puede abreviar así: 12-10-1992.

EJERCICIOS

A. Vuelva a escribir las siguientes frases y oraciones con la puntuación correcta.

1. Nació en Bogotá Colombia
2. Ay Qué lástima
3. Querida Ana Cómo te va
4. Dónde trabajas Miguel
5. Muy estimado Sr Aguilar
6. Vivo en San José California ahora
7. Escribo New York New York en el sobre o NY NY
8. Sí te amo me confesó Luis
9. Lea Ud las siguientes oraciones
10. No quiso quedarse ya era tarde
11. Frida Kahlo dijo Soy una mujer de la revolución
12. Carlos A Ott arquitecto uruguayo vive en Toronto Canadá
13. García Lorca 1898–1936 escribió el poema Canción del jinete
14. Llovió a cántaros sin embargo salimos
15. Oyó un ruido con un palo en la mano abrió la puerta y

B. Ponga el signo de puntuación apropiado donde corresponda.

1. Jacques Cousteau 81 años de edad nació en San André de Coubsac Francia Es escritor explorador inventor y cinematógrafo Con su barco Calypso un laboratorio flotante ha viajado por todos los mares
2. Por qué me llamaste anoche Rafael Te llamé porque quería saber si venías a la fiesta con Gloria Bárbara y Francisca o si venías sola Pues todavía no he decidido con quién voy a ir
3. Imagínate tú Lola ganó la lotería más de un millón de dólares Está loca de alegría Qué harías tú con todo ese dinero Amparo
4. A Buenos Aires la capital de la Argentina se le llama el París de Sudamérica por sus bellas avenidas magníficas plazas suntuosos edificios y notable vida cultural
5. Iriarte un fabulista español del siglo XVIII escribió El burro flautista una fábula en verso muy divertida Como todas las fábulas es didáctica por eso termina con una moraleja que dice Sin reglas del arte borriquitos hay que una vez aciertan por casualidad
6. El robot un autómata que ha adquirido importancia en la industria moderna tiene muchas ventajas no se enferma es muy potente y además es incansable Sin embargo también tiene sus desventajas es muy costoso y no tiene flexibilidad sin nueva programación
7. Le dije a Marta prefiero la primavera al invierno porque me gustan las flores primaverales los tulipanes narcisos y jacintos En la mañana los gallos cantan las abejas zumban y los cuervos graznan Cómo me encanta la primavera

8. Entre las muchas películas del famoso actor inglés Charlie Chaplin 1889–1977 se destaca *Modern Times* una película muy comentada en su época

9. La mayoría de los hispanos en Norte América viven en Nueva York la Florida California y Texas muchos asisten a universidades donde estudian contabilidad administracion de negocios artes liberales

10. Jacques Cartier un explorador francés descubrió Montreal la ciudad principal de Quebec en 1534 La cruz que plantó en Mount Royal es visitada por muchos turistas

11. Primero se cortan y se queman los árboles dijo el Ing Morales segundo se siembran las semillas en la tierra Las primeras cosechas son abundantes pero luego por falta de nutrientes la tierra deja de producir y los campos son abandonados

12. *Pepita Jiménez* una novela escrita por Juan Valera en el siglo XIX trata de los amores de dos jóvenes un seminarista y una viuda

G LA SINTAXIS

La sintaxis es la ordenación de las palabras en una oración. A continuación se ofrecen solamente las reglas más básicas de la sintaxis en español. Se recomienda consultar un texto especializado para información más detallada.

¿QUÉ ES UNA ORACIÓN?

1. La oración es una combinación de palabras que expresa un pensamiento. Termina con un punto. Puede ser breve o larga.

> Llueve.
> La nieve cae silenciosamente sobre los tejados rojos de las casas rústicas del vallado.

La oración reúne palabras que tienen diferentes funciones: sustantivos, verbos, adjetivos, adverbios, pronombres, conjunciones, preposiciones e interjecciones.

> El hijo de Lolita lloraba desconsoladamente porque se había caído.
> ¡Ay! ¡Qué pena me dio!

2. La oración puede ser simple o compuesta. Es simple cuando consta de un sujeto y un verbo.

> Manuela corrió.
> ¿Quién habla?
> Ellos llamaron.

La oración compuesta consta de más de un sujeto y de un verbo y une dos o más pensamientos relacionados. La relación entre los pensamientos tiene que ser expresada claramente.

> Mientras Magdalena prepara la cena, su hermana pone la mesa.
> El profesor quiere que los alumnos estudien.

La vecina, cuyo nombre no recuerdo, me pidió que le cuidara a su hijo esta tarde.

El pintor nació en Buenos Aires en 1923 y pintó todas sus obras más famosas en la capital.

Aunque fue el novelista español más importante del siglo XIX, Galdós nunca recibió el Premio Nóbel de Literatura.

La oración compuesta no debe reunir más de dos o tres detalles.

Akio Morita, presidente de la Sony, ama la música clásica y por eso se ha dedicado a conseguir la perfección del sonido en los productos Sony.

Dos ideas análogas pueden unirse en la oración compuesta por subordinación.

Frida Kahlo, cuyo marido fue el muralista mexicano Diego Rivera, sufrió mucho en su vida.

LA CLARIDAD EN LA ORACIÓN

Al escribir una oración es necesario tener en cuenta la concordancia del verbo con el sujeto en número y persona.

Mis planes para el futuro son terminar mis estudios y conseguir un buen trabajo.

Una de las razones por las cuales no fui a la fiesta es que tenía que escribir un informe.

La concordancia del adjetivo con el sustantivo en género y número es también importante.

Los productos distribuidos por la empresa Villarreal son de calidad superior y a precios razonables.

Al escribir una oración es necesario pensar en el sujeto o en la idea principal.

Los japoneses, a diferencia de los norteamericanos, valorizan el sentido de la familia, de la nación y de la empresa para la cual trabajan, dice Robert C. Christopher, autor de *La mentalidad japonesa*.

Ideas paralelas se expresan con las formas sintácticas correspondientes.

Los estudiantes asisten a la universidad *para estudiar, para aprender* y *para tener* éxito en la vida.

La repetición de palabras o frases en una oración sirve para aclarar o poner énfasis en una idea.

El postre es *rico, rico.*
Si dice que *lo hace, lo hará.*
Los jóvenes enfrentan la vida *con entusiasmo, con vigor* y *con valor.*

¡OJO! La repetición puede ser monótona. Para evitar la repetición innecesaria, se pueden usar palabras sinónimas, como *también, además, luego* y *después.*

Fui al banco. *Luego,* me encontré con Laura en la Plaza Mayor y *más tarde,* cenamos las dos en el Restaurante Madrid. *Después,* regresé a mi casa.

Los pronombres se usan en lugar de los sustantivos con el mismo fin.

Alisa fue de compras con su amiga Bárbara. *Ellas* vieron un sombrero muy lindo y *lo* compraron.

También se pueden usar variantes para evitar la repetición del sujeto.

Camilo José Cela ganó el Premio Nóbel de Literatura en 1990. *El novelista español* hizo el viaje a Noruega con su mujer. *Este famoso escritor* continúa escribiendo y publicando sus libros.

Sigue un ejemplo de un párrafo cuyo sentido no está claro, debido a un antecedente impreciso y una falta de concordancia. Vamos a analizar las oraciones del párrafo y corregirlas para aclarar el sentido.

Los robots están causando mucho temor y desempleo. *Muchos* ya no podrán mantener a su familia. Un gran número de trabajadores *serán despedidos.*

El tema es robots. La segunda oración no está clara. ¿Cuál es el antecedente de «muchos»? ¿«Robots»? La tercera oración nos ofrece la respuesta: «Muchos» se refiere a «trabajadores». Por eso, la segunda oración debería decir: Muchos trabajadores ya no podrán mantener a su familia.

La tercera oración tiene un error de concordancia. «Despedido» debería concordar con «trabajadores» porque son ellos los que serán despedidos.

EJERCICIO

En las siguientes oraciones hay errores de concordancia, repeticiones innecesarias y antecedentes imprecisos. Corríjalós y escríba las oraciones correctamente.

1. Me interesa trabajar allí porque es *unas* de las mejores *escuela pública* de la ciudad.
2. *La* consecuencias de la destrucción de los árboles no solamente *se siente* en Pará, Brasil, sino en *otra* partes del mundo. Uno de los países más *afectado* es Venezuela.
3. Los radio-transistores *inventado* en Japón fueron *distribuído* en Norteamérica.
4. *Unos* de los mayores problemas es que *esto* autómatas son difíciles de instalar y por eso *no van* a perder el puesto tan pronto. Los obreros serán *feliz.*
5. *Esta* invasión de *estos* robots está afectando los *trabajos* de millones de *trabajadores* en todo el mundo.
6. La información que *se deben* reunir para un futuro empleador *son* más o menos *la información* que se *incluyen* en un currículum vitae.

REPASO GRAMATICAL

A. Sílabas y acentuación. Separe en sílabas las siguientes palabras y escriba el acento ortográfico (´) donde sea necesario.

1. uruguayo	6. opera	11. maestria
2. mundial	7. excelente	12. conquistador
3. gigantesco	8. bicentenario	13. museo
4. arquitecto	9. colosal	14. aeropuerto
5. satisfaccion	10. lirico	15. erroneo

B. Vuelva a escribir las siguientes oraciones correctamente, poniendo la puntuación y las letras mayúsculas apropiadas.

1. el artículo robots cortarán la mano del hombre por lores de ayús fue publicado en la revista hombre de mundo de enero de 1986
2. la palabra robot tiene su origen en una obra teatral de karel capek dramaturgo checo en 1921
3. el primer robot doméstico electro apareció en la feria mundial de nueva york en 1939
4. john mattson ingeniero de la firma consolidating coatings co está entusiasmado con el éxito del robot
5. que horror despedir a tantos empleados y crear tanto desempleo en el futuro
6. el robot para la compañía representa un avance para el obrero un paso hacia atrás
7. para comunicar su opinión al editor de hombre de mundo envíe una carta a la redactora ejecutiva

   mirtha forest
   hombre de mundo
   oficina internacional de redacción
   6355 n w 36 st
   virginia gardens florida 33166

C. Vuelva a escribir las siguientes composiciones. Modifique o elimine lo que sea necesario para hacerlas más claras y concisas tomando en cuenta

- la corrección de la ortografía, acentuación, puntuación, uso de las mayúsculas y la concordancia
- el enriquecimiento de la expresión. Sin cambiar el sentido del texto, Ud. puede hacer más vivo o más escueto el relato.
- la sintaxis. Evite repeticiones innecesarias.

   1. Si yo me sacara la loteria, yo pondria mi negocio en esté pais. Igualmente que mi pais de nacimiento. Sacando la loteria yo me estaria librando de mis problemas economico i los de mi familia. Seria un sueno echo realida aserme rico de un dia para al otro sacandome el premio major de la loteria. Yo me iria de vacaciónes para todas partes del mundo y como díge inverteria una parte del

premio en un negocio para acerme mas rico con el dinero que me ganaria sacandome la loteria. Tambien compraria una casa para mis padres que me an querido siempre y me an alludado ha conseguir todo lo que pueda en la vida.

2. Bueno mi planes para el futuro es terminar mis estudio y acerme profesional, entonces trabaja mucho y gana mucho dinero. Yo espero cuando me gradué de mi collegio salir con una buena educacion. espero estar bien qualificada y preparada en la carrera que yo e escojido.

Deceo aprender Ingles para consegir un buen trabajo uno destos dias. quisas los professores me ayude escojer los cursos que necessito. yo se que con mucho esfueso y fe boy a superarme y realisar mi meta.

LECTURA 12

« POEMA XX »

POR PABLO NERUDA

Veinte poemas de amor y una canción desesperada (1924). Buenos Aires: Editorial Losada, 1963.

❑ Pablo Neruda, poeta chileno, celebrado poeta internacional, recibió el Premio Nóbel de Literatura en 1971. Este poema es de la colección *Veinte poemas de amor y una canción desesperada.* El tono triste expresado líricamente refleja el dolor y, al mismo tiempo, la incertidumbre («Ya no la quiero, es cierto, pero tal vez la quiero») con respecto a sus sentimientos hacia una mujer. La naturaleza (la noche «estrellada» e «inmensa») es a la vez testigo y confidente de su queja apasionada. Lea el poema ahora.

Puedo escribir los versos más tristes esta noche.

Escribir, por ejemplo: «La noche está estrellada,
y tiritan,[1] azules, los astros, a lo lejos».

El viento de la noche gira en el cielo y canta.

Puedo escribir los versos más tristes esta noche.
Yo la quise, y a veces ella también me quiso.

En las noches como ésta la tuve entre mis brazos.
La besé tantas veces bajo el cielo infinito.

Ella me quiso, a veces yo también la quería.
Cómo no haber amado sus grandes ojos fijos.

Puedo escribir los versos más tristes esta noche.
Pensar que no la tengo. Sentir que la he perdido.

Oír la noche immensa, más inmensa sin ella.
Y el verso cae al alma como al pasto el rocío.[2]

Qué importa que mi amor no pudiera guardarla.
La noche está estrellada y ella no está conmigo.

Eso es todo. A lo lejos alguien canta. A lo lejos.
Mi alma no se contenta con haberla perdido.

Como para acercarla mi mirada la busca.
Mi corazón la busca y ella, no está conmigo.

La misma noche que hace blanquear los mismos árboles.
Nosotros, los de entonces, ya no somos los mismos.

[1] *are twinkling* [2] como... *as dew on the grass*

Ya no la quiero, es cierto, pero cuánto la quise.
Mi voz buscaba el viento para tocar su oído.

De otro. Será de otro. Como antes de mis besos.
Su voz, su cuerpo claro. Sus ojos infinitos.

Ya no la quiero, es cierto, pero tal vez la quiero.
Es tan corto el amor, y es tan largo el olvido.

Porque en noches como ésta la tuve entre mis brazos,
mi alma no se contenta con haberla perdido.

Aunque éste sea el último dolor que ella me causa,
y éstos sean los últimos versos que yo le escribo.

❏ Conteste las siguientes preguntas.

    1. ¿De qué trata el poema?

    2. ¿Cómo expresa el poeta la creciente añoranza de un amor perdido?

    3. Comente el uso de la palabra «noche» en el poema.

    4. ¿Cuál es el efecto de la repetición del verso: «Puedo escribir los versos más tristes esta noche»?

    5. ¿Cómo contribuyen al tono del poema las imágenes de la naturaleza?

Spanish-English Vocabulary

This Spanish-English vocabulary contains all the words that appear in the text, with the following exceptions: (1) most identical cognates; (2) conjugated verb forms; (3) diminutives in **-ito/a;** (4) absolute superlatives in **-ísimo/a;** (5) most adverbs in **-mente;** and (6) numbers. Only meanings that are used in this text are given.

The gender of nouns is indicated, except for masculine nouns ending in **-o** and feminine nouns ending in **-a.** Stem changes and spelling changes are indicated for verbs: **dormir (ue, u); llegar (gu).**

Words beginning with **ch** and **ll** are found under separate headings following the letters **c** and **l,** respectively. The letters **ch, ll,** and **ñ** within words follow **c, l,** and **n,** respectively. For example, **coche** follows **cocina, callar(se)** follows **calzar(se),** and **añadir** follows **anuncio.**

The following abbreviations are used.

adj.	adjective	*inv.*	invariable	*pol.*	polite
adv.	adverb	*irreg.*	irregular	*poss.*	possessive
conj.	conjunction	*m.*	masculine	*p.p.*	past participle
f.	feminine	*Mex.*	Mexico	*prep.*	preposition
gram.	grammatical term	*n.*	noun	*pron.*	pronoun
inf.	informal	*obj. of prep.*	object of a preposition	*sing.*	singular
infin.	infinitive	*pl.*	plural	*Sp.*	Spain

A

abajo *adv.* below, down
abandonar to abandon, give up
abandono abandonment, neglect
abarcar (qu) to take in
abastecido/a supplied
abeja bee
abierto/a *p.p.* open
abogado/a lawyer
abonar to deposit, pay into
abordado/a approached
abordar to board
abotonarse to button up
abrasar to burn, scorch
abrazar (c) to embrace
abreviación *f.* abbreviation
abreviar to abbreviate, shorten
abreviatura abbreviation
abrigarse (gu) to take shelter, wrap oneself up

abrigo shelter, protection
abril *m.* April
abrir to open
abrojo thistle, thorn
abrumador(a) overwhelming
absoluto/a absolute, complete; supreme; **en (lo) absoluto** not at all, not in the least
absorber to absorb
absorto/a *p.p.* absorbed (in thought)
abstracto/a abstract
abstraído/a lost in thought
absurdo/a absurd
abuelo/a grandfather/grandmother; **abuelos** *pl.* grandparents
abundante abundant, plentiful
abundar to abound, be plentiful
aburrido/a bored
abusar to abuse
abuso *n.* abuse
acá here

acabar to finish, end; to be finished; **acabar de** + *infin.* to have just (*done something*); **acabar por** + *infin.* to end up by (*doing something*)
academia academy
académico/a academic
acaecido/a occurred, happened
acariciar to caress
acceder to agree
acceso access
accidente *m.* accident
acción *f.* action
acecho: estar al acecho to watch intently
acelerado/a accelerated
acento accent
acentuación *f.* accentuation
acentuar to accentuate, stress
aceña water mill
acepción *f.* meaning
aceptable acceptable

aceptación *f.* acceptance; approval
aceptar to accept
acerca de *prep.* about, concerning, regarding
acercamiento bringing closer; rapprochement
acercar (qu) to bring close; **acercarse** to approach, come close
acero steel
acertar (ie) to get right; **acertar a** + *infin.* to happen to (*do something*)
aclamado/a acclaimed
aclaración *f.* clarification
aclarar to clear; to make clear, clear up, explain
acogida *n.* reception, acceptance
acogido/a *adj.* favorably received, accepted
acometer to overtake
acomodarse to make oneself comfortable
acompañar to go with; to accompany
acompasadamente rhythmically
acondicionado/a conditioned
acondicionamiento conditioning
acontecer (zc) to occur, happen
acontecimiento event, happening
acordar (ue) to decide; to agree upon; **acordarse de** to remember
acostado/a lying down; in bed
acostarse (ue) to go to bed
acostumbrarse to get used to
acotar to quote; to cite
acreditado/a accredited; reputable
actinia sea anemone
actitud *f.* attitude, position
actividad *f.* activity
activo/a active
acto act, action
actor *m.* actor
actriz *f.* (*pl.* **actrices**) actress
actuación *f.* performance; behavior
actual current; present-day
actualidad *f.* present situation; **en la actualidad** at present
actualizar (c) to bring up to date
actualmente currently, at present
actuar to participate in; to act
acuario aquarium
acuartelarse to establish quarters
acuático/a aquatic
acudir to respond
acuerdo agreement; **estar de acuerdo** to agree
acuífero/a aquiferous, water-bearing
acumular to accumulate, pile up
acusar to accuse; **acusar recibo de** to acknowledge receipt of
achacar (qu) to attribute to
adaptación *f.* adaptation
adaptar to adapt
adecuado/a adequate; appropriate
adelantado *n.* advance
adelantar to move forward

adelante ahead; **en adelante** onward; henceforth, in the future
adelanto advancement
ademán *m.* gesture
además moreover; in addition
adentrarse to penetrate; to gain insight
adentro *adv.* inside
adición *f.* addition
adicional additional
adiestramiento training
adivinar to guess
adjetivo adjective
adjuntar to enclose, attach
administración *f.* administration
administrador(a) administrator; manager
administrar to administer; to manage
administrativo/a administrative
admiración *f.* admiration
admirador(a) admirer
admirar to admire
admisión *f.* admission; **solicitar admisión** to apply for admission
admitir to admit; to allow
adolescencia adolescence
adolescente *m., f.* adolescent
adonde where (to)
adoptar to adopt
adorar to worship
adorno ornament, decoration
adquirir (ie) to acquire
adulterio adultery
adulto/a adult
advenimiento arrival, coming
adverbio adverb
adversario/a adversary
advertencia warning, advice
advertir (ie, i) to warn, advise
aéreo/a air, aerial
aerolínea airline
aeronáutica aeronautics
aeropuerto airport
afán *m.* eagerness
afanar to strive
afectar to affect; to have an effect on
afeitar to shave
aferrarse (ie) a to cling to; to hold on to
aficionado/a fan, enthusiast
afirmar to affirm, assert; to profess; to declare
afirmativamente affirmatively
aflicción *f.* affliction; misery, distress
afortunadamente fortunately
africano/a African
afuera *adv.* out, outside; **hacia afuera** outward
afueras *pl.* outskirts, suburbs
afuerinos *pl.* countryfolk, hicks
agachado/a crouching, squatting down
agarrar to catch, grab hold of, get hold of
agencia agency
agente *m., f.* agent
agitado/a agitated, excited

aglomeración *f.* agglomeration; crowd
agobiador(a) overwhelming; tiring, exhausting
agobiar to overwhelm; to tire, exhaust
agonía agony
agosto August
agotar to exhaust; to use up; to run out of
agradable agreeable, pleasant
agradecer (zc) to be thankful for
agradecimiento thankfulness, gratitude
agrado: ser del agrado de (*alguien*) to be to (*one's*) liking
agrario/a agrarian
agraviar to wrong; to offend
agravio wrong; offense; harm
agregar (gu) to add
agresión *f.*: **pacto de no-agresión** nonaggression pact
agresividad *f.* aggressiveness
agresivo/a aggressive
agrícola agricultural
agricultor(a) farmer
agricultura agriculture
agua *f.* (*but* **el agua**) water
aguantar to stand, bear, endure
aguardar to wait for
agudeza sharpness; perceptiveness; clarity
agudizar (c) to become more acute; to sharpen one's senses
aguja needle
agujero hole
ahí there
ahogar (gu) to drown; to stifle, suppress
ahora now
ahumada smoke signal
aire *m.* air
aislamiento isolation
aislar to isolate
ajeno/a belonging to another
ajetreo commotion, bustle
ajustarse to adjust, adapt
ala *f.* (*but* **el ala**) wing; brim (*of a hat*)
alambre *m.* wire; **alambre de púas** barbed wire
alarma alarm
alarmado/a alarmed; concerned
alarmante *adj.* alarming
alarmista *m., f.* alarmist
alba *f.* (*but* **el alba**) dawn
albergar (gu) to take in, provide shelter
albergue *m.* lodging; shelter
albero whitish earth
alborotar to agitate
alcahuete/a procurer/procuress; pimp
alcalde *m.* mayor; official
alcaldía mayor's office
alcance *m.* reach; range; *pl.* scope; **alcance medio** medium range
alcanzar (c) to reach; to get
alcoba bedroom; alcove
alcohol *m.* alcohol
alcohólico/a alcoholic
alcoholismo alcoholism

alcor *m.* hill
aldea village
aleatorio/a contingent; depending on chance
aleccionador(a) instructive
alegoría allegory
alegórico/a allegorical
alegrarse de to be happy about
alegre happy
alegría happiness
alejarse to move away
alemán (alemana) German
alergia allergy
alerta *m.*: **llamada de alerta** alarm call
aleta fin, flipper
alfabeto alphabet
alga *f.* (*but* **el alga**) seaweed
algo *indefinite pron.* something; *adv.* somewhat, rather
algodón *m.* cotton
alguien someone, somebody
algún (alguno/a) some, any
aliado/a ally
alianza alliance
aliento hope, relief; **sin aliento** breathless
alimentar to feed, nourish; **alimentarse con** to feed on
alimenticio/a nutritional; **la cadena alimenticia** food chain
alimento food
alineado/a aligned
aliviar to alleviate
alma *f.* (*but* **el alma**) soul
almacén *m.* department store
almacenamiento storage
almidonado/a starched
almorzar (ue) (c) to have lunch
almuerzo lunch
alrededor *m.*: **a su alrededor** your (*pol. sing.*) / his / her / its surroundings
alrededor *adv.* around; **alrededor de** about, around;
alto *adv.* loud; **de alto** in height; **pasar por alto** to omit
alto/a *adj.* high, tall
altura height
aluminio aluminum
alumno/a student, pupil
alusión *f.* allusion, reference
alzar (c) to raise; **alzarse** to rise up
allá: más allá de beyond
allí *adv.* there
ama *f.* (*but* **el ama**) mistress of the house; landlady
amable lovable; pleasant
amacey *m. type of tree*
amanecer (zc) to dawn; to wake up
amante *m., f.* lover; *adj.* loving, fond
amar to love
amargo/a bitter, distasteful
amarillez *f.* yellowness
amarillo/a yellow

amazónico/a Amazonian
ámbar *m.* amber
ambición *f.* ambition; drive
ambicionar to desire, long for
ambicioso/a ambitious
ambiental environmental
ambiente *m.* environment; surroundings; **medio ambiente** environment
ambigüedad *f.* ambiguity
ambiguo/a ambiguous
ambos/as both
ambulante portable
amenaza threat
amenazar (c) to threaten
amenidad *f.* amenity; pleasantness
ameno/a pleasant
americano/a American
ametralladora machine gun
amigo/a friend
amistad *f.* friendship
amistoso/a friendly
amo master
amontonarse to crowd together
amor *m.* love
amorfo/a amorphous, shapeless
amoroso/a loving; love (*life, letters, relationships*)
amparado/a protected, sheltered
ampliar to amplify, extend, enlarge
amplio/a ample, extensive, comprehensive
amplitud *f.* comprehensiveness, magnitude
ampulosamente pompously
anagrama *m.* anagram
analfabeto/a illiterate
análisis *m. sing; pl.* analysis
analista *m., f.* analyst
analítico/a analytical
analizar (c) to analyze
análogo/a analogous, similar
anaranjado/a orange-colored
anarquía anarchy
anárquico/a anarchical
anatomía anatomy
ancas: en ancas behind
ancestro/a ancestor
ancho/a wide
andaluz(a) Andalusian
andante: caballero andante knight errant
andar *irreg.* to walk; to function
anécdota anecdote
anestesia anesthesia
anglo/a Anglo; English-speaking person
angloamericano/a Anglo-American
angustia anguish
angustiado/a anguished
ánima *f.* (*but* **el ánima**) soul, spirit
animar to animate, encourage
ánimo spirit; **estado de ánimo** mood, state of mind
animosidad *f.* animosity

aniversario anniversary
anoche *adv.* last night
anomalía abnormality
anónimo/a anonymous
anotar to write down
ansia *f.* (*but* **el ansia**) anxiety; yearning
ante *prep.* before; in front of; in the presence of
antecedente *adj.* antecedent; *m. pl.* background
antecesor(a) predecessor
antemano: de antemano beforehand
anterior former, previous
antes *adv.* before; formerly, previously
anticipación *f.* anticipation; **con anticipación** in advance
anticipado/a anticipated; **con gracias anticipadas** thanking you in advance
anticiparse to foresee
anticipo advance payment
antigüedad *f.* antiquity; **en la antigüedad** in ancient times
antiguo/a ancient; antique
antisemita *adj.* anti-Semitic
antología anthology
anual annual
anuario yearbook
anunciar to announce
anuncio advertisement; announcement
añadir to add
año year; **hace... años** . . . years ago; **años atrás** years ago; **tener... años** to be . . . years old
añoranza sadness, grief; longing
apagar (gu) to turn off; to put out
aparatosamente spectacularly
aparecer (zc) to appear, show up
aparentar to pretend, feign; to look, appear
aparente apparent, seeming
aparición *f.* appearance
apariencia appearance, look
apartamento apartment
apartar to separate; to put, brush to one side; **apartarse de** to move away from
aparte *m.* aside (*theater*); *adv.* aside; apart, besides
apasionado/a passionate
apelación *f.* appeal
apellido last name
apenas *adv.* hardly, scarcely
apéndice *m.* appendix
apertura opening
ápice *m.* iota, the slightest amount
aplastar to crush
aplaudir to applaud
aplauso applause, praise
aplicación *f.* application, use
aplicar (qu) to apply; to use
apocado/a bashful, timid; humble
apodar to nickname
apodo nickname

apogeo apogee, height (*of fame, power, etc.*)
aportar to bring
aporte *m.* contribution
aposento room, chamber
apoteosis *f. sing., pl.* apotheosis
apoyar to support
apoyo *n.* support
apreciar to appreciate
aprender to learn
aprendizaje *m.* apprenticeship
apresurarse to hurry
apretar (ie) to hug, hold tight; to press (against)
aprobación *f.* approval
aprobado/a: salir aprobado/a to pass (*a course*)
aprobar (ue) to approve
apropiarse de to appropriate, take possession of, seize
aprovechar to take advantage of
aproximación *f.* approximation
aproximadamente approximately
aproximarse to approach
aptitud *f.* aptitude; ability
apuesta wager, bet
apuntar to write down
apuntes *m. pl.* notes
aquel (aquella) *adj.* that (over there); **en aquella época** at that time, back then
aquél (aquélla) *pron.* that one (over there)
aquello that, that thing, that fact
ara *f.* (*but* **el ara**): **en aras de** for the sake of, in honor of
árabe *m., f.* Arab; *m.* Arabic (*language*); *adj.* Arabian, Arab
arado *n.* plow
araña spider
arañarse to scratch oneself
árbol *m.* tree
arbusto bush, shrub
arcilla clay
arco arc; arch; bow; **arco iris** rainbow
archipiélago archipelago
archivo file; archive
ardiente burning; ardent, passionate
arduo/a arduous, difficult
área *f.* (*but* **el área**) area
arena sand; arena
arenal *m.* sandy ground; quicksand
arenoso/a sandy, gritty
argentino/a Argentinian, Argentine
argolla ring; necklace
argüir (y) (gu) to argue, reason
argumentación *f.* reasoning, argument
argumentar to argue; to dispute
aridez *f.* aridity
arisco/a rude
arma *f.* (*but* **el arma**) weapon; **arma de fuego** firearm
armado/a armed; **fuerzas armadas** armed forces

armamentista: carrera armamentista arms race
armonía harmony
armónico/a harmonic
armonioso/a harmonious
aromático/a aromatic
arqueológico/a archaeological
arquitecto/a architect
arquitectónico/a architectural
arquitectura architecture
arraigo *n.* settling (*in a place*), taking root
arrancado/a uprooted; pulled out
arrasar to raze, destroy, demolish
arrebatado/a impetuous, rash
arrecife *m.* reef
arreglo arrangement, agreement
arrellanado/a stretched out
arrendar (ie) to rent, lease
arrepentirse (ie, i) to repent
arriba *adv.* above; up, upwards
arriesgar (gu) to risk
arrimarse (a) to approach, come close (to)
arrogante arrogant
arrojar to fling, throw; to yield
arrollador(a) overwhelming
arroyo stream, brook
arroz *m.* rice
arrugado/a wrinkled
arte *f.* (*but* **el arte**) art; **bellas artes** fine arts
arteria artery
articular to articulate
artículo article
artífice *m., f.* artist; artisan
artificial artificial; **fuegos artificiales** fireworks
artista *m., f.* artist
artístico/a artistic
asalariado/a salaried
asaltado/a assaulted, attacked
asar to roast
ascendente *adj.* rising
ascender (ie) to rise, advance
ascendiente *m., f.* ancestor
ascensorista *m., f.* elevator operator
asediar to harass
asedio harassment
asegurar to assure
asemejarse (a) to resemble
asentir (ie, i) to assent, agree
asequible available, obtainable
asesinado/a assassinated, murdered
asesino/a assassin, murderer
asesor(a) counselor, adviser
asfaltar to pave (with asphalt)
asfixia asphyxia
así *adj. inv.* such; *adv.* so, thus, in this manner; *conj.* although; **así como** as well as; **algo así como** something like
asiático/a Asian, Asiatic
asiduo/a diligent
asiento seat
asignatura course, subject (*in school*)

asimismo *adv.* likewise; also
asistencia attendance
asistente/a assistant, attendant
asistir (a) to attend, be present at (*a class, play, etc.*)
asociación *f.* association
asomado/a shown
asombrarse (de) to be amazed, astonished (at)
asombro amazement, astonishment; marvel
asombroso/a amazing, astonishing
aspa wing of a windmill
aspecto aspect
astro star
astronauta *m., f.* astronaut
asturiano/a Asturian, from the province of Asturias (Spain)
asumir to assume, take over, take on
asunto subject, topic; matter, affair
asustarse to be frightened
atadura tie, link; hindrance, restriction
ataque *m.* attack
atar to tie up
atavismo atavism
atención *f.* attention; **poner/prestar atención (a)** to pay attention (to)
atender (ie) to pay attention; to attend to; to keep in mind
atendido/a taken care of
atentamente attentively, respectfully; yours truly, sincerely yours (*to close a letter*)
aterrizar (c) to land
aterrorizar (c) to terrorize
atestiguar (gü) to attest, testify
atinado/a guessed at; hit upon; accurate
atlántico/a Atlantic
atmósfera atmosphere
atmosférico/a atmospheric
atómico/a atomic
átomo atom
atormentado/a tormented
atractivo *n.* attractiveness, attraction
atractivo/a *adj.* attractive
atraer (*like* **traer**) to attract
atrás *adv.* back, backward; behind; **hacia atrás** backward; **años atrás** years ago
atraso backwardness
atravesar (ie) to cross, go across; to pierce, run through
atreverse to dare; **atreverse a** + *infin.* to dare to (*do something*)
atribuido/a attributed
atribular to distress, afflict
atributo *n.* attribute
atrocidad *f.* atrocity
audaz (*pl.* **audaces**) audacious, daring, bold
audiencia audience, hearing
auditivo/a auditive, auditory
augurar to foretell
augusto/a majestic
aula *f.* (*but* **el aula**) classroom, lecture hall

aumentar to augment, increase
aumento augmentation, increase; raise (*in salary*)
aun *adv.* even
aún *adv.* still, yet
aunque *conj.* although, even though
aureola halo
aurora *n.* dawn
ausentarse (de) to be absent (from)
austeridad *f.* austerity
autenticidad *f.* authenticity
auténtico/a authentic
auto car, automobile
autobiografía autobiography
autobiográfico/a autobiographical
autobús *m.* bus
autoconfianza self-confidence
autodesarrollo self-development
autoimponer (*like* **poner**) to self-impose
autómata *m., f.* automaton, robot
automatización *f.* automation
automatizado/a automated
automóvil *m.* automobile, car
automovilístico/a pertaining to motoring
autonomía autonomy
autónomo/a autonomous
autor(a) author
autoridad *f.* authority
autorizado/a authorized
autorretrato self-portrait
avance *m.* advance; progress
avanzar (c) to advance; to progress
avaricia avarice; greediness
avaro/a greedy
ave *f.* (*but* **el ave**) bird
avenida avenue
aventura adventure
aventurarse (a) to venture (to)
aventurero/a adventurer
averiguar (gü) to ascertain, find out
aviación *f.* aviation
aviador(a) aviator
ávido/a eager
avión *m.* airplane, aircraft
avioneta small airplane
avisar to inform; to advise; to warn
aviso warning; notice
avivar to enliven; to excite
axioma *m.* a self-evident proposition
¡ay! alas!; **¡ay de mí!** woe is me!
ayer yesterday
ayuda *n.* help, aid
ayudante *m., f.* helper, assistant
ayudar to help, aid
azabache *m.* jet (*mineral*)
azar *m.* chance; **al azar** at random
azul blue
azular to color blue

B

baboso/a fool, stupid person
bacalao codfish

bachiller *m., f. graduate of a course of studies equivalent to high school, junior college*
bachillerato *course of studies equivalent to high school, junior college*
¡bah! ha! (*expression of disbelief, contempt*)
bahía bay; harbor
bailar to dance
bailarín (bailarina) dancer
baile *m.* dance
bajar to lower; to bring down; to go down
bajío shallows, shoal, sandbank
bajo *adv.* down, below, underneath; *prep.* under, below, beneath
bajo/a low; short (*in height*)
balanceo *n.* swinging, swaying
bálano barnacle
balcón *m.* balcony
baldaquín *m.* canopy
baldío/a idle
baloncesto basketball (*game*)
ballena whale
ballet *m.* (*pl.* **ballets**) ballet
bambú *m.* (*pl.* **bambúes**) bamboo
banco bank
banda band (*music*)
bandera flag
bañar to bathe
baño bath
baratija trinket
barba beard
barbarie *f.* barbarism
bárbaro/a barbarian
barca small boat
barcelonés (barcelonesa) from Barcelona (Spain)
barco boat, ship
barón *m.* baron
baronesa baroness
barrar to smear with mud
barrera barrier
barriga belly, stomach
barril *m.* barrel
barrio neighborhood
barro mud; clay
barroco/a baroque; elaborate, ornate
basarse (en) to be based (on)
base *f.* foundation, base, basis; **a base de** as the basis of, based on; **en base de** on the basis of
básico/a basic
bastante *adj.* enough, sufficient; *adv.* sufficiently
bastar to be enough
bastardilla italics
basura garbage
batalla battle
batir to beat, whip, mix
baúl *m.* trunk, chest
beber to drink
bebida drink, beverage

beca scholarship, fellowship
becerro bull calf
belga *adj.* Belgian
bélico/a warlike, martial
belleza beauty
bello/a beautiful, fair, lovely; **bellas artes** fine arts
bellota de mar barnacle
benefactor(a) benefactor/benefactress
beneficiar to profit
beneficio *n.* benefit
besar to kiss
beso kiss
bíblico/a biblical
biblioteca library
bicentenario bicentennial
bidón *m.* steel drum
bienestar *m.* well-being
bienvenida *n.* welcome
bigote *m.* mustache: *pl.* whiskers
bilingüe bilingual
billete *m.* ticket; bill, banknote
biografía biography
biográfico/a biographical
biógrafo/a biographer
biología biology
biológico/a biological
biólogo/a biologist
biombo folding screen
biomedicina biomedicine
biotecnología biotechnology
bióxido dioxide
blanco/a *n.* white person; *adj.* white; **en blanco** blank
blando/a soft, tender
blanquear to whiten; to whitewash
boca mouth
boceto *n.* sketch; outline
bolchevique *m., f.* Bolshevik
boletín *m.* bulletin, newsletter, gazette
bolsa purse; bag, sack; pouch; **bolsa de agua caliente** hot-water bottle
bondad *f.* goodness, kindness
bonito/a pretty, beautiful
bordo: a bordo aboard, on board
borracho/a drunk
borrador *m.* rough draft
borrar to erase
borrico ass, donkey
borrón *m.* smudge
bosque *m.* forest
bostezar (c) to yawn
bostezo *n.* yawn
botar to throw (away)
bote *m.* rowboat
botella bottle
botón *m.* button
boutique *f.* boutique, shop
brasileño/a Brazilian
brasilero/a Brazilian
brazo arm
breve *adj.* brief, short (*time*)

brevedad *f.* brevity
brevemente briefly, concisely
brillante brilliant
brillantez *f.* brilliance
brillar to shine
brillo sparkle
brindar to offer, to supply
británico/a British
broma joke
brotar to spring up
bruma fog, mist
bruscamente abruptly; suddenly
brutal brutal, cruel
buccino *marine snail with spiral shell*
bucólico/a bucolic, pastoral
budista *m., f.* Buddhist
buen (bueno/a) *adj.* good; **buen entendedor** one who is in the know; **de buena fe** in good faith
bueno *adv.* well; OK
bulla noise
burdel *m.* brothel, whorehouse
burgués (burguesa) *n.* member of the middle class; *adj.* bourgeois, middle-class
burlador(a) seducer
burlarse (de) to make fun (of)
burocracia bureaucracy
burócrata *m., f.* bureaucrat
burocrático/a bureaucratic
burro donkey
busca: en busca de in search of
buscador(a) de talentos talent scout
buscar (qu) to look for
búsqueda search
butaca seat (*in a theater*)

C

caballeresco/a gallant; chivalric
caballero gentleman; knight
caballo horse
caber *irreg.* to go in or into; **no cabe duda** there is no doubt
cabeza head
cabo end; chief; **al cabo de** at the end of; **al fin y al cabo** after all; at last; **llevar a cabo** to carry out
cada *inv.* each, every; **cada uno/a** each one; **cada vez más** increasingly (more)
cadáver *m.* corpse
cadena chain
cadera hip
caer *irreg.* to fall; **caerse** to fall down
café *m.* coffee; café; coffee shop
cafetería cafeteria
cagón (cagona) coward
caída fall; decline
cairota *adj.* from Cairo
caja box, case; **caja de dientes** dentures
cajero/a cashier
calamidad *f.* calamity, disaster
calcinar to calcine; to burn, blacken
calcular to calculate

cálculo calculus; calculation
caleidoscopio kaleidoscope
calentamiento *n.* warming
calentar (ie) to warm, heat up
calidad *f.* quality; worth
cálido/a warm; enthusiastic
caliente hot
califa *m.* caliph (*head of a Muslim state*)
calificar (qu) to classify; to consider
calor *m.* heat, warmth
caluroso/a hot, warm
calvo/a bald
calzar (c) to put shoes on
callar to quiet; **callarse** to be quiet
calle *f.* street, road
calleja back street, alley
cama bed
cámara camera; chamber
camarero/a waiter/waitress
cambiar to change
cambio *n.* change; **en cambio** on the other hand
camilla stretcher
caminar to walk
camino road; **camino de** on the way to; **de camino** on the way
camión *m.* truck; bus (*Mex.*)
camisa shirt
campamento military camp
campeón, campeona champion
campeonato championship
campesino/a *n.* peasant, country person; *adj.* rural
campo countryside; field; ground
canalizar (c) to channel, direct
cáncer *m.* cancer
canción *f.* song
cancha court
candidato/a candidate
candil *m.* oil lamp
cansado/a tired
cansancio fatigue, weariness
cansar to tire
cantante *m., f.* singer
cantar to sing
cántico canticle, song
cantidad *f.* quantity
canto song; epic poem
caoba mahogany
caos *m.* chaos; confusion, disorder
caótico/a chaotic
capa cape; layer; cover
capacidad *f.* capability
capacitado/a able; trained
capaz (*pl.* **capaces**) capable
capilla chapel
capital *m.* capital (*investment*); *f.* capital (*city*)
capitalismo capitalism
capitalista *m., f.* capitalist
capitán (capitana) captain
capítulo chapter

cápsula capsule; cartridge, shell
captación *f.* winning the confidence of
captar to understand
cara face; **poner cara de** to make the face of
caracol *m.* snail
caracola conch shell
carácter *m.* (*pl.* **caracteres**) character; personality
característica characteristic, feature, trait
característico/a characteristic, typical
caracterizar (c) to characterize
¡caray! damn!
carbón *m.* coal; charcoal; carbon
carbono carbon (*chemistry*)
carcajada outburst of laughter; **reírse a grandes carcajadas** to burst out laughing
cárcel *f.* jail, prison
carcelero jailer
carecer (zc) (de) to lack (*something*)
carencia lack, deficiency
carga load; impact
cargada bothersome behavior, conversation
cargado/a loaded, filled
cargar (gu) to load; to charge
cargo position; task, **tener cargo de** to have the responsibility of
caricatura caricature
caricia caress
cariño love, affection
cariñoso/a loving, affectionate
caritativo/a charitable
carmín *m.* carmine, crimson
carne *f.* meat; flesh; **en carne propia** for myself
carnudo/a fleshy
caro/a expensive
carrera career; race; **carrera armamentista** arms race; **carrera de embolsados** earnings race
carreta cart, wagon
carretera highway
carta letter
cartera wallet
casa house
casar to marry; **casarse (con)** to get married (to)
cascabeleo jingling of bells; noisy or scatterbrained chatter
caserío group of country houses
casi almost, nearly
caso case; **en todo caso** anyway
casquete (*m.*) **polar** polar ice cap
castellano/a Castilian
castigar (gu) to punish
castigo punishment
casualidad *f.* chance, coincidence; **por casualidad** by chance
cataclismo cataclysm, disaster
catalán *m.* Catalan (*language*)
catálogo catalogue
catástrofe *f.* catastrophe

catedral *f.* cathedral
catedrático/a (university) professor
categoría category
catequista *m., f.* catechist (*person that teaches catechism*)
catolicismo Catholicism
católico/a Catholic
caucho rubber
caudaloso/a plentiful; rushing (*river*)
caudillo leader, chief
causa cause; **a causa de** because of
causar to cause
cauteloso/a cautious, careful, wary
cazar (c) to hunt
ceder to yield
cegador(a) *adj.* blinding
ceja brow, eyebrow; **mirar por entre cejas** to look with a sidelong glance
cejar to hesitate
celebrado/a famous
celebrar to celebrate
célebre famous; renowned; notable
celebridad *f.* fame, renown
celeste sky-blue
celos *pl.* jealousy; **tener celos** to be jealous
celoso/a jealous
cementerio cemetery
cemento *n.* cement
cena dinner
cenar to dine, have dinner
ceniza ash
centro center
centroamericano/a Central American
centuria century
ceñir (i) to girdle; to surround
cepillo del pan alms box
cerca *n.* fence; *adv.* near, nearby, close; **cerca de** *prep.* near (to); **de cerca** from a short distance
cercanía nearby area
cercano/a close, nearby
cerebro brain; **fuga de cerebros** brain drain
ceremonia ceremony
cerrar (ie) to close; **cerrarse a** to close oneself off to
cerro hill
certeza certainty
certificar (qu) to certify; to register
cerveza beer
cesar to stop, cease; **cesar de** + *infin.* to stop (*doing something*)
cicatriz *f.* (*pl.* cicatrices) scar
ciclo cycle
ciego/a blind
cielo sky; **qué cielo ni cielo** what are you talking about?
cien (ciento) one hundred; **por ciento** percent
ciencia science; **ciencias de la vida** life sciences; **ciencias políticas** *pl.* political science
científico/a *n.* scientist; *adj.* scientific

cierre *m.* closure; closing, locking
cierto/a certain
ciervo stag
cifra number; cipher; emblem
cima top, summit
cimiento foundation; root, origin
cincel *m.* chisel
cincelar to chisel, engrave
cine *m.* cinema; movies; movie theater
cinematografía cinematography
cinematógrafo/a filmmaker
cinismo cynicism
cinta (audio) tape; **cintas** (*pl.*) **del camisón** shirt laces
cinturón *m.* belt, sash
circo circus
circulación *f.* circulation
circular to circulate
círculo circle
circunstancia circumstance
ciruela plum; prune
cita quotation; date, appointment; **cita de negocios** business appointment
citación *f.* reference; citation, summons
citar to quote, cite
ciudad *f.* city
ciudadano/a citizen
civil *adj.* civil, civilian
civilidad *f.* civility, politeness
civilización *f.* civilization
civilizador(a) *n.* civilizer; *adj.* civilizing
clamor *m.* outcry
clandestinamente secretly
claridad *f.* clarity
claro/a *adj.* clear
clase *f.* class; type, kind
clásico/a classical
clasificar (qu) to classify
clausurar to close
clavar to fix, fasten, to nail; **clavar(le) la mirada** to fix (one's) eyes (on)
clave *n. f.; adj.* key; **ideas clave** key ideas; **palabras clave** key words
clavo nail; head (*of a boil*)
cliente *m., f.* client
clima *m.* climate
climatológico/a climatologic
clorofiliano/a of, related to chlorophyll
cobarde *m., f.* coward
cobijas *pl.* bedclothes
cobrar to charge; to acquire
cobrizo/a copper-colored
cocina kitchen
coche *m.* automobile, car
codicia greed
codiciosamente covetously, greedily
código code
coexistir to coexist
cofundador(a) cofounder
coger (j) to seize; to take hold of; **cogerse** to get (*for oneself*)
cognado cognate

cohete *m.* rocket, missile
coincidir to coincide
cojear to limp, hobble
cola tail
colaboración *f.* collaboration
colaborador(a) collaborator; partner, colleague; contributor (*to a magazine, newspaper, etc.*)
colarse (ue) to slip in, sneak in
colcha bedspread; quilt
colchón *m.* mattress
colección *f.* collection
colectividad *f.* community, group; collectivity
colectivo small bus (*Argentina, Peru*)
colega *m., f.* colleague
colegio college; school, academy
cólera *m.* cholera; *f.* anger, rage
colgar (ue) (gu) to hang (on)
colina hill
colindante adjacent, neighboring
colmena beehive
colmo: **para colmo** to top it all off
colocar (qu) to place
colombiano/a Colombian
colonia colony
colonización *f.* colonization
colonizado/a colonized
coloquio discourse, conversation; dialogue
color *m.* color
colorido/a colorful
colosal colossal
coloso colossus, giant
columna column
coma comma
combate *m.* combat
combatir to combat, fight against
combativo/a combative
combinación *f.* combination
combinar to combine
combustión *f.* combustion
comedia comedy, farce; play, drama
comedor *m.* dining room; dining hall
comentar to comment (on)
comentario commentary; criticism
comenzar (ie, c) to begin
comer to eat
comercial *adj.* commercial; **suerte** (*f.*) **comercial** commercial success
comercializarse (c) to commercialize; to become a business; to be put on the market
comercio commerce, trade
cometido/a committed
cómico/a comical, funny
comida food; dinner
comienzo *n.* beginning
comillas *pl.* quotation marks
comisión *f.* commission
comité *m.* committee
comodidad *f.* comfort
cómodo/a comfortable

compacto/a compact
compañero/a companion
compañía company
comparación *f.* comparison
comparar to compare
comparativo/a comparative
compartir to share
compatriota *m., f.* compatriot, fellow citizen
compensación *f.* compensation
competencia competition
competidor(a) competitor
competir (i, i) to compete
complacer (zc) to please, humor
complejo *n.* complex
complejo/a complicated
complementario/a complementary
complemento complement
completar to complete
completo/a complete, entire
complicar (qu) to complicate
componer (*like* **poner**) to compose, form, make up
comportarse to behave
composición *f.* composition
compositor(a) composer
compra purchase; **ir de compras** to go shopping
comprador(a) buyer
comprar to buy
comprender to comprehend, understand; to comprise, include
comprensible comprehensible
comprensión *f.* comprehension
comprensivo/a comprehensive, inclusive; **ponerse en comprensivo/a** to become understanding
comprobar (ue) to confirm, verify
comprometer to compromise, jeopardize; **comprometerse a** + *infin.* to pledge oneself, promise to (*do something*)
compromiso promise; commitment
compuesto/a *p.p.* composed
compungido/a sorrowful, distressed, upset
computación *f.* computation
computadora computer
computarizado/a computerized
común common
comuna *n.* commune
comunicación *f.* communication
comunicar (qu) to communicate
comunicativo/a communicative
comunidad *f.* community
comunismo Communism
comunista *m., f.* Communist; *adj.* communist
concebir (i, i) to conceive
conceder to concede; to allow; **conceder crédito** to give credit, extend credit
concentrar(se) (en) to concentrate, focus (on)
concepción *f.* conception

concepto concept
conceptualmente conceptually
conceptuar to consider, regard
conciencia conscience, awareness
concienzudo/a conscientious, thorough
concierto concert
concilio council
conciso/a concise
concluir (y) to conclude, finish
conclusión *f.* conclusion, end; **sacar una conclusión** to come to a conclusion
concluyente conclusive
concordancia agreement
concretarse en to limit oneself to
concreto/a concrete, specific
concurso contest
concha shell
conde *m.* count (*title*)
condecoración *f.* award, recognition
condenado/a condemned
condesa countess
condición *f.* condition; situation
cóndor *m.* condor
conducir (*irreg.*) (**a**) to lead (to)
conducta conduct
conectar to connect
conejo rabbit
confeccionar to make, prepare
conferencia conference; lecture
confesar (ie) to confess
confesional *adj.* confessional
confiado/a confident
confianza confidence
confiar to have confidence (in)
confidente *m., f.* confidant(e)
confín *m.*: **los confines de** the confines of
confinado/a confined
confirmación *f.* confirmation
confirmado/a confirmed
conflicto conflict
confluencia confluence
conformismo conformism
confrontar to confront
confundir to confuse
confusión *f.* confusion
confuso/a *p.p.* confused
conglomerado conglomerate
congoja anguish, sorrow, grief
conjunción *f.* conjunction
conjunto whole, entirety
conjunto/a joined; related
conmemorar to commemorate
conmigo with me
conocedor(a) expert; connoisseur
conocer (zc) to know, be acquainted with, be familiar with; to meet, make the acquaintance of
conocimiento knowledge, familiarity
conquista conquest
conquistador(a) conquerer
conquistar to conquer
consagrar(se) to devote (oneself)

consciente conscious; aware
consecuencia consequence
consecuentemente consequently, therefore
consecutivo/a consecutive
conseguir (i, i) (g) to get, obtain; to attain
consejero/a counselor, advisor
consejo advice
conservador(a) conservative
conservadurismo conservatism
conservar to conserve, maintain
considerablemente considerably
considerar to consider; to treat with respect, consideration
consiguiente consequent, resulting; **por consiguiente** consequently
consistir en to be composed of, consist of
consonante *f.* consonant
consorcio consortium
conspirador(a) conspirator, plotter
constancia constancy; certainty; evidence
constante *n. f.; adj.* constant
constar (de) to consist, be composed (of)
constatar to verify, prove, confirm
constituir (y) to constitute, compose, make up
construcción *f.* construction
construir (y) to construct, build
consultar to consult
consumir to consume
consumo consumption
contabilidad *f.* accounting
contacto contact; **en contacto con** in contact with
contador(a) accountant; **contador(a) de historias** storyteller
contaminación *f.* contamination
contaminador(a) *adj.* contaminating
contaminante *adj.* contaminating
contaminar to contaminate
contar (ue) to count; to tell, relate; **contar con** to count on
contemplar to contemplate
contemporáneo/a contemporary
contener (*like* **tener**) to contain
contenido *n.* content
contentarse con to content oneself with
contento/a content, pleased, satisfied
contestar to answer, respond
contexto context
contigo with you (*inf. sing.*)
contiguo/a contiguous, adjacent
continente *m.* continent
continuación *f.* continuation
continuar to continue
continuo/a continuous
contornos surroundings
contra *m.*: **los pros y los contras** the pros and cons
contra against; **en contra de** against
contradecir (*like* **decir**) to contradict
contradicción *f.* contradiction
contradictorio/a contradictory

contraer (*like* **traer**) to contract
contraparte *f.* counterpart
contrapartida *f.* ill-effect
contraproducente counterproductive
contrareloj: carrera contrareloj race against the clock
contrario/a contrary
contraste *m.* contrast
contratado/a contracted
contrato contract
contribución *f.* contribution
contribuir (y) to contribute
contrincante *m.* fellow candidate; competitor, rival
controlador(a) controlling
controlar to control
controvertible debatable
controvertido/a controversial
convencer (z) to convince; **convencerse** to become convinced
convencimiento conviction
convenio agreement, pact
convenir (*like* **venir**) to be advisable, convenient
convergencia convergence
conversación *f.* conversation
conversador(a) conversationalist
converso/a convert
convertir (ie, i) to convert; **convertirse en** to turn into
convincente *adj.* convincing
convite *m.* invitation
convivencia living together, cohabitation
convocar (qu) to convene, call together
convocatoria calling of a meeting
convulso/a convulsed
cónyuge *m., f.* spouse, consort; *pl.* married couple
cooperación *f.* cooperation
cooperar to cooperate
cooperativa cooperative society
copa cup (*sports*); treetop
copiar to copy
copla verse
coraje *m.* courage; fortitude
corazón *m.* heart
corbata tie
cordero lamb
cordialmente cordially
cordillera mountain range
cordón *m.* sash; cord, rope
coreografía choreography
corona crown
coronar to crown
corporación *f.* corporation
corpulento/a corpulent, stout
corral *m.* corral, enclosure
corrección *f.* correction
correcto/a *p.p.* correct
corregir (i, i) (j) to correct

correr to run; **correrse el riesgo de** to run the risk of
correspondencia correspondence
corresponder to correspond; to be fitting, proper
correspondiente respective
corrida de toros bullfight
corriente *f.* current; course; trend; *adj.* current; **cuenta corriente** checking account
corrientemente usually, ordinarily
corrompible corruptible
corrupción *f.* corruption
corrupto/a *p.p.* corrupt
corsé *m.* corset
cortar to cut (off, down)
corte *f.* court
cortés courteous, polite
cortesía courtesy
corteza bark (*tree*); skin, peel (*fruit*); crust (*bread*)
cortina curtain; **cortina de hierro** iron curtain
corto/a short (*in length, time*); brief
cosa thing; **cualquier cosa** anything; **otra cosa** something else
coscorrón *m.* knock on the head
cosecha harvest
coser to sew
cosmetología cosmetology
cosmódromo cosmodrome
cosmopolita cosmopolitan
costa coast
costar (ue) to cost
costarricense *m., f.; adj.* from Costa Rica
costero(a) coastal
costo cost, price
costoso/a costly
costumbre *f.* custom; **de costumbre** as usual
cotidiano/a daily, everyday
cotiza Indian sandal
cotizado/a sought after
creación *f.* creation
creador(a) creator
crear to create
creatividad *f.* creativity
creativo/a creative
crecer (zc) to grow; to increase
creciente *adj.* growing; increasing
crecimiento growth
crédito credit; **conceder crédito** to give credit, extend credit; **carta de crédito** letter of credit; **tarjeta de crédito** credit card
credo creed
creencia belief
creer(se) (y) to believe
crepitar to crackle
crepúsculo twilight, dusk
crespo/a curly
criado/a servant

criar to raise, bring up
crimen *m.* crime
criollo/a Creole (*American-born, of European parents*)
crisis *f.* (*pl.* **crisis**) crisis
cristal *m.* crystal; glass
cristalino/a crystalline; clear
cristalizar (c) to crystallize
cristiano/a Christian; living soul, person
criterio criterion
crítica *f.* criticism
criticado/a criticized
crítico/a *n.* critic; *adj.* critical
croar to croak
crónica chronicle
cronista *m., f.* chronicler, historian
cronológico/a chronological
crucial crucial, decisive
crujir to creak
cruz *f.* cross
cruzar (c) to cross
cuaderno notebook
cuadrado/a square; squared
cuadro painting; scene
cuajado/a decorated
cual which; **lo cual** which; **por medio del cual** through which
¿cuál? what?, which?, which one?
cual(es)quier(a) *adj.* whichever, who(m)ever;
cual(es)quiera *indef. pron.* any one(s)
cualidad *f.* quality, trait
cuanto *adv.* as, as much as; **cuanto antes** as soon as possible; **en cuanto a** in regard to
cuánto *pron.* how much as, everything, all
¿cuánto/a? how much?
¿cuántos/as? how many?
cuartel *m.* barracks, quarters
cuarto fourth; quarter; room
cubano/a Cuban
cubierto/a *p.p.* covered
cubrir to cover
cuchara spoon
cuchillo knife
cuello neck
cuenca amazónica Amazon basin
cuenta: darse cuenta de to realize; **tener en cuenta** to keep in mind; **tomar en cuenta** to take into account
cuentista *m., f.* storyteller; short-story writer
cuento story
cuerno: mandar al cuerno to tell (*someone*) to go to hell
cuero leather
cuerpo body; main part
cuervo crow, raven
cuestión *f.* question, matter; **en cuestión** in question; **ser cuestión de** to be a matter of
cuestionar to debate, discuss, dispute
cuestionario questionnaire

cuidado care; **¡cuidado!** be careful!; **tener cuidado** to be careful
cuidadoso/a careful
cuidar to care for, take care of, look after
culinario/a culinary
culminación *f.* culmination
culo behind, backside; **metérselo en culo** (*vulgar*) to stick it up one's ass
culpar to blame
cultismo learned word, concept
cultivar to cultivate; to develop
cultivo cultivation
culto/a cultured, refined
cultura culture
cumbre *f.* summit; pinnacle, height
cumpleaños *m. sing.* birthday; **fiesta de cumpleaños** birthday party
cumplir (con) to carry out; to fulfill; **cumplir años** to have one's birthday
cundir to spread out; to increase, multiply
curar to cure; **curarse** to be cured
curiosidad *f.* curiosity
cursiva: en cursiva in script
curso course
curtido/a tanned (*leather*)
curva curve
curvatura curvature
cuyo/a whose

CH

charla conversation, talk, speech
¡chau! hello!; good-bye!
¡che! hey!
checo/a Czechoslovakian
checoslovaco/a Czechoslovakian
Checoslovaquia Czechoslovakia
cheque *m.* check
chico/a *n.* boy/girl; *adj.* small, little
chiflado/a crazy
chileno/a Chilean
chimenea chimney
chino *m.* Chinese (*language*)
chino/a Chinese
chispa spark
chispeante sparkling
chiste *m.* joke
chistera top hat
¡chitón! shush!
chopo black poplar
churro fritter

D

¡dale! come on!, get on with it!
dama lady
danza dance
dañino/a harmful; destructive
daño: hacer daño to harm
dar *irreg.* to give; **dar a conocer** to make known; **dar cuenta de** to take into account; **dar de comer** to feed; **dar en** to stumble, come upon; **dar frutos** to give results; **dar golpes** to strike, hit; **dar**

lástima to inspire pity; **dar noticia de** to give notice of; **dar pasos** to take steps; **dar vergüenza** to make one feel shame; **darle a uno la gana de** + *infin.* to feel like (*doing something*); **darle la espalda a uno** to turn one's back on someone; **darle la razón a uno** to consider, think someone right; **darse a conocer** to become known; **darse cuenta (de)** to realize; **darse de ejemplo** to be given as an example; **darse el lujo de** to permit oneself the luxury of; **darse pretensiones de** to put on airs of
darwinismo Darwinism
dato fact; **datos personales** information
debate *m.* debate; **tema a debate** subject for debate, discussion
debatir to debate
deber *m.* duty, obligation
deber + *infin.* to have to, should, ought; **deber de** + *infin.* must; **deberse a** to be due to
débil weak
débito debit
debutar to make one's debut
década decade
decadencia decadence, decline
decadente decadent
decálogo Decalogue, Ten Commandments
decena ten (*group of ten*)
decidido/a decisive
decidir to decide; **decidirse por** to make up one's mind in favor of
decimoquinto fifteenth
decir *irreg.* to say, tell; **es decir** that is (to say); **querer decir** to mean, signify
decisión *f.* decision; **toma de decisiones** decision making
decisivo/a decisive
declaración *f.* declaration
declarar to declare
declinación *f.* decline
declinar to decline
decretar to decree; to resolve, decide
dedicación *f.* dedication
dedicar (qu) to dedicate; **dedicarse a** to dedicate oneself to
deducir (*like* **conducir**) to deduce, infer, conclude
defecto defect
defectuoso/a defective
defender (ie) to defend
defensa defense
defensiva: a la defensiva on the defensive
defensor(a) defender
deficiente deficient
definición *f.* definition
definir to define
definitivo/a definitive
degeneración *f.* degeneration, deterioration
degollar (ue) to cut the throat of

dejar to leave; to let, permit; **dejar** + *infin.* to let, permit (*to do something*); **dejar de** + *infin.* to stop (*doing something*); **dejar suelto/a** to let loose
delante de *adv.* before, in front
delectación *f.* delight, pleasure
delegado: jugar al delegado to play the proxy, substitute
deletrear to spell
deletreo spelling
delfín *m.* dolphin
delgado/a slim, slender; thin
delicado/a delicate
delincuencia delinquency
delincuente *m., f.* delinquent, criminal
delineación *f.* drawing, sketch, (draft) design
delinear to draw, sketch; to design
delirante delirious
delito crime, offense
demanda demand; **oferta y demanda** supply and demand
demandar to demand
demás: los/las demás the rest, the others
demasiado *adv.* too, too much, excessively
democracia democracy
democrático/a democratic
democratización *f.* democratization
demostrar to demonstrate
demostrativo/a *m.* demonstrative (*gram.*); *adj.* demonstrative
denominar to name; to designate
denso/a dense, thick
dentro (de) *adv.* inside, within; **por dentro** from within, inside; **de dentro** on the inside
denunciar to denounce, accuse; to report (*a crime*)
departamento department
dependencia dependence
depender (de) to depend (on)
dependiente *adj.* dependent, depending
dependiente/a salesclerk
deporte *m.* sport
deportivo/a (of) sports
depositar to deposit
depresión *f.* depression
depuesto/a *p.p.* deposed
depurado/a clean; simple, direct
depurador(a) purifying, purifier
depurarse to become purified, become cleansed
derecha *f.* right hand, side; **a la derecha** to the right
derecho *m.* law; **tener derecho a/de** to have the right to; *pl.* rights
derecho/a right (*side, direction*)
derivado derivative
derivado/a derived
derivar(se) to derive, come from
derretimiento melting, thaw
derretirse (i, i) to melt, thaw

derrocar (qu) to overthrow, bring down
derrota defeat
derrotar to defeat
derrotista *m., f.* defeatist
desabrochar to unfasten, unbutton, undo
desacuerdo disagreement
desafío challenge
desajustado/a maladjusted
desalentar (ie) to take one's breath away; to discourage
desaliento discouragement; weakness
desaliñado/a dirty, shabby
desalojado/a uprooted, evicted
desalojo eviction
desanudar to untie
desapacible unpleasant, disagreeable
desaparecer (zc) to disappear
desaparecido/a missing person
desaparición *f.* disappearance
desarrollar to develop
desarrollo development
desasosiego restlessness, anxiety, uneasiness
desastre *m.* disaster
desatar to unleash
desayunar to have breakfast
desbaratar to wreck, ruin
descansar to rest
descanso rest, break
descarado/a shameless, insolent
descartado/a discarded; eliminated
descendencia origin, ancestry
descender (ie) to descend
descendiente *m., f.* descendant, offspring
descifrar to decipher
descomposición *f.* decomposition
desconcertarse (ie) to be disconcerted; to be in disagreement
desconfianza distrust
descongestionar to decongest
desconocido/a unknown
desconsolado/a dejected, miserable
descontaminación *f.* decontamination
descontar (ue) to discount; to disregard
descontento discontent, unhappiness
descortés impolite, discourteous
describir to describe
descripción *f.* description
descriptivo/a descriptive
descrito/a *p.p.* described
descubierto: poner al descubierto to reveal; **quedar al descubierto** to become evident; to be visible
descubierto/a *p.p.* discovered
descubrimiento discovery
descubrir to discover
descuidado/a careless; neglected; unattended
desde *prep.* from; since; after; **desde el punto de vista de** from the point of view of; **desde hace años** for years; **desde luego** of course; **desde que** since

desdicha misfortune; affliction
desear to desire, want, wish
desecho: de desecho as waste
desembocar (qu) to lead to
desempeñar to fulfill, carry out; **desempeñar un papel** to play a role
desempleado/a unemployed
desempleo unemployment
desencadenar to unleash
desenfrenado/a uncontrolled
desengañarse to realize the truth
desenlace *m.* conclusion, end (*of a story*)
desenvolverse (ue) to grow, develop
deseo desire
desequilibrio lack of equilibrium, unbalanced
desertar to desert, abandon
desertor(a) deserter
desesperación *f.* desperation
desesperanza despair, hopelessness
desesperarse to despair, become desperate
desfilar to parade, march
desfile *m.* parade, march, procession; **desfile de modas** fashion show
desgarrador(a) heartrending; frightening
desgarrar to tear
desgracia misfortune; disgrace
desgraciado/a unfortunate; wretched
deshacer (*like* **hacer**) to undo
deshielo thaw, melting
deshonesto/a dishonest
desierto desert
designar to designate
desigual unequal
desigualdad *f.* inequality
desilusión *f.* disillusionment, disappointment
desilusionado/a disappointed
desinformación *f.* misinformation
desinformar to misinform
deslomar to break the back of
deslumbrar to dazzle; to overwhelm
desmelenado/a disheveled
desmembrado/a dismembered; divided
desmoronarse to disintegrate
desnudar to undress
desnudo/a nude, naked
desolador(a) desolate
desollado/a skinned, flayed; injured, wounded
desorden *m.* disorder
desordenar to disorder
desorientado/a disoriented
despabilado/a alert; clever, smart
despacioso/a slow
despedida farewell
despedido/a: ser despedido/a to be fired, let go
despedir (i, i) to fire (*from a job*); **despedirse de** to say good-bye to
despegarse (gu) to detach oneself, to keep away

despejar to clarify; to resolve
desperdicio waste
despertador *m.* alarm clock
despertar *m.* awakening
despertar (ie) to awaken
desplazado/a displaced
desplazamiento displacement
desplomarse to collapse
despoblación *f.* depopulation
despojar to rob; to deprive
despolitización *f.* depoliticization
despótico/a despotic, tyrannical
desprecio contempt, disdain
desprenderse to unfold
despreocupado/a carefree, unconcerned
después *adv.* later, afterwards; **después de** *prep.* after; **después (de) que** *conj.* after
destacar (qu) to emphasize, make stand out; **destacarse** to be outstanding, prominent; to excel
destilar to distill
destinado/a destined
destinatario/a addressee
destino destiny
destreza skill
destronar to dethrone, depose
destrucción *f.* destruction
destruir (y) to destroy
desvanecerse (zc) to disappear, vanish
desventaja disadvantage
desventajoso/a disadvantageous
desventura misfortune
desviarse to deviate; to turn away from
detallado/a detailed
detalle *m.* detail
detectar to detect
detenerse (*like* **tener**) to stop; to linger
deterioro deterioration
determinante *adj.* determining
determinar to determine
detestar to detest
detrás (de) *adv.* behind, after; **por detrás** from behind
deuda debt
devenir *m.* future
devolver (ue) to return (*something*)
devorado/a devoured
devuelto/a *p.p.* returned
día *m.* day; **al día siguiente** (on) the following day; **hoy (en) día** nowadays; **todos los días** every day
diabetes *f.* diabetes
diabólico/a devilish
diadema tiara, crown
diagnóstico diagnosis
diagrama *m.* diagram
dialecto dialect
dialogar (gu) to speak in dialogue; to converse
diálogo dialogue
diario newspaper
diario/a daily

dibujar to draw
dibujo drawing
diccionario dictionary
diciembre *m.* December
dictador(a) dictator
dictadura dictatorship
dictar una conferencia to give a lecture
dicha happiness; good fortune
dicho *n.* saying
dicho/a *p.p.* said; aforementioned
dichoso/a happy; lucky, fortunate
didáctico/a didactic
diente *m.* tooth; **caja de dientes** dentures
diéresis *f.* diaeresis
diferencia difference
diferenciar to differentiate
diferente different
diferir (ie, i) to be different
difícil difficult
dificultad *f.* difficulty
dificultar to make difficult
dilema *m.* dilemma
dimensión *f.* dimension
diminutivo/a diminutive
diminuto/a small, little, minute
dinámico/a dynamic
dinamismo dynamism
dinastía dynasty
dinero money
diodo diode
dios god; idol; **gracias a Dios** thank God; **por Dios** for God's sake
dióxido dioxide
diploma *m.* diploma
diplomático/a *n.* diplomat; *adj.* diplomatic
diptongo diphthong
dirección *f.* direction; address
directamente directly
director(a) director
dirigente *m., f.* leader
dirigir (j) to direct, lead; **dirigirse a** to address, speak to; to write to
discar (qu) to dial (*a telephone number*)
discernir (ie) to discern, distinguish
disciplina discipline
disciplinado/a disciplined, trained
discípulo/a disciple, student
disco disk, disc; (phonograph) record; **disco compacto** compact disc
díscolo/a disobedient
discreción *f.* discretion
discreto/a discrete
disculpa excuse, apology
discursivo/a discursive, thoughtful
discurso speech; **dar un discurso** to make a speech, give a speech; **discurso interior** interior monologue
discusión *f.* discussion
discutir to discuss
diseminar to disseminate, spread
diseñador(a) designer; **diseñador(a) de moda** fashion designer

diseñar to design
diseño design
disfraz *m.* (*pl.* **disfraces**) disguise; costume; mask
disfrutar (de) to enjoy
disgusto annoyance; unpleasant experience
disidente *m., f.* dissident
disimular to hide, conceal
disimulo: con disimulo underhandedly
disipado/a dispelled
disminución *f.* decrease
disminuir (y) to reduce, lessen
disolverse (ue) to dissolve; to break up
dispar unequal, unlike
disparo shot (*from a gun*)
dispensar to dispense; to grant, confer
disponer (*like* **poner**) **de** to have at one's disposal
disponible available
disposición *f.*: **poner a la disposición** to make available
dispuesto/a a *p.p.* ready, prepared; **estar dispuesto/a a** to be ready to, be prepared to
disputa dispute
distancia distance
distinción *f.* distinction
distinguir (g) to distinguish
distinto/a different, distinct
distracción *f.* distraction
distraer (*like* **traer**) to distract
distribución *f.* distribution
distribuir (y) to distribute
distrito district
disturbio disturbance
disuadir to dissuade
disyuntiva dilemma; alternative
diván *m.* divan, low couch
diversidad *f.* diversity
diversificar (qu) to diversify
diversión *f.*: **parque** (*m.*) **de diversión** amusement park
diverso/a diverse, different, distinct
divertirse (ie, i) to have fun, amuse oneself
dividir to divide
división *f.* division
divorciado/a divorced
divorcio divorce
divulgación *f.* disclosure; revelation; publication; **obra de divulgación** published work
divulgar (gu) to make known, reveal
doblar to fold
doble *adj.* double
doblez *m.* fold
docena dozen
dócil docile, obedient
doctor(a) doctor
doctrina doctrine
documentación *f.* documentation
documental *adj.* documentary
documento document

dólar *m.* dollar
dolencia ailment, illness
dolor *m.* pain; suffering; grief; sadness
doloroso/a painful
domado/a tamed
doméstico/a domestic, household
dominar to dominate; **dominarse** to control oneself
domingo Sunday
dominical pertaining to Sunday
dominicano/a Dominican, of or pertaining to the Dominican Republic
dominio dominion, power; mastery (*of a language, skill*)
don *m.* title of respect with first names
dondequiera *adv.* wherever
doña *f.* title of respect with first names
dorado/a golden
dormir (ue, u) to sleep; **dormirse** to fall asleep
dormitorio bedroom
dotado/a de gifted, endowed with
drama *m.* drama, play
dramático/a dramatic
dramaturgo/a dramatist, playwright
drásticamente drastically
droga drug
drogadicción *f.* addiction to drugs
duda doubt; **lugar a dudas** room for doubt; **sin duda** without (a) doubt
dudoso/a doubtful
duelo duel
dueño/a master/mistress; proprietor/proprietress, owner
dulce sweet
duplicar (qu) to duplicate
duplicidad *f.* duplicity
duración *f.* duration; **de duración breve** short term
duramente fiercely
durante *prep.* during; for (*a period of time*)
duro/a difficult; hard; **ciencias duras** life's difficult experiences; **dura competencia** stiff competition

E

e and (*used instead of* **y** *before words beginning with* **i** *or* **hi**)
ebanista *m., f.* cabinetmaker; woodworker
ébano ebony (*wood*)
ecléctico/a eclectic
eco echo
ecología ecology
ecológico/a ecological
ecologista *m., f.* ecologist
economía economy
económico/a economic
economista *m., f.* economist
ecosistema *m.* ecosystem
ecuador *m.* equator
ecuestre equestrian

echar to throw, cast (out, away); **echar a +** *infin.* to start to (*do something*); **echar de menos** to miss, long for; **echarse a la vida** to become a prostitute
edad *f.* age; **...años de edad** . . . years old; **Edad Media** Middle Ages
edición *f.* edition
edificio building
editor(a) editor
editorial *m.* editorial (*article*); *f.* publishing company; *adj.* editorial
educación *f.* education
educacional educational
educado/a well-mannered; educated
educador(a) educator
educativo/a educational
efectivamente in effect, really, actually
efectivo/a effective
efecto effect, result; purpose; **en efecto** in fact; **tener efecto** to be effective
efectuar to accomplish, perform
eficacia effectiveness
eficiencia efficiency
eficiente efficient
egipcio/a Egyptian
egocéntrico/a egocentric
egoísta selfish, egoistic
¿eh? huh?; right?
ejecutar to execute; to perform, carry out
ejecutivo/a executive
ejemplar *m.* copy (*of a book, magazine*); *adj.* exemplary
ejemplo example; **dar de ejemplo** to give as an example; **por ejemplo** for example
ejercer (z) to exercise (*one's rights*); to practice (*a profession*)
ejercicio *n.* exercise
ejercitarse to train; to practice
ejército army
elaboración *f.* elaboration
elaborar to elaborate
elección *f.* election
electivo/a elective
electricidad *f.* electricity
eléctrico/a electric
electrónico/a electronic
elefante *m.* elephant
elegante elegant
elegir, (i, i) (j) to elect
elemental elementary
elemento element
elevar to elevate, raise; **elevarse** to rise
eliminar to eliminate
elite *m.* elite, selected few
elitismo elitism
elitista *m., f.* elitist
elocuente eloquent
emanación *f.* emanation, flowing
embajador(a) ambassador/ambassadress
embarazada pregnant
embarcación *f.*: **agente de embarcación** shipping agent

embargo: sin embargo nevertheless
embolsado/a: carrera de embolsados earnings race
embotellador(a): planta embotelladora bottling plant
embrujado/a bewitched
emergencia emergency
emerger (j) to emerge
emigración *f.* emigration
emigrado/a *adj.* emigrant
emigrante *m., f.* emigrant
emigrar to emigrate
emisión (*f.*) **radial** radio broadcast
emoción *f.* emotion
emocional emotional
emocionante *adj.* exciting
emotivo/a expressive
empalado/a impaled
emperador *m.* emperor
emperatriz *f.* (*pl.* **emperatrices**) empress
empezar (ie) (c) to begin
empleado/a employee
empleador(a) employer
emplear to employ; to use
empleo employment, job; use; **programa** (*m.*) **de empleo** employment program
empobrecido/a impoverished
emprender to undertake
empresa enterprise; company; **hombre** (*m.*) **de empresa** businessman
empresario/a manager; impresario
empujar to push
enamorado/a lover
enano/a dwarf
encabezamiento heading
encaminarse to be on the way
encantar to enchant
encanto charm
encaramarse a to climb to the top of
encarcelado/a imprisoned
encarnación *f.* incarnation
encarnar to embody, personify
encender (ie) to light, ignite
encerrar (ie) to enclose, lock up
encierro penning of bulls
encima de above, on top of; **por encima de** above
encogerse (j) de hombros to shrug one's shoulders
encogimiento timidity
encomiable praiseworthy
encontrar (ue) to find; **encontrarse a la defensiva** to be on the defensive; **encontrarse con** to be confronted with
encuentro encounter, meeting
encuesta survey
enderezar (c) to correct, rectify
endeudamiento indebtedness
enemigo/a enemy
energía energy
enérgico/a energetic
enero January

enfadarse to become angry
énfasis *m.* emphasis; **dar/poner énfasis (en)** to emphasize
enfatizar (c) to emphasize
enfermarse to become ill, sick
enfermero/a nurse
enfermizo/a sickly
enfermo/a *n.* sick person; *adj.* ill, sick
enfocar(se) (qu) en to focus on
enfoque *m.* focus
enfrascarse (qu) to become involved (in)
enfrentamiento confrontation
enfrentar to confront
engañar to deceive
engaño deception
engendrar to produce
engolosinado/a con fond of
enhebrar to thread
enigmáticamente enigmatically
enjaular to put in jail; to cage, confine
enjuagar (gu) to rinse
enlazar (c) to connect
enloquecido/a *adj.* driven mad
enmarcar (qu) to frame; to underscore
enmendar (ie) to amend; to reform
enmudecer (zc) to silence
enojado/a angry
enojo anger
enorme enormous
enrarecimiento *n.* thinning
enredadera vine
enriquecer (zc) to enrich
enriquecimiento enrichment
ensalada salad
ensamblar to assemble
ensayista *m., f.* essayist
ensayo essay
enseñanza education; teaching
enseñar to teach; to show
ensombrecerse (zc) to darken, dim
ensortijado/a curled
entablado/a started, begun
entendedor(a): al buen entendedor pocas palabras a word to the wise is sufficient
entender (ie) to understand
entendido: con el entendido de que with the understanding that
enterarse (de) to find out (about)
entero/a whole, entire, complete
enterrar (ie) to bury
entidad *f.* entity
entonces then, in that case; **desde entonces** since then; **en ese/aquel entonces** at that time; **por entonces** at that time
entrada: pórtico de entrada entrance hall
entrado/a: bien entrada la madrugada well into the morning
entrañas (*pl.*) entrails, innards
entrar to enter
entre *prep.* between, among
entrega: por entregas in installments

entregar (gu) to deliver, hand over; to hand in
entusiasmo enthusiasm
enumerar to enumerate
enunciado/a spoken
envenenar to poison
enviar to send, mail
envuelto/a *p.p.* wrapped
enyesado/a (put) in a plaster cast
épico/a epic
epidemia epidemic
episodio episode
epístola letter
epistolar *adj.* epistolary, composed as a series of letters
época era, epoch; **en época de** at the time of, at the period of; **en esa/aquella época** at that time
equilibrio equilibrium, balance
equino/a equine, of or pertaining to a horse
equipo team; equipment
equitativo/a equitable
equivalente *m.* equivalent
era era, age; **en otra era** at another time
erradicar (qu) to eradicate
escala stopping point
escalar to scale, climb
escalera ladder
escalón *m.* step, stair; rung (*of a ladder*)
escandinavo/a Scandinavian
escapar to escape; **escapar(se) de** to escape from; **escapársele a uno de las manos** to slip out of one's hands
escarabajo beetle
escasear to become scarce
escasez *f.* scarcity
escaso/a scarce
escena scene; stage
escenario stage, scenery; setting
escenificar (qu) to adapt for the stage
escenografía scenography
escepticismo skepticism
escéptico/a *n.* skeptic; *adj.* skeptical
escoger (j) to choose, select
escolar *m., f.* scholar, pupil, student; *adj.* scholastic, pertaining to a student
esconder to hide
escondido/a: a escondidas secretly
escote *m.* neckline
escribir to write; **escribir a mano** to write (out) by hand; **escribir a máquina** to type
escrito writing, document, manuscript; **por escrito** in writing
escrito/a *p.p.* written
escritor(a) writer, author
escritorio desk; study; office
escritura *n.* writing
escuchar to listen (to)
escudero squire
escuela school
esculpir to sculpt

escultor(a) sculptor/sculptress
escultura sculpture
ese (esa) *adj.* that
ése (ésa) *pron.* that (one)
esencia essence; **en esencia** in essence, basically
esencial essential
esfera sphere
esforzarse (ue) (c) en to strive to
esfuerzo effort; **unirse en esfuerzos comunes** to pool one's resources
esfumarse to disappear
esmalte *m.* enamel
esmero meticulousness
eso that, that thing, that fact; **por eso** for that reason, that's why
esos (esas) *adj.* those
ésos (ésas) *pron.* those (ones)
espacial pertaining to (outer) space
espacio (outer) space
espada sword
espalda back; **a espaldas de alguien** behind someone's back; **darle la espalda a uno** to turn one's back on someone
espantar to frighten
espantoso/a frightening
español *m.* Spanish (*language*)
español(a) *n.* Spaniard; *adj.* Spanish
espátula spatula
especial special
especialidad *f.* major field of study, interest
especialista *m., f.* specialist
especialización *f.* specialization
especializarse (c) en to specialize in; to major in
especie *f.* species; type, kind, sort
especificar (qu) to specify
específico/a specific
espectáculo spectacle, performance
espectador(a) spectator
especulación *f.* speculation
espejismo illusion, figment of the imagination
espejo mirror
espera wait; expectation
esperanza hope
esperanzado/a hopeful; encouraged
esperar to wait for; to expect; to hope for
esperma sperm, semen
esperpéntico/a frightful, monstrous
espeso/a thick
espía *m., f.* spy
espiar to spy
espinoso/a spiny, thorny
espíritu *m.* spirit, soul
espiritual spiritual
espléndido/a splendid
esplendor *m.* splendor
esponja sponge
espontaneidad *f.* spontaneity
espontáneo/a spontaneous
esposo/a spouse; husband/wife

espuma foam
esquelético/a *adj.* emaciated
esquema *m.* plan; outline; pattern
esquemático/a schematic
esquila small bell
esquina corner (*of a street*)
esquivo/a stark
estabilizar (c) to stabilize
estable *adj.* stable
establecer (zc) to establish
establecimiento establishment
estación *f.* season; station; **estación de radio** radio station; **estación de tren** train station
estacionar to park
estadista *m., f.* statesman/stateswoman
estadística statistic
estado state; **departamento de estado** state department; **estado de ánimo** state of mind
estadounidense from the United States
estalinista *m., f.* supporter of Stalin
estallar to break out
estancado/a stagnated
estancia stay, sojourn
estar *irreg.* to be; **estar a tiempo de** to be in time to; **estar al acecho de** to be on the lookout for; **estar de acuerdo con** to agree with; **estar en casa** to be at home; **estar pendiente de** to be (anxiously) waiting for
estatal of or pertaining to the state
estatura stature, height (*of a person*)
estepa steppe
estereofónico/a stereophonic
estéril sterile; dried up
esterlina: libra esterlina pound sterling
estertor *m.* wailing cry
estético/a aesthetic
estilístico/a stylistic
estilo style; vogue, fashion
estimar to estimate; to esteem
estimular to stimulate
estímulo stimulus; incentive
estipulación *f.* stipulation
estipular to stipulate
estirar to stretch
esto this; this thing; this matter
estrategia strategy
estrella star; **estrella de mar** starfish
estremecer (zc) to shake (up), make tremble; **estremecerse** to shiver, tremble
estreno debut; **último estreno** latest release
estrépito deafening noise
estribar to be based (on)
estrictamente strictly
estructura structure
estructuración *f.* structuring; organization
estructurado/a structured; organized
estudiantado student body
estudiante *m., f.* student

estudiantil of students; of studies
estudiar to study
estudio study; hacer estudios de to study
  (*a subject*)
estúpido/a stupid, foolish
estupor *m.* amazement
etapa stage, step; leg (*of a trip*)
eterno/a eternal
ética *sing.* ethics
etiqueta etiquette
étnico/a ethnic
euforia euphoria
europeo/a European
evadir to evade
evaluar to evaluate
evangelio gospel
evaporación *f.* evaporation
evento event
evidente evident
evitar to avoid
evocación *f.* evocation
evocar (qu) to evoke, recall; to call up
evocativo/a evocative
evolución *f.* evolution
evolucionar to evolve, develop
exactitud *f.* exactness, accuracy
exacto/a exact, correct
exagerar to exaggerate
examen *m.* examination, test; examen de
  ingreso entrance exam
examinar to examine, inspect, look over
excavadora excavation machine
exceder to exceed
excelencia excellence; por excelencia par
  excellence
excelente excellent
excepción *f.* exception
excepcional exceptional
excepto except
excesivo/a excessive
exceso excess
excitación *f.* excitement, agitation
excitar to excite
exclamación *f.* exclamation
exclamar to exclaim
exclamativo/a exclamatory
excluir (y) to exclude
exclusivo/a exclusive
excursión *f.* excursion
excusa excuse
exhaustivo/a exhaustive
exhibición *f.* exhibition, exposition, show
exhibir to exhibit, show, display
exhortar to arouse, excite with words
exigencia demand; requirement
exigir (j) to demand; to require
exilarse (*or* exiliarse) to be exiled; to exile
  oneself
exilio exile
existencia existence, life
existencialista *m., f.* existentialist

existente *adj.* existing
existir to exist
éxito success; con éxito successfully; tener
  éxito to be successful
exitoso/a successful
exótico/a exotic
expandir to expand
expansión *f.* expansion
expansionista *adj.* expansionist
expedición *f.* expedition
experiencia experience
experimentación *f.* experimentation
experimentar to experience; to test,
  experiment with
experimento experiment
experto/a expert
explicación *f.* explanation
explicar (qu) to explain; explicarse to
  make oneself understood
exploración *f.* exploration
explorador(a) explorer
explorar to explore
explotable exploitable
explotación *f.* exploitation
exponer (*like* poner) to expose, exhibit,
  show; to expound
exportación *f.* exportation
exportar to export
exposición *f.* exposition; exhibition
expresar to express
expresión *f.* expression
expuesto/a *p.p.* exhibited; expounded
expulsar to expel
expulsión *f.* expulsion
exquisito/a exquisite
extasiarse to become enraptured
éxtasis *m.* ecstasy
extender (ie) to extend
extenso/a extensive, vast
extenuado/a debilitated
exterior *n. m.; adj.* exterior
exterminio extermination
externo: deuda externa foreign debt
extinción *f.* extinction
extinguir (g) to destroy; to wipe out
extra remarkable, extraordinary
extraer (*like* traer) to extract
extranjero/a *n.* foreigner; *adj.* foreign
extrañar to surprise; to find strange; no es
  de extrañar it's no wonder
extraño/a strange
extraordinario/a extraordinary
extraterrestre *m., f.; adj.* extraterrestrial
extravío deviation
extremista *m., f.* extremist
extremo/a extreme; al extremo de que to
  the extent that; de extrema derecha of
  the far right; del Extremo Oriente of the
  Far East; llegar a extremos to take
  extreme measures
exuberante exuberant

F
fábrica factory; trabajo de fábrica
  manufacturing job
fabricación *f.* manufacturing, construction
fabricante *m.* maker, manufacturer
fabricar (qu) to manufacture
fabril *adj.* manufacturing; pertaining to
  factories
fábula fable
fabulista *m., f.* writer of fables
fabuloso/a fabulous, extraordinary
facción *f.* faction
fácil easy
facilidad *f.* facility; con facilidad with ease
facilitar to facilitate
factor *m.* factor, cause
facultad *f.* ability; Facultad de
  Arquitectura School of Architecture
faja zone
falda skirt; foothill
falso/a false
falta (de) lack (of); hacer falta to lack
faltar to lack; faltar al colegio to be absent
  from school; faltar al trabajo to miss
  work
falla failure; imperfection
fallar to fail
fallecido/a deceased
fallo mistake
fama fame; eterno nombre y fama
  everlasting renown; mala fama bad
  reputation; tenistas de fama famous
  tennis players
familia family
familiar *m.* family member; *adj.* pertaining
  to the family
familiarizarse (c) con to become familiar
  with
famoso/a famous
fanático/a fanatic; fanático del rock rock
  (music) fan
fanatismo fanaticism
fanatizado/a fanatical
fantaciencia science fantasy, science fiction
fantasía imagination
fantasma *m.* phantom, ghost; enfrentar un
  nuevo fantasma to face another major
  problem
fantástico/a fantastic; imaginary
farmacia pharmacy
fascinante fascinating
fascinar to fascinate
fastidioso/a *adj.* annoying
fatal unavoidable, fateful; mortal
fauna fauna, animal life
favor *m.* favor; a favor de in favor of;
  hacer el favor de + *infin.* to be kind
  enough to (*do something*); por favor
  please
favorecer (zc) to favor
favorito/a favorite

fe *f.* faith; **de buena fe** in good faith; **tener fe en** to believe in
febrero February
fecundidad *f.* fertility
fecha date
federación *f.* federation
felicidad *f.* happiness
feliz (*pl.* **felices**) happy
femenino/a feminine
feminidad *f.* femininity
fenómeno phenomenon; **estar fenómeno/a** to feel great (*coll.*)
feria fair
feroz (*pl.* **feroces**) fierce, ferocious
férreo/a made of iron; severe
fértil fertile
fertilidad *f.* fertility
férvido/a ardent, impassioned
festejar to celebrate
fiaca: tener fiaca to be exhausted, fed up
ficción *f.* fiction; **ciencia ficción** science fiction
ficticio/a fictitious
ficha index card
fichero filing cabinet
fidedigno/a trustworthy, creditable
fiebre *f.* fever; excitement
fiel faithful
fiero/a fierce
fiesta party, holiday, feast; **fiesta de cumpleaños** birthday party
figura figure, form, shape; character, player (*in theater, politics, etc.*)
figurar to figure; to appear
fijarse en to pay attention to, notice
fijo/a intent; fixed
fila row; **en las filas** in the ranks
filmar to film
filme *m.* film, movie
fílmico/a pertaining to films, movies
filosofía philosophy
filosófico/a philosophic
filósofo/a philosopher
fin *m.* end; purpose; goal; **al fin** at last, finally; **al fin y al cabo** when all is said and done; **en/por fin** finally, after all; **los fines de semana** (on) weekends; **poner fin a** to put an end to; **sin fin** endless
final final, last; **a finales de** during the last part; **al final de** at the end of; **prueba final** final examination
finalista *m., f.* finalist
financieramente financially
financiero/a financial
finca ranch, plantation
fingir (**j**) to pretend
fino/a refined
firma firm, company; signature
firmar to sign
firme firm, solid
física *sing.* physics

físico/a *adj.* physical
fisonomía physical attributes
flaco/a thin
flagrantemente flagrantly
flaqueza weakness
flauta flute
flecha arrow
flexibilidad *f.* flexibility
flor *f.* flower
flora flora, plant life
floración *f.* flowering, blooming
florar to flower, bloom
floreado/a decorated with flowers
floreciente *adj.* flourishing
florería flower shop
floresta forest
flotante *adj.* floating
flotar to float
fluctuar to fluctuate
fluidez *f.* fluency; **con fluidez** fluently
fluido/a fluid
fluir (**y**) to flow
fluvial pertaining to rivers
folklórico/a folkloric
follaje *m.* foliage
folletín *m.* serial story; pamphlet
fondo bottom, background, foundation; **en el fondo** basically
fonética *sing.* phonetics
fonético/a phonetic
fonógrafo phonograph
forestal: incendio forestal forest fire
forma form; manner, way; **en forma de** in the shape of
formación *f.* formation; training, education
formador(a) former; one that forms, fashions, or shapes
formar to form; to train, educate; **formar parte de** to be part of
formato format
formidable tremendous, enormous
formón *m.* chisel
fórmula formula
fornido/a husky, strong
fortalecer (**zc**) to fortify
fortaleza strength; fortress
fortuna fortune
forzado/a forced, constrained
forzar (**ue**) (**c**) to force
forzoso/a inevitable, compulsory
fosa pit
fósil *m.* fossil
foto *f.* photograph, picture
fotografía photograph
fotografiar to photograph
fotógrafo/a photographer
fotosíntesis *f.* photosynthesis
fracasar to fail
fracaso failure
fractura fracture

fragmentación *f.* fragmentation
fragmentado/a fragmented
fragmento excerpt
fraile *m.* friar, monk
francamente frankly
francés *m.* French (*language*)
francés (francesa) French
franela flannel shirt
frase *f.* phrase, sentence
fratricida fratricidal
fraude *m.* fraud
fraudulento/a fraudulent
frecuencia frequency; **con frecuencia** frequently
frecuentacíon *f.* frequenting
frecuente frequent
frenar to restrain
frenesí *m.* frenzy; rapture
frenético/a frenetic, frantic; wild
frente *f.* forehead; face; *adv.* **de frente** straight ahead; **en frente de** in front of; **frente a** in the face of
fresa strawberry
fresco/a fresh
frialdad *f.* coldness
frijol *m.* bean
frío/a cold
frito/a fried; **patatas fritas** french fries
frondoso/a leafy
frontera frontier; border
fronterizo/a of/on the frontier, border
frontón *m.* jai alai court
frustración *f.* frustration
frustrado/a frustrated
fruta fruit
frutero/a fruit vendor
fruto: dar frutos to bear fruit
fuego fire; **arma** (*f.*) (*but* **el arma**) **de fuego** firearm; **fuegos artificiales** fireworks; **prender fuego** to ignite, light; **sacar fuego** to make a fire
fuente *f.* fountain; source
fuera *adv.* outside, out; **fuera de** outside of, apart from, except for; **por fuera** on the outside
fuerte *m.* fort; *adj.* strong
fuerza strength, power; force; **con fuerza** powerfully; **fuerza policíaca** police force; **fuerzas armadas** armed forces
fuga flight, escape; **fuga de cerebros** brain drain
fumar to smoke
fumigar (**gu**) to fumigate
función *f.* function, performance
funcional functional
funcionamiento operation
funcionar to function, operate, work
fundación *f.* foundation, establishment
fundador(a) founder
fundamental fundamental, basic
fundamento foundation, basis

fundar to found, establish; **fundarse** to be founded, established
fundido/a *adj.* cast
furia fury
furor *m.* furor, rage
fusil *m.* rifle
fusilado/a executed by shooting
fútbol *m.* soccer
futuro *n.* future
futuro/a *adj.* future

G

gabinete *m.* cabinet
galardón *m.* prize, award
galdosiano/a pertaining to the literature (writings) of Benito Pérez Galdós
galería gallery
galgo/a greyhound
gallego/a Galician
gallina chicken
gallo rooster, cock
gana desire, wish; **darle a uno la(s) gana(s)** to feel like; **írsele a uno las ganas** to lose interest; **tener ganas de + infin.** to feel like (*doing something*)
ganado cattle
ganador(a) winner
ganancia winning; earning
ganar to win; to earn
gangoso/a nasal, twangy (*way of speaking*)
garantía guarantee
garantizar (c) to guarantee
garganta throat
gasa gauze
gasolina gasoline
gastar to spend (*money*)
gasto expense
gato/a cat
gaucho Argentine cowboy
gemido groan, moan
generación *f.* generation
general *m.; adj.* general; **en general** in general, generally, usually; **por lo general** in general, generally, usually
generalísimo commander in chief
generalización *f.* generalization
generar to generate
género gender; kind, type; genre; **todo género de** all kinds of
generosidad *f.* generosity
generoso/a generous
genética *sing.* genetics
genético/a genetic
genial brilliant, inspired
genio genius
gente *f. sing.* people
gentileza courtesy, kindness
gentilicio gentile
geofísico/a geophysical
geografía geography
geográfico/a geographic

geólogo/a geologist
gerente *m., f.* manager
gestión *f.* arrangement; step, measure
gesto gesture; expression, look on one's face
gigante giant
gigantesco/a gigantic
gimnasio gymnasium
gira tour
girar to turn around, revolve, gyrate
gitano/a gypsy
gloria glory
glorioso/a glorious
gobernante *m., f.* person who governs or rules
gobernar (ie) to govern
gobierno government
golondrina swallow (*bird*)
golpe blow, hit; **a golpes** with blows; **dar golpes** to hit, strike
golpeado/a beaten up
goma rubber
gordo/a fat
gota drop
gótico/a gothic
grabación *f.* recording
grabador *m.* (tape) recorder
gracia grace, charm; *pl.* thanks, thank you **dar las gracias** to thank; **hacerle gracia a uno** to seem funny to someone; **no tener gracia** to make no sense
grácil fine, slender
grado grade (*level in school*); category, rank; degree
graduación *f.* graduation
graduarse to graduate
gramatical grammatical
gran (grande) big, large; great
granada pomegranate
grandioso/a grandiose, magnificent
grasa fat, grease
gratis *inv.* free (*of charge*)
gratuito/a free (*of charge*)
grave serious, grave
gravedad *f.* seriousness; importance
gravitatorio/a gravitational
graznar to caw, croak
grecorromano/a Greco-Roman
griego Greek (*language*)
griego/a Greek
grieta chasm
gritar to shout
grito *n.* shout, cry, scream; **a gritos** shouting
grotesco/a grotesque
grueso/a thick
grupo group
gualdo/a golden yellow
guapo/a handsome
guardaespaldas *m. sing., pl.* bodyguard
guardar to guard, keep

guardia guard; **guardia de seguridad** security guard
guardián (guardiana) guardian
guatemalteco/a Guatemalan
guayacán *m.* guaiacum tree
gubernamental governmental
gubia gouge (*carpentry*)
guerra war
guerrillero/a guerrilla (warrior)
gueto ghetto
guía *m., f.* guide; *f.* guidebook, manual; **servir de guía** to act as a guide
guiar to guide
guión *m.* hyphen, dash
guirnalda garland
guitarra guitar
gusano worm
gustar to be pleasing
gustativo/a gustatory
gusto taste, flavor; pleasure

H

haber *irreg.* to have (*auxiliary*); to be; **haber que + infin.** to have to (*do something*)
hábil able, clever, competent; **día hábil** working day
habilidad *f.* ability
habitación *f.* room
habitante *m., f.* inhabitant
habitar to inhabit
hábito: por hábito out of habit
habituado/a accustomed
habitual customary, habitual
hablar to speak
hacer *irreg.* to do; to make; **desde hace (más de)... años** since (more than) ... years ago; **hace algunos/unos años** some/a few years past; **hace tiempo** some time ago; **hacer + infin.** to have (*something done*); **hacer daño** to harm; **hacer el favor de + infin.** to be kind enough to (*do something*); **hacer falta** to be necessary; **hacer una pregunta** to ask a question; **hacerse** to become; **hacerse la corbata** to tie one's tie
hacia toward; **hacia afuera** outward; **un paso hacia atrás** a step backward, a step in the wrong direction
halcón *m.* falcon, hawk
hálito breath
hambre *f.* (*but* el hambre) hunger; **morirse de hambre** to die of starvation
hambriento/a *adj.* starving
hamburguesa hamburger
hampa *f.* (*but* el hampa) underworld
harina flour
hasta *prep.* until; **hasta que** until
haz *f.* (*but* el haz) (*pl.* haces) bundle; **un haz de reflejos** an appearance of reflections
hazaña deed

hebra thread
hebrero esophagus (*of an animal that chews cud*)
hecho fact; deed; event; **de hecho** in fact
hecho/a *p.p.* done, finished; made
hembra female
hepatitis *f.* hepatitis
heredar to inherit
hereditario/a hereditary
herida wound, injury
herir (ie, i) to wound
hermano/a brother/sister; **hermanos** *pl.* brothers and sisters
hermoso/a beautiful
hermosura beauty
héroe *m.* hero
heroicamente heroically
heroína heroine
hidalgo/a noble
hidrocarburo hydrocarbon
hidroeléctrico/a hydroelectric
hielo ice
hierba grass; herb; **hierba mala** weed
hierro iron; **cortina de hierro** Iron Curtain
higo fig
hijo/a son/daughter; **hijos** *pl.* sons and daughters, children
himno hymn
hincapié: hacer hincapié en to stress, emphasize
hinchado/a swollen
hipócrita *m., f.* hypocrite
hipódromo race track
hirsuto/a stiff, coarse
hispano/a Hispanic
hispanoamericano/a Spanish American, Latin American
historia history; story
historiador(a) historian
histórico/a historic, historical
hocico snout
hogar *m.* home
hoguera bonfire
hoja leaf; page, sheet (*of paper*)
hojear to leaf through (*a book, etc.*)
¡hola! hello!, hi!
hombre *m.* man; **hombre de bien** honorable man; **hombre de fe** a man of trust; **hombre de negocios/empresa** businessman
hombro shoulder; **encogerse de hombros** to shrug one's shoulders
homicidio homicide
homogéneo/a homogeneous
homónimo/a homonymous (with the same name)
hondo/a deep
honesto/a honest
honor *m.* honor; fame, reputation
honra honor; respect; **a mucha honra** with great pride

honrar to honor
hora hour, time; **ser hora de** + *infin.* to be (the) time to (*do something*); **si con cuatro horas pasa, con cinco fracasa** it's one too many
horizonte *m.* horizon
horno oven
horror *m.* horror; **¡qué horror!** how terrible!
hospitalario/a hospitable
hostelería inn-keeping
hostil hostile
hotelería hotel-keeping, hotel management
hoy today, now; **hoy (en) día** nowadays
huelga strike
huella: dejar huellas to leave tracks, traces
huérfano/a orphan
huerto orchard
hueso bone
huevo egg
huir (y) to flee
hulla coal, soft-coal
humanidad *f.* humanity
humanismo humanism
humanista *m., f.* humanist
humano/a human; humane; **género humano** humankind; **ser** (*m.*) **humano** human being
humedad *f.* humidity
humilde humble; **de la clase humilde** of low-class origin
humillante *adj.* humiliating
humo smoke
humorismo humor, wit
humorístico/a humorous
hundido/a sunken, deep-set
húngaro/a Hungarian
huraño/a unsociable

I

iberoamericano/a Spanish American, Latin American
idea idea; **idea clave** main idea, point
ideal *m.; adj.* ideal
idealismo idealism
idéntico/a identical
identidad *f.* identity
identificación *f.* identification
identificar (qu) to identify
ideología ideology
ideológico/a ideological
ideólogo/a ideologist
idílico/a idyllic
idilio romance
idioma *m.* language
idiosincrasia idiosyncrasy; peculiarity
ídolo idol
iglesia church
ignorancia ignorance
ignoto/a unknown, undiscovered

igual equal; same, similar; **al igual que** just as, like
igualdad *f.* equality
ilegal illegal
ilícito/a illicit, unlawful
ilimitado/a unlimited
ilímite limitless
iluminar to illuminate, light up
ilusión *f.* illusion, hope, dream
iluso/a dreamer, one suffering from delusions
ilustración *f.* illustration
ilustrado/a illustrated
ilustre illustrious, distinguished
imagen *f.* image
imaginación *f.* imagination
imaginar to imagine; **imaginarse** to imagine, fancy; **¡imagínate tú!** just fancy that!
imaginario/a imaginary, fictitious
imitar to imitate
impaciencia impatience
impacientarse to become impatient
impaciente impatient
impactar to impact, have an impact on
impacto impact
impartir to impart, grant
impasibilidad *f.* impassibility, immobility
impasiblemente impassively
impecablemente faultlessly
impedir (i, i) to impede, hinder
imperar to prevail
imperfecto/a imperfect
imperio empire
imperioso/a imperious
impétigo impetigo (*skin disease*)
ímpetu *m.* impetus, momentum
impetuosidad *f.* impetuousness
impetuoso/a impetuous
implantación *f.* introduction
implantar to introduce; to establish
implante *m.* (production) plant
implementar to implement
implicar (qu) to involve; to imply, mean
implorante *adj.* imploring
imponente *adj.* imposing
imponer (*like* **poner**) to impose; **imponerse** to command attention and respect
importancia importance, significance
importante important
importar to be important, matter
imposible impossible
imposición *f.* imposition, burden
impositivo/a *adj.* tax
impostura imposture, fraud; slander
impotencia impotence
impotente impotent
impreciso/a imprecise
imprescindible essential, indispensable
impresión *f.* impression
impresionable impressionable

impresionante impressive
impresionar to impress
improviso: de improviso unexpectedly, suddenly
impuesto *m.* tax
impuesto/a *p.p.* imposed
impulsar to impel, drive
impulso impulse
imputar to attribute
inaceptable unacceptable
inadaptado/a unadapted
inaugurar to inaugurate, open
incandescencia incandescence
incansable untiring
incapacidad *f.* inability
incapaz (*pl.* **incapaces**) incapable
incautación *f.* (legal) seizure, attachment
incendio fire; **incendio forestal** forest fire
incentivo incentive
incertidumbre *f.* uncertainty, doubt
incesante continual, unceasing
incidencia: por incidencia accidentally, by chance
incidente *m.* occurrence
incidir sobre to influence, have a bearing on
incipiente incipient, beginning
incitar to incite, stimulate
inclinación *f.* leaning, slant
inclinarse to lean; to be similar
incluir (**y**) to include
inclusive including; even
incluso including; even
incógnita mystery
incompleto/a incomplete
incomprendido/a misunderstood
incomprensión *f.* misunderstanding
inconcebible inconceivable
inconfundible unmistakable
incorporación *f.* incorporation
incorporar to incorporate, unite; **incorporarse** to sit up
incorrección *f.* incorrectness
incredulidad *f.* disbelief
increíble incredible, unbelievable
incremento increase
independencia independence; freedom
independiente independent
indicación *f.* indication; instruction
indicar (**qu**) to indicate
índice *m.* indication; index
indicio indication, sign
índico/a Indian, East Indian
indiferencia indifference
indígena *m., f.; adj.* native
indigno/a unworthy
indio/a Indian
indirecto/a indirect
indisciplinado/a undisciplined
indiscriminado/a indiscriminate
indiscutible unquestionable
indispensable indispensable, essential

individualidad *f.* individuality
individualismo individualism
individualista individualist
individuo individual, person
índole *f.* nature, character
indudable doubtless, certain
indumentaria clothes, clothing
industria industry
industrialización *f.* industrialization
industrializar (**c**) to industrialize
inédito/a unpublished
inequívoco/a unmistakeable
inercia inertia
inestabilidad *f.* instability
inestable unstable
inevitablemente inevitably
inexpresivo/a unexpressive
inexpugnable unassailable
infame infamous
infancia infancy
infantil infantile; child-like; **maltrato infantil** child abuse
infatigable untiring
infeliz (*pl.* **infelices**) unhappy, unfortunate
inferior inferior; lower
inferioridad *f.* inferiority
infierno hell
infiltrado/a infiltrated
ínfimo/a lowest
infinidad *f.* infinity
infinito/a infinite
inflamar to inflame
influencia influence
influir (**y**) to influence
información *f.* information, data
informar to inform, be informative
informativo/a informative
informe *m.* report
infortunio misfortune
infracción *f.* infraction
infranqueable unsurmountable
infrarrojo/a infrared
ingeniería engineering
ingeniero/a engineer
ingenio ingenuity; talent, skill
ingenioso/a ingenious
ingenuidad *f.* naiveté
ingenuo/a naive
ingle *f.* groin
inglés *m.* English (*language*)
inglés (inglesa) English
ingrato/a unpleasant
ingresar to join
ingreso entrance; income; **examen** (*m.*) **de ingreso** entrance exam
inicial *adj.* initial
iniciar to initiate
iniciativa initiative
inicio: al inicio at the beginning
ininteligible unintelligible
injuria insult
injuriar to insult

injusticia injustice
injusto/a unjust
inmaculado/a immaculate
inmaduro/a immature
inmediato/a immediate, near; **de inmediato** immediately
inmenso/a immense, countless
inmersión *f.* immersion
inminente imminent
inmodestia immodesty
inmortal immortal
inmóvil immobile, motionless
inmundicia filth; indecency
inmundo/a filthy; indecent
inmunodeficiencia immunodeficiency
inmunología immunology
innecesario/a unnecessary
innoble ignoble; base, mean
innovación *f.* innovation
innovar to innovate
innumerable countless
inocencia innocence
inocente innocent
inodoro toilet
inquietarse to be upset, worried
inquieto/a uneasy
inquietud *f.* uneasiness
inscribirse to enroll
insecto insect
insistencia insistence, persistence; **con insistencia** insistently, persistently
insistir (**en**) to insist (on)
insolidaridad *f.* isolation
insólito/a unusual, strange
insoportable intolerable, unbearable
insostenible unsustainable
inspiración *f.* inspiration
inspirar to inspire
instalación *f.* installation
instalar to install
instante *m.* instant
instintivamente instinctively
instinto instinct
institución *f.* institution
instituir (**y**) to institute, establish
instituto institute
instruir (**y**) to instruct
insulto insult
insurrección *f.* insurrection, rebellion
integrar to integrate; to make up
integridad *f.* integrity
intelectual *m., f.; adj.* intellectual
inteligencia intelligence
inteligente intelligent
intención *f.* intention, purpose
intencionalmente intentionally
intensidad *f.* intensity
intenso/a intense
intentar to attempt
intento attempt
intercalar to insert
intercambiar to interchange; to exchange

intercambio interchange; exchange; **convenio de intercambio** exchange agreement; **estudiante** (*m., f.*) **de intercambio** exchange student; **programa** (*m.*) **de intercambio** exchange program
interdependiente interdependent
interés *m.* interest
interesante interesting
interesar to interest; **interesarse en/por** to take an interest in
interferencia interference
interior *n. m.; adj.* interior; **discurso interior** interior monologue
interjección *f.* interjection
interlocutor(a) speaker
internacional international
internado internment
interno/a internal
interpretación *f.* interpretation; performance
interpretar to interpret
intérprete *m., f.* interpreter
interpuesto/a *p.p.* intervening
interrogación *f.* question mark
interrogativo/a interrogative
interrumpir to interrupt
interrupción *f.* interruption
interruptor *m.* switch; circuit breaker
intervención *f.* intervention
intimar con to become intimate with
intimidad *f.* intimacy
íntimo/a intimate
intolerante intolerant
intoxicarse (qu) to be poisoned
intraducible untranslatable
intranquilidad *f.* uneasiness, restlessness
intrincado/a intricate
introducción *f.* introduction
introducir (*like* **conducir**) to introduce, bring in; to present
introspectivo/a introspective
intruso/a intruder
inusitado/a unusual
inútil useless
inutilizado/a unused
invadir to invade
inválido/a disabled person
invasión *f.* invasion
invención *f.* invention
inventar to invent
invento invention
inventor(a) inventor
invernadero/a: efecto invernadero greenhouse effect
inverosímil unimaginable
inversión *f.* investment
inversionista *m., f.* investor
inverso/a reverse; **a la inversa** on the contrary
invertir (ie, i) to invest
investigación *f.* investigation, research

investigador(a) investigator, researcher
invierno winter
inviolado/a unprofaned
invitación *f.* invitation
invitar to invite
involucrar to involve
involuntario/a involuntary
inyección *f.* injection
ir *irreg.* to go; **ir a** + *infin.* to be going to (*do something*); **ir de compras** to go shopping; **irse** to go away
iris: arco iris rainbow
ironía irony
irónico/a ironic, ironical
irracional irrational
irreconciliable irreconcilable
irreemplazable irreplaceable
irrespirable unbreathable
irresponsable irresponsible
isla island
islámico/a Islamic
islamita *m., f.* Islamite, Muslim
italiano/a Italian
itálico/a: letra itálica italic letters
itinerario schedule
izquierdo/a *adj.* left

J
jabón *m.* soap
jacinto hyacinth
jadeante panting, out of breath
jai alai *m.* Basque ball game
jamás never
japonés *m.* Japanese (*language*)
japonés (japonesa) Japanese
jaracho musical instrument
jardín *m.* garden
jarra jar, pitcher
jaula cage
¡je! ha!
jefe *m.* boss, leader
jerarquía hierarchy
jerga slang
jeringa syringe
jinete *m.* horseman, rider
jornada event; act (*of a play*)
joven *m., f.* young person; *adj.* young
joya jewel
júbilo joy, jubilation
judío/a Jew; Jewish
juego game; **juego de palabras** pun, play on words
jueves *m.* (*pl.* **jueves**) Thursday
juez *m., f.* (*pl.* **jueces**) judge
jugador(a) player
jugar (ue) (gu) (a) to play; **jugar al delegado** to play the proxy, substitute
juglar *m.* minstrel
juicio judgment, opinion; wits, sanity
julio July
junio June
junta council, board; meeting
juntar to bring together

junto *adv.* together; **junto a** near, next to; **junto con** along with, together with
junto/a united; *pl.* together
juramento oath
justicia justice
justificable justifiable
justificación *f.* justification
juvenil youthful
juzgar (gu) to judge

K
kaki *m.* khaki
kazajo/a Kasak
kilómetro kilometer
kilovatio kilowatt

L
laberinto labyrinth
labio lip
labor *f.* work, labor
laboral labor-related; **ética laboral** work ethic
laboratorio laboratory
laborioso/a laborious; hardworking
labrar to farm, cultivate
lado side; **al lado de** next to; **por otro lado** on the other hand; **por un lado** on the one hand
ladrido bark (*of a dog*)
ladrón (ladrona) thief
lago lake
lágrima tear
laico/a lay person
lamentablemente unfortunately
lamentar to lament
lamer to lick
lámpara de incandescencia incandescent light bulb
lanzamiento launching
lanzar (c) to launch; **lanzar al mercado** to put on the market; **lanzar un reto** to challenge; **lanzarse** to throw oneself
lapa barnacle
lápiz *m.* (*pl.* **lápices**) pencil
largo/a long; **a largo plazo** long term; **a lo largo de** along, throughout; **pasarse de largo** to stay too long
lástima shame, pity; **dar lástima** to inspire pity; **¡qué lástima!** what a shame!
latifundio large landed estate
latín *m.* Latin (*language*)
latinoamericano/a Latin American
latir to beat, throb
latitud *f.* latitude
latón *m.* tin container
lavar to wash
lazo tie, connection
lección *f.* lesson
lector(a) reader
lectura reading
leche *f.* milk
leer (y) to read

legado legacy
legalmente *adv.* legally
legendario/a legendary
legislación *f.* legislation
legua league (*3½ miles*)
lejanía distance
lejano/a far, distant, remote
lejos *adv.* far; **a lo lejos** in the distance
lema *m.* motto, slogan
lengua tongue; language
lenguaje *m.* language
leninismo Leninism
leninista *m., f.* Leninist
lento/a slow
letra letter (*of the alphabet*); writing;
   hombre de letras scholar; **letra de
   molde** printed letter; **letra itálica** italic
   letters
leucemia leukemia
levantar to lift, pick up; **levantarse** to get
   up
leve light, trivial
ley *f.* law; **en buena ley** excellently
leyenda legend
liana vine
liberación *f.* liberation
liberado/a liberated
liberalismo liberalism
liberalización *f.* liberalization
liberalmente generously
libertad *f.* liberty, freedom; **poner en
   libertad** to set free
libra pound; **libra esterlina** pound sterling
librar to liberate, save
libre free
librería bookstore
libretista *m., f.* librettist
libreto libretto
libro book
licencia license, permit
licenciado/a lawyer
líder *m.* leader
liderazgo leadership
lidiar to fight
ligado/a tied, linked
ligero/a light
limitación *f.* limitation
limitar to limit
límite *m.* limit
limpio/a clean
linaje *m.* lineage, ancestry
lince *m.* lynx
lindo/a pretty; **ser de lindo** to be wonderful
línea line; **línea de producción** production
   line
lingüística *sing.* linguistics
lingüístico/a linguistic
liquen *m.* lichen
lira lyre
lírica lyric poetry
lírico/a lyric, lyrical
lirismo lyricism
lisonjero/a pleasing, agreeable

lista list
listo/a ready; smart, bright
literalmente literally
literario/a literary
literatura literature
litoral *m.* coast, shore
litorina sea creature
liturgia liturgy
litúrgico/a liturgical
lobo wolf
localizar (c) to locate
loco/a *n.* crazy person; *adj.* crazy; **volverse
   loco** to go crazy
locomotora locomotive
locura madness
lógica logic
lógico/a logical
lograr to achieve, attain; **lograr** + *infin.* to
   succeed in (*doing something*)
logro achievement
londinense of or pertaining to London
lotería lottery
lozano/a luxuriant
lúcido/a lucid, clear
lucir (zc) to appear
lucha fight, struggle
luchar to fight, struggle
luego then; **desde luego** of course; **hasta
   luego** good-bye for now
lugar *m.* place, location; **dar lugar a** to
   give rise to, cause; **en lugar de** instead
   of; **sin lugar a dudas** without room for
   doubt; **tener lugar** to take place
lúgubre gloomy, dismal
lujo luxury
luna moon
lunes *m.* (*pl.* **lunes**) Monday
luz *f.* (*pl.* **luces**) light

LL

llamada call
llamado/a called; so-called
llamar to call; **llamar la atención de** to
   catch the attention of; **llamarse** to be
   called
llamear to blaze, flame
llanto *n.* crying
llave *f.* key
llegada arrival
llegar (gu) to arrive, reach; **llegar a** +
   infin. to manage to (*do something*); **llegar
   a ser** to become
llenar to fill
lleno: **tener un lleno completo** to have a
   full house
lleno/a full
llevar to take, carry; to wear; **llevar a cabo**
   to carry out, **llevar tiempo** to take time;
   llevar una vida/existencia to lead a life;
   llevarse bien/mal to get along well/
   poorly
llorar to cry

llover (ue) to rain
lluvia rain

M

macabro/a macabre
machetazo cut, blow from a machete
machetear to cut, strike with a machete
machismo male chauvinism
madera wood
maderable timber-yielding
madre *f.* mother
madreselva honeysuckle
madriguera burrow; den
madrileño/a of or pertaining to Madrid
madrugada dawn, daybreak
madurar la información to think, work
   over the information
maestranza riding club (*Sp.*)
maestría mastery, skill; teacher's degree;
   master's degree
maestro/a master, teacher; **obra maestra**
   masterpiece
magia magic
mágico/a *adj.* magic
magistralmente brilliantly
magnético/a magnetic
magnífico/a magnificent
magnitud *f.* magnitude
mago magician
majestad *f.* majesty
majestuoso/a majestic
mal *m.* harm; *adv.* badly, poorly
mal (malo/a) bad, poor; **gente de mala
   vida** low-life persons; **hierba mala** weed;
   mala fama poor reputation
malentendido misunderstanding
maloliente foul-smelling
maltrato infantil child abuse
mama mammary gland, teat
mamífero/a mammal
manatí *m.* (*pl.* **manatíes**) manatee, sea cow
manchar to stain, spot
manchego/a of or pertaining to La Mancha
   (*region in Spain*)
mandar to order, command, to send;
   mandar al cuerno to tell (*someone*) to
   go to hell; **nacidos para mandar** born to
   rule
mando rule, command
manejar to manage; to handle, use
manejo use, operation
manera manner; *pl.* habits; **de igual
   manera** in the same way; **de manera
   que** so that, in such a way that; **de otra
   manera** otherwise; **de todas maneras** in
   any case
manifestación *f.* expression; manifestation,
   demonstration
manifestar (ie) to express; to demonstrate
manifiesto: **poner de manifiesto** to show,
   reveal
manipular to manipulate

mano *f.* hand; **en manos de** in the hands of; **mano a mano** together; **mano de obra** manual labor; **pasar a manos de** fall into the hands of; **tener a mano** to have at hand

mantener (*like* **tener**) to maintain, support; to keep

manual *m.; adj.* manual; **trabajador manual** manual laborer

manufactura manufacture

manufacturado/a manufactured

manzana apple

mañana tomorrow; morning

maoista *m., f.* Maoist

máquina machine; **escribir a máquina** to type

maquinaria machinery, apparatus

mar *m., f.* sea; **bellota de mar** barnacle; **estrella de mar** starfish

maraña tangle

maravilloso/a marvellous

marco de la puerta doorway

marcha march, walk; **en marcha** under way

marchar to go; to march, walk; **marchar bien** to go well; **marcharse** to leave, depart

marea tide

margen *m.* margin; *f.* border, side

mariachi *m. street band of popular Mexican music*

marido husband

marinero/a sailor

marino/a marine; **ninfa marina** mermaid

mármol *m.* marble

martes *m.* (*pl.* **martes**) Tuesday

martillo hammer

mártir *m., f.* martyr

martirio martyrdom

marxismo Marxism

marxista *m., f.* Marxist

marzo March

más more

masa mass

máscara mask

masculino/a masculine

mascullar to mumble, mutter

masivo/a massive

mata bush, shrub

matar to kill

matemáticas mathematics

materia subject (*in school*); **materia fósil** fossil matter; **materia prima** raw material

maternidad *f.* maternity

materno/a maternal

matiz *m.* (*pl.* **matices**) hue, tint

matizar (c) to color; to add another aspect

matorral *m.* underbrush

matrícula enrollment

matricularse to enroll

matrimonio marriage; **pedir en matrimonio** to ask for one's hand in marriage

máximo/a maximum

maya *m., f.* Maya; *adj.* Mayan

mayo May

mayor great, greater, greatest; older, oldest; **cada vez mayor** continually greater; **en mayor medida** to a great extent; **mayores enemigos** worst enemies; **personas mayores** elderly; **premio mayor** grand prize

mayoría majority

mayúscula capital (*letter*)

mecánico/a mechanic

mecanografía typewriting

mechón (*m.*) **de cabellos** lock of hair

mediados: a mediados de in the middle of

mediano/a medium

medianoche *f.* midnight

mediante by means of, through

medicina medicine

médico/a *n.* doctor; *adj.* medical

medida measure, step; **a medida que** at the same time as **en la medida que** to the extent that; **en mayor medida** to a great extent; **tomar medidas** to take measures, steps

medio means; medium; **de alcance medio** medium range; **en medio de** in the middle of; **medio ambiente** environment; **por medio de** by means of; **término medio** happy medium

medio/a half; middle; mean, average; **Edad** (*f.*) **Media** Middle Ages

mediodía *m.* midday, noon

medir (i, i) to measure

meditar to meditate

meditativo/a pensive

medrar to grow; to prosper

mejillón *m.* mussel

mejor better, best

mejorar to make better, improve

mejoría improvement

melancolía melancholy

melancólico/a melancholic

melocotón *m.* peach

melón *m.* melon

membrete *m.* letterhead

memoria memory; *pl.* memoirs

memorizar (c) to memorize

mencionar to mention; to name

mendigo/a beggar

menguar (gü) to decline

menor minor; lesser, least; younger, youngest

menos less, least; fewer, fewest; **a menos que** unless; **al menos** at least; **echar de menos** to miss; **por lo menos** at least

menoscabo discredit

mensaje *m.* message

mentalidad *f.* mentality

mentalmente mentally

mente *f.* mind

mentir (ie, i) to lie

mentira lie

mentiroso/a lying, false

menudo: a menudo often

mercado market

mercancía merchandise

merced *f.* mercy, grace; **Vuestra Merced** Your Grace

mercurio mercury

merecer (zc) to deserve

meridional southern

merienda snack, light meal

mérito merit

merodear roam

mes *m.* month

mesa table; **poner la mesa** to set the table

mesoamericano/a Mesoamerican

mestizo/a *n.; adj.* of European and Indian parents

meta goal, aspiration

metafísica *sing.* metaphysics

metafísico/a metaphysical

metáfora metaphor

meterse to get into, enter; **meterse con** to pick a fight with; **meterse de pupila** to become a trainee, apprentice; **meterse en** to get into/on; **metérselo en culo** (*vulgar*) to stick it up one's ass

metódicamente methodically

método method; **método operativo** procedure

metro meter

mexicanidad *f.*: **la esencia de la mexicanidad** the essence of Mexico (*all of its attributes, history, culture, etc.*)

mexicano/a Mexican

mezcla mixture

mezquita mosque

microbiológico/a microbiological

microficha microchip

micrófono microphone

microhistoria microhistory

miedo fear; **tener miedo** to be afraid

miel *f.* honey

miembro member

mientras *conj.* while; *adv.* when, meanwhile; **mientras tanto** meanwhile

miércoles *m.* (*pl.* **miércoles**) Wednesday

migajón *m.* crumb

migratorio/a migratory

mil *m.* a/one thousand; **miles** thousands

milagro miracle

milicia military service

militante militant

militar *m.* military serviceman; *adj.* military

millar *m.* a thousand; *pl.* thousands

millón *m.* a/one million

mimoso/a pampered; affectionate

mina *n.* mine

minar to mine
mínimo/a minimum; minimal
ministerio ministry
ministro/a minister; **primer ministro (primera ministra)** prime minister
minoría minority
minuciosamente meticulously
minuto minute
mirada look, gaze; **echar una mirada** to take a look at
mirar to look (at), watch; **mirar por entre cejas** to look with a sidelong glance
misa mass (*church service*)
miseria misery
¡mísero de mí! woe is me!
mismo/a same; **allí mismo** right there
misterio mystery
misterioso/a mysterious
místico/a mystic, mystical
mitad *f.* half
mito myth
mitológico/a mythological
moda style, fashion; **desfile** (*m.*) **de modas** fashion show; **exhibición** (*f.*) **de moda** fashion show; **pasado/a de moda** out of fashion
modales (*m.*) **finos** refined manners
modelo model; **resumen modelo** model résumé
moderación *f.* moderation
moderado/a moderate
modernidad *f.* modernity, modernness
modernista *adj.* modernist
modernizado/a modernized
moderno/a modern
modestia modesty
modesto/a modest
modificar (qu) to modify
modo manner, way; **de modo que** so that
modular to modulate
módulo lunar lunar module
mohín *m.* gesture
mojado/a wet
molde: letra de molde printed letter
mole *f.* bulk, a huge mass
molestar to annoy, bother; **molestarse en +** *infin.* to bother to (*do something*)
molestia annoyance
molienda mill
molinero/a miller
molino de viento windmill
momento moment: **de un momento a otro** at any time; **en todo momento** at all times; **por el momento** for the time being
monarca *m.* monarch
monarquía monarchy
monasterio monastery
monástico/a monastical
moneda coin
mongolés *m.* Mongolian (*language*)
monje *m.* monk

mono monkey
monolítico/a monolithic
monólogo monologue
monótono/a monotonous
monstruo monster
monstruoso/a monstrous
montaje *m.* staging, production
montaña mountain
monte *m.* mountain
monumento monument
morado/a purple
moraleja moral (*lesson*)
moreno/a brown; dark-skinned
morir(se) (ue, u) to die; **morirse de hambre** to starve
moro/a *n.* Moor; *adj.* Moorish
morosamente slowly
mortífero/a deadly
mosca fly
moscatel: uva moscatel muscatel grape
mosquitero mosquito net
mostrar (ue) to show; **mostrarse** to show oneself to be
motín *m.* uprising
motivar to motivate
motivo motive
motoniveladora bulldozer
mover(se) (ue) to move
movilizarse (c) to mobilize
movimiento movement
mozo boy, youth; servant
muchacho/a boy/girl; youngster
mucho *adv.* much; a lot
mucho/a much; *pl.* many
mudo/a mute; silent
mueble *m.* piece of furniture; *pl.* furniture
mueca grimace
muerte *f.* death
muerto/a dead; *p.p.* died; **estar muerto de celos** to be overwrought with jealousy
muestrario collection
mujer *f.* woman; wife
multa fine, ticket
multar to fine, give a ticket
multimillonario/a multimillionaire
multiplicar (qu) to multiply
multitud *f.* crowd
mundano/a mundane
mundial *adj.* world(wide); **feria mundial** World's Fair
mundo world
muñeca doll
muralista *m., f.* muralist
muralla wall, rampart
murciélago bat (*mammal*)
murmullo ripple
murmurar to murmur; to ripple
muro wall (*exterior*)
musculatura musculature
museo museum
música music

músico/a musician
muslo thigh
musulmán (musulmana) Muslim

N

nacer (zc) to be born
nacimiento birth
nación *f.* nation
nacional national
nacionalidad *f.* nationality
nacionalismo nationalism
nacionalista *m., f.; adj.* nationalist
nada *pron.* nothing; *adv.* (not) at all; **de nada** you're welcome
nadie nobody, no one; **mejor que nadie** better than anyone
naranja orange
naranjada orangeade, orange juice
narciso narcissus, daffodil
nariz *f.* (*pl.* **narices**) nose
narración *f.* narration
narrador(a) narrator
narrar to narrate
narrativa narrative
narrativo/a narrative
natal native (*pertaining to one's place of birth*)
natalidad *f.* birthrate
nativo/a native
natura *f.* nature
natural natural; native (*of a country or place*); **parque** (*m.*) **natural** nature park, natural reserve; **recurso natural** natural resource
naturaleza nature; character
naturalidad *f.* naturalness
náufrago/a shipwrecked person
Navidad *f.* Christmas
navío ship
necesario/a necessary
necesidad *f.* necessity
necesitar to need
negar (ie) (gu) to deny; **negarse a +** *infin.* to decline (*to do something*)
negativo/a negative
negociación *f.* negotiation; transaction
negociar to negotiate
negocio business; **hacer negocios** to do business; **hombre/mujer de negocios** businessman/woman; **viaje/visita de negocios** business trip
negrero/a slave trader
negro/a black; black person; **punto negro** low point
neoclásico/a neoclassic
nervio nerve
nerviosidad *f.* nervousness
neumático tire (*of a car*)
neumonía pneumonia
neutralizar (c) to neutralize
neutro/a neuter
nevado/a snowcapped

ni neither, nor; not even
nicaragüense Nicaraguan
nido nest
nieto/a grandson/granddaughter; **nietos** *pl.* grandchildren
nieve *f.* snow
ninfa marina mermaid
ningún (ninguno/a) no, not any, none, not one; **en ningún momento** never, on no occasion; **por ninguna parte** nowhere
niñez *f.* childhood
niño/a boy/girl; child; **de niño/a** as a child
nítido/a clear
nitroso/a: óxido nitroso nitrous oxide
nivel *m.* level; **a nivel internacional** at an international level
niveladora bulldozer
noble noble; **madera noble** natural wood
nobleza nobility
nocturno/a nocturnal
noche *f.* night; **de noche** at night; **esta noche** tonight; **mesa de noche** nightstand; **ser de noche** to be nighttime
nómada *adj.; m., f.* nomadic
nombrar to name
nombre *m.* name; **eterno nombre y fama** everlasting renown
nono/a ninth
noreste *m.* northeast
norma norm, standard
normalmente normally
noroeste *m.* northwest
norte *m.* north
norteamericano/a North American
nota note; comment, observation; **buena/ mala nota** good/bad grade; **nota final** final grade (*in a course*)
notable outstanding
notar to notice
noticia notice; news item; *pl.* news
notoriedad *f.* reputation
novela *n.* novel
novelista *m., f.* novelist
novelística novel writing
novelístico/a of or pertaining to novels
noveno/a ninth
noviembre *m.* November
novio/a boyfriend/girlfriend; fiancé(e); **novios** *pl.* bride and groom, newlyweds
nubarrón *m.* large, black storm cloud
nube *f.* cloud
nublado/a cloudy
núcleo nucleus, center
nudo knot
nuestro/a *poss. adj.* our
nuevo/a new
número number
numeroso/a numerous
nunca never
nutriente *m.* nutrient
nutrir to nourish
nutritivo/a nutritious

O

obedecer (zc) to obey
objetividad *f.* objectivity
objetivo/a objective
objeto object
obligación *f.* obligation
obligar (gu) to oblige, obligate
obligatorio/a obligatory
obra work; **obra de divulgación** published work; **obra de teatro** play, drama
obrero/a worker
obscuro/a dark; obscure
observación *f.* observation
observador(a) observer
observar to observe
obstáculo obstacle
obstante: no obstante notwithstanding, nevertheless
obstinado/a obstinate, stubborn
obtener (*like* **tener**) to obtain, get
obvio/a obvious
ocasión *f.* occasion
ocasionar to occasion, cause
occidental western
occidentalista *m., f.* pro-West, in favor of western ways
occidente *m.* west
océano ocean
octavo/a eighth
octubre *m.* October
ocultarse to hide
ocupación *f.* occupation; profession
ocupar to occupy; **ocuparse de** to be concerned about
ocurrir to occur, happen; **¡ni se te ocurra!** don't even think of (doing) it!; **ocurrírsele algo (a alguien)** to come to mind
odio hatred
oeste *m.* west
ofender to offend; **ofenderse** to be offended
ofensa offense, insult
oferta offer; **de oferta y demanda** supply and demand
oficial official
oficina office; **oficina de redacción** editorial room; **oficina de ventas** sales office
oficio occupation, job, trade
ofrecer (zc) to offer
oído (inner) ear; **receptores** (*m.*) **de oído** earphones
oír *irreg.* to hear; to listen
ojal *m.* buttonhole
ojalá I hope
ojear to stare at; to eye
ojo eye; **¡ojo!** look out!, be careful!
ola de calor heat wave
olfativo/a olfactory, of the sense of smell
olimpíadas Olympic games

olor *m.* smell, odor
olvidar to forget; **olvidarse de** to forget
olvido forgetfulness; oblivion
olla pot, kettle
omisión *f.* omission
omiso: hacer caso omiso de to ignore, pay no attention to
omnipotente omnipotent
omnisciente omniscient
ondulante wavy
ondular to ripple, wave
onomatopeya onomatopoeia (*words that imitate the natural sound of the object or action with which they are associated*)
opacar (qu) to cloud, darken
opalino/a opaline, iridescent
ópalo opal
opción *f.* option
opcional optional
ópera opera
operación *f.* operation
operar to operate
operativo: método operativo procedure
opereta española Spanish light opera, zarzuela
opinar to have an opinion, think
oponente *m., f.* opponent; rival
oponerse (*like* **poner**) **(a)** to oppose
oportunidad *f.* opportunity
oposición *f.* opposition
opositor(a) opponent
opresión *f.* oppression
optar (por) to choose, select
optimismo optimism
optimista *m., f.* optimist; *adj.* optimistic
opuesto/a opposite
opulento/a wealthy
oración *f.* sentence
oratoria oratory (*art of public speaking*)
órbita orbit
orden *m.* order, sequence, succession; *f.* order, command
ordenar to put in order; to order, command
ordinario/a ordinary; **de ordinario** ordinarily
oreja ear
orgánico/a organic
organización *f.* organization
organizar (c) to organize
orgullo pride
orgulloso/a proud
oriente *m.* east
origen *m.* origin; **dar origen** to originate; **país** (*m.*) **de origen** native country
originado/a originated
originalidad *f.* originality
originalmente originally
oro gold
orquesta orchestra
ortografía orthography, spelling
ortográfico/a orthographical, spelling
osar to dare

oscurecer (zc) to darken, get dark
oscuridad f. darkness
oscuro/a dark
oso bear
otoño autumn, fall
otorgación f. prize, award
otorgar (gu) to grant, award
otro/a other, another; por otra parte on
the other hand; por otro lado on the
other hand
ova marina fish egg
ovalado/a oval-shaped
óxido nitroso nitrous oxide

P
paciente m., f.; adj. patient
pacífico/a peaceful
pacto agreement; pacto de no-agresión
nonagression pact
padecer (zc) to suffer (from)
padrastro stepfather
padre m. father; pl. parents
paella Valencian rice dish with meat, fish,
shellfish, chicken, and vegetables
pagar (gu) to pay
página page
pago payment
país m. country
paisaje m. landscape
pájaro bird
pala shovel
palabra word; juego de palabras pun, play
on words
palacio palace
paliar to alleviate, lessen
pálido/a pale; colorless
paliza beating, thrashing
palma palm tree, palm
palmera palm tree, date palm
palmotear to clap, applaud
palo stick
paloma dove
palpar to feel
palpitar to palpitate; to beat, throb
pan m. bread; loaf of bread
panadería bakery
pancarta poster, placard
pánico panic
pantalón, pantalones m. pants; pantalones
de kaki khaki pants; pantalones
vaqueros jeans
pantano marsh, swamp
pantufla house slipper
panza belly
pañuelo handkerchief
papel m. paper; role
paperas mumps
par m. pair, couple
para for; to; in order to; by (a certain
time); no es para tanto it's not that
important; para que so that; para sí to
himself/herself (an aside)

parábola parable
paradoja paradox
paradójico/a paradoxical
parafrasear to paraphrase
paralelamente a adv. parallel to
páramo high barren plateau
parar to stop
parcela: por parcelas part by part
parcial partial
pardo/a brown
pareado/a split
parecer (zc) to appear, seem, look (like);
parecerse a to resemble
pared f. wall
pareja couple
paréntesis m. sing., pl. parenthesis
pariente m. relative
parir to give birth to
parpadear to wink; to blink
párpado eyelid
parque m. park
parquímetro parking meter
parra grapevine
párrafo paragraph
parroquia parish
parte f. part; cada uno por su parte each
one on his own behalf; de parte a parte
from one side to the other; formar parte
de to be or become a part of; por
ninguna parte nowhere; por otra parte
on the other hand; por parte de on
behalf of; por todas partes all over,
everywhere
participación f. participation
participante m., f. participant
participar to participate
partícula particle
particular particular; special; peculiar; en
particular particularly, specially; ¿qué
tiene de particular? what is so special
about it?
particularidad f. peculiarity
partida: punto de partida point of
departure, starting point
partido game, match; political party
partir to depart; a partir de as of, from
pasado past
pasado/a past, former
pasaje m. passage
pasar to happen; to spend (time); to pass,
continue; pasar a ser to become; pasar
por alto to overlook, pass over; pasarse
de largo to stay too long
pasatiempo pastime, amusement
pascuas: de Pascuas a Ramos once in a
blue moon
pase (m.): proceder al pase to keep in step
pasear(se) to walk, stroll; to show off,
exhibit
pasillo aisle
pasión f. passion
paso step; dar pasos to take steps,
measures

pasta: tienda de pastas noodle shop
pasto grass, hay; fodder
pastoreo grazing area
patada: a patadas kicking
patata potato; patatas fritas french fries
patear to kick
paterno/a paternal
patético/a pathetic
patológico/a pathological
patria native land
patrimonio heritage
patriótico/a patriotic
patrón (patrona) boss; m. pattern, model
paulatinamente gradually, slowly
pausa pause
pava kettle; teapot
pavada foolishness
pavor m. terror
payaso clown
paz f. (pl. paces) peace
pecho breast
pedazo piece; pedazo de sonsa fool
pedido request
pedir (i, i) to request, ask for; to order;
pedir en matrimonio to ask for one's
hand in marriage
pegado/a (a) stuck (to); close (to)
peladilla candied almond
pelaje m. appearance
pelar to peel
pelear to fight
película film, movie
peligro danger
peligroso/a dangerous
pelo hair
pelota ball
peludo/a hairy
peluquero/a hairdresser
pena sorrow; pain; merecer/valer la pena
to be worth the trouble
pender to dangle; to suspend; to hang
pendiente de dependent on; estar
pendiente de to be (kept) waiting for
penetrante penetrating
penetrar to penetrate
penoso/a distressing
pensador(a) thinker
pensamiento n. thought
pensar (ie) to think; pensar + infin. to plan
(to do something); pensar de pie to think
on one's feet; pensar en to think about
pensión f. boarding house
penúltimo/a penultimate, second-to-last
peor worse; el/la peor the worst
pequeño/a little, small; de pequeño/a as a
child; desde pequeño/a since childhood
pera pear
percatarse to notice, realize
percepción f. perception
percibir to perceive
perdedor(a) loser

perder (ie) to lose
pérdida loss; **pérdida de tiempo** waste of time
perdonar to pardon
peregrinación *f.* pilgrimage
perennemente continually
perfección *f.* perfection
perfeccionar to perfect; **perfeccionarse a +** *infin.* to become more skilled at (*doing something*)
perfecto/a perfect
perfil *m.* profile; outline
perfilar to outline
periódico newspaper
periódico/a periodical
periodista *m., f.* journalist
periodístico/a journalistic
período period, length of time; **período de prueba** trial period
perla pearl
permanecer (zc) to remain
permanentemente permanently
permiso permission
permitir to permit
perplejo/a perplexed, confused
perro/a dog; **llevar una vida perra** to have a rotten life
perseguir (i, i) (g) to pursue; to persecute
perseverar to persevere
persistencia persistence
persistir to persist
persona person
personaje *m.* personality; character
personal personal, private
personalidad *f.* personality
perspectiva perspective
persuasivo/a persuasive
pertenecer (zc) to belong; to pertain
perteneciente *adj.* pertaining, belonging
perturbación *f.* disturbance
perturbar to disturb; to upset
peruano/a Peruvian
pesadilla nightmare
pesado/a heavy
pesar to weigh; **a pesar de** in spite of; **pese a** in spite of
pesca fishing
pescado fish (*caught*)
pescador(a) person who fishes
peseta *monetary unit of Spain*
pesimista *m., f.* pessimist; *adj.* pessimistic
peso monetary unit; **voz** (*f.*) (*pl.* **voces**) **de peso** effective, forceful voice
pesquero/a fishing
petróleo petroleum
peyorativo/a pejorative, derogatory
pez *m.* (*pl.* **peces**) fish (*live*)
pianista *m., f.* pianist
picana: ni que me pongan la picana not even if they give me electric shock

picaresco/a picaresque
pícaro/a *n.* rogue; *adj.* mischievous
pico peak (*of mountain*)
pie *m.* foot; **pensar de pie** to think on one's feet; **ponerse de pie** to stand
piedad *f.* pity, mercy
piedra stone
piel *f.* skin
pierna leg
pieza piece; **pieza de conversación** conversation piece
pijama *m. sing.* pijamas
pileta swimming pool
piloto *m., f.* pilot
pillar to catch
pincel *m.* (artist's) paintbrush
pingüino penguin
pinillo ground pine (*plant*)
pintar to paint
pintor(a) painter
pintoresco/a picturesque
pintura painting
piraña piranha
pirata *m.* pirate
piscina swimming pool
piso floor
pistola pistol
pizarra blackboard
placer *m.* pleasure
plácidamente calmly
planchador(a) person who does ironing
planear to plan
planeta *m.* planet
planidero/a *adj.* plotting
planificador(a) de estrategias strategists
plano plan
planta plant: **planta embotelladora** bottling plant
plantar to plant
planteamiento establishment, setting up
plantear to set forth, establish
plantel *m.* educational institution
plasmar to form, shape
plástico plastic
plata silver; **hacer plata** to make money
plataforma platform
platónico/a Platonic
playa beach
plaza plaza, town square
plazo: crecimiento a largo plazo long-term growth
pleno/a full: **a plena satisfacción de** to the complete satisfaction of
pluma feather; pen
plumero feather duster
población *f.* population
poblado/a populated
pobre poor; unfortunate
pobreza poverty
poco *n.*: **dentro de poco** very soon; **un poco de** a little; *adv.* little; **poco a poco** little by little; **por poco** almost, nearly

poco/a *adj.* little; *pl.* few, a few; **a poca distancia** not far away; **al poco tiempo** shortly after; **pocas veces** seldom
podenco hound (dog)
poder *m.* power, might
poder *irreg.* to be able; **poder con** to manage with
poderoso/a powerful
podrido/a rotten
poema *m.* poem
poesía poetry
poeta *m., f.* poet
poética art of writing poetry
poético/a poetic
poetizar (c) to make poetic
polarización *f.* polarization
polémica polemic
policía police force
policíaco/a police, of or pertaining to the police
política *sing.* politics
político/a *n.* politician; *adj.* political
politicólogo/a political analyst
polvo dust
pollera skirt
pómulo cheekbone
poner *irreg.* to put, place; **ni que me pongan la picana** not even if they give me electric shock; **poner a la vista** to bring into view; **poner al descubierto** to expose, make public; **poner atención** to pay attention; **poner de manifiesto** to make evident; **poner en claro** to clarify; **poner en obra** to put into effect; **poner en relieve** to underscore; **poner la mesa** to set the table; **poner un negocio** to establish a business; **ponerse** to put on (*clothes*); **ponerse a +** *infin.* to begin to (*do something*); **ponerse de pie** to stand
poniente *m.* west
popularidad *f.* popularity
popularizar (c) to make popular
por *prep.* by; in; through; along; for; because of; per; as; **cada uno por su parte** each one on his own behalf; **darse por** to take oneself for; **llevar por título** to have as a title; **por allí** over there; **por consiguiente** therefore; **por de pronto** for the near future; **por debajo de** below, underneath; **por el momento** for the time being; **por encima de** above, on top of; **por entregas** in installments; **por escrito** in writing; **por favor** please; **por fin** at last; **por igual** equally; **por lo general** generally; **por lo menos** at least; **por (lo) tanto** therefore; **por otra parte** on the other hand; **por otro** furthermore; **por supuesto** of course
porcentaje *m.* percentage
porquería a worthless thing
portero/a doorkeeper
pórtico entrance arcade, entrance way, hall

portugués *m.* Portuguese (*language*)
portugués (portuguesa) Portuguese
porvenir *m.* future
poseedor(a) possessor, owner
poseer (y) to possess, own
posguerra postwar period
posibilidad *f.* possibility
posible possible
posición *f.* position; **posición clave** key position
positivo/a positive
poste *m.* post
posterior later, subsequent
postración *f.* prostration
postrado/a prostrated
postre *m.* dessert
postura posture; position, attitude
potable: agua (*f.*) (*but* **el agua**) **potable** drinking water
potencia power
potencial *m.; adj.* potential
potente powerful
pozo (water) well
práctica practice
practicar (qu) to practice
práctico/a practical
precario/a precarious
precedente *m.* precedent; **sin precedentes** without precedent
preceder to precede
precio price
precioso/a precious
precipitación *f.* precipitation
precisar to specify; to determine
precisión *f.* precision
preciso/a precise; **ser preciso** to be necessary
preconcebido/a preconceived
predecir (*like* **decir**) to predict
predeterminado/a predetermined
predicar (qu) to preach
predicción *f.* prediction
predominar to predominate
prefacio *n.* preface
preferencia preference
preferir (ie, i) to prefer
prefijo prefix
pregunta question; **hacer una pregunta** to ask a question
preguntar to question, ask a question; **preguntarse** to wonder, ask oneself
prehistoria prehistoric times
prehistórico/a prehistoric(al)
prematuro/a premature
premier *m.* premier, prime minister
premio prize, award
premonitorio/a premonitory (*giving previous warning*)
prensa press
preñada pregnant
preocupación *f.* worry, concern

preocupar to worry; **preocuparse** to be preoccupied, worried
preparación *f.* preparation
preparar to prepare
preparatorio/a preparatory
preposición *f.* preposition
presa dam
presagio omen
prescindir to do without
prescrito/a *p.p.* prescribed
presencia presence; **en presencia de** in the presence of
presenciar to witness
presentación *f.* presentation
presentar to present
presente *adj.* present; current; **adjuntar a la presente** to enclose (*with a letter*); **tener presente** to be aware, keep in mind
presentido/a predicted
preservar to preserve
presidente/a president
presión *f.* pressure
presionar to pressure
preso/a prisoner
prestar to lend; **prestar atención** to pay attention; **prestar trabajo voluntario** to volunteer; **prestarse** to be suitable; **prestarse a confusión** to lead to confusion
prestigio prestige
prestigioso/a prestigious
presuntuoso/a presumptuous
presupuesto budget
presurar to pressure, put pressure on; to urge
pretender to seek, endeavor
pretensión *f.* pretension; conceit; **darse pretensiones** to put on airs
pretérito *gram.* preterite
pretexto pretext
prever (*like* **ver**) to foresee
previo/a previous
previsible foreseeable
previsto/a *p.p.* foreseen
primar to stand out
primario/a primary
primavera spring (*season*)
primaveral of or pertaining to the spring
primer (primero/a) first; **primer ministro (primera ministra)** prime minister
primo/a *n.* cousin; *adj.* prime; **materia prima** raw material
principal principal, main
príncipe *m.* prince
principio beginning; principle; **a/de principios de, al principio de** at the beginning of
prioritario/a taking precedence
prisa: de prisa quickly
prisión *f.* prison
prisionero/a prisoner
privado/a private

privilegiado/a privileged
pro *m.*: **los pros y los contras** the pros and cons
probabilidad *f.* probability
probablemente probably
probar (ue) to prove, demonstrate
problema *m.* problem
problemático/a problematic; **la problemática guatemalteca** the difficult Guatemalan situation
procedente de originating from
proceder to proceed; **proceder al pase** to keep in step
procesamiento *n.* processing; **procesamiento de datos** data processing
proceso process; trial (*law*)
procurar to try, endeavor
producción *f.* production
producir (*like* **conducir**) to produce
productividad *f.* productivity
productivo/a productive
producto product
productor(a) producer
profano/a profane
profecía prophecy
profesado/a professed
profesional professional
profesor(a) professor, teacher
profeta *m.* prophet
profético/a prophetic
profetizar (c) to prophesy
proficiencia proficiency
profundo/a profound, deep
programa *m.* program
programación *f.* programming
programado/a programmed
programador(a) programmer
progresado/a progressed
progresión *f.* progression
progresista progressive
progresivo/a progressive
progreso progress
prohibir to prohibit
prohibitivo/a prohibitive
prolífico/a prolific
prólogo prologue
prolongar (gu) to prolong
promedio average
promesa promise
prometido/a promised
prominente prominent
promocionar to promote, advertise
promotor(a) promoter
promover (ue) to promote
pronombre *m., gram.* pronoun
pronosticar (qu) to foretell
pronóstico prediction; sign, omen
pronto *adv.* promptly, quickly; **de pronto** suddenly
pronto/a prompt, quick
pronunciación *f.* pronunciation
pronunciar to pronounce

propagar (gu) to propagate
propensión *f.* propensity, inclination
propiciar to sponsor
propietario/a owner
propinar to give (*a blow*)
propio/a own; itself, herself, himself, etc.; proper; **cobrar vida propia** to take on a life of its (his, her, their, etc.) own; **en carne propia** in one's own flesh, skin; **la propia Frida** Frida herself; **limitaciones propias** self-limitations; **nombre** (*m.*) **propio** proper noun; **propio/a de** belonging to
proponente *m., f.* proponent
proponer (*like* **poner**) to propose
proporción *f.* proportion
proporcionar to furnish, supply, provide
proposición *f.* proposition, proposal
propósito purpose, aim, intention; **a propósito** by the way
propuesta proposition, proposal
propuesto/a *p.p.* proposed
propulsor(a) *adj.* propelling
prosa prose
proseguir (i, i) (g) to continue, proceed, go on
prosista *m., f.* prose writer
prosperar to prosper
prosperidad *f.* prosperity
próspero/a prosperous
protagonismo leadership
protagonista *m., f.* protagonist
protección *f.* protection
protector(a) protective
proteger (j) to protect
protesta protest
protestar to protest
prototipo prototype
proveer (y) to supply
proveniente *adj.* originating
provenir (*like* **venir**) to originate, come from
proverbio proverb
provincia province
provisión *f.* provision
provisto/a *p.p.* supplied
provocar (qu) to provoke, cause
próximo/a next, forthcoming
proyección *f.* projection
proyectar to project
proyecto project
prudente prudent
prueba test, examination; trial; **poner a prueba** to test, try out; **vuelo de prueba** trial flight
pseudónimo pseudonym
psicología psychology
psicológico/a psychological
ptas. *abbrev. of* **pesetas**
púa barb; **alambre** (*m.*) **de púas** barbed wire
publicación *f.* publication
publicar (qu) to publish

publicidad *f.* publicity
público/a public
pudor *m.* modesty
pudrir to rot
pueblo town, village; common people; people, nation
puente *m.* bridge
puerta door
puertorriqueño/a Puerto Rican
puesta del sol sunset
puesto job, position; rank
puesto/a *p.p.* put; placed
pugna fight
pulga flea
pulido polish
pulmón *m.* lung
pulsera bracelet
punta: de punta a punta from one end to the other
punto point, dot, period; point (*of discussion*); **al punto de** on the verge of; **estar a punto de** to be about to (*do something*); **punto de partida** point of departure; **punto de vista** point of view; **puntos negros** low points; **puntos suspensivos** ellipses
puntuación *f.* punctuation
puñal *m.* dagger
pupila pupil (of the eye); **meterse de pupila** to become a trainee, apprentice
puro/a pure; sheer
puteado/a whoring

Q

quebrantamiento *n.* breaking
quebrar (ie) to break
quedar to remain, stay; to be left; to be, end up; **quedar al descubierto** to become evident; **quedar por +** *infin.* to remain to (*be done*); **quedarse** to remain
queja complaint
quejarse de to complain about
quejumbroso/a *adj.* complaining
quema: tala y quema slash and burn
quemar to burn
querer *irreg.* to want, desire; to love
querido/a dear, beloved; lover
queso cheese
quevedos *m. pl.* pince-nez (*a type of eyeglasses*)
quiché Quiche (*of the Mayan tribe in southern Guatemala*)
quiebra: en quiebra at risk
quien who, whom
¿quién(es)? who?, whom?; **¿a quién?** to whom?; **¿con quién?** with whom?; **¿de quién?** whose?; **¿para quién?** for whom?
quieto/a calm, still
quietud *f.* tranquility
quijotesco/a quixotic, extravagantly chivalrous
químico/a chemical

quinto/a fifth
quitar to remove, take away; **quitarse** to take off
quizá(s) perhaps, maybe

R

rabia: con rabia angrily
rabiar: aplaudir a rabiar to applaud tremendously
racionalización *f.* rationalization
racionalmente rationally
racista *m., f.* racist
radiación *f.* radiation
radiactivo/a radioactive
radial: emisión (*f.*) **radial** radio emission
radicalmente radically
radio *m.* radio set; *f.* radio (*medium*); **estación** (*f.*) **de radio** radio station
raíz *f.* (*pl.* **raíces**) root; **a raíz de** as a result of; **arrancar de raíz** to uproot
ramos: de Pascuas a Ramos once in a blue moon
rana frog
ranchero/a rancher
rancho ranch; **rancho de ganado** cattle ranch
rango ranks
rapaz: ave (*f.*) (*but* **el ave**) **rapaz** bird of prey
rapidez *f.* rapidity, quickness
rápido/a rapid, quick
raqueta racket
raro/a rare, strange
rascarse (qu) to scratch oneself
rasgo trait
raspar to scrape
ratificar (qu) to ratify
rato while, short while; **al rato** shortly thereafter; **un buen rato** a good while; **un rato después** a short while afterwards
ratón *m.* mouse
raudal *m.* torrent
raya dash
rayar en lo ridículo to border on the ridiculous
rayo ray, beam
raza race
razón *f.* reason; **darle la razón a alguien** to agree with someone; **tener razón** to be right
razonable reasonable
razonar to reason
reacción *f.* reaction
reaccionar to react
real real, true; royal
realidad *f.* reality; **en realidad** really, truly
realismo realism
realista *m., f.* realist
realización *f.* accomplishment
realizar (c) to carry out; to accomplish
reanudar to resume, take up again
reasumir to reassume, take over again

rebaño flock
rebatir to refute, rebut
rebelde *m., f.* rebel; *adj.* rebellious
rebotar to bounce
rebuscado/a affected, unnatural
recaer (*like* **caer**) to fall on
recalcar (**qu**) to emphasize, stress
recapitulación *f.* recapitulation
recaudo care, precaution
recelo mistrust, suspicion; **con recelo**
    mistrustfully, suspiciously
receptor de oído earphone
recibir to receive
recibo receipt; **acusar recibo** to
    acknowledge receipt
recién recently
reciente recent
recipiente *m.* receiver
reclamar to claim, demand
reclamo claim
recobrado/a recovered
recoger (**j**) to recover; to retrieve
recomendación *f.* recommendation
recomendar to recommend
recompensa compensation, reward
reconciliación *f.* reconciliation
reconocer (**zc**) to recognize, acknowledge
reconocimiento recognition,
    acknowledgment
reconquista reconquest
reconstruido/a reconstructed
recopilar to compile
recordar (**ue**) to remember; to remind
recorrer to travel; to go through
recortar to cut out
recorte *m.* clipping
recrear to recreate
recreo recreation
rectángulo rectangle
rectificar (**qu**) to rectify, correct
rector(a) rector, president (*of a university*)
recuerdo memory
recuperar to recover
recurso way, means; *pl.* resources;
    recursos naturales natural resources
rechazar (**c**) to reject
rechazo rejection
red *f.* net; network
redacción *f.* writing; editing
redactar to write, compose; to edit
redactor ejecutivo (redactora
    ejecutiva) editor in chief
redentor(a) redeemer
reducir (*like* **conducir**) to reduce
reeducar (**qu**) to re-educate
reembolso reimbursement; refund
reemplazar (**c**) to replace
reencarnación *f.* reincarnation
reestructuración *f.* restructuring
referencia reference; **con referencia a** with
    reference to; **hacer referencia a** to make
    a reference to

referente *adj.* referring, relating
referirse (**ie, i**) **a** to refer to
refinamiento refinement
reflejar to reflect
reflejo reflection; reflex; **un haz de**
    reflejos an appearance of reflections
reflexión *f.* reflection
reflexionar to reflect, meditate on
reflexivo/a reflective
reforma reform
reformador(a) reformer
reformar to reform
reforzar (**ue**) (**c**) to reinforce
refrenar to restrain, hold back
refrigerador *m.* refrigerator
refugiarse to take refuge
refugio refuge; asylum
refulgir (**j**) to shine
regalar to give (*a present*)
regalo present, gift
regañar to scold
regentar to manage
régimen *m.* regime
regimentación *f.* regimentation
región *f.* region
regionalismo regionalism
regir (**i, i**) (**j**) to rule
registrar to check
registro list
regla rule
regresar to return
regreso return; **de regreso** upon returning
regulación *f.* regulation
regularidad *f.* regularity
rehusar to refuse
reina queen
reinado reign
reinar to reign, rule
reino kingdom
reír(se) (**i, i**) (**de**) to laugh (at); **reírse a**
    grandes carcajadas to burst out laughing
reivindicado/a recovered
reja railing
relación *f.* relation; relationship; **con**
    relación a relative to
relatar to relate, narrate
relativo/a relative
relato story, narrative; report, account
relieve: poner en relieve to bring out,
    emphasize; **ponerse de relieve** to become
    evident
religión *f.* religion
religioso/a religious
relincho neigh, neighing
relocalizar (**c**) to relocate
reloj *m.* clock, watch
rematado/a complete, hopeless
remediador(a) remedial
remediar to remedy
remedio remedy, cure; **no hay más**
    remedio there is no other way

reminiscencia reminiscence
remontarse to go back (*to some date in the*
    past)
renacido/a reborn
renacimiento rebirth; Renaissance
rendición *f.* surrender
rendir (**i, i**) to yield
renegar (**ie**) (**gu**) to give up
renombre *m.* renown, fame
renovar (**ue**) to renovate
rentable income-producing
renunciar to renounce
reorganización *f.* reorganization
reparar en to pay attention to
repasar to review, go over
repaso review
repente: de repente suddenly
repentinamente suddenly
repercusión *f.* repercussion
repercutir en to have repercussions on
repetir (**i, i**) to repeat
repintado/a repainted
replegar (**ie**) (**gu**) to fall back
repleto/a full
replicar (**qu**) to reply, answer
repliegue *m.* fold, crease; convolution
repoblar (**ue**) to repopulate
reportaje *m.* report
reportar to report
reportero/a reporter
reposar to rest
representación *f.* representation
representante *m., f.* representative
representar to represent
representativo/a representative
represión *f.* repression
reprimir to repress, check, curb
reprochar to reproach
reproducción *f.* reproduction
reproducir (*like* **conducir**) to reproduce
reproductor(a) reproducer
república republic
republicano/a republican
repudiar to repudiate
repudio repudiation
reputación *f.* reputation
requerir (**ie, i**) to require
requisito requirement
resaltar to stand out
resbalar to slip, slide
rescatar to rescue
resentimiento resentment
resentirse (**ie, i**) to feel resentment
reseña review; **reseña de libros** book
    review; **reseña literaria** literary review
reseñador(a) reviewer
reseñar to review
reserva reserve; reservation
reservación *f.* reservation
reservar to reserve
resfriado/a: estar resfriado/a to have a
    cold

resguardado/a protected, sheltered
residencia residence
residencial residential
residente *m., f.* resident
residir to reside
residuo remainder
resignación *f.* resignation, submission
resignado/a resigned, submissive
resistir(se) (a) to resist; to oppose
resolución *f.* resolution
resolver (ue) to resolve
resonancia resonance
resoplar to puff, breathe hard
resorte *m.* means, way
respaldo back; backing
respectivamente respectively
respecto: con respecto a regarding
respetable respectable
respetar to respect
respeto respect
respirable breathable
respiración *f.* breathing
respirar to breathe
resplandor *m.* splendor, brilliance
responder to respond, answer
responsabilidad *f.* responsibility
responsable responsible
respuesta answer
resquebrajar to crack
restaurado/a restored
restaurante *m.* restaurant
resto rest; *pl.* remains
restricción *f.* restriction
resucitar to resurrect, bring back to life
resuelto/a *p.p.* resolved
resultado result
resultar to result; to turn out to be
resumen *m.* summary, abstract, résumé; **en resumen** in short
resumir to summarize
retablo *altarpiece representing a story or event*
retener (*like* **tener**) to retain; to hold back
reticencia hesitation
retirar to remove, withdraw; **retirarse** to retire
reto challenge, threat
retorcerse (ue) (z) las manos to wring one's hands
retórica rhetoric; **retóricas aparte** subtleties aside
retórico/a rhetorical
retornar to return
retratar to make an image of, depict
retrato portrait
retroceder to recede, draw back
reunión *f.* meeting
reunir to unite, bring together; **reunirse (con)** to get together with
revelar to reveal
reventarse (ie) to explode, burst
reverencia: hacer reverencias to bow

revisación *f.* revision; inspection
revisar to inspect, examine
revista magazine
revitalizar (c) to revitalize
revoltoso/a unruly
revolución *f.* revolution
revolucionario/a revolutionary
revólver *m.* revolver, pistol
revuelta revolt
rey *m.* king
rezagado/a lagging
rezago remainder, leftover
ribera shore, bank
rico/a rich; tasty, delicious; **hacerse rico/a** to become rich
ridicularizar (c) to ridicule
ridículo/a ridiculous
riesgo risk
rígido/a rigid
rigor *m.:* **de rigor** essential, obligatory
riguroso/a rigorous
rima rhyme; *pl.* poetry, poems
rimado/a rhymed
río river
riqueza wealth, richness
risa laughter
ritmo rhythm
rivalizar (c) to rival
roble *m.* oak
robótica robotics
roca rock, cliff
rocío dew
rococó rococo (*art*)
rocoso/a rocky
rodear to surround
rodilla: de rodillas kneeling
rojo/a red
rollo roll (*of film*)
romano/a Roman
romántico/a romantic
romper(se) to break
ropa clothing
rosa *n.* rose
rosado/a pink
roso/a red
rostro face
rotar to rotate
roto/a *p.p.* broken
rozar (c) to graze, lightly touch
rubí *m.* (*pl.* **rubíes**) ruby
rubio/a blonde
rudimento rudiment; *pl.* elements
rugiente *adj.* roaring, bellowing
ruido noise
ruina ruin
ruma heap, stack, pile
rumano/a Rumanian
rumbo: cambiar de rumbo to change direction
rumor *m.* murmur; rumor
ruso Russian (*language*)
ruso/a Russian

rústico/a rustic
ruta route
rutina routine
rutinario/a ordinary

s

sábado Saturday
sábana sheet
saber *m.* knowledge
saber *irreg.* to know (*information*); to find out; **saber** + *infin.* to know how, be able (*to do something*)
sabiduría wisdom, knowledge
sabina savin (*tree*)
sabio/a wise person; scholar
saborear to savor
sabotear to sabotage
sacar (qu) to take out; **sacar fuego** to make a fire; **sacar la lotería** to win the lottery; **sacar una conclusión** to come to a conclusion
sacerdote *m.* priest
saco bag; jacket
sacramental: auto sacramental religious play
sacrificarse (qu) to sacrifice oneself
sacrificio sacrifice
sagrado/a sacred
sala living room
salario salary
salchicha sausage
salida exit, departure; going out
salir *irreg.* to go out, leave; come out; **salirle a alguien el aumento** to give a raise
salón *m.* salon, drawing room
salpicado/a splotchy
saltar to jump
salto jump; **dar un salto** to jump
saltón (saltona): ojos saltones bulging eyes
salud *f.* health; **estar bien de salud** to be in good health
saludable healthy
saludar to greet
saludo greeting
salvación *f.* salvation
salvaje *adj.* savage
salvar to save; to rescue; to salvage
salvo: a salvo in safety
salvo *adv.* except
samurai *m.* high ranking Japanese warrior
san (santo/a) saint
sangrante bloody
sangre *f.* blood
sangriento/a bloody
sanguinario/a cruel
sanidad *f.* health
sano/a healthy
sanscrito Sanskrit
sapo toad
sarampión *m.* measles

sarcástico/a sarcastic
sastre *m.* tailor
satélite *m.* satellite
satírico/a satirical
satirizar (c) to satirize
satisfacción *f.* satisfaction
satisfactorio/a satisfactory
satisfecho/a *p.p.* satisfied
sazonar to spice up, season
sección *f.* section
seco/a dry; **a secas** simply
secretariado: **escuela de
    secretariado** secretary school
secretario/a secretary
secreto secret
secreto/a secret
secta sect
sectarismo sectarianism
secuela sequel
secuencia sequence
secuestrar to kidnap
secundario/a secondary; **escuela
    secundaria** high school
sede *f.* headquarters
seducir (*like* **conducir**) to seduce
segmento segment
seguida: **en seguida** right away
seguidor(a) follower
seguir(i, i) (g) to continue, follow; **seguir +**
    gerund to continue (*doing something*);
    seguir adelante to carry on; **seguir un
    curso** to follow a course (*of studies*)
según *prep.* according to; *conj.* as
segundo second (*unit of time*)
segundo/a second
seguro/a secure; sure; **estar seguro** to be
    sure
selección *f.* selection
seleccionar to select
selecto/a select
selva forest, woods; jungle
selvático/a wild; of the jungle, forest
sello stamp, seal
semana week
sembrado cultivated land
sembrar (ie) to cultivate, grow; to plant
semejante similar
semejanza similarity
semilla seed
seminario seminar
seminarista *m., f.* seminarian, student of
    theology
sencillo/a simple
seno bosom
sensación *f.* feeling
sensibilidad *f.* sensitivity; *pl.* feelings,
    emotions
sensible sensitive
sensor *m.*: **equipos de sensores** sensor
    systems
sensorial: **percepción** (*f.*) **extra-
    sensorial** extrasensory perception (ESP)

sentada: **de una sola sentada** in a single
    sitting
sentar to seat; **sentar bien** to suit, fit;
    sentarse to sit down
sentenciar to sentence, condemn
sentido sense, meaning; **doble sentido**
    double meaning; **en este sentido** in this
    manner; **sentido del honor** sense of
    honor
sentimiento feeling; *pl.* emotions
sentir *m.* feeling; opinion
sentir(se) (ie, i) to feel; to be sorry
señal *f.* sign, indication
señalar to point out, indicate; to point to
señor (**Sr.**) sir; mister; gentleman, man
señora (**Sra.**) lady; Mrs.; woman
señorita (**Srta.**) miss; young lady
separar to separate; **separarse** to be
    separated
septentrional northern
septiembre *m.* September
sepultado/a buried
sequía drought
ser *m.* being; **ser humano** human being
ser *irreg.* to be; **ser de** to be from, be made
    out of, belong to
serenidad *f.* serenity
serie *f.* series
serio/a serious
serpentear to twist, wind
servicial obliging
servicio service
servidor(a) servant
servir (i, i) to serve; **servir de guía** to act
    as a guide
seseo *m.* pronouncing the Spanish **c**, *before*
    e *and* **i**, *or* **z** *as an* **s**
sesión *f.* session, meeting
severo/a severe
sevillano/a of or pertaining to Seville
    (*Spain*)
sexo sex
sexto/a sixth
siembra sown land
sierra mountain range
siervo/a slave, serf
sigilosamente secretly
siglo century
significado meaning
significar (qu) to mean
significativo/a significant
signo sign; **signo de puntuación**
    punctuation mark
siguiente following, next; **al día siguiente**
    on the next day; **de la siguiente manera**
    in the following way; **lo siguiente** the
    following
sílaba syllable
silabeo pronouncing by syllables
silencio silence
silencioso/a silent, quiet
silueta silhouette; outline
silla chair

simbólico/a symbolic
simbolizar (c) to symbolize
símbolo symbol
símil *m.* simile
simpático/a pleasant, nice
simpatizar (c) con to sympathize with
simultáneo/a simultaneous
sin *prep.* without; **sin + infin.** without
    (*doing something*); **sin embargo** however
sinceridad *f.* sincerity
sincero/a sincere
sindicato union (*of workers, students, etc.*)
sinfonía symphony
singular unique, extraordinary
siniestro/a sinister
sino *conj.* but (rather)
sinónimo synonym
sinónimo/a synonymous
sinopsis *f. sing.* synopsis
sintáctico/a syntactic
sintaxis *f. sing.* syntax
síntesis *f. sing.* synthesis
síntoma *m.* symptom
siquiatría psychiatry
siquiátrico/a psychiatric
síquico/a psychic
siquiera: **ni siquiera** not even
sirena mermaid
sirenio: **mamífero sirenio** aquatic mammal
sirviente/a servant
sistema *m.* system; **sistema de
    fabricación** production system; **sistema
    de vida** way of life
sistemáticamente systematically
sitio place
situación *f.* situation, circumstances
situar to locate; **situarse** to be located; to
    take place
sobre *prep.* above, over; on (top of), upon;
    about, concerning; approximately, around;
    sobre todo especially
sobrecoger (j) to surprise
sobrenatural supernatural
sobrenombre *m.* nickname
sobrepasar to surpass
sobreponerse (*like* **poner**) **a** to overcome
sobresaliente outstanding
sobresalir (*like* **salir**) to stand out
sobresaltado/a startled
sobrevivir to survive
socialismo socialism
socialista *adj., m. and f.* socialist
socializar (c) to socialize
sociedad *f.* society
socio/a colleague, partner; member; **hacerse
    socio** to become a member
sociólogo/a sociologist
¡socorro! help!
sofocado/a suppressed
sol *m.* sun; **puesta del sol** sunset
soldado soldier
soledad *f.* loneliness

solemne solemn
solicitante *m., f.* applicant
solicitar to apply for; **solicitar admisión** to apply for admission
solicitud *f.* application
sólido/a solid
soliloquio soliloquy
solitario/a reclusive
sólo *adv.* only
solo/a alone; single
soltar (ue) to untie, loosen
soltero/a bachelor / unmarried woman
solución *f.* solution
sollozo sob
sombra shade, shadow
sombreado/a shaded
sombrero hat; **sombrero de alas anchas** wide-brimmed hat
sombrilla parasol
sombrío/a somber
sometido/a subjected
sonar (ue) to sound
sonetista *m., f.* writer of sonnets
soneto sonnet
sonido sound, ring
sonoridad *f.* sonority
sonoro/a resonant
sonreír (i, i) to smile
sonriente *adj.* smiling
sonrisa smile
sonsa: **pedazo de sonsa** fool
soñar (ue) to dream; **soñar con** to dream about
soplo breath
soportar to sustain; to withstand, endure
sorprendente *adj.* surprising
sorprender to surprise
sorpresa surprise
sorpresivo/a unexpected, surprising
sospecha suspicion
sospechoso/a suspicious
sostén *m.* support
sostener (*like* tener) to support; to hold
soviético/a Soviet
stalinismo Stalinism
stalinista *m., f.; adj.* Stalinist
suave smooth, soft
suavidad *f.*: **con suavidad** gently
suavizar (c) to soften, temper
subdesarrollo underdevelopment
súbdito/a subject, citizen
subir to rise, go up, climb; **subirse a** to go up to
subjetivismo subjectivism
subjetivo/a subjective
sublimación *f.* sublimation
submarino/a underwater
subordinación *f.* subordination
subordinado/a subordinate
subrayar to underline, to emphasize
subsanar to correct
subsecretario/a undersecretary

subsidiario/a subsidiary
subsistencia subsistence
substitución *f.* substitution
substraer (*like* traer) to remove
subte(rráneo) subway
subterráneo/a subterranean, underground
subtítulo subtitle
suceder to happen
sucesión *f.* succession
sucesivamente successively
suceso event
sucesor(a) successor
suciedad *f.* filth
sucinto/a succinct, brief, concise
sucio/a dirty
sudor *m.* sweat, perspiration
sueco/a Swedish
sueldo salary
suelo ground
suelto/a loose; **dejar suelto/a** to let loose
sueño dream
suerte *f.* luck
suficiente sufficient
sufragar (gu) to defray
sufrir to suffer
sugerencia suggestion
sugerir (ie, i) to suggest
suicidio suicide
sujeto subject
suma sum, amount; **en suma** in short, to sum up
sumar a to add up to
sumergirse (j) to submerge (oneself), go under water
suministrar to supply, provide
sumisión *f.* submission
sumiso/a submissive; obedient
sumo/a supreme
suntuoso/a sumptuous
superar to exceed, do better than; **superarse** to improve oneself
superconservador(a) superconservative
superficialidad *f.* shallowness
superficie *f.* surface
superintendencia superintendency
superior superior; upper; **monje** (*m.*) **superior** higher monk
superprotección *f.* overprotection
supervisor(a) supervisor
supervivencia survival
suplementario/a supplementary
suponer (*like* poner) to suppose
supremo/a supreme
suprimir to eliminate
supuesto *p.p.*: **por supuesto** of course
sur *m.* south
sura *section or chapter of the Koran*
surcar (qu) to cut through
surgimiento rise
surgir (j) to arise
surrealista *m., f.; adj.* surrealist
suspensión *f.* suspension

suspensivo: **puntos suspensivos** ellipses
suspenso suspense
suspiro sigh
sustancia contaminadora polluting material
sustancialmente substantially
sustantivo noun
sustentación *f.* sustenance, nourishment
sustentar to sustain, nourish; to support
sustituir (y) to substitute
sustituto/a substitute
sustraerse (*like* traer) to withdraw oneself
susurro whisper
suyo/a her, of hers; his, of his; your, of yours (*pol., sing., pl.*)

T

tabla del navío ship's plank
tácito/a implied and understood
táctica *sing.* tactics
táctico/a tactical
táctil tactile, of or pertaining to touch
tajada slice
tal such (a); **como tal** as such; **con tal (de) que** provided that; **¿qué tal?** how's it going?; **tal vez** perhaps; **tal(es) como** such as
tala felling of trees; **tala y quema** slash and burn
talar to fell trees
talento: **buscador(a) de talentos** talent scout
talentoso/a talented
talón *m.* heel
talla carving, engraving
tallo stem, stalk
tamaño size
tamborileo *n.* drumming
tampoco *adv.* neither, not either
tan *adv.* so, as; **tan... como** as ... as (*comparison of equality*)
tanto/a so much; *pl.* so many; **por (lo) tanto** therefore; **tanto/a... como** as much ... as (*comparison of equality*); **tanto como** as much as
tañido tolling of a bell
tapa lid, cover
taparse to cover oneself
tapete *m.*: **estar sobre el tapete** to be under discussion
tapia adobe wall
taquigrafía shorthand
tararear to hum (*a tune*)
tardar to take (a long) time; **tardar en +** *infin.* to take a long time (*to do something*)
tarde *f.* afternoon; *adv.* late
tardío/a late
tarea task; assignment (*school*), homework
tarjeta de crédito credit card
taurino/a of or about bullfighting

tauromaquia *the art and technique of bullfighting*
taza cup
teatral theatrical
teatro theater; **obra de teatro** play, drama
técnica technique, ability
técnico/a technical; **respaldo técnico** technical support
tecnología technology
tecnológico/a technological
techo roof
tejado roof, tile roof
teleaudiencia television audience
telefónica: compañía telefónica telephone company
teléfono telephone
telegrama *m.* telegram
teleprograma *m.* television program
televidente *m., f.* television viewer
televisión *f.* television
televisor *m.* television (*set*)
telón *m.* (*theater*) curtain
tema *m.* theme, subject
temática subject matter, theme
temático/a thematic
temblar (ie) to tremble
temblor *m.* trembling
temer to fear
temible frightening
temor *m.* fear
temperamento temperament
temperatura temperature
temple *m.* disposition
temporada season (*theater, bullfighting, etc.*)
temprano *adv.* early
temprano/a early
tenacidad *f.* tenacity
tenaz (*pl.* **tenaces**) tenacious, unyielding
tendencia tendency
tender (ie) la mano to extend one's hand
tenebroso/a dark, gloomy
tener *irreg.* to have; **tener... años** to be . . . years old; **tener cargo de** to be in charge of; **tener celos** to be jealous; **tener cuidado** to be careful; **tener en cuenta** to take into account; **tener éxito** to be successful; **tener fiaca** to be exhausted, fed up with; **tener ganas de** + *infin.* to feel like (*doing something*); **tener lugar** to take place; **tener presente** to be aware, keep in mind; **tener que** + *infin.* to have to (*do something*); **tener razón** to be right
tenis *m.* tennis
tenista *m., f.* tennis player
tentación *f.* temptation
tentar (ie) to tempt
tentativa attempt
tenue faint, dim, subdued
teoría theory
tercer (tercero/a) third

terciopelo velvet
termal thermal, hot
terminar to finish, end; **terminar de** + *infin.* to finish (*doing something*)
término term, word, expression; period; **término medio** compromise
terminología terminology
termómetro thermometer
termonuclear thermonuclear
ternura tenderness
terrateniente *m., f.* landowner
terreno terrain, land; *pl.* land (*holdings*); **terreno desconocido** uncharted territory; **terreno económico** field of economics
terrestre terrestrial, earthly
territorio territory, region
tesorero/a treasurer
tesoro treasure
testigo *m., f.* witness
testimonio testimony
textil *m.* textile; *adj.* textile, of or pertaining to textiles
texto text; **libro de texto** textbook
tez *f.* (*pl.* **teces**) complexion (*of the face*)
tibetano/a Tibetan
tibio/a warm
tiempo time; *gram.* tense; weather; **desde hace tiempo** since some time; **hace buen/mal tiempo** it's good/bad weather; **hace tiempo** it's been some time
tienda store
tienta: de tienta groping
tierno/a tender, affectionate
tierra earth, land
tigre *m.* tiger
tímido/a timid
timorato/a timid; cowardly
tinto/a: vino tinto red wine
tío/a uncle/aunt
típico/a typical
tipo type, kind; guy; **(de) todo tipo** (of) all kinds
tipográfico/a typographical
tirante tense, strained
tirar to throw; **tirarse en/sobre** to throw oneself on
tiritar to shiver
titubear to hesitate
titularse to be titled
título title
tiza chalk
tobillo ankle
tocar (qu) to touch; to play (*an instrument*); to sound; **tocarle a uno** to be one's turn
todavía *adv.* still, yet
todo *n.* whole; all, everything; **sobre todo** above all
todo/a *adj.* all, all of; **por todas partes** everywhere; **todas las tardes** every afternoon
tolerancia tolerance

tolerar to tolerate
toma: toma de decisiones decision making; **toma del poder** takeover of power
tomar to take; to drink; **tomar en cuenta** to take into account; **tomar medidas** to take measures; **tomar parte** to participate; **tomar prestado** to borrow
tomo volume, tome; **de tomo a lomo** of importance
tonelada ton
tónico: acento tónico tonic accent, stress
tono tone, hue
tontería foolishness
tópico topic
tórax *m.* thorax
torcido/a twisted
torero/a bullfighter
tormenta storm
tornarse to become
torneo tournament
torno: en torno (a) in connection with
toro bull; **corrida de toros** bullfight
torre *f.* tower
torta cake
tortura torture
torturado/a tortured
tos *f.* cough
total *m.* total; *adj.* complete
totalitario/a totalitarian, dictatorial
tóxico: residuos tóxicos toxic waste
trabajador(a) worker
trabajar to work
trabajo work, job; **horario de trabajo** work schedule; **trabajo voluntario** volunteer work
tradición *f.* tradition
tradicional traditional
tradicionalismo traditionalism
traducción *f.* translation
traducir (*like* **conducir**) to translate
traer *irreg.* to bring; **traer a la mente** to bring to mind
tráfico traffic
tragar (gu) to swallow, drink; to put up with
tragedia tragedy
trágico/a tragic
tragicomedia tragicomedy
traición *f.* treason
traje *m.* suit
trama *m.* plot, storyline
tramo section, stretch (*of road*)
tranquilidad *f.* tranquility
tranquilizar (c) to tranquilize, calm; **tranquilizarse** to calm down
tranquilo/a tranquil, calm; **¡tranquilo!** take it easy!
transcendencia importance, consequence
transcurrir to pass
transferencia transfer
transformación *f.* transformation

transformar to transform; **transformarse en** to become
transistorizado/a transistorized
tránsito transit; traffic
transmitir to transmit
transparencia transparency
transparente transparent
transpiración *f.* transpiration (*emission of water into the atmosphere*)
transportar to transport
trapero/a rag dealer
tras *prep.* after; through, over
trascendental important, far-reaching
trascendente of great importance
trasero rear, behind, back (*of a garment*)
trasladarse to move, transfer
traspatio backyard
trasto piece of junk
trastorno disorder; complication
tratado treaty, agreement; **tratado de libre comercio** free-trade agreement
tratamiento treatment
tratar to treat; **tratar de** to deal with, be about; **tratar de** + *infin.* to try to (*do something*); **tratarse de** to be a question of
trato deal, agreement; treatment; **cerrar un trato** to conclude a deal; **malos tratos** bad treatment
través: a través de through, across
travestido/a transvestite
travieso/a mischievous
trayectoria trajectory
trazado/a outlined
tremendo/a tremendous
trémulo/a tremulous, trembling
tren *m.* train; **estación** (*f.*) **de trenes** train station
trenza braid
trepar(se) to climb over
tribu *f.* tribe
trigo *m.*: **un pan de trigo** a loaf of wheat bread
triste sad
tristeza sadness
triunfal triumphal
triunfar to triumph
triunfo triumph
tronar (*m.*) **lejano** thundering in the distance
tronco trunk (*tree*)
trono throne
trote *m.* trot
trovador(a) troubadour, minstrel
tubo tube, pipe
tulipán *m.* tulip
tumbado/a felled, cut (*trees*)
tunda *n.* beating, thrashing
túnel *m.* tunnel
tupido/a dense, thick
turbulencia turbulence
turco/a Turk

turismo tourism
turista *m., f.* tourist
tutor(a) tutor

U

úlcera ulcer
último/a last; latest
ultraje *m.* outrage
ultramuerte *f.*: **de ultramuerte** from the other world, beyond death
unánime unanimous
único/a only, sole; unique
unidad *f.* unity; unit
unido/a united, unified
unificante *adj.* unifying
uniformado/a uniformed
uniforme *m.; adj.* uniform
uniformidad *f.* uniformity
unión *f.* union; association
unir to unite; to join together; **unirse a** to join
universalmente universally
universidad *f.* university
universitario/a of, pertaining to the university
universo universe
untar (**de**) to cover (with)
uña fingernail; toenail
urbano/a urban
urdido/a woven
urdir to weave
urgencia urgency
urgente urgent
urgir (**j**) to be urgent
uruguayo/a Uruguayan
usar to use
uso use; **de uso frecuente** often-used; **hacer uso de** to make use of
usurpación *f.* usurpation
usurpar to usurp; to encroach upon
utensilio utensil, tool
útil useful
utilidad *f.* utility, usefulness; *pl.* earnings, returns
utilización *f.* utilization
utilizar (**c**) to utilize
uva grape

V

vaca cow
vacaciones *f., pl.* vacation; **ir de vacaciones** to go on vacation
vacante *f.* vacancy; *adj.* vacant, open
vacío/a empty
vagabundo/a vagabond
vagancia vagrancy
vago/a *n.* vagrant, loafer; *adj.* vague, indefinite
vaivén *m.* fluctuation; swinging
valenciano/a Valencian; **paella valenciana** *Valencian rice dish with meat, fish, shellfish, chicken, and vegetables*

valentía courage, bravery
valer *irreg.* to be worth; to cost; **valer la pena** to be worth the trouble; **valerse** (**de**) to take advantage of, to use; **¡válgame el cielo que veo!** heaven help me!
validez *f.* validity
valiente brave
valioso/a valuable
valor *m.* worth, value; courage; **bolsa de valores** stock exchange
valorizar (**c**) to value
vallado barricade
vanguardia vanguard
vanidad *f.* vanity
vaquero/a cowboy/cowgirl; **pantalones** (*m. pl.*) **vaqueros** jeans
variación *f.* variation
variante *f.* variant
variar to vary
variedad *f.* variety
varios/as various, several
varón *m.; adj.* male
vasco/a Basque
vasto/a vast
vate *m.* poet
vecindad *f.* neighborhood
vecino/a neighbor
vedado/a forbidden
vega fertile lowland
vegetación *f.* vegetation
vegetal *m.* vegetable
vehemencia vehemence
vejez *f.* (*pl.* **vejeces**) old age; **en plena vejez** at a ripe old age
vela candle
velado/a veiled, hidden
velador *m.* candlestick
velocidad *f.* velocity, speed
vello: un bosque de vello hirsuto a forest of bristly hair
vena vein
vencer (**z**) to conquer, defeat
vencimiento defeat
vendedor(a) seller
vender to sell
venenoso/a poisonous
venerado/a venerated, esteemed
venezolano/a Venezuelan
venir *irreg.* to come; **venir a menos** to become poorer; to decline **venirse abajo** to collapse
venta sale; **oficina de ventas** sales office
ventaja advantage
ventana window
ventiladora ventilator, fan
ver *irreg.* to see; to look (at); **a ver** let's see; **hacer ver** to show; **véase** see, refer to; **verse obligado** to be obliged
verano summer
verbal: tiempo verbal verb tense
verbo verb

verdad *f.* truth; **con verdad** truthfully; **de verdad** truly; **un mago de verdad** a real magician; **¿verdad?** right?

verdadero/a true, real

verde green

verdugo executioner

vergonzante bashful

vergüenza shame; **darle vergüenza a uno** to be ashamed; **¡qué vergüenza!** how shameful!, what a disgrace!

verificar (qu) to verify

verosímil believable, credible

verrugoso/a warty

versátil versatile

verso verse (*line of poetry*)

vertebral: la columna vertebral backbone

verter (ie) to pour, empty; to dump

vertiente *m., f.* slope

vertiginoso/a causing dizziness; rapid

vestido *n.* dress

vestigio vestige

vestir (i, i) to dress; **vestirse de limpio** to dress in one's best attire

vestuario wardrobe

veta vein (*in wood, marble*)

veterano/a veteran

veterinaria veterinary medicine

vetusto/a decrepit

vez *f.* (*pl.* **veces**) time, occasion; **a la vez** at the same time; **a su vez** in turn; **a veces** sometimes; **alguna vez** on one occasion, at one time; **cada vez más** more and more; **¿cuántas veces?** how many times?; **de vez en cuando** once in a while; **muchas veces** often; **tal vez** perhaps

viajante *m., f.* traveler; *adj.* traveling

viajar to travel

viaje *m.* trip; **hacer un viaje** to take a trip

Vía Láctea Milky Way

vibración *f.* vibration

víctima *f.* victim

victoria victory

victorioso/a victorious

vida life; **llevar una vida** to lead a life

videocasetera VCR, videocassette machine

vidriera shop window; glass showcase

viejo/a *n.* old man/woman; *adj.* old

viento wind; **a los cuatro vientos** in every direction

vientre *m.* belly, abdomen

viernes *m.* (*pl.* **viernes**) Friday

vigilancia vigilance, watchfulness

vigilia vigil, watch; wakefulness; **en sueños o en vigilia** while asleep or awake

vigor *m.* vigor; **con vigor** vigorously; **seguir en vigor** to continue to be in effect

villa country house

vinagre *m.* vinegar

vincular to link

vínculo *n.* link

vino tinto red wine

violáceo/a violet-colored

violación *f.* violation

violar to violate

violencia violence

violento/a violent

viraje *m.* a turn, a change in direction

virgen *m., f.; adj.* virgin

virilidad *f.* virility

virtualmente virtually

virtud *f.* virtue

visita visit

visitante *m., f.* visitor

visitar to visit

vislumbre *f.* glimpse

víspera eve, day before

vista view; sight; vision; **a primera vista** at first sight; **a simple vista** at a glance; **poner a la vista** to expose; **punto de vista** point of view

vistazo glance; **dar un vistazo** to glance at, have a quick look at

visto/a *p.p.* seen; **bien vistos los tengo** I have them well in sight

vistoso/a colorful, attractive, showy

visualización *f.* visualization

visualizar (c) to visualize

vital vital; essential

vitalicio/a for life

vitalidad *f.* vitality

viudo/a widower/widow

vivencia personal experience

vivir to live

vivo/a living, alive; lively

vocablo word, term

vocabulario vocabulary

vocación *f.* vocation

vocacional vocational

vocal *f.* vowel

vociferar to vociferate, shout

volador(a) *adj.* flying

volar (ue) to fly

volcado/a hacia afuera turned outward

volcánico/a volcanic

volcar (ue) (qu) to knock over; **volcarse en** to throw oneself into (*an enterprise*)

vóleibol (voleibol) *m.* volleyball

volumen *m.* volume

voluminoso/a voluminous

voluntad *f.* will

voluntario/a volunteer; **trabajo voluntario** volunteer work

volver (ue) to return; to convert; **volver a + infin.** to do (*something*) again

vorágine *f.* whirlpool, vortex

voraz (*pl.* **voraces**) voracious

votar to vote

voz *f.* (*pl.* **voces**) voice

vuelo flight; **vuelo de prueba** test flight

vuelta return; **de vuelta** on returning

Vuestra Merced Your Grace

vulnerabilidad *f.* vulnerability

Y

y and

ya already; now; **ya no** no longer; **ya que** since

yerno son-in-law

yeso plaster

yuxtaponer (*like* **poner**) to juxtapose

yuxtaposición *f.* juxtaposition

Z

zanahoria carrot

zapato shoe

zarismo czarism

zarzuela *Spanish musical comedy or operetta*

¡zas! bang!

zona zone; **zona amazónica** Amazonian region

zoológico/a zoological

zorro fox

zumbar to buzz

zumbido buzzing

GLASNOST:

Por GILBERT L. SOCAS

¿hasta dónde puede llegar Mikhaíl Gorbachev?

Cuando el joven aviador alemán **Mathías Rust** violó flagrantemente el espacio aéreo soviético evadiendo los radares (en junio de 1987), para aterrizar valientemente y con destreza su ligera avioneta en la Plaza Roja de Moscú, precisamente junto a los muros del Kremlin, el joven declaró solemnemente: "Éste es un gesto simbólico; ¡es mi esfuerzo personal por lograr la paz internacional!".

Con los cambios inconfundibles que se están produciendo en la Unión Soviética, y con su nueva política de apertura y democratización, Gorbachev da los primeros pasos en un terreno desconocido... ¿el camino hacia el capitalismo? ¿Hasta qué punto aceptará las reformas la élite del Partido?

Su gesto le costó catorce meses de cárcel, pero a la vez desató una serie de eventos que hoy confirman un cambio radical en la rígida estructura del Partido Comunista soviético y en la actitud misma de los gobernantes en la Unión Soviética. En primer lugar, al quedar demostrada la vulnerabilidad del espacio aéreo soviético, el **Premier Mikhaíl Gorbachev** logró la justificación que necesitaba para retirar de su cargo a Sergei Sokolov, Ministro de Defensa, uno de sus oponentes más poderosos y enemigo radical a toda liberalización en la Unión Soviética.

Al igual que Rust con su avioneta, la filosofía occidental de la democracia y los conceptos básicos del capitalismo, hasta ahora repudiados, han ido penetrando más y más en la sociedad soviética y han rasgado para siempre la famosa cortina de hierro impuesta desde los años cuarenta. Es evidente que desde que Mikhaíl Gorbachev asumió el mando de su país, se respira un aire de democratización progresiva en la Unión Soviética. Todos los analistas políticos están de acuerdo en que, en la actualidad, la Unión Soviética se halla en medio de un <u>formidable proceso de trans-</u>

<u>formación</u> política, social y económica que está estremeciendo los mismos cimientos del comunismo concebido por Lenin.

Mikhaíl Gorbachev ha puesto en marcha la maquinaria para llevar a cabo un experimento que alterará totalmente la estructura política y social de este gigantesco país: <u>**Glasnost** o **Perestroika**</u>, como se le quiera llamar al fenómeno. Pero a pesar del éxito inicial que ha obtenido y del aplauso unánime y el apoyo que ha recibido de los gobiernos de Occidente, pocos se atreven a pronosticar los resultados de esta transformación radical. ¿Puede

GLASNOST

un sistema monolítico y burocrático como el de la Unión
Soviética implementar de la
noche a la mañana las reformas
que Gorbachev se ha propuesto?
¿Hasta qué punto le permitirá el
Partido a su Secretario General
llevar a cabo cambios que muchos
de sus colegas critican como
"occidentalistas", "excesivos" y
"arriesgados"...?

¡Es difícil olvidar el legado de Lenin, Stalin y Kruschev!

¡Mikhaíl Gorbachev sabe que es
difícil cumplir las metas que se
ha propuesto! El actual líder
soviético se enfrenta al formidable legado de Lenin, Stalin y
Kruschev, y éste no se puede
olvidar de ahora para luego. Hay
que tener presente que cada uno
de esos líderes anteriores habían
impuesto sus propias reformas y
todas tuvieron arraigo forzado en
el pueblo ruso:

FONDO HISTÓRICO

- Lenin estremeció a Rusia y la
llevó del zarismo al marxismo en
una sangrienta revolución;

- Stalin enmendó y extendió la
revolución, convirtiendo al país
en una férrea dictadura totalmente
centralizada;

- Kruschev trató de erradicar
los excesos de Stalin y quiso
echar a andar una maquinaria
política y social menos represiva... pero no solamente marxista sino absolutamente anti-
capitalista.

No es de extrañar que después
de tantos años de tendencias
represivas, la liberalización de
Gorbachev no pueda llevarse a
cabo sino en una forma progresiva. Tanto en la política, la

ideología, la cultura y la sociedad
soviética de hoy, existen rezagos
de la influencia de cada una de
estas etapas del pasado... como
una pared que ha sido pintada y
repintada a través de los años.
Gorbachev se ve ahora en la
necesidad imperiosa de raspar las
capas de esmalte socialista,
marxista, stalinista, y hasta cierto
punto zarista, que son las que
opacan la superficie de lo que
puede ser la base del sistema
soviético de principios del siglo
XXI.

Su intención no es abandonar
el marxismo ni apartarse de los
principios fundamentales de
Lenin, y esto lo ha repetido
muchas veces. Su propósito es
adaptar esta ideología a las
necesidades del momento que
confrontan su país. Es evidente
que la Unión Soviética tiene que
actualizarse en todos los sentidos
para poder competir de una
forma equitativa con países como
Estados Unidos, Japón y
Alemania Occidental... y para
enfrentarse a un gigante socio-
económico como será la
Comunidad Europea a partir de
1992, que puede aislarlo definitivamente detrás de los Montes
Urales.

El sistema centralizado que ha
imperado hasta ahora en la Unión
Soviética no permite este tipo de
competencia. Como resultado, el
país se ha ido quedando rezagado
en el plano económico mientras
otros desarrollan sus mercados y
canalizan el consumo de sus
productos. Si consideramos
asimismo la posibilidad de que la
República Popular China llegue a
sobrepasar a la Unión Soviética
en desarrollo económico, un
hecho que cada día se hace más
real, es igualmente comprensible

la preocupación de Gorbachev
por integrarse más y más a la
comunidad de naciones y buscar
nuevos mercados donde desarrollar su estancada economía. Es
decir, no sólo está movido hoy
por su orgullo patriótico, sino por
motivos de supervivencia.

Los efectos del GLASNOST son francamente sorprendentes...

Aunque en otras áreas no resulta
fácil precisar cuál ha sido el
impacto del GLASNOST, éste se
hace obvio en las esferas política, social y cultural de la
Unión Soviética. Los disidentes
soviéticos, hasta no hace mucho
confinados a cárceles u hospitales
siquiátricos, han sido los primeros en beneficiarse: **Andrei
Sajarov**, por años en exilio interno, ha sido liberado y ya no es
víctima de los asedios constantes
de la KGB. Es decir, por orden
de Gorbachev ha dejado de ser
una causa célebre para convertirse en una voz de peso
dentro de la sociedad soviética
actual, en la que se mueve hoy
con absoluta libertad. Ya no se le
prohíbe hablar o escribir a este
prominente científico, y él mismo
ha sido el primero en confirmar
públicamente la transformación
que en poco tiempo se ha
producido en su país.

DISIDENTES

Anatoly Sharansky, un
incansable promotor de los
derechos humanos en la Unión
Soviética, quien padeció nueve
años en el infame *Gulag* soviético,
recibió su premio de salida en
1987; hoy vive con su esposa en
Israel donde igualmente se ha
expresado a favor del GLAS-
NOST que atraviesa la Unión
Soviética en estos momentos.

Asimismo, antiguos "enemigos" del régimen comunista, después de años de rechazo, han sido restaurados plenamente.

Boris Pasternak, autor de la novela *Doctor Zhivago*, y por décadas condenado a un limbo oficial, goza hoy de todos los honores que merece un gran novelista en su propia patria. *Doctor Zhivago* ya no figura entre los "libros prohibidos" por el régimen y recientemente se agotó en pocas horas la primera edición de su inmortal novela sobre la Revolución rusa, la cual ha sido calificada como "una obra maestra de la literatura rusa" por los propios críticos que alguna vez la repudiaron.

¡Horowitz y Nureyev regresan a la Unión Soviética!

Aun las grandes figuras que un día se exiliaron en Occidente por no poder resistir la dictadura comunista, hoy han podido regresar a su país de origen gracias al GLASNOST de Mikhaíl Gorbachev. **Vladimir Horowitz**, considerado como el mejor pianista de este siglo, regresó de manera triunfal a una serie de recitales en la patria que abandonó con su familia a raíz de la revolución bolchevique. Sus conciertos fueron aplaudidos con delirio por fanáticos y autoridades oficiales por igual. Su caso no es único: **Rudolf Nureyev**, el astro del ballet que se exiliara en la década de los sesenta para escapar de lo que él llamó "la asfixia cultural que existe en mi país", pudo regresar a su patria en 1987 para visitar a su madre enferma. Hoy tiene otro permiso para volver en un futuro próxi-

E X I L A D O S

mo, y hasta se habla de la posibilidad de ofrecer una serie de conferencias sobre ballet en Moscú a finales del presente año.

¡Natalia Makarova vuelve al Ballet Kirov de Leningrado!

BAILARINES

Es evidente que la política del GLASNOST tiene como una de sus metas destruir las barreras culturales que han sido establecidas por este grupo de artistas soviéticos que se exilió en décadas pasadas por no estar de acuerdo con las imposiciones y restricciones gubernamentales al desarrollo de sus profesiones. Y

GLASNOST

Unidos, le brindaba la oportunidad de una reconciliación. "Fueron momentos realmente emocionantes", comenta hoy la Makarova. "De repente, volví a bailar con mis compañeros y amigos de toda la vida... Sí, tengo una invitación para regresar a Leningrado. ¡Voy a regresar!".

Tantas especulaciones han provocado la invitación extra-oficial del gobierno soviético a Natalia Makarova, que en los círculos internacionales del Ballet se habla con insistencia de la posibilidad de que muy pronto Nureyev, Makarova y hasta

El sistema de vida está cambiando paulatinamente para todos los soviéticos. Los más liberales están a la vanguardia de cualquier movimiento, sin embargo, a los más conservadores, les cuesta un esfuerzo disfrutar de las nuevas conquistas.

esta nueva política de apertura se hizo evidente cuando en julio de 1988 se le permitió a **Natalia Makarova** aparecer como bailarina principal invitada en las presentaciones que hizo el Ballet de Kirov de Leningrado en Londres (Inglaterra). Es decir, la misma compañía de ballet que abandonó Natalia Makarova en 1968 para exiliarse y buscar un campo más amplio en los Estados

Mikhaíl Barishnikov (otro exiliado de su país) puedan regresar a bailar en los escenarios soviéticos en un futuro muy próximo. Por el momento, sus nombres figuran otra vez entre la lista de "grandes bailarines rusos", después de años de "olvido oficial" y de silencio absoluto en los diferentes medios de comunicación del gobierno.

GLASNOST

¡Los soviéticos son fanáticos del rock!

Esta *apertura* artística no se limita solamente a los exiliados y disidentes soviéticos. Con Mikhaíl Gorbachev, el rock occidental es ahora aceptable y aceptado en la Unión Soviética... algo que habría sido absolutamente inaceptable hace sólo unos años, en época de Brezhnev o Andropov. Primeramente, **Elton John** ofreció varios conciertos a teatro lleno en una gira por las principales ciudades de la Unión Soviética. Y a principios de 1988, **Billy Joel** se presentó en escena, rompió pianos, y se comportó como lo haría en cualquier país de Occidente, ante el aplauso delirante de la juventud soviética que hasta ese momento sólo lo conocía por discos infiltrados clandestinamente en el país y por las emisiones radiales de *Radio Free Europe*. Para concluir el desfile de músicos norteamericanos por los escenarios de Moscú y Leningrado, **Carlos Santana** ofreció una serie de conciertos a teatro lleno, aplaudido unánimemente por las autoridades soviéticas.

El nuevo clima de aceptación y tolerancia fue observado por los periodistas occidentales en el público que asistió a estas presentaciones, así como por la cobertura que estas estrellas del rock y la salsa recibieron por parte de los medios de comunicación del país. Los fanáticos soviéticos, libres de las ataduras de otras épocas, gritaron, aplaudieron y hasta bailaron en los pasillos de los teatros. Aquel público podría haber sido confundido con el del *Madison Square Garden* de Nueva York o el *Palladium de Londres*... ¡jamás el de un teatro oficial de Moscú!

En las Artes, el realismo-socialista es ahora decadente en la Unión Soviética...

EFECTOS CULTURALES

Las Artes también están experimentando su propia revolución gracias al GLASNOST de Gorbachev. Hace apenas diez años, todo artista que se desviara del prescrito estilo de realismo-socialista corría el riesgo de perder la aprobación oficial, y por consiguiente, toda oportunidad de ganarse la vida legalmente con su profesión. No obstante, el Arte Moderno se ha beneficiado notablemente con las nuevas reformas liberales que han surgido con Mikhaíl Gorbachev. Las exhibiciones de pinturas y esculturas abstractas reciben el visto bueno oficial, los artistas pueden exponer y vender sus obras sin temer a la súbita intervención (e incautación) de los agentes de la KGB (como sucedía antes), e inclusive muestras de este nuevo "arte del GLASNOST" comienzan a circular en los países occidentales.

EL TEATRO En el Teatro soviético actual abundan las obras de vanguardia, algunas de las cuales muchas veces satirizan al gobierno y exponen claramente las dificultades de la sociedad moderna en la Unión Soviética. Nuevos y vistosos montajes de las obras clásicas de Shakespeare ahora rivalizan con las de Inglaterra, y autores que nunca antes habían sido escenificados en el país están siendo considerados para las nuevas temporadas.

EL CINE El cine ruso, casi siempre formal y denso, muy ceñido a las regulaciones del gobierno, está recibiendo igualmente corrientes occidentales con la visita de importantes productores y actores norteamericanos que ya han firmado convenios de intercambio con los productores soviéticos, no sólo para co-producciones entre ambos países, sino para "experimentos cinematográficos" que ya se están realizando en estos momentos. Así, el actor norteamericano **Robert De Niro** asistió el año pasado al Decimoquinto Festival de Cine Internacional de Moscú, actuó como Presidente de uno de sus paneles, y conversó extensamente con el libretista ruso **Rustam Ibraghimbekov** para proyectos especiales a desarrollar en los Estados Unidos.

LA TELEVISIÓN En televisión, los televidentes soviéticos tuvieron la oportunidad de ver en 1988 al entonces **Presidente Ronald Reagan** hablar sobre diferentes temas de interés para la paz mundial (Gorbachev hizo lo mismo en la TV norteamericana); se comenzó a pasar en la TV rusa el programa **Star Trek** (**Leonard Nimoy** viajó a la Unión Soviética para promover el clásico teleprograma norteamericano); y la firma **Turner Broadcasting System** de Atlanta (Estados Unidos) obtuvo un permiso especial de Gorbachev para filmar una serie de programas sobre la vida cotidiana en la Unión Soviética. En este proyecto los técnicos y libretistas norteamericanos obtuvieron la cooperación oficial absoluta, y en ningún momento se les impusieron restricciones que luego pudieran ser interpretadas como una forma de censura.

¡La mujer soviética también se transforma!

La mujer soviética por años ha sido un tema de chiste en Occidente, posiblemente porque la imagen que ha exportado la Unión Soviética en su afán de mostrar la austeridad socialista es la de una mujer que se preocupa más por su trabajo y por las responsabilidades con la patria que por su papel de mujer. Así, hasta el año pasado, la Unión Soviética se negó a participar en concursos de belleza internacionales o a lanzar colecciones de Moda con diseños a los niveles de París, Milán o Nueva York. Hoy, esta actitud también está cambiando. Actualmente, no sólo se ha celebrado en Moscú el concurso de *Señorita Moscú*, sino que la Unión Soviética ya cuenta con su primer diseñador de Moda de importancia mundial, **Slava Saitsev**, cuyos diseños ya están siendo exportados a los Estados Unidos, Francia y otros países occidentales.

LA MODA

En este sentido, muchos dan crédito a **Raisa Gorbachev,** la esposa del Premier, quien en sus viajes a Occidente ha mostrado ser una mujer de ideas amplias, muy actual, elegante, preocupada por su feminidad, y con una imagen que ha disipado para siempre la de la trabajadora gorda rusa asfaltando las calles de Moscú.

El derecho a la crítica...

APERTURA

Si bien los cambios culturales en la Unión Soviética son muchos, la sociedad también está experimentando una transformación radical. Resguardados bajo el abrigo del GLASNOST, los soviéticos ya no temen tanto como antes a expresar sus puntos de vista. Aún no disfrutan de una total libertad de expresión y prensa, pero eso no les impide demostrar sus frustraciones en público. Los desfiles con pancartas ya no son interrumpidos por la Policía. Hasta las publi-

Cuatro años de *glasnost* y de *perestroika* han dejado huellas en el pueblo, en sus costumbres y en su estilo de vida. Sin embargo, el ciudadano promedio de la Unión Soviética todavía tiene muchas metas a las que pretende llegar... si es que Gorbachev puede seguir adelante.

caciones oficiales contienen artículos de crítica abierta, ya sea al pasado stalinista y sus excesos, como a la insoportable burocra-

GLASNOST

cia que afecta a la mayoría de los ciudadanos en todos los aspectos de su vida, como a la poca efectividad de ciertos líderes.

En agosto de 1988, al celebrarse veinte años de la invasión de la Unión Soviética a Checoslovaquia, aparecieron publicados una serie de artículos de crítica y censura en el diario *Noticias de Moscú*, a pesar de que estos comentarios iban directamente en contra de la opinión de Gorbachev, quien en un viaje a Bratislava (Checoslovaquia) en 1987, declaró públicamente que "considerando los acontecimientos, estoy seguro que los líderes de mi país tuvieron razón para invadir Checoslovaquia". Es decir, existe ya la posibilidad de manifestar desacuerdo con la opinión oficial.

Asimismo, a mediados de 1988 se vieron movimientos de protesta abierta entre los habitantes de las Repúblicas Socialistas de Latvia, Estonia y Lituania en contra de la Unión Soviética, sobre todo durante el aniversario del pacto de no-agresión firmado en 1939 entre Adolfo Hítler y Stalin. Este pacto secreto dividía a Europa en dos regiones: una de influencia nazi y otra de influencia soviética, y tuvo como consecuencia el hecho de que estas tres naciones del Báltico perdieran su identidad propia al ser absorbidas por el monstruo soviético. Gorbachev no sólo toleró estas manifestaciones que en otra época habrían sido ahogadas en sangre, sino que dio a conocer públicamente el texto del famoso pacto, advirtiendo siempre la posibilidad de que el mismo fuera fraudulento.

GLASNOST

Desde luego, Gorbachev tiene muchos enemigos...

Es de comprender que la política de GLASNOST no sea del agrado de muchos de los poderosos personajes de la élite del Partido. Mikhaíl Gorbachev se enfrenta a difíciles obstáculos para poder implementar plenamente sus reformas y la reestructuración de la maquinaria política y social de la Unión Soviética. No obstante, el hábil líder soviético ha aprovechado ciertos factores que le permiten llegar a extremos que hubiesen sido inconcebibles en otra era. En primer lugar, ha logrado imponerse como un estadista a nivel internacional, respetado por los líderes de Occidente, y hasta cierto punto, admirado en el exterior. En la Unión Soviética, las facciones progresistas del Partido, y la mayoría de los ciudadanos soviéticos, le han dado la bienvenida a este nuevo estilo de política abierta y de reconciliación con el Occidente, y reconocen que sólo un hombre con los antecedentes de Gorbachev habría logrado llegar tan lejos en su política de reestructuración.

En su afán de *abrir* la sociedad soviética, Gorbachev está creando una alianza interna de prominentes figuras políticas que le ayudarán a implementar sus ideas y a alcanzar las metas que se ha

LOS OBSTÁCULOS

propuesto. Sin embargo, los ilusos que ya predicen el advenimiento de un sistema capitalista y democrático, exageran. Gorbachev desea revitalizar la economía y la política soviéticas, y reconoce que para esto se necesitan ciertos incentivos materiales, ciertas libertades civiles fundamentales de las que hasta ahora ha carecido el pueblo soviético.

También tiene que combatir a dos de sus mayores enemigos: la resistencia de los burócratas y la inercia social. Los oficiales gubernamentales no aceptarán fácilmente la idea de que su deber es servir al público. De igual manera, el pueblo soviético, después de años de saber que recibe su sueldo y sus beneficios sin importar cuál sea su aporte a la economía, tendrá que acostumbrarse a demostrar su utilidad para recibir mayores incentivos; eventualmente se verá obligado a pagar por servicios que hoy espera recibir gratis del gobierno. También es preciso erradicar el creciente fenómeno de la vagancia, el alcoholismo y el uso de drogas, problemas de importancia fundamental para el país, y que al igual que está sucediendo en casi todos los países del mundo libre (y a pesar de las restricciones y vigilancia que hasta ahora han imperado en la Unión Soviética), están minando dos sectores básicos y determinantes de la población: la juventud y la clase trabajadora.

Gorbachev, según la opinión de algunos, pretende reformar el sistema político y económico de la Unión Soviética hasta llegar a una democrati-zación capitalista al estilo de Occidente.

LA SOLUCIÓN

Gorbachev tendrá que vencer estos problemas para poder convencer a sus opositores que su programa de reestructuración no causará un cataclismo social. Tal vez sea necesario imponer ciertas normas, pero según analistas políticos, la mejor opción de Mikhaíl Gorbachev y sus aliados consiste en reeducar al pueblo y hacerle comprender que la libertad tiene sus derechos, pero también sus obligaciones.

¡De nuevo se desata la violencia en China! Pero, simultáneamente, se abren las puertas que durante tantos años permanecieron totalmente cerradas para el mundo occidental.

CHINA 1989:

¿GLASNOST ORIENTAL... O VIOLENCIA?

Por Gloria Riquelme

No hay duda de que el gobierno de China ha cometido excesos de todo tipo al reprimir manifestaciónes espontáneas de sus ciudadanos en busca de libertad. Pero también es indudable de que, a pesar de la publicidad negativa que ha recibido debido a estos actos de violencia, China sigue tratando de terminar el aislamiento que Mao Tse-tung autoimpuso desde 1949. Las medidas de apertura son evidentes desde hace años, las consecuencias de ese _glasnost-a-la-china_ son detectables en las inquietudes de la juventud y en las exigencias estudiantiles por mayores libertades, las cuales tantas vidas han costado en los disturbios de mediados de este año.

Entre los primeros pasos que dio la _nueva China_ está la implantación de una escritura para el idioma chino, que trata de relacionar ciertos sonidos de los caracteres chinos a determinadas letras de los alfabetos occidentales para así facilitar la pronunciación a quienes no dominan el chino. También es evidente que los nuevos gobernantes de China quieren borrar los recuerdos negativos y los errores del pasado. Por ejemplo, el nombre de la ciudad de _Pekín_ (centro principal de los excesos cometidos durante la llamada _Revolución Cultural_ de Mao Tse-tung) ha sido reemplazado por el de _Beijing_, como si de esta manera se iniciara una nueva etapa histórica donde funcione aquello de borrón-y-cuenta-nueva.

Y en efecto, en el _Beijing_ actual, el _glasnost_-a-la-china ha introducido la _Coca Cola_ y las hamburguesas con patatas fritas como alimento de multitudes; se puede asistir a un desfile de modas del diseñador francés Pierre Cardin; adquirir todo tipo de mercancías para la exportación... y pagarlas con una tarjeta de crédito occidental; y hasta se puede cenar en el _Maxim's_ chino, que es una réplica del restaurante de París (también parte del consorcio Cardin), donde se mantienen precios internacionales comparables a los de cualquier ciudad europea.

A L F A B E T O

LOS CHINOS DE HOY NO SE SIENTEN "CONTAMINADOS" POR EL CONTACTO CON LOS EXTRANJEROS...

EL PASADO

Quizás la insistencia de la *nueva China* en identificar a su capital con el nombre de *Beijing* se entiende cuando al llegar hoy a la ciudad no se encuentra a la *Pekín* hostil de hace algunos años, donde era obvio que los extranjeros estaban confinados a un área determinada en el sector noreste, un verdadero *ghetto* donde el gobierno chino quiso aislar a los residentes con el pretexto de que así podía ofrecerles "mejor atención y protección".

EL PRESENTE

Tampoco se ven ahora en Beijing a los ciudadanos uniformados con el traje único de hace unos años. El *glasnost*-a-la-china ha llevado la influencia del exterior hasta el pueblo, y aquella orden a los ciudadanos de "mantenerse aislados para evitar la *contaminación* con los peligros del capitalismo" ha sido sustituida por una actitud gubernamental flexible que puede ser apreciada rápidamente en la acogida amistosa que el pueblo chino ofrece al visitante occidental de hoy. Asimismo, la música rock no está condenada, sino que es, posiblemente, la que más se escucha. El cine norteamericano y europeo ha vuelto a ser popular. Y las fábricas de ropa ya no están obligadas a confeccionar el modelo que ordene el régimen, sino que existe libertad de diseño.

"LAS PUERTAS DE CHINA ESTÁN ENTREABIERTAS..."

Según declaraciones del propio Primer Ministro chino Deng Xiaoping, a quien no parece preocuparle mucho la ideología rígida y cerrada de sus antecesores, "entreabrir la puerta a los de dentro y a los de fuera para que funcione el socialismo, significa que cualquier cosa es aceptable si contribuye al desarrollo de China". Sin embargo, se apresura a aclarar que "tenemos que mantener dos principios básicos: la propiedad en manos del Estado, para que tenga un papel dominante en la economía; y, en segundo lugar, evitar la polarización de las clases, para mantener abierto el camino a la prosperidad común.

Por otra parte, Deng Xiaoping -un comunista de tradición, que fue formado en la Universidad Sun Yat-sen, en Moscú, y quien afirma estar convencido de que "los principios básicos del marxismo-leninismo son correctos", aunque considera que "la ideología debe evolucionar con las necesidades de la sociedad"- ha abierto el país a las inversiones extranjeras. Al mismo tiempo declara que "China siempre será una *democracia socialista*; es decir, una democracia del pueblo, no una democracia burguesa ni una democracia individualista".

DEMOCRACIA SOCIALISTA

EL HOMBRE DE NEGOCIOS OCCIDENTAL Y LA "NUEVA CHINA"

¿Qué encuentra hoy en China el que la visita por primera vez o el que vuelve después de varios años? ¿Qué pueden esperar los hombres de negocios que están tratando de ampliar sus actividades con inversiones en la *nueva China* de Deng Xiaoping? Quizás otra pregunta que necesita respuesta para comprender mejor el fenómeno de *apertura* que se ha producido en China en estos últimos años es determinar qué

CHINA 1989

factores llevaron a la superconservadora Primer Ministro británica Margaret Thatcher a ratificar un tratado para devolver la colonia de Hong Kong a China en 1997, con el entendido de que ésta respetará el sistema económico y social desarrollado por los ingleses. En otras palabras: ¿qué garantía tienen los que corren el riesgo de pasar por esa "puerta entreabierta" de la que habla Deng Xiaoping...?

El hombre de negocios occidental que no ha intentado todavía una aventura comercial en China puede entusiasmarse porque en los Estados Unidos (en Nueva York) se ha abierto una oficina del gobierno chino llamada *Consorcio Internacional y Compañía de Inversiones de China* para desarrollar sus actividades comerciales con el mundo occidental, o porque su empresa reciba una invitación para participar en la *Feria Industrial de Guangzhou* (es decir, la ciudad de *Cantón*, cuyo nuevo nombre en chino también se está popularizando en el mundo). En efecto, la *nueva China* tiende la mano al hombre de negocios occidental, pero el ejecutivo que visita China por primera vez debe frenar un poco su entusiasmo y observar la situación con la mayor objetividad posible. Una visita de negocios a China puede ser muy agradable y productiva... pero también puede resultar en una amarga experiencia. (PERO...)

¿Motivos...? La forma de hacer negocios de los chinos continentales es muy diferente a la que conocemos en el Occidente (o en Hong Kong), y esa precipitación occidental a cerrar un trato puede hacer fracasar una gestión pro-

CHINA 1989

ductiva con China. Primeramente, los chinos continentales, quizás por el aislamiento comercial en que se han desarrollado durante tantos años, tardan más en depositar su confianza en una relación comercial, y evidentemente creen en el concepto del *período de prueba*. Se requiere, por lo tanto, un ritmo mucho <u>más lento</u> en la negociación con ellos, hasta que los resultados finalmente cristalizan. Entonces, es posible que los vínculos establecidos sean más sólidos y definitivos que los que puedan existir en una negociación entre hombres de negocios occidentales.

Con el *glasnost*-a-la-china, el gobierno de la República Popular China rompió, definitivamente, el aislamiento de muchas décadas al entrar en negociaciones con firmas occidentales a base de "<u>acuerdos sobre compensaciones</u>" y "<u>contratos de manufactura</u>". Bajo estos acuerdos, las firmas extranjeras que abren una fábrica en China, reciben el pago anual de su inversión hecha mediante:
- una cantidad de los artículos manufacturados,
- en pagos periódicos, o
- en una combinación de los dos métodos anteriores.

Los contratos estipulan que la firma extranjera suministre la materia prima y piezas necesarias para la manufactura de los productos en una fábrica china, a la cual pagan el precio estipulado previamente para la fabricación de esos productos.

En la actualidad el nuevo régimen chino ha ampliado el sistema de inversiones extranjeras en una forma insólita al permitir "operaciones conjuntas" en las que la firma extranjera invierte directamente y adquiere la propiedad de la empresa. Esto -conjuntamente con la aceptación de créditos procedentes de países y entidades extranjeras- ha cambiado totalmente el panorama de los negocios para los inversionistas occidentales en la China actual.

A PESAR DE LA "APERTURA", SIGUEN EXISTIENDO CIERTAS LIMITACIONES...

Tanto el que visita China en viaje de negocios como el turista, debe recordar siempre que a pesar del *glasnost*-a-la-china, aún existen <u>limitaciones</u> para el extranjero. Los turistas <u>viajan en grupos</u> dirigidos de los cuales no deben apartarse porque pueden enfrentarse a ciertas situaciones de conflicto debido a <u>restricciones</u> que nunca están especificadas. En cuanto al visitante en <u>viaje de negocios</u> éste debe tener <u>la visa</u> y el itinerario trazado de acuerdo con lo permitido por las autoridades en su caso; <u>la realidad es</u> que <u>no existe libertad de movimientos para el que viaja solo</u>, y las propias autoridades chinas así lo admiten sugiriendo que "<u>la</u>

apertura debe hacerse en una <u>forma gradual</u> y progresiva".

En todo momento debe tenerse presente que el ciudadano chino

La política comercial de la *nueva China* puede ser tentadora para el hombre de negocios occidental, sin embargo, ¡debe frenar su entusiasmo!

promedio <u>ha vivido aislado</u> bajo la opresión y la represión durante décadas, y que ahora es que comienza a tener <u>sus primeros contactos con un mundo</u> que le es absolutamente <u>desconocido</u>. Asimismo, es evidente que ni el gobierno ni el pueblo están preparados para recibir los cientos de miles de turistas que visitan (y quieren visitar) la *nueva China* cada año. Tanto los turistas como los chinos que viven en el extranjero, que ahora <u>pueden visitar libremente a sus familiares, por primera vez</u> están llevando la influencia del mundo libre al ciudadano promedio. Al mismo tiempo, <u>el gobierno está enviando a cientos de estudiantes chinos a estudiar en otros países</u>, participando por primera vez en programas de intercambio cultural internacionales.

LA "NUEVA CHINA" QUIERE APRENDER DE JAPÓN Y DEL OCCIDENTE

Uno de los hechos más interesantes recientemente ha sido <u>la declaración abierta</u> de los dirigentes de Beijing <u>sugiriendo que</u> "China tiene mucho que aprender de Occidente y del Japón". Esa admisión puede ser interpretada como el sello que pone <u>fin al aislamiento</u> impuesto durante la era maoísta y que todos quieren olvidar en esta *nueva China*. Esto ha creado una actitud hacia el visitante muy distinta al recelo y hasta al repudio de que eran objeto los occidentales que se aventuraban a visitar a la China Popular en el pasado maoísta.

C O N S E C U E N C I A S

Pero <u>queda por descifrar</u> la incógnita sobre <u>si China va a lograr una relativa libertad en su sistema económico</u> sin que ésta acabe por "contaminar" al sistema político comunista y <u>suavizar el control casi absoluto que el gobierno sigue manteniendo sobre la sociedad.</u> La euforia de los logros alcanzados con el *glasnost*-a-la-china no han eliminado a los "defensores de la ideología" que siguen en contra de lo que ellos consideran pudiera ser "una *apertura* excesiva".

No obstante, todos los dirigentes chinos <u>están de acuerdo en</u> que <u>si no se llevan a cabo las reformas</u> ya iniciadas, es <u>imposible sacar a la *nueva China* de la miseria</u>... aunque si se llevan a cabo se corre el <u>riesgo de una lucha por el poder para frenarlas.</u> Es decir, <u>en la propia medicina está el peligro.</u> Además, cuando el pueblo comienza a tener ciertas libertades para mejorar su forma de vida, y cuando empieza a conocer al mundo más allá de sus propias fronteras, inevitablemente surge una situación peligrosa para el régimen, porque entonces ese pueblo reclama otras libertades políticas y sociales no contempladas en la reforma económica. Y un ejemplo de esta realidad son las frecuentes revueltas de los jóvenes reclamando mayores libertades que se han observado en los últimos meses.

¡DOS CARTAS POLÍTICAS MUY IMPORTANTES!

¡TAIWÁN!

Es indudable que Deng Xiaoping y sus asesores están jugando dos cartas políticas muy delicadas:
✓• una de ellas es el acercamiento que han iniciado con el gobierno de <u>Taiwán</u>;
✓• la otra es la actitud tomada para tranquilizar a las grandes empresas financieras que mantienen sus centros de operaciones en Hong Kong, y cuya fuga hacia otros países podría representar una catástrofe económica para uno de los centros económicos más prósperos de Asia.

Aunque <u>oficialmente la República China considera a Taiwán como una "provincia no incorporada"</u>, el gobierno de Xiaoping ha abandonado las antiguas amenazas de ocupación militar y de anexión por medios violentos. Ha preferido llevar el asunto a la mesa de negociaciones y <u>está dando pasos muy positivos para aliviar la animosidad</u> de otros tiempos con muestras de su buena voluntad. Entre sus decisiones están, por ejemplo, el permitir en *Xikou* (la ciudad natal del líder nacionalista Chiang-Kai-chek) que se erija un monumento en su honor y que el pueblo honre a quien fuera el mayor enemigo de la revolución comunista china. Asimismo, se están haciendo esfuerzos a todos los niveles para que la familia de Chiang-Kai-chek vuelva a *Xikou*, al extremo de que el gobierno ha reconstruido la villa donde el General pasaba los veranos.

CHINA 1989
POR EJEMPLO

Las autoridades, por supuesto, no discuten oficialmente la vida de <u>Chiang-Kai-chek</u> ni hacen comentarios sobre su intervención en la Historia moderna de China. Pero hoy <u>el gobierno de Taiwán ya permite que sus ciudadanos visiten *Xikou*</u>, donde encuentran la leyenda de <u>su héroe</u> y el acento propio de la región que les es tan familiar.

Además de la campaña de acercamiento más o menos sentimental y de <u>reunión de familias divididas</u>, está el acercamiento comercial de industriales de Taiwán, a quienes <u>ambos gobiernos permiten establecer fábricas en la China continental</u> porque, por una parte les ofrece la ventaja de pagar salarios más bajos, y por otra contribuyen al desarrollo de la región. *Xikou* está tratando de atraerlos y ya cuenta con una planta establecida por un industrial de Taiwán. La campaña oficial de las autoridades de la cuidad <u>para atraer inversionistas de Taiwán llega hasta ofrecerles, inclusive, un trato</u> especial en cuanto al pago de <u>impuestos</u>. No obstante, los observadores opinan que el llamado "entusiasmo de *Xikou*" es un poco exagerado, y algunos afirman que "en Taiwán no existe tanto interés por las ofertas comerciales que hacen los chinos continentales".

Aunque <u>en Taipei el gobierno no parece estar dispuesto a que exista una China única</u> -a base de que Taiwán pierda su independencia como país, ni la prosperidad lograda con una sociedad abierta las conversaciones continúan en un clima de negociación que pudiera encontrar una fórmula aceptable para ambos gobiernos en un futuro no muy

CHINA 1989

lejano. Mientras, es otra de las tantas *incógnitas chinas* que únicamente el tiempo puede despejar.

LA INQUIETUD DE HONG KONG PERSISTE...

PROBLEMA DE HONG KONG

Cómo tranquilizar a la población de Hong Kong, es quizás la tarea más difícil que se ha impuesto el régimen de Beijing. Es muy difícil aceptar de buena fe el compromiso firmado entre la República Popular China y Gran Bretaña, garantizando en 1997 el mismo *status* económico que existe en el presente. Y como reacción lógica, ha comenzado una peligrosa fuga de capital (con fuertes inversiones en Europa, Estados Unidos y algunos países latinoamericanos), al extremo de que muchas empresas están relocalizando sus fábricas en otros lugares más estables políticamente.

EXPERIMENTO

Todo parece indicar que Deng Xiaoping ha decidido que la mejor manera de convencer, es mostrar que la República Popular China es capaz de lograr lo mismo que hicieron los ingleses en Hong Kong. Así, hace varios años iniciaron un experimento a poca distancia de Hong Kong, en una ciudad llamada *Shenzhen*, donde lo único que existía eran siembras de arroz y caseríos de pescadores. En pocos años convirtieron la zona en una ciudad moderna, donde se alza el *Centro Internacional de Comercio*, el edificio más alto de China. Las autoridades de la ciudad tienen una libertad increíble para atraer inversiones extranjeras, y en este sentido ofrecen incentivos para el desarrollo de una tecnología moderna que ha hecho de *Shenzhen* la ciudad china de mayor desarrollo (ha aumentado la población de 30,000 a casi 400,000 habitantes en unos ocho años; en ese tiempo ha firmado contratos con compañías extranjeras por más de 700 millones de dólares).

A pesar de este éxito, el gobierno chino considera que "aún queda mucho por hacer; el experimento pudiera fallar porque todo no ha resultado como se esperaba". Se refieren los analistas chinos a que los inversionistas extranjeros que llegaron a *Shenzhen* atraídos por las ventajas en el pago de impuestos, han invertido las utilidades en edificios, residencias y parques de diversión, en vez de ampliar sus industrias.

REACCIÓN

En Hong Kong ven a *Shenzhen* como "un esfuerzo chino para mostrarle al mundo lo que pueden esperar al tomar la antigua colonia británica"... pero también consideran que los chinos continentales han exagerado sus posibilidades. Por otro lado, los enemigos de Deng Xiaoping consideran que el proyecto ha sido "un esfuerzo inútil" porque sólo consigue atraer una industria mediocre que se está llevando los mejores trabajadores de otras ciudades chinas al ofrecer sueldos más altos, una situación que podría provocar consecuencias trágicas para el desarrollo de la industria en el resto del país.

Si no otra cosa, el régimen chino sí ha probado que es capaz de levantar una ciudad industrial donde antes sólo existían sembrados. Pero... les queda mucho por aprender y por cambiar. En una sociedad aún cerrada como la china, es difícil que prospere la iniciativa al punto de aprovechar las circunstancias y diversificar las actividades. Por ejemplo, si es cierto que a *Shenzhen* acuden los visitantes atraídos por los parques de diversiones construidos por los industriales extranjeros (como el *Mundo Submarino* y el *Lago de Miel*), y que sus vecinos de Hong Kong están construyendo allí casas para pasar temporadas, bien podían desarrollar una industria de turismo a base de atractivos y servicios. Semejante posibilidad no parece formar parte de lo que se entiende por "desarrollo" en la *nueva China* ¡ni siquiera por el régimen actual! Para los enemigos del gobierno sería algo así como una "degeneración cultural" porque el atractivo ("enfermizo" para los comunistas tradicionales) que tiene *Shenzhen* ha obligado al gobierno a aislar a la ciudad con una cerca de alambre para evitar que se establezcan en ella los habitantes de la vecina provincia de Guangdong.

¿PUEDE EXISTIR CAPITALISMO EN UN RÉGIMEN COMUNISTA?

Cuando en 1978 Deng Xiaoping recuperó el control político de la República Popular China -después de un período desastroso para el país y para él mismo- con toda frialdad declaró que "el problema económico de los cientos de millones de chinos estaba en el sistema de control estatal propio del marxismo". Sin considerarse disidente, mencionó que "Karl Marx vivió en una época ya pasada" y que "sus teorías no respondían a las necesidades de hoy".

Los dirigentes de la *nueva China* no parecen estar fanatizados con la ideología marxista al punto de insistir en el dogma, cuando se dieron cuenta de que el siglo XIX en que vivió Marx no tiene nada que ver con el siglo XX que ya está terminando. Después del fanatismo de la Revolución Cultural de Mao Tse-tung, es evidente que en China pudo más la realidad y que los chinos decidieron cambiar de rumbo en cuanto al sistema económico sin renunciar a sus principios políticos.

Deng Xiaoping emprendió lo que pudiéramos llamar "una segunda revolución", sin hacer caso a las críticas. Con sus palabras ya proféticas ("no importa que el gato sea blanco o negro, lo que importa es que cace ratones"), Xiaoping se ha enfrascado en una reforma económica que, indudablemente, ha cambiado la vida del pueblo chino. Los mercados están bien abastecidos por primera vez en décadas, los resultados del plan de construcción de viviendas se ven en la ciudad y en los centros industriales, y puede decirse que el ciudadano promedio por primera vez tiene lo suficiente para comer.

LA DIFERENCIA ENTRE EL "GLASNOST" CHINO Y EL SOVIÉTICO

La férrea regimentación de Mao Tse-tung ha sido sustituida en la *nueva China* por otro tipo de política que ha cambiado la vida en las áreas rurales, donde vive el 80% de la población de China. El nuevo plan agrícola ha eliminado los dormitorios y los comedores comunes así como el trabajo del campo a base de las famosas comunas. Se ha vuelto a implantar la vida de familia; asimismo, el gobierno le arrienda la tierra al campesino, le concede libertad para que se dedique al cultivo que desee y para que desarrolle su propio negocio como agricultor.

El *experimento chino* es algo que los observadores analizan con mucho escepticismo, tanto en el Occidente como en el mundo comunista. Los elementos hasta ahora irreconciliables que están sobre el tapete, pueden desembocar en un caos o en otra lucha ideológica que barra con las reformas de Xiaoping. Desde este lado del mundo, desde luego, es muy difícil profetizar, porque Oriente y Occidente no responden a los mismos resortes.

Según los observadores que estudian el fenómeno, el *glasnost-a-la-china* comenzó ofreciendo cambios a los campesinos, mientras que en la Unión Soviética se pretenden introducir cambios que afectan a las áreas urbanas, sin que los campesinos reciban beneficios que mejoren su precaria condición de vida. Por ello, muchos le conceden más probabilidades de éxito al *experimento chino* comenzado hace tiempo, que al *glasnost* soviético, en el que el campesino soviético sólo ha recibido promesas aún por cumplimentarse. PERO...

La transformación del socialismo chino no es otra cosa que la oportunidad para que el individuo desarrolle su capacidad de producción dentro del medio donde vive, pero siempre dentro de las limitaciones impuestas por un gobierno de control. Se eliminaron las comunas y la vida de familia ha vuelto, pero bajo las condiciones impuestas por el gobierno... como, por ejemplo, la *ley del control de la natalidad*

CHINA 1989

que permite un solo hijo a cada pareja.

PREGUNTAS SIN RESPUESTAS

Contestar una pregunta con otra pregunta es evadir el tema o no tener respuesta. Ante la pregunta sobre qué puede esperar el inversionista extranjero en China y sobre cuál será el futuro de Hong Kong cuando pase a manos de China, es necesario contestar con otras preguntas, porque hasta el momento no hay respuestas concluyentes. ¿Cómo va Deng Xiaoping a estabilizar su gobierno a base de las reformas económicas, sin conceder libertades políticas...? ¿Será capaz el régimen chino de renegar oficialmente su condición de "país comunista" para propiciar una evolución política y social de acuerdo con sus patrones culturales...?

Existe también otra etapa muy difícil para la aventura de Deng Xiaoping: la aceptación de China como participante en los mercados mundiales como un nuevo socio. A los países marxistas les asusta el hecho porque se trata de un "convertido" que ha abandonado el campo económico de Marx al punto de estar contemplando abrir una bolsa de valores. Es un mal ejemplo que los ideólogos del dogma marxista van a tratar de que no se propague. Además, para el mundo libre resulta un competidor que no se mira con confianza, pues no se sabe si podrá actuar de acuerdo con los compromisos que contraiga. En cualquier momento puede surgir una toma del poder por los enemigos de la *apertura*, y... ¿se perdería todo? ◆

About the Authors

Fay R. Rogg is Professor of Spanish at The City University of New York/CUNY. She received her M.A. and Ph.D. in Spanish and Latin American Language and Literature from Yale University where she later taught as a Visiting Fellow. She also taught at McGill University and Hunter College. She has published in many professional journals and periodicals. Throughout her career, she has been actively involved in curriculum development not only in languages but also in the liberal arts and business curricula. She has received numerous grants from the public and private sectors for her research in these areas. She attended the New York University Graduate School of Business Administration and developed a Learning Center for improvement in the business curriculum. She has done extensive research in interdisciplinary studies. In recent years, she has devoted her energies to the method proposed in *El arte de escribir* and has lectured throughout the U.S.A. on it.

Emilia Borsi is Professor of Spanish and Italian at The City University of New York. She received her M.A. and Ph.D. degrees in Spanish, with a minor in Italian, from Columbia University. During the past decade, she has concentrated on helping students improve their writing skills and has developed a unique course designing the methodology outlined in *El arte de escribir*. She has co-authored a number of grants and produced a teaching manual entitled *Finding Employment*. She has been departmental chairperson, and served on many college committees on curriculum development and academic policy and as a representative for the Professional Staff Congress to national professional organizations.